日本の伝統文化しきたり事典

中村義裕

柏書房

日本の伝統文化しきたり事典

食文化

侍

風俗

日本語

思想

芸能・芸道

文学

美術

建築

はじめに

ただひたすらに歌舞伎を中心とした芝居の勉強だけをしているつもりでいたが、その深奥を知るためには、日本の歴史をはじめ、思想、美術、建築、風俗、食文化など諸分野の歴史もなおざりには出来ないことに気が付いた。

その視点で「日本の伝統文化」を横断的に読み解くことの出来る書物を渉猟《しょうりょう》してみたが、分野ごとに深く掘り下げた専門書は多数あるものの、浅くとも間口が広い本がなかなか見つからなかった。それならば、自分が今まで得てきた知識を整理してまとめ、自分で書いてしまおうというのが、本書誕生のきっかけである。日本文化が見直されている今、本書が多くの方々にとって、日本の「伝統」や「文化」の素晴らしさを、改めて認識・理解してもらうための一助になれば幸いである。

最後に、本書の企画意図にご理解を頂き、出版に踏み切る英断と的確なアドバイスをくださった柏書房の富澤凡子社長と、該博《がいはく》な知識に基づく緻密《ちみつ》な助言ばかりではなく、項目の内容や図版の選定にまで共に心を砕いてくださった編集部の小代渉氏に、心よりお礼を申し上げる。

平成二十六年　師走

中村義裕

日本の伝統文化しきたり事典
目次

食文化

「食い合わせ」の不思議　16
立ち食いから始まって日本の名物になった「寿司《すし》」　18
「天麩羅《てんぷら》」は洋食なのか、和食なのか　21
日本を代表する麵類《めんるい》「蕎麦《そば》」と「饂飩《うどん》」　24
「鰻《うなぎ》」と日本人の長い付き合い　27
「懐石《かいせき》料理」と「会席《かいせき》料理」の違い　30
「海苔《のり》」が好きな日本人　32
手軽な「鰹節《かつおぶし》」に掛ける手間　34
「醬油《しょうゆ》」が変えた和食の歴史　36
職人の美意識が生きる「和菓子《わがし》」　39
「鬪食会《とうしょくかい》」の記録　42
毒にも薬にもなる「日本酒」　44
古くからのコミュニケーション「お酌《しゃく》」　47
古くからある「箸《はし》」　49

侍

「武士道《ぶしどう》」とは　52
「侍《さむらい》」とは　55
名誉ある死、「切腹《せっぷく》」　58
世界で人気の「忍者《にんじゃ》」の歴史　61
英語にもなった「カミカゼ」「大和魂《やまとだましい》」の精神　63
同じようでも違う「侠客《きょうかく》」「やくざ」「暴力団《ぼうりょくだん》」　66
武士のスポーツ「流鏑馬《やぶさめ》」「鷹狩《たかがり》」「犬追物《いぬおうもの》」　69
日本のスポーツ「空手《からて》」「剣道《けんどう》」「柔道《じゅうどう》」　72
斬り合いの美しき姿「殺陣《たて》」　75
武器から美術品へ「刀剣《とうけん》」　78
西洋とは違う発想の日本の「城郭《じょうかく》」　81
日本人が重んじる「義理」とは何か　83

風俗

着物を語る「和服」総論　88
衣装の「意匠《いしょう》」　91

「染物《そめもの》」の歴史と手法　93
どんな体型でも応用可能な「帯《おび》」　96
江戸の粋《いき》「江戸小紋《こもん》」　98
百万石の誇り「加賀友禅《かがゆうぜん》」　100
女性の髪を飾る「櫛《くし》」と「簪《かんざし》」　103
時代の変遷に見る「髪型」と「鬘《かつら》」　105
平安時代からの色彩感覚「色合わせ」　109
コンパクトな冷房器具「扇子《せんす》」　112
今に生きる便利小物「風呂敷《ふろしき》」と「手拭《てぬぐい》」　115
人類最古の職業「売春《ばいしゅん》」　117
男の極楽《ごくらく》・女の地獄《じごく》「遊廓《ゆうかく》」　119
日本の「男色《だんしょく》」史　122
密室での芸術「緊縛《きんばく》」　125
刑罰から芸術まで「入墨《いれずみ》」と「刺青《いれずみ》」　127

お正月から大晦日《おおみそか》までの「年中行事」　129
日本の豊かな季節を感じる「歳時記《さいじき》」　132
わが町こそ一番「祭り」　136
一瞬の空中芸術「花火《はなび》」　139
いろいろな分野の競争「番付《ばんづけ》」　142
年齢による行事「七五三《しちごさん》」「成人式」「長寿の祝い」　145
21世紀になっても冬の必須アイテム「炬燵《こたつ》」　147
物に感謝の「針供養《はりくよう》」　150
今のタクシー、昔の「人力車《じんりきしゃ》」　152
乗るのもなかなか難しい「駕籠《かご》」　154
江戸時代の宅配便？「飛脚」　156
「三尺三寸」は何センチ？今も生きる日本の単位　159
お祭りから年越しまで、町の裁《さば》き人「鳶《とび》」　160
自分の家の印「家紋《かもん》」　163

「自動販売機《じどうはんばいき》」の不思議　166
ミニチュアの芸術「箱庭《はこにわ》」「盆栽《ぼんさい》」　168

日本語

便利な言葉「すみません」　172
「国字《こくじ》」は日本人が作った漢字　174
日本語の基本「仮名《かな》」　176
「方言《ほうげん》」は美しきお国言葉　178
言葉が持つ力、「言霊《ことだま》」　181
東京にも訛《なま》りがある、だから「東京弁」　183
でんがな、まんがなだけではない「関西弁」　186
千年の都、「京都弁」の美しさ　187
儚《はかな》き遊女の「廓言葉《くるわことば》」　189
読み書きの初めは「いろは歌」から　191
無意識に日本を感じる「諺《ことわざ》」と「習慣《しゅうかん》」　194
人生の指針「道歌《どうか》」の教え　196
いろいろな言葉の「語源《ごげん》」はどこにある？　199

「恥《はじ》」の感覚　204
「お辞儀《じぎ》」と「会釈《えしゃく》」の違い　205
意外に侮《あなど》れない「俗信《ぞくしん》」　207
柔軟性を誇る「日本人の宗教観」　209
世界文化遺産「富士山《ふじさん》」への想い　212
神の言葉を伝える「巫女《みこ》」　214
けじめに行う「手締《てじ》め」の意味　216
「お賽銭《さいせん》」は誰にあげるのか　218
極楽《ごくらく》のミニチュア化「仏壇《ぶつだん》」　220
仏壇《ぶつだん》の中の「位牌《いはい》」に書かれた「戒名《かいみょう》」とは？　222
故人《こじん》を偲《しの》ぶ「法事《ほうじ》」の意味　225

思想

開祖列伝その1　親鸞《しんらん》　227
開祖列伝その2　日蓮《にちれん》　230
開祖列伝その3　道元《どうげん》　232
教育にも使われた「地獄《じごく》」と「極楽《ごくらく》」　234
この世に極楽《ごくらく》を求めた「平安仏教」　237
命がけで歩く「お遍路《へんろ》」　240
「神道《しんとう》」と「仏教《ぶっきょう》」の違い　243
日本昔ばなしの原型は「仏教説話《ぶっきょうせつわ》」　246
「廃仏毀釈《はいぶつきしゃく》」で何が起きたか？　249
山がご神体《しんたい》「山岳信仰《さんがくしんこう》」の厳しさ　251
「山伏《やまぶし》」が歩む「修験《しゅげん》」の道とは？　254

本来の「絵馬《えま》」の意味　257
「地鎮祭《じちんさい》」をする理由　259
「御霊信仰《ごりょうしんこう》」とは何か　261
路傍《ろぼう》に佇《たたず》む「道祖神《どうそじん》」の意味　263
天皇の証《あかし》「三種《さんしゅ》の神器《じんぎ》」とは？　265
生活に密着した「道教《どうきょう》」と「陰陽道《おんみょうどう》」　267

芸能・芸道

昭和の浅草を彩《いろど》った「女剣劇《おんなけんげき》」　272
歌舞伎への反逆から発生した「前進座《ぜんしんざ》」　274
大正時代の仇花《あだばな》「浅草オペラ」　278
華やかなダンス「レビュー」　281
歌舞伎ではない時代劇「新国劇《しんこくげき》」　284
「大衆演劇」とは何を指すのか　286
清く正しく美しい「宝塚《たからづか》」の１００年　290
明治時代に始まった大阪のホームドラマ「曾我廼家劇《そがのやげき》」　293
明治時代に初演された「日本のオペラ」　295
１００年経っても「新劇《しんげき》」　297
歌舞伎にもいた「女優」　301
明治時代の「演劇改良運動」　305
歌舞伎に対抗して出来た「新派《しんぱ》」　307

江戸から明治へ「劇場」の変遷　311
「歌舞伎」とは何か？　313
「人形浄瑠璃《にんぎょうじょうるり》」と「歌舞伎」の違い　316
「江戸歌舞伎」と「上方《かみがた》歌舞伎」の違い　320
「女形《おんながた》」はなぜ登場したのか　324
「歌舞伎十八番」とは？　328
歌舞伎役者の「身分」　331
歌舞伎役者のサイドビジネス　335
何度もあった「歌舞伎の危機」　338
歌舞伎の「三大名作」　341
『仮名手本忠臣蔵《かなでほんちゅうしんぐら》』とはテロか？　344
歌舞伎の「家」制度　348
歌舞伎の中の「時代劇」と「現代劇」　351
明治維新と歌舞伎　354

各地に伝わる民俗芸能「地芝居《じしばい》」　357
「能《のう》」と「歌舞伎」はどう違う？　359
武士が愛好した「能《のう》」　362
「能」と「狂言」の違い　365
京阪の「座敷舞《ざしきまい》」　368
中世の「語り芸」説教浄瑠璃《せっきょうじょうるり》、琵琶法師《びわほうし》　370
「浄瑠璃《じょうるり》」の起源　373
「舞《まい》」と「踊《おど》り」の違い　374
盲目の旅芸人「瞽女《ごぜ》」　377
江戸の「大道芸《だいどうげい》」　380
「三味線音楽」いろいろ　383
粋《いき》な男女の関係「都々逸《どどいつ》」　386
「和楽器《わがっき》」の歴史と種類　389
庶民の学問と楽しみ「寄席《よせ》」　392

一人芸「落語」の世界　394
「講談《こうだん》」と「浪曲《ろうきょく》」　398
日本の「奇術」　400
「見世物小屋《みせものごや》」の哀しき風情　403
漂泊《ひょうはく》の「放浪芸人《ほうろうげいにん》」たち　406
お座敷の盛り上げ役「芸者《げいしゃ》」と「幇間《ほうかん》」　409
日本最初の「ミュージカル」　413
神事からスポーツへ。「相撲《すもう》」の歴史　416
優雅《ゆうが》なる遊び「香道《こうどう》」　419
自然の花を人工的に活かす「華道《かどう》」　422
「侘《わ》び」「寂《さ》び」の世界「茶道《さどう》」　425

文学

「芥川賞《あくたがわしょう》」と「直木賞《なおきしょう》」　430
昭和の文学列伝　433
大正の文学列伝　437
明治の文学列伝　440
「言文一致運動《げんぶんいっちうんどう》」とは何か?　442
幕末の大劇作家・河竹黙阿弥《かわたけもくあみ》　444
悪の美しさを描いた劇作家・鶴屋南北《つるやなんぼく》　447
人生を洒落《しゃれ》で生きた戯作者《げさくしゃ》たち　450

女の執念『東海道《とうかいどう》四谷《よつや》怪談《かいだん》』の恐ろしさ 453
弥次《やじ》さん喜多《きた》さん珍道中伝『東海道中膝栗毛《とうかいどうちゅうひざくりげ》』 455
元祖・戦隊ヒーロー『南総《なんそう》里見《さとみ》八犬伝《はっけんでん》』 457
江戸時代にはなかった「著作権《ちょさくけん》」 460
日本のシェイクスピア・近松門左衛門《ちかまつもんざえもん》 462
心中ブームまで起こした『曾根崎心中《そねざきしんじゅう》』 465
「俳句《はいく》」は世界最短の文学 467
「五・七・五」でも俳句ではない「川柳《せんりゅう》」 471
「和歌《わか》」と「短歌《たんか》」と「俳句《はいく》」の違い 473
「連句《れんく》」とは何か？ 476
「民話《みんわ》」が教える人生 478
『古今和歌集《こきんわかしゅう》』と『新古今和歌集《しんこきんわかしゅう》』 481
話のネタ本『今昔物語《こんじゃくものがたり》』 483
『平家物語《へいけものがたり》』は文学なのか芸能なのか 485
雅《みやび》な遊び「百人一首《ひゃくにんいっしゅ》」 488
最古の長編恋愛小説『源氏物語《げんじものがたり》』 490
天皇から庶民まで『万葉集《まんようしゅう》』の世界 493
遥かなる神々の物語『古事記《こじき》』と『日本書紀《にほんしょき》』 496

美術

「漫画《まんが》」の歴史 500
世界に誇る「浮世絵《うきよえ》」 502

華麗そして精緻《せいち》なる「日本画《にほんが》」の世界 506
浮世絵師の元祖・岩佐又兵衛《いわさまたべえ》 510
浮世絵師列伝1 葛飾北斎《かつしかほくさい》 513
浮世絵師列伝2 歌川広重《うたがわひろしげ》 516
浮世絵師列伝3 東洲斎写楽 518
裏の職人芸「贋作《がんさく》」 521
紀元前《きげんぜん》から続く「焼《や》き物《もの》」 524
日本人の繊細《せんさい》さが見える「彫刻《ちょうこく》」 527
日本人のこだわり「根付《ねつけ》」 529
「能面《のうめん》」の不思議 532
塗り重ねる味わい「漆器《しっき》」 535
和本の「装丁《そうてい》」 538
1000年以上も保存が出来る「和紙《わし》」 540
素晴らしき「日本の意匠《いしょう》」 543
「からくり人形」の不思議 545

建築

合理的に出来ている「江戸の長屋」 550
平安時代から現代まで「寺院」の歴史 553
「数寄屋造《すきやづく》り」の工夫 555
狭いが広い空間「茶室《ちゃしつ》」 557

食文化

「食い合わせ」の不思議

「食べ合わせ」とも言うが、古くは「合食禁《がっしょくきん》」と呼ばれ、中国から伝えられた本草学《ほんぞうがく》（薬になる植物などを研究した学問）に陰陽思想《おんみょうしそう》を当て嵌《は》めたものからきているものが多く、科学的には根拠のないものが多い。江戸時代に、本草学者で儒学者《じゅがくしゃ》でもあった貝原益軒《かいばらえきけん》（1630〜1714）が著わした『養生訓《ようじょうくん》』という健康増進の本にも様々な食い合わせの例が収められているが、同書は益軒が亡くなる2年前に、80歳を過ぎてから書かれたもので、健康に配慮して長寿を保った著者の言葉は非常に説得力を持っている。

「食い合わせ」が云々されるようになった江戸時代の中期に差し掛かろうという頃は、町人が力を持って花開かせた「元禄文化」のあたりで、それだけ食生活も変わりつつあったのだろう。お腹を満たすだけで精一杯だった生活から、「食を楽しむ」時代に変わったのだ。戦後の窮乏から、高度経済成長期へ入った頃と同じ感覚なのかもしれない。

「鰻《うなぎ》と梅干《うめぼし》」は最も良く知られた組み合わせだろうが、医学的には根拠はなく、むしろ、梅干の酸が鰻の脂肪分の分解を促進する、という考え方もある。それなのに禁止の組み合わせになっているのは、今も昔も贅沢品《ぜいたく》である「鰻」の食べ過ぎを戒めたものだろう。そういう点では、「おこわと河豚《ふぐ》」などもそうだ。もっとも河豚は、江戸時代には自分で釣り上げたものを自分で捌《さば》いて、挙句《あげく》に肝《きも》の毒に当たって死ぬケースも多かったから、その戒めでもあったのだろう。気軽に食べられるからこそ食べ過ぎる「蕎麦《そば》と田螺《たにし》」という組み合わせもある。ほかにも「浅蜊《あさり》と松茸《まつたけ》」や「筍《たけのこ》と黒砂糖《くろざとう》」など、根拠が不明な組み合わせもあるが、そのゆえか、今はあまり一般的には使われていない。

一方、今の医学に照らし合わせても納得がいく食い合わせもある。「天麩羅《てんぷら》に西瓜《すいか》」などは、脂分の強いものと水分の多いものを同時に食べると、消化不良を起こして下痢《げり》をしやすくなる。ま

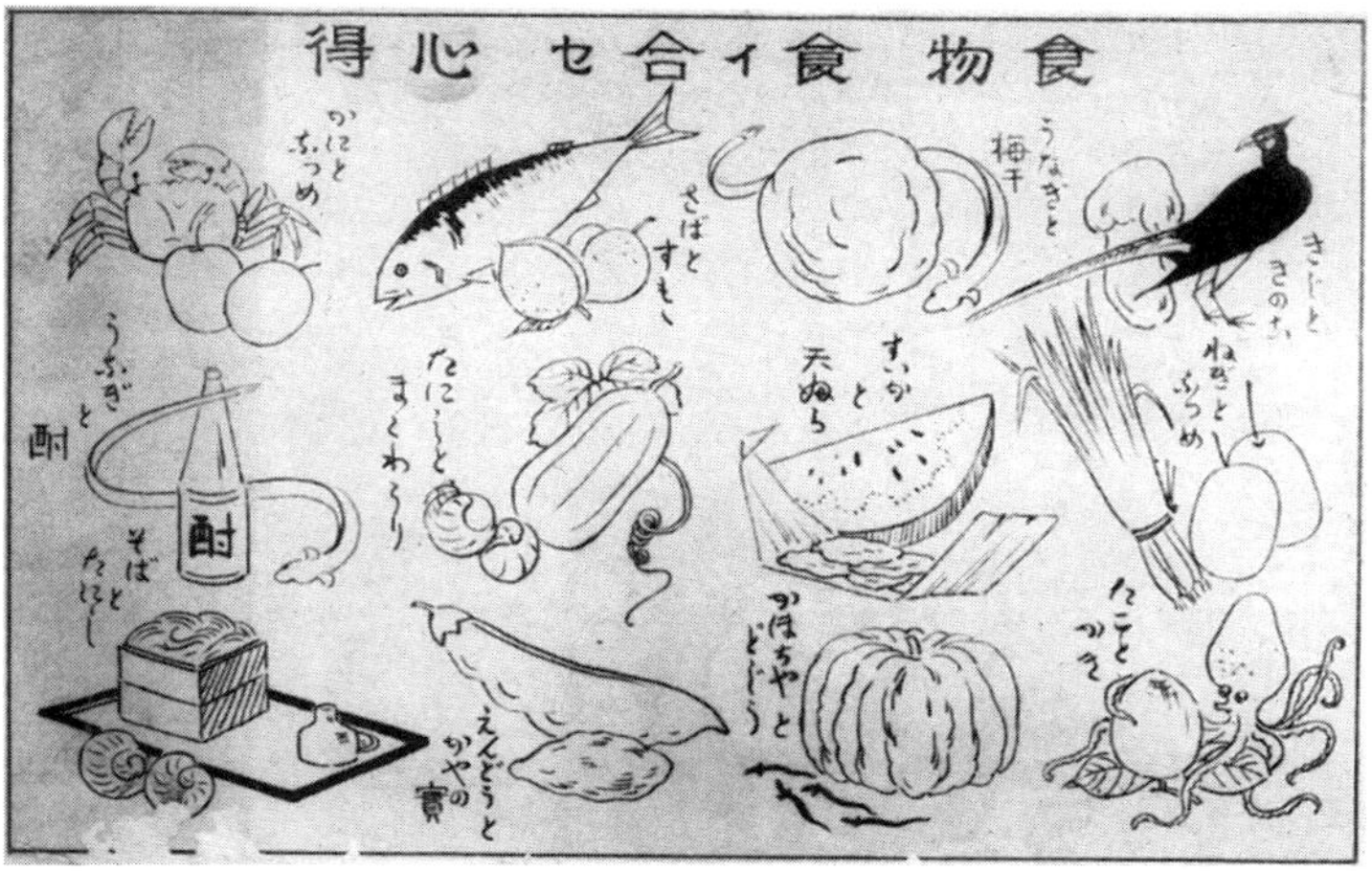

食い合わせのあれこれ（戦前の絵葉書より）

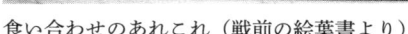

た、「蟹《かに》と柿《かき》」のように、両方とも体を冷やす作用のある食べ物同士の組み合わせも良くないとされ、それは今も盛んに言われていることだ。

現代は、「食い合わせ」よりも「栄養のバランス」に力点が置かれるようになった。炭水化《たんすいか》物《ぶつ》、脂肪分《しぼうぶん》、ビタミン、根菜類《こんさいるい》を中心とした野菜、発酵《はっこう》食品、タンパク質。これらの重要な要素をバランス良く、しかも食べ過ぎないようにすることが健康の秘訣だと述べる本は多い。

「飽食《ほうしょく》の時代」と言われて久しいが、私たち日本人が「飢餓の恐怖」から抜け出ることが出来たのは明治時代に入ってからのことであり、まだたった150年しか経っていないのだ。これを忘れずにいることが、現代の「養生訓」なのかもしれない。

立ち食いから始まって日本の名物になった「寿司《すし》」

最近は、「寿司」と言えば「回転寿司」や、スーパーなどで売っているパック物のほうが一般的になった感がある。寿司が「回る」とは、改めて考えると仰天すべき発想だが、販売形式が変わってきたとしても一般に馴染んだ日本の伝統食であることに間違いはなく、外国でも「SUS

ＨＩ」は最も有名な日本料理で、ヘルシーな食事の代表格であり、外国の語学辞典にも「ＳＵＳＨＩ」がそのまま載っているほど認知されている。

寿司の歴史は古く、奈良時代からその姿が見られるが、今の私たちが知るものとは違い、醗酵《はっこう》食品として塩で漬込んだ「なれ鮓《ずし》」で、主に関西地方で食されていたものだ。「鮓」、あるいは「鮨」が本来の文字であり、「寿司」は当て字だ。現在でも地方の郷土料理として「なれずし」を名物にしているところはあり、奈良県や滋賀県などに多く見られる。今、私たちが食べている酢飯に生の魚を載せた形態が完成したのは江戸時代のことで、庶民が一般に「立ち食い」をして、小腹が空いた時に摘まむようになったのは、江戸時代の中期あたりだと考えてよいだろう。誰が「握り寿司」を考案したのかは諸説あるようだが、今よりもはるかに広かった江戸湾で獲れる豊富な種類の魚を使い、気軽に食べられる庶

屋台の寿司屋
（歌川広重『東都名所高輪廿六夜待遊興之図』より）

民の食事ではあったようだ。江戸湾で獲れる魚を使っていることから「江戸前寿司」の名も生まれた。もう一つの大きな特徴は、「海苔《のり》」を使ったことだろう。これによって「海苔巻き」という種類が生まれた。この当時は、今のように店を構えるものではなく、蕎麦《そば》と同様に屋台での「立ち食い」が主だった。

昭和の中頃を風靡《ふうび》した、浪曲師《ろうきょくし》の二代目廣澤虎造《ひろさわとらぞう》（1899〜1964）が得意にしていた『石松三十石船《いしまつさんじっこくぶね》』には、「江戸っ子だってね、寿司くいねぇ」の有名なフレーズが登場するし、歌舞伎の「三大名作」と呼ばれる『義経千本桜《よしつねせんぼんざくら》』の中にも「吉野下市村《しもいちむら》・鮓屋の場」があるほど、民衆に深く浸透していた、ということだ。

私たちにとって最も身近な「回転寿司」が初めて登場したのは、昭和33（1958）年の大阪だとされる。その後、１９８０年代に入ると「持ち帰り用の寿司」チェーン店が生まれ、そしてバイクでの「宅配寿司」と、販売の方法が対面ではなく姿を変えながらも、どんどん価格的に庶民に近いものになっていった。それればかりか、アメリカでは私たちの感覚では「寿司」の範疇に入れるのは微妙とも思えるアボカドなどを使った新しい感覚の寿司（カリフォルニア・ロール）が生まれ、それが日本へ逆輸入される時代になった。脂質の多いアメリカの食事には、米と魚を主体にした寿司はヘルシーで、かつ日本人の繊細な食感覚が味わえるものとして人気を博したのだろうが、実は明治時代には、すでにアメリカに寿司屋が開店していた事実がある。

のちに「リトル・東京」と呼ばれるようになるロサンゼルスに、１８９３（明治26）年には日本食レストランが開業しているが、ここは蕎麦や天麩羅《てんぷら》などの日本食を食べさせる日系移民のための店だった。専門に寿司だけを食べさせる店は１９０６（明治39）年の開業で、それでも優に１００年以上も昔の話だ。戦争を挟んで一時は日本食全体がアメリカから排除されるような時期もあったが、１９７０年代には「ＳＵＳＨＩ　ＢＡＲ」としてブームが起こり、それが世界各地に広がっていった。それだけ、寿司が西欧人の舌に馴染《なじ》んだということ、日本独自の調理技術が評価された、ということだろう。

その後、生魚を食べることに抵抗を持っていた国々にも「ＳＵＳＨＩ」が受け入れられるようになった一方で、日本では昔ながらの寿司屋がどんどん減少している。価格の問題もあるが、大チェーン店の参入で、本物の職人が握った寿司を味わうことが難しくなっているからだろう。

「天麩羅《てんぷら》」は洋食なのか、和食なのか

その語源がポルトガル語の「テンポーラ」にあるという俗説は、割に知られた話かもしれないが、喜劇王として知られるチャールズ・チャップリンが日本に来た時に初めて食べた料理だとい

うエピソードは、それほど知られていないかもしれない。大の親日家であったにせよ、世界的な映画スターが好んだ和食が「天麩羅《てんぷら》」というのは意外な気がする。実は、この語源、あるいは名付け親に関しての詳細は不明で、江戸時代には狂歌作者の大田南畝《おおたなんぼ》（蜀山《しょくさん》人《じん》。1749～1823）などの名が挙がり、「名付け親」に関する大論争が起きている。それほど、庶民に身近な食べ物の一つだったのだ。

　しかし、名付け親が誰であるにせよ、天麩羅がキリスト教の布教に訪れた外国人宣教師たちによって広められた、というのはよくわかる話だ。当時の日本では原則、獣肉食が禁じられて、彼らは手軽に油分を摂取するために、魚肉に小麦粉をまぶし、油で揚げて食べていた、ということだからだ。これは室町時代後期の話で、まだ「濃口醤油《こいくちしょうゆ》」が生まれていない時代のことであり、おそらく彼らは「塩」で食べていたのだろう。

頭を手拭いで隠した2本差しの武士が屋台の天麩羅屋で食事中（鍬形蕙斎《くわがたけいさい》『近世職人尽絵詞』より）

江戸時代になって海運業が盛んになると、関西方面の醤油が江戸へ運ばれるようになった。また江戸時代も中期になると、下総（現在の千葉県）の野田《のだ》と銚子《ちょうし》で醤油醸造が盛んになり、庶民へも急速に広まっていった。そして、今のような「天丼」になる前に、気軽なファストフードとして屋台で立ち食い、という形式が広まったのだ。

江戸では、今よりもはるかに眼前広く海が開けており、「江戸前」という言葉があるように、江戸湾で多くの新鮮な魚が獲れた。それを油で揚げて熱々を食べれば、腹持ちも良く、肉体労働の多かった江戸の人たちにとっては恰好《かっこう》のエネルギー源だったのだ。

天丼にかける「たれ」や天麩羅を付ける「つゆ」の生産が出来るようになり、天麩羅の応用範囲は飛躍的に広がった。今でも、チェーン店でファストフードとして展開されているのは、江戸時代と発想が変わらないのだ、とも言える。

江戸時代後期になって、裕福な商人たちが増えてくると、料理屋の座敷で、客の前で天麩羅を揚げる「お座敷天麩羅」も出現した。これは、眼の前で職人が寿司を握るのと同じ感覚だが、室内で火と大量の油を使うことから、どの料理屋でも出来ることではなく、料金も相応にかかったようだ。

日本を代表する麺類《めんるい》「蕎麦《そば》」と「饂飩《うどん》」

日本人の麺類好きは今に始まったことではないが、昨今は、米の消費量よりもパンや麺類の消費量のほうが多いそうだ。日本食での麺類の代表格は、何と言っても「蕎麦《そば》」と「饂飩《うどん》」だろう。それぞれに歴史があり、地方によっての伝統や好みがあり、この話になると異常なまでの情熱を傾ける人もいる。どこの土地でも気軽に食べられるものとして、「お国自慢」に通じる部分があるからだろう。大まかに言えば、関東以北は蕎麦が中心、関西以西は饂飩が中心、との棲《す》み分けはあるようだが、事はそう簡単ではない。蕎麦は、各都道府県に必ず名産品があると言ってもよいし、地方によって呼び名が変わる。天滓《てんかす》が入った東京の「たぬきうどん」が、大阪にはないことは有名な話だ。

歴史的には諸説あり、確定的なことは言えないが、蕎麦のほうが古く、奈良時代以前から食されていたようだ。饂飩は鎌倉時代になってからだ。ただ、いずれも名産品としてではなく、各地方でもてなしのご馳走の一品、寺院を中心とした門前町《もんぜんまち》で郷土料理として振る舞われている、という範囲での広がりだ。蕎麦のほうが歴史が古いのは、痩《や》せた土地でも栽培が可能なこと、寒さに強く北海道などの寒冷地でも栽培が出来ること、乾麺《かんめん》として保存食の役割を果たしたこと、などの理由が挙げられるのではないか。どちらも庶民の日常食として定着したのは江戸時代に入ってからの話で、特に男性の比率が圧倒的に高かった初期の江戸では、蕎麦は手軽な食べ物として、かつ手頃な価格だったために、すぐに定着した。俗に「二八《にはち》そば」というが、蕎麦粉が十割《じゅうわり》ではなく、繋ぎの二割に山芋や卵、布海《ふの》苔《り》などを使ったものがあったのと、蕎麦一杯の値が二八の十六文だったという俗説は皆さんも良くご存じだろう。小腹が空いた時に、店だけではなく荷を担いで売り歩く蕎麦屋は、ファストフードの走りだったのだ。

「二八」の下に「きそば」「うんどん」と書かれている
（歌川豊国「鬼あざみ清吉」より）

今でも残っている感覚だが、盛《もり》蕎麦や笊《ざる》蕎麦などの蒸籠《せいろ》で食べるものは、「蕎麦はつゆをどっぷり浸けるものではない。ちょいと浸して、あとは一気に啜《すす》って呑み込むように食べ、その喉越《のどご》しと蕎麦の香りを楽しむのが通《つう》だ」という。実際にはそう簡単ではないが、これは江戸っ子の「見得《みえ》」とされている。確かに、蕎麦を勢い良く啜り、食べ方の上手な人を見ていると感心するが、これは外国の方には理解しにくい習慣だろう。ヘルシーな食品だとされる一方で、健康に重大な影響を与える「蕎麦アレルギー」の人が増えたのは時代の影響だろうか。

一方、「饂飩」は米の代用食として、また、めでたい時のご馳走として各地で食べられてきた。蕎麦と同様に、各地の名産饂飩には事欠かない。中でも、「うどん県」をPRする香川県の「讃岐《さぬき》うどん」は、全国的な知名度を誇り、ファンも多い。香川県の温暖な気候を利用して、小麦粉の二毛作《にもうさく》が早くから可能だったことも大きな理由なのだろう。現在でも、安い店では一杯200円前後で茹《ゆ》でたての「讃岐うどん」が食べられることを見ると、立派に現代のファストフードとしての役割を担っていることがわかる。蕎麦打ちや饂飩造りを趣味にする人も多いが、饂飩は喉越しに加えて「腰《こし》」が必要で、そのために小麦粉を捏《こ》ねたタネを足で長い時間踏んだりと、結構な肉体労働でもある。蕎麦との違いは、煮込んでも崩れないことなので、「鍋焼きうどん」や「味噌煮込みうどん」「ほうとう」などのバリエーションが充実していることだ。

落語でも、蕎麦や饂飩を食べるシーンがあるが、良く注意していると、巧い噺家は、蕎麦と饂飩では啜る音が違う。また、歌舞伎にも蕎麦を食べる場面が出てくるが、ここの場面は細かな手順が決められており、これが巧いと、江戸の雪の中にポツンと建っている不景気な蕎麦屋の風情が漂う。これは河竹黙阿弥《かわたけもくあみ》作の『雪夕暮入谷畦道《ゆきのゆうべいりやのあぜみち》』という芝居の一場面で、昔は冬場にこの作品が上演され、役者が巧いと、芝居が終わったあとで近所の蕎麦屋が混む、と言われた。一方、「饂飩」が出てくるのは、「歌舞伎十八番」の『助六由縁江戸桜《すけろくゆかりのえどざくら》』だ。威勢のいい「福山かつぎ」という若衆《わかしゅ》の役で、いわゆる「出前《でまえ》」だ。今は、ピザや中華・寿司・弁当などまで出前をしてくれる時代だが、「出前」の元祖とも言えるのは、「蕎麦と饂飩」だ。庶民の生活に密着した食べ物は、芸能にまで裾野を広げている。

最後の例として、「蕎麦」を詠み込んだ都々逸《どどいつ》を紹介しておこう。

「信州信濃の新蕎麦よりも、わたしゃあなたの傍《そば》がよい」。

「鰻《うなぎ》」と日本人の長い付き合い

今や、希少動物となったばかりか、そのせいで値段も高騰し、お目にかかる機会が滅多になくなった。乱獲のせいだと言われているが、そもそも生態が完全に把握し切れていないだけに、簡単には手が打てない問題でもある。
日本では古来、『万葉集《まんようしゅう》』の時代から夏バテには鰻《うなぎ》が良いと愛されてきた、というのは有名な話だが、この時点では「むなぎ」と呼ばれていた。どうして「うなぎ」に転訛《てんか》したのかは、諸説のあるところで決定打はない。参考までに、『万葉集』の歌を引用しておこう。

石麻呂に吾もの申す夏やせによしといふ物そむなぎ取り食《め》せ

痩す痩すも生けらば在らむをはたやはたむなぎを捕ると川に流るな

ここで聊《いささ》か重要なのは、日本人が古くから鰻をスタミナ源として愛してきた歴史はわかるものの、「どう調理して食べていたか」の問題だ。たまに町で嗅げる香ばしいタレに浸けて鰻を蒲《かば》焼《やき》にする、という方法は、江戸時代の中期に濃《こい》口《くち》醤油《しょうゆ》が出来るようになってからのことだ。そ

蒲焼の香りで客を呼び込む（『三世相郎満八算《さんぜそうろうのまんばちざん》』より）

れ以前の時代は、ぶつ切りにして、串刺ししたものを焼き、せいぜい塩を振って食べていたものと思われる。「蒲焼」という名前も、串に刺した鰻の形が「蒲《がま》」という植物の穂の部分に似ていたところから、という説もある。

手軽にタンパクとエネルギー源が摂取出来る労働者向けの食べ物で、今のような高級品でなかったことは容易に想像が付く。天正18（1590）年に徳川家康《とくがわいえやす》が領地を江戸へ移され、関ヶ原の戦い〈慶長5〈1600〉年〉ののちに政治の中心地も京都・大坂から江戸へ移ってくると、そこから大干拓事業が始まり、そこに出来た湿地から鰻が多く獲れたこと、濃口醤油が現在まで続く「タレ」の開発に貢献したことが、日本の食文化の中で「鰻」の地位を確固たるものにしたのだ。となると、江戸時代以前と以後の鰻のイメージは大きく変わるはずである

平賀源内《ひらがげんない》（1728〜79）が「土用丑《どようのうし》の日に鰻を食べよう」というキャッチ・コピーを考えたというのは有名なエピソードだが、土用丑の日は夏だけに限ったものではなく、各季節にある。しかし、源内が生きた時代にはそれだけ庶民に身近なものとなっていたことは間違いない。

その結果、地方によっては「蒲焼」でも背開き、腹開きの違いや、蒸してから焼く、蒸さずに焼くなど、独特の調理法が生まれた。その結果、タレを付けずに焼いて山葵《わさび》などで食べる白焼きや名古屋の名産「ひつまぶし」など、各地での鰻料理が出来たことは皆さんご承知だろう。

「懐石《かいせき》料理」と「会席《かいせき》料理」の違い

平成25（2013）年12月に「和食《わしょく》」が世界文化遺産に登録されたことで、繊細な味わいや見た目の美しさにまで神経の行き届いた和食は、改めて世界中の注目を浴びている。名の知れた一流の料理店ではなくとも、和食主体の生活が体に良いことは、医学的にも証明されている部分が多い。

西洋料理の「コース」に相当する料理として「懐石《かいせき》料理」があるのはよく知られたことだが、「懐石料理」「会席料理」と二通りの表記がある。実際に、内容は同じものなのだろうか。

まず「懐石料理」だが、こちらは茶の湯の際に供される食事のことで、決して豪華な品数を誇るものではない。飯《めし》と香《こう》の物《もの》（漬物《つけもの》）を除いた「一汁三菜《いちじゅうさんさい》」が基本で、3種類の「おかず」である三菜は刺身《さしみ》、煮物《にもの》、焼物《やきもの》が基本となる。語源の由来は、空腹を癒すために、温めた石を懐に入れるという禅宗《ぜんしゅう》の習慣に基づくという説が一般的ではあるが、確証はない。また、汁と飯が最初に出されるのも大きな特徴で、あくまでも中心は「茶事」に置かれた軽い食事だ。

一方、「会席料理」のほうは、江戸時代の中期以降、次第に庶民が豊かになり、江戸浅草の「八百善《やおぜん》」（享保2〈1717〉年創業）などの有名な料亭が宴会などに供した料理のことを「会席料理」と呼ぶようになった。発音が全く同じであるために混同されがちだが、こちらは酒を呑みながら旬《しゅん》の食材や珍味《ちんみ》などを楽しむ、「食」に重点が置かれており、品数も決められてはいない。「一汁五菜」「一汁六菜」、多いものでは「二汁五菜」、「二汁七菜」などになる。

興味深いのは、品数の合計がなるべく縁起の良い「陽数《ようすう》」である「奇数」になるようにすることで、合計が偶数になる場合は、「一汁五菜」のように、品物の種類の数を奇数にするのだ。奇数を陽数とする発想は中国から渡来した「道教《どうきょう》」の影響を色濃く受けたもので、129ページ

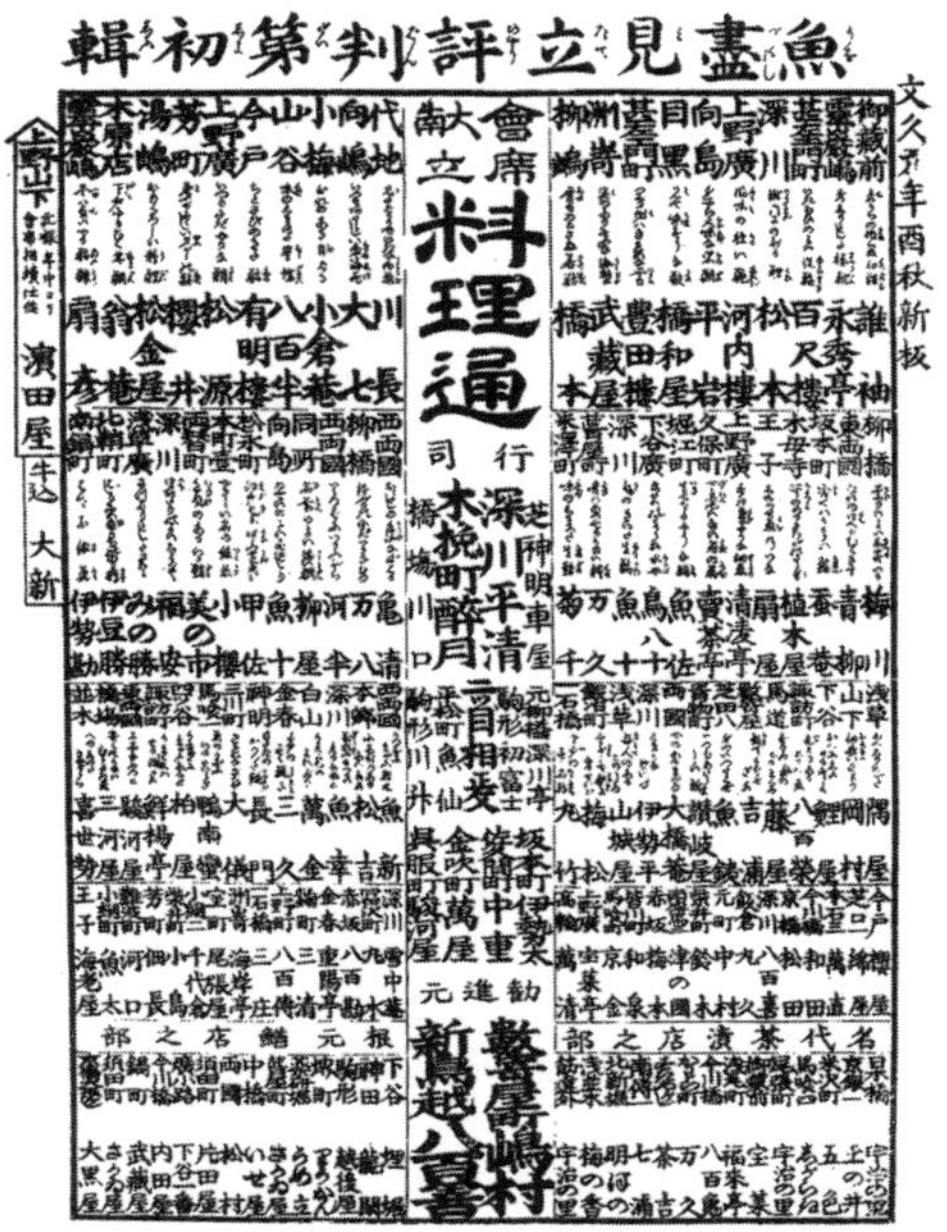

江戸の会席料理屋ランキング。行司に深川の平清、勧進元に数寄屋町の嶋村、浅草新鳥越の八百善の名が見える（文久元〈1861〉年「魚盡見立評判第初輯《うをづくしみたてひやうばんだいしよしふ》　会席献立料理通」）

の「年中行事」の項でも述べた通りである。それが、こうして食事の品数にまで影響を及ぼしているのも面白い。

先に述べた「八百善」では、「一両二分の茶漬け」というエピソードがある。「江戸一うまい茶漬けを食わせろ」という客の要望に、料理人が玉川上水《たまがわじょうすい》の源流まで水を汲みに走り、米は越後の特級の米を使い、香の物に至るまで神経を配って、出来あがるまでに半日かかったという。現在の金額に直すと、一杯10万円前後の茶漬け、ということになろうか。八百善の四代目主人は、江戸時代後期の文政から天保期（1818〜1844）にかけて、『江戸流行料理通《えどりゅうこうりょうりつう》』という本を出版。この本には酒井抱一《さかいほういつ》（1761〜1828）や谷文晁《たにぶんちょう》（1763〜1840）、大田南畝《おおたなんぽ》（蜀山人《しょくさんじん》。1749〜1823）といった当代一流の文人墨客《ぶんじんぼっかく》が挿絵や推薦文を書いているという豪華さなのだ。

こうした和食の歴史が、「懐石」「会席」共に、客をもてなす心づくしとして発展してきたのである。

「海苔《のり》」が好きな日本人

焼き海苔《のり》にしても佃煮《つくだに》にしても、日本人の朝食には欠かせない存在だったが、最近は朝食を抜く人やパンを食べる人が増えた。しかし海苔は、さっと炙《あぶ》って酒の肴《さかな》にしてもよし、寿司にも欠かせない。また、海のそばへ行けば焼き海苔ではなく生《なま》海苔の味覚も楽しめる。

海苔の歴史は古く、すでに奈良時代には各地で海苔を食用にしていたようだ。当初は、海岸で採ってきた海苔をそのまま天《てん》日《ぴ》で乾かして食べていたようだが、間もなく今の佃煮のような製法も確立され、一般的な食材として広く使われるようになった。

海に簀子《すのこ》を立てて、養殖《ようしょく》を始めたのは江戸時代になってからである。当時は「江戸前」と言われ、多くの魚が獲れた江戸の海では品川沖での養殖が盛ん

南品川の鮫洲《さめず》海岸における江戸前の海苔の養殖風景
（歌川広重『名所江戸百景』より）

で、それを浅草和紙《あさくさわし》のように「漉《す》いた」ことから、「浅草海苔」の名で江戸の高級な名産品になった。海苔を巻いた煎餅《せんべい》の一種を「品川巻」と呼んでいるのは、ここに語源があるようだ。

今でもお中元《ちゅうげん》やお歳暮《せいぼ》の季節の挨拶の定番商品の中に「海苔」が入っているのは、古来からの日本人の味覚に訴える素朴な記憶、なのかもしれない。

手軽な「鰹節《かつおぶし》」に掛ける手間

和食の汁物《しるもの》の出汁《だし》に欠かせないばかりか、削り節《けずぶし》をお浸しに振っても、冷奴《ひややっこ》に振ってもよし、と応用範囲は広い。目に見えないところにどれだけの手間をかけるかで料理の旨さが決まるのは、どんな料理でも同じだが、日本人は独特の「旨み成分」を大切にし、上手に使いこなしてきた歴史を持っている。

「鰹節」も、外国起源説はあるものの、日本の伝統的な調味料の代表格で、生の鰹を新鮮なうちに解体し、保存食として「干物《ひもの》」にするところにその起源がある。これは、古代から行われていたものだが、今の「鰹節」よりも「干物」に近いものだったはずだ。適当な大きさに切った鰹の身を煮て、その後天日《てんぴ》で干し、「鰹節菌」を噴霧して人工的にカビを発生させる。これが、鰹節の旨みをさらに玄妙《げんみょう》な味わいにするのだ。干して乾燥を繰り返すことにより、中の水分が抜けて保存性が高くなるばかりか、旨み成分が凝縮されて品質が良くなる。通常は1ヶ月から2ヶ月の行程だが、「枯節《かれぶし》」、あるいは「本枯節《ほんかれぶし》」と呼ばれる良質の鰹節を作るには1年以上かかると言われており、ここまで品質の高いものは、叩くと「キン」あるいは「カーン」という金属のような音がする。それほどに固くなるまで、天日干しを繰り返すからだ。

　今は便利な時代になり、1回に使う分の削り節がパックで売られている。今の子供たちは、鰹節の本来の姿を見たことがない、ということもあるのではないか。それが、どれほ

鰹節づくりの様子。「蒸《む》して乾魚《かつを》に制《せい》す」と書かれている
(『日本山海名産図会』より)

どの手間暇をかけて作られたものかなど、知る由もない。しかし最近は、お中元《ちゅうげん》やお歳暮《せいぼ》などの季節の挨拶に、鰹節と削り器のセットが意外な好評を博しているようだ。決して安いものではなく、手間もかかるものだが、使いこなせるようになればそれだけの味が出せるだろうし、多少の不便は感じても、「良い物を使おう」という指向の方が増えたのだろう。

「醬油《しょうゆ》」が変えた和食の歴史

今や外国で「ソイ・ソース」として名高い調味料で、世界的にも認知され、評価を受けている「日本のスパイス」だ。

関西の薄口《うすくち》、関東の濃口《こいくち》と地方によってはっきり二分されているのも、ほかの調味料にはない特徴だ。よく、関西生まれの人が関東で初めて蕎麦《そば》や饂飩《うどん》を食べた時、つゆの色の濃さに驚いた、という話を聞く。製法の違いによるものだが、実際には薄口醬油のほうが塩分の濃度は高い。今は、腎臓《じんぞう》病や高血圧の人のための「減塩《げんえん》醬油」をはじめ、ほかにも様々な種類の醬油が売られているが、日本人の「心の味」とでも言うべき醤油は、どのような歴史を辿ってきたのだろうか。

古代中国には、塩漬けにした食品の「醤《ひしお》」と呼ばれるものがあった。これが渡来したのが醤油の源だ、という説や、大豆を発酵《はっこう》させて作った調味料に「醤」の字を当てたのだ、と発祥に関しては諸説ある。しかし、相当古い時代から、調味料として現在の醤油のもとになるものがあったことは間違いない。

いずれにしても、大豆を原料にした発酵調味料である。醤油の発達が日本の料理を大きく進歩させた、と言ってもよいほどに日本人の口に合う調味料なのだ。意外なことに江戸時代にはすでに東アジアやオランダなど、当時交易のあった

下総野田の醤油製造の様子
（三代歌川広重「下総国醤油製造之図」『大日本物産図会』より）

国々に輸出されていた、という記録もある。現地でどのように使われ、どんな評価をされていたのかはわからないが、日本で醤油が爆発的な進化を遂げたのは江戸時代である。

それまでは量産が不可能だった濃口醤油が、江戸近郊の下総《しもうさ》(現在の千葉県)銚子《ちょうし》や野田《のだ》などで「地場《じば》産業」の一つとして生産が出来るようになったこと、これが江戸の人たちの口に合ったこと、さらには出汁《だし》との合わせ技によって、料理により微妙な味わいを出せるようになったのだ。

一方で、関西を中心とした薄口醤油も、もとは限られた範囲での使用だったが、やはり江戸時代に入って京都へ集めることで関西圏の味となった。これらの醤油が出来るまでは「たまり」と呼ばれるとろみのある濃厚な醤油が主流を占めていたが、現在では刺身や魚の照り焼きなどに使われている。

醤油の優れた点は、刺身や冷奴《ひややっこ》などに、そのまま調味料として使えるだけではなく、醤油を足すことによって、鰻《うなぎ》の蒲焼《かばやき》のタレ、蕎麦つゆ、鍋の出汁、さらには風味づけの隠し味としても使える幅広さにある。日本人の好みに合ったからこそ、これだけの幅広さが生まれたのだろうが、見事な先人の知恵が今も食卓に生きているのだ。

職人の美意識が生きる「和菓子《わがし》」

昭和20（1945）年8月に第二次世界大戦が終わり、アメリカをはじめとする連合国軍に占領された日本には、その後いわゆる「洋菓子」が大量に流入してきた。「チョコレート」や「チューインガム」など、当時の子供たちにとっては、初めて目にし口にするものばかりだった。もちろん、それ以前にも、安土桃山時代にポルトガルやオランダ、スペイン人の宣教師たちによって日本に入ってきた「カステラ」や「コンペートー（金平糖《こんぺいとう》）」などの洋菓子（いわゆる「南蛮菓子《なんばんがし》」）はあったが、日本の長い歴史の中では、あえて洋菓子と区別する必要のないほどに、和菓子は私たちの生活に定着していた。しかし、戦後にクリームやバターをふんだんに使った洋菓子が世間を席巻してからは、伝統的な日本の菓子として「和菓子」を名乗る必要が出てきたのだ。

洋菓子と和菓子の大きな違いは、和菓子が生《なま》の果物や油脂類を使用せずに作ることだろう。これは、菓子と共に楽しむ飲料が抹茶《まっちゃ》や煎茶《せんちゃ》などのお茶であり、西欧のコーヒーや紅茶などとは味も飲み方も大きく異なっていることが要因だと考えられる。また、和菓子の発展は、茶道の発展と道を同じくしており、茶席で使用されることにも大きな意味を持つものでもあった。小豆《あずき》で作った「餡《あん》」に、砂糖や水飴《みずあめ》、小麦などを加え、見た目の美しさ、もっと言えば芸術作品としての美しさまでをも求め、和菓子は発展の道を辿ってきた。中国から輸入していた「唐三盆《とうさんぼん》」という高級砂糖は稀少品だったが、江戸時代になって「和三盆《わさんぼん》」という高級砂糖が阿波《あわ》や讃岐《さぬき》（現在の徳島県・香川県）で生産されるようになると、それが和菓子の味を引き立てる独自の甘さを持っていたことも相俟《ま》って、各地で独自の和菓子が作られるようになった。明治維新後に砂糖が容易に入手出来るようになってからは、和菓子のバリエーションはさらに広がっていったのだ。

「大福《だいふく》」「羊羹《ようかん》」「団子《だんご》」「饅頭《まんじゅう》」「煎餅《せんべい》」

和菓子の大人気店だった江戸深川・船橋屋の店頭（『菓子話船橋』より）

などの和菓子と、茶道で供される和菓子との間には大きな隔たりがある。茶道の菓子に「饅頭」を使うこともあるが、茶道では見た目も味も繊細な美しさが要求され、日常では口にする機会が少ない「乾菓子《ひがし》」が多用される。「乾菓子」は含有水分量が20％以下と規定されている。

和菓子は、季節感を大切にする。四季折々の移ろいが豊かな日本だからこその技がそこで生きもすれば、職人の腕の見せどころでもある。餡を練るにしても、どこの産地の小豆を使うかを考え、また夏と冬では配合する砂糖の割合も微妙に変わる。白餡に、食用の色素などで色を付けた「求肥《ぎゅうひ》」を加えて練ったものを「練切り《ねりき》」と呼び、茶席や婚礼の席などでも供されるが、同じ素材を使っていかに季節感を出し、風物を活かすかが和菓子作りの醍醐味《だいごみ》なのだ。

もともと、天皇家や公家が住み、茶道が発達した京都において和菓子が特段の発達を見せ、それが各地へ広がっていった。また、高級な葛《くず》の産地である吉野《よしの》地方（現在の奈良県）が近かったことから、「葛切《くずきり》」といった涼しげな菓子も生まれ、ほかにも山芋《やまいも》をすりおろして皮に加えた「薯蕷饅頭《じょうよまんじゅう》」など、素材の広さには事欠かない。

手間暇をかけて一つずつ手作りで生み出すところに、和菓子の価値はある。和菓子の種類を説明し出すとキリがなくなるので、最後に俗説のような真実を紹介しておこう。餅米《もちごめ》を荒く潰してまとめ、餡でくるんだお菓子。「御萩《おはぎ》」である。彼岸の供え物によく使われる。この「御萩」、季節によって呼び名が変わる。春の場合は「牡丹餅《ぼたもち》」、秋は「御萩」。これは、春には「牡丹」が咲き、秋は「萩」の季節なので、花の名にかけたものだ。こうしたネーミング一つとっても、古来からの日本人の繊細さが窺えるというものだ。

「闘食会《とうしょくかい》」の記録

健康面から見て「食べ過ぎは良くない」とは、江戸時代の儒学者・貝原益軒《かいばらえきけん》（1630〜1714）の『養生訓《ようじょうくん》』にも書かれていることで、昔から誰もがわかっていた話だろう。しかし、日本人が「飢餓《きが》」という感覚をようやく失うことが出来たのは明治時代以降の話であり、それ以前の時代は飢饉《ききん》や旱魃《かんばつ》などの天災、あるいは貧困による餓死《がし》が日常茶飯事だったのだ。

しかも江戸時代にも、実は「大食い」の大会が開かれている。江戸時代も後期になり、庶民の中にも富裕層が現れ出して、「闘食会《とうしょくかい》」という催しが開かれたのだ。その中でも最も有名なものが、文化14（1817）年3月23日に江戸柳橋《やなぎばし》の料亭「万八楼《まんぱちろう》」で催されたもので、この大会は曲《きょく》亭《てい》（滝沢《たきざわ》）馬琴《ばきん》（1767〜1848）が編集した随筆『兎園小説《とえんしょうせつ》』や、江戸神田の古本商・藤岡屋由《ふじおかやよし》蔵《ぞう》（1793〜?）が著した『藤岡屋日記《ふじおかやにっき》』といった文献に残されている。「大食いの部」と「大酒の部」が同時開催されたようだが、そこからいくつか記録を拾ってみよう。

◉大食いの部

•神田在住の丸屋勘右衛門（56歳）は、饅頭《まんじゅう》を50個、羊羹《ようかん》を７本、薄皮餅《うすかわもち》30個を食べたあとにお茶を19杯。

•八丁堀在住のいすや清兵衛（65歳）。饅頭を30個、鶯餅《うぐいすもち》80個、松風（煎餅《せんべい》）30枚、それに沢庵《たくあん》を５本。

•麹町在住の佐野屋彦四郎（28歳）は、饅頭50個に餅を１００個。

•丸山片町在住の足立屋新八（45歳）は、今坂餅《いまさかもち》（大《だい》福餅《ふくもち》）を30個、煎餅２００枚、それに梅干《うめぼし》を2升。

•駿河町在住の万屋伊ノ助（50歳）は、醤油２合でご飯を68杯。

•浅草在住の和泉屋吉蔵（73歳）は、唐辛子《とうがらし》5把《わ》をおかずにご飯を54杯。

ご飯の大食い（榊原文翠『大酒大喰会絵巻』より）。左には「食連中　常の茶碗ニ而万年味噌・香物計」とあり、右には「一、飯五十四盃　浅草いつみや吉蔵　七十三才」「一、同六十八盃　小日向上総屋茂右衛門　四十九才」と書かれている。

◉大酒の部
・芝口在住の鯉屋利兵衛（30歳）は、（関取が使うような）3升入る大きな盃《さかずき》で6杯半、19・5升飲んでその場にバッタリ倒れ、目を覚まして茶碗で水を17杯。
・田原町在住の堺屋忠蔵（68歳）は、同じく3升入りの盃で3杯。

これだけのことをすれば、当然身体にかかる負担は大きく、時には命に関わることもあり、大会が終了して間もなく命を落とした人もいるようだ。しかし、懸賞金が掛けられていたため、自分が好きなものを、まさに「腹一杯」食べ、家族には賞金を遺す決意で参加した者もいただろう。

毒にも薬にもなる「日本酒」

上戸《じょうご》に言わせれば「百薬《ひゃくやく》の長《ちょう》」、下戸《げこ》にすれば「気違《きちが》い水《みず》」。

どこの国でも、かなり古くから酒は存在し、愛されていた記録はある。日本では、古代の『古《こ》事記《じき》』や『日本書紀《にほんしょき》』などの中に、すでにその記述が見られることから、１３００年以上にわたって親しまれていることは間違いない。しかし、その発祥となると決め手に欠くのも事実で、いったん口で嚙《か》んだ米を吐き出し、唾液《だえき》の中に含まれる酵素《こうそ》で発酵《はっこう》させたという説と、携帯食であった「干飯《ほしい》」にカビが生えたものへ水を加えて発酵させたという説がある。どちらにも一理あり、「こちらが正しい」という決め手はない。場合によっては違う場所で併存していた可能性も考えられる。

また、平安時代には酒を呑む行為が日常生活の中で一般化していたのは事実であり、『源氏物語《げんじものがたり》』の中にも酒を酌み交わす場面は登場している。最近では、「大吟醸《だいぎんじょう》」をフランス料理と組み合わせたりするなど、国際的

密造されたカストリ酒を飲む男たち
（朝日新聞社『朝日歴史写真ライブラリー戦争と庶民1940-1949 第4巻』より）

な評価も高い。その一方で、戦時中、あるいは戦後の混乱期には「酔えれば良い」とばかりに薬用のメチルアルコールを多用した酒で身体を害したり命を落としたりした人も少なくない。また、「カストリ」と呼ばれる粗悪な酒は、「三合呑めば確実に潰れる」ということから、その頃多く発行された同人雑誌で長続きしないものを「カストリ雑誌」などと呼び、茶化した時期もある。

戦時中は、酒はもちろん「配給《はいきゅう》」の対象で、そう簡単に呑めるものではなく、あとは「闇《やみ》」で呑ませるしかなかった。それでも「蛇の道は蛇」とばかりに酒の匂いを嗅ぎ当て、あちこちで呑んでいたようだ。

日本人には元来、アルコール分解酵素を持たない人の割合が多いというのは有名な話だ。「チャンポンでいくつもの種類の酒を呑むと悪酔いする」というのは都市伝説に過ぎず、結果的には摂取した総アルコール量が肝臓《かんぞう》で分解不可能な量に達すると悪酔いをするだけのことで、酒の種類は関係ない。また、「日本酒はあとに残る。焼酎《しょうちゅう》は残らない」というのは、多少科学的な根拠のある話で、日本酒の中には発酵の時間を短縮するために「醸造用アルコール」を加えたものがある。この場合は、日本酒本来のアルコールと、化学的に加えたアルコールの2種類を分解するために、1種類のアルコールで出来た焼酎よりも分解に時間がかかるため、二日酔いになりやすいのだ。

昭和の大画家として知られる横山大観《よこやまたいかん》（1868〜1958）は、90年の生涯のうち、後半の50年は米粒の代わりに酒しか呑まなかったというエピソードもある。

「ほろ酔い」「微醺《びくん》」「生酔い」「微酔《びすい》」あたりはまだ良いが、やがていつしか「虎《とら》」に変じる。歌舞伎の『仮名手本忠臣蔵《かなでほんちゅうしんぐら》』の「七段目《しちだんめ》」に登場する奴《やっこ》・寺岡平右衛門《てらおかへいえもん》の科白《せりふ》に、「呑んだ酒なら酔わずばなるまい、酔った酒なら醒むるが道理、醒めての上のご分別」というのがある。何とも言い得て妙だ。

古くからのコミュニケーション「お酌《しゃく》」

「お酌」の歴史は古く、中国の詩人・李白（701～762）の有名な漢詩に「山中与幽人対酌（山中にて幽人と対酌す）」というのがあるぐらいだから、もともとルーツは中国なのだろう。日本でも古くからあったと思われるが、江戸時代に入ると、なんと「酌婦《しゃくふ》」と呼ばれる売春婦《ばいしゅんふ》まで登場する。しかし、呑む酒の種類や呑み方の違いはあれ、「お酌」は欧米では見られない習慣だ。

ところで、日本語には「酌」という文字を含む言葉が意外に多い。先ほど述べた「酌婦」のように職業を示す場合もあれば、「独酌《どくしゃく》」「手酌《てじゃく》」「晩酌《ばんしゃく》」「対酌《たいしゃく》」など、呑み方を表す言葉が多い。

「白玉の 歯にしみとほる 秋の夜の 酒はしづかに 飲むべかりけり」の歌を遺した大正から昭和にかけての歌人・若山《わかやま》牧水《ぼくすい》（1885〜1928）は、かなりのアルコール依存症だったようだ。「手酌」でも「対酌」でも、酒は呑みようで「百薬《ひゃくやく》の長《ちょう》」にもなれば「気違《きちが》い水《みず》」にもなる。

徳利《とっくり》は右手で持ち、左手を添えて注ぐのが礼儀（『日本女礼式』より）

古くからある「箸《はし》」

和食が「世界文化遺産」に指定されるよりもだいぶ前から、外国で和食がブームになったのは、見た目の美しさに加えて、「ヘルシー」という重要な条件があったからだ。確かに、動物性油脂の量は少なく、豆腐などの良質なタンパク質をふんだんに使った料理は健康に良い。

しかし、和食で最も驚嘆すべき点は「箸」ではないか、と考える。手で食事をする民族を除けば、食事の最初から最後までをたった一膳《いちぜん》の箸だけで済ませてしまうことが出来るのだ。結婚式やレストランでフランス料理のコースでも食べようと思えば、いったい何本のフォークやナイフ、スプーンを使うことになるだろう。魚と肉ではナイフとフォークの種類も違う。

西洋料理に多くのテーブルマナーがあるように、箸を使った食事にも多くの決めごとがある。箸を美しく使い、綺麗に食事をいただくことが、もてなしてくれた相手に対する礼儀ともされている。

今から1300年以上も前の『古事記《こじき》』に箸を使ったという記述が見られるぐらいだから、そ明治時代の礼法書に図解されたお膳から箸を取る作法（『〈現代〉国民作法精義』より）。
1右手で取り上げ、2左手を添えて、3・4右手に持ちかえる。

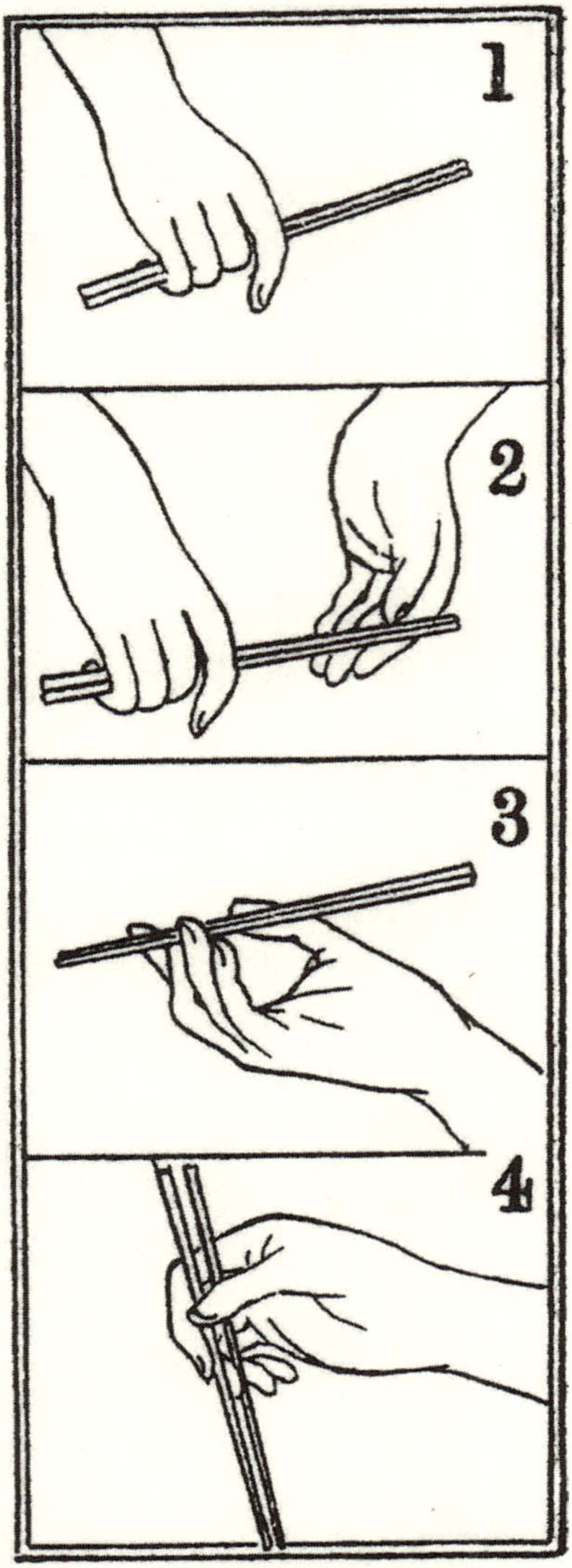

れ以降、長きにわたって箸を使うマナーが築かれてきたのだ。

禁じられている行為として、「移《うつ》り箸」、「惑《まど》い（迷《まよ》い）箸」「揃《そろ》え箸」「渡《わた》し箸」「指《ゆび》差《さ》し箸」「探《さぐ》り（ほじり）箸」「刺《さ》し箸」「舐《ねぶ》り箸」「押《お》し込《こ》み箸」「拾《ひろ》い箸」などを挙げることが出来る。

侍

「武士道《ぶしどう》」とは

海外の人に多大な興味を持たれているのが「サムライ」の精神を貫く「武士道《ぶしどう》」だが、それは一体どのようなものであるのか。制度上、武士が存在しなくなって150年近くも経った今、私たちにも曖昧模糊《あいまいもこ》としたイメージしか湧いてこない。歌舞伎や時代劇などでその姿や行動、思想などがある程度は理解出来ても、それとて本物ではなく、あくまでも現代人が扮している武士に過ぎない。丹念に探せば、今の日本にも姿を変えて武士道の精神は生きているのだろうが、思想という正体が摑《つか》みようのないものだけに、説明も難しい。

武士道で最も有名な言葉は、佐賀藩士の山本常朝《やまもとつねとも》(1659~1719)が出家後に、元佐賀藩士の田代陣基《たしろつらもと》(1678~1748)に述べた藩の昔語りや武士の心得などの語録を中心に、陣基が数年をかけて編纂した『葉隠《はがくれ》』(享保元〈1716〉年頃成立)の、「武士道と云ふは、死ぬ事と見付けたり」の一節だろう。しかし、この言葉だけでは抽象的過ぎて、本来の意味を汲み取ることが出来ない。「武士は二君に仕えず」という人もいれば、「七度主君を変えねば武士とは言えぬ」という人もおり、主君に対する「忠義《ちゅうぎ》」の考え方も様々である。いずれにしても、儒教《じゅきょう》の影響を大きく受けた中で「武士」としての生き方を捉えたものである。

幕末の万延元（1860）年には、幕臣の山岡鉄舟《やまおかてっしゅう》（1836〜88）が、そのものずばりの『武士道』を著わしており、そこでは神道《しんとう》・仏教《ぶっきょう》・儒教の３つの融和が武士道である、と説いている。

多くの「武士道論」の中で、共通しているのは「主君に対する忠義」を第一義としていることだ。「弓射騎馬《きゅうしゃきば》」、つまり武芸を専業とする武士は9世紀末に発生したとされるが、12世紀末の鎌倉時代になって武家政権が誕生すると、「御恩《ごおん》と奉公《ほうこう》」という契約関係に重点が置かれ、思想としての「忠義」はさして重んじられなかった。

それが江戸時代に入り、「主君に忠義を尽くしてこその武士である」という考え方に大きく方向転換したのだ。儒学《じゅがく》をはじめ朱子学《しゅしがく》などの学問が発達し、そこに典拠を求めた上で、思想的に武士の在り方を考える人々が登場したからだ。「忠臣蔵《ちゅうしんぐら》」で有名な大石内蔵助《おおいしくらのすけ》が教えを乞うた兵学者の山鹿素行《やまがそこう》（1622〜85）などもその一人だ。

"BUSHIDO THE SOUL of JAPAN"の表紙

歌舞伎には「親子は一世、夫婦は二世、主従は三世の縁」という科白がいろいろな作品で登場する。親子は現世だけでの縁、夫婦としての契《ちぎ》りを結べば来世までも夫婦である。しかし主従は、もう一度生まれ変わってもそのまま縁が続くほど、深く結びついた関係だ、という意味だ。

ところで、近代的な発想に立って「武士道」を考えた書物がある。5000円札の肖像でお馴《な》染《じ》みの新渡戸稲造《にとべいなぞう》（1862〜1933）が著した『武士道』だ。この本は明治33（1900）年に英文で書かれ、西欧人から不可思議な感覚で捉えられていた「武士道」を、西欧の哲学などを引用しながら、明快に解き明かしたものだ。これが僅《わず》か10年に満たない間に、日本語版はもちろん、ドイツ語、ボヘミヤ語、ポーランド語、マラーティ語、ノルウェー語、中国語などに翻訳され、瞬《また》く間に世界のベストセラーとなった。面白いのは、日本古来の「武士道」を著作にした新渡戸自身は、父が武士であったのに、自身は敬虔《けいけん》なクリスチャンだったことだ。現在は、現代語訳に直したり、読みやすく注釈《ちゅうしゃく》を施したりしたものが何種類も出版されており、1世紀以上を経た今でも売れているロングセラーである。

『武士道』によれば、職業としての侍《さむらい》である武士が果たす精神的に高貴な役割が「武士道」であるとしている。それは主君への「忠《ちゅう》」であり、人の道としての「義《ぎ》」であり、「義」を遂行するための「勇《ゆう》」であり、寛容と慈悲の「仁《じん》」であり、これらの気持ちを形で表す「礼《れい》」である。

武士にとって最も大切なものは「名誉《めいよ》」で、「恥ずかしい行為」は最も蔑《さげす》むべきものであった。それは、節制、鍛練、自制、我慢といった苦行とも思える状況にも耐え、精神的な高みを追い求める生き方だ。それが時には「痩《や》せ我慢」にも見え、「武士は喰わねど高楊枝《たかようじ》」といった川柳にもなったのだろうが、その目的とするところは、ヨーロッパの貴族の考え方である「ノーブレス・オブリージュ」(社会的に恵まれた者や身分の高い者が社会に対して果たす義務)とも共通する点が多い。これらは、先に述べた神道・仏教・儒教の三つの融和によるもので、明治維新後に、西欧の哲学思想を知る新渡戸の視点が「武士道」を世界に広める大きなきっかけになったのである。

「侍《さむらい》」とは

海外の人たちが、日本を象徴するものとして「富士山」と同様の興味や親しみを感じるのは「サムライ」だろう。今は、身分としても制度としても存在しないのに、日本中を侍が刀を差して闊歩《かっぽ》しているとのイメージを持っている外国人は少なくないようだ。精神性はともかくも、実体としての「侍」は、日本人でさえ140年以上も目にしていないことになる。

一方で、「武士《ぶし》」という言葉もある。「もののふ」とも読むが、「侍」と「武士」には何か違いがあるのだろうか。結論から言えば同じだ。しかし、歴史的な時間軸で見れば「侍」の発生のほうが遥かに古いし、厳密には「侍」とは「武士」階層の中でも上層の者を指す。それが、時代が下るにつれて同等の意味を持つようになったのだ。

では、「侍」の発生はいつ頃だったのだろうか。奈良・平安時代に、貴族など身分の高い人々に仕えることを「さぶらふ」と言った。これが転訛《てんか》して「侍《さむらい》」という呼び方になったようだ。貴族に仕えていた時代の「侍」は、戦場で槍《やり》や刀を振り回して戦うことはほとんどなく、武人《ぶじん》よりも文人《ぶんじん》、すなわち「官僚《かんりょう》」に近い。朝廷の有職故実《ゆうそくこじつ》、つまり数多くの儀式の伝統や習慣に精通していることが必要な、インテリの仕事とも言える。事実、出世コースに乗れば、貴族の最下級のランクにまでは進むことが出来た。それが、時代が進

甲冑を着けて完全武装した武士（1863年。F・ベアト撮影）

むにつれて、そうした能力の中に武芸が必要となり、武芸を職能《しょくのう》とした「侍」が登場するようになったのだ。

貴族に仕えて事務仕事に就いている「侍」のイメージよりも、戦場で馬を駆け巡らせ、あるいは刀を差している「侍」のイメージのほうが圧倒的に強い。事実、平安時代も後期になると武芸に秀でた「侍」の力が強大になり、遂《つい》には「侍」が政権を握ることになる。鎌倉幕府の誕生だ。「御成敗式目《ごせいばいしきもく》」では、武士身分の者を「侍」と呼び、名字《みょうじ》の使用や騎馬が「侍」の特権とされた。その後も、江戸時代末期の慶応3（1867）年の「大政奉還《たいせいほうかん》」まで約700年、「侍」の政権が続く。ただし、戦乱が収まり太平の世となった江戸時代の「侍」は、「武」よりも「文」の能力が重視されて再び官僚化していくことになる。

「御目見《おめみえ》」という言葉があるが、これは直接将軍に謁見出来る《えっけん》「御目見以上」と、謁見出来ない「御目見以下」とに分けられる。江戸幕府の場合で言えば、御目見以上である「旗本《はたもと》」という上級武士は「侍」だが、御目見以下である「御家人《ごけにん》」は下級武士であり「侍」ではない。また、各地の藩《はん》でも、家臣団の上層を「侍」とし、「足軽《あしがる》」や「中間《ちゅうげん》」などの下級武士とは区別していた。

そういう意味では、世界的に有名な黒澤明《くろさわあきら》（1910～98）監督の代表作『七人《しちにん》の侍《さむらい》』の主人公である野武士たちは、厳密に言えば「侍」ではないということになる。

「侍」を含めた武士階層の者たちは、明治維新を経て全員が「士族《しぞく》」として括《くく》られ、さらに明治9（1876）年の「廃刀令《はいとうれい》」によって、「武士の魂」とも言える刀を手放すことになる。しかも、「士族」とは名ばかりで、それまで享受してきた特権はすべて奪い取られてしまったのだ。

名誉ある死、「切腹《せっぷく》」

「ハラキリ」として、英語の辞書にそのまま単語として採用されているほど、日本の特異な習俗として世界的に有名である。今でも、日常的に「ハラキリ」が行われている、と真面目に信じている外国人もいるほどで、そこに彼らは日本人の底知れぬ我慢強さと、死への美学を憧憬《しょうけい》しているのかもしれない。

日本で最初の「ハラキリ」、つまり誰が最初に切腹《せっぷく》したのかを確定することは難しいが、おそらく武士が歴史上に登場してくる平安時代の後期頃からだろう。

誰がどう考えても、自分で己《おのれ》の腹を搔《か》っ捌《さば》くという手法は、ほかの自死《じし》の方法と比べても、恐ろしいほどの苦痛を伴うことは容易に想像が出来る。しかし、それが「武士道《ぶしどう》」という概念と結びついたことで、数ある自死の種類の中でも美化されてきた歴史を持つことになった。

切腹と一口に言っても、意味合いは一様ではない。罪を咎《とが》められ、主君などから命じられるものもあれば、主君の死を悼《いた》み、自らがあとを追うために殉死《じゅんし》する場合もある。これを「追腹《おいばら》」と言うが、たとえ罪を受けて切腹を命じられる場合でも、「賜《たまわ》る」ものであり、武士としては名誉なこととされた。それよりも不名誉な死として「斬首《ざんしゅ》」があり、これは明らかに自分の意志が介在出来ないものだ。

歴史に名を残した人の切腹として有名なのは、豊臣秀吉に仕えた茶人の千利休《せんのりきゅう》（1522〜91）だろう。利休は秀吉から切腹を命じられた。その理由については、数え切れないほどの説が出ているが、真相は闇の中だ。

切腹の異常なまでの苦痛に耐え兼ね、尋常ではない行動を起こす人もいたのだろう。江戸時代の中頃には、切腹は「作法《さほう》」としての姿に変わり、

切腹の様子（『徳川幕府刑事図譜』より）

刀や扇子《せんす》を腹にあてた瞬間に、後ろに立った介錯人《かいしゃくにん》が首を斬り、苦痛を和らげるという方法が採られるようになった。この「介錯」には非常に高度な技術を要し、「首の皮一枚残す」のが基本と言われた。しかし、誰にでも出来るものではなく、江戸幕府では「山田浅右衛門《やまだあさえもん》」という人物が代々にわたって、介錯の役目を務めた。明治維新後も斬首の刑が残っており、九代目の最後の山田浅右衛門がその任務を終えたのは、明治14（1881）年のことである。

芸能の世界で最も有名な切腹は、「赤穂事件《あこうじけん》」の浅野内匠頭《あさのたくみのかみ》の切腹が描かれた歌舞伎の『仮名《かな》手本忠臣蔵《でほんちゅうしんぐら》』の「四段目―判官切腹」の場面だろう。芝居では塩冶判官《えんやはんがん》という役名だが、江戸時代には、この「四段目」を通称「通さん場」と言い、上演中は場内への観客の出入りを禁じたと言う。また、判官を演じた役者は、この幕が済むとそのまま駕籠《かご》に乗って帰宅した、という古い芸談もある。切腹とは、それほど特別なものだったのであり、武士の死に様が一つの美学にまで昇華《しょうか》したのだ。

世界で人気の「忍者《にんじゃ》」の歴史

今や、「ニンジャ」は世界の共通語となっており、日本人が映画やテレビ、漫画などで目にしてきた「忍者」が今も実在していると考えている外国人は多いようだ。

江戸時代には『萬川集海《ばんせんしゅうかい》』（延宝4〈1676〉年）という書物があり、これはすべての忍術の流儀を集大成したものであるが、もちろん当時の庶民たちが読めたようなものではなかった。

日本において、忍者の存在を知らしめ、忍者をヒーローに仕立て上げたのは、明治末期から昭和初期にかけて、猿飛佐助《さるとびさすけ》や霧隠才蔵《きりがくれさいぞう》などを主人公にした子供向けの小説「立川文庫《たつかわぶんこ》」だろう。

戦後の漫画では、白土三平《しらとさんぺい》（1932〜）の『忍者武芸帳影丸伝《にんじゃぶげいちょうかげまるでん》』『カムイ伝』『サスケ』、横山光《よこやまみつ》輝《てる》の『伊賀《いが》の影丸《かげまる》』、新しいところでは岸本斉史《きしもとまさし》（1974〜）の『ＮＡＲＵＴＯ―ナルト―』など、多くの作品がある。テレビの世界では、１９６０年代後半に『仮面《かめん》の忍者赤影《にんじゃあかかげ》』（横山光輝の原作）が大ヒットし、多くの子供たちが憧れ、真似をして遊んだ。また、１９８０年代には千《ち》葉《ば》真一《しんいち》（1939〜）主演の『服部半蔵影《はっとりはんぞうかげ》の軍団《ぐんだん》』が人気を博し、シリーズ化された。こうして日

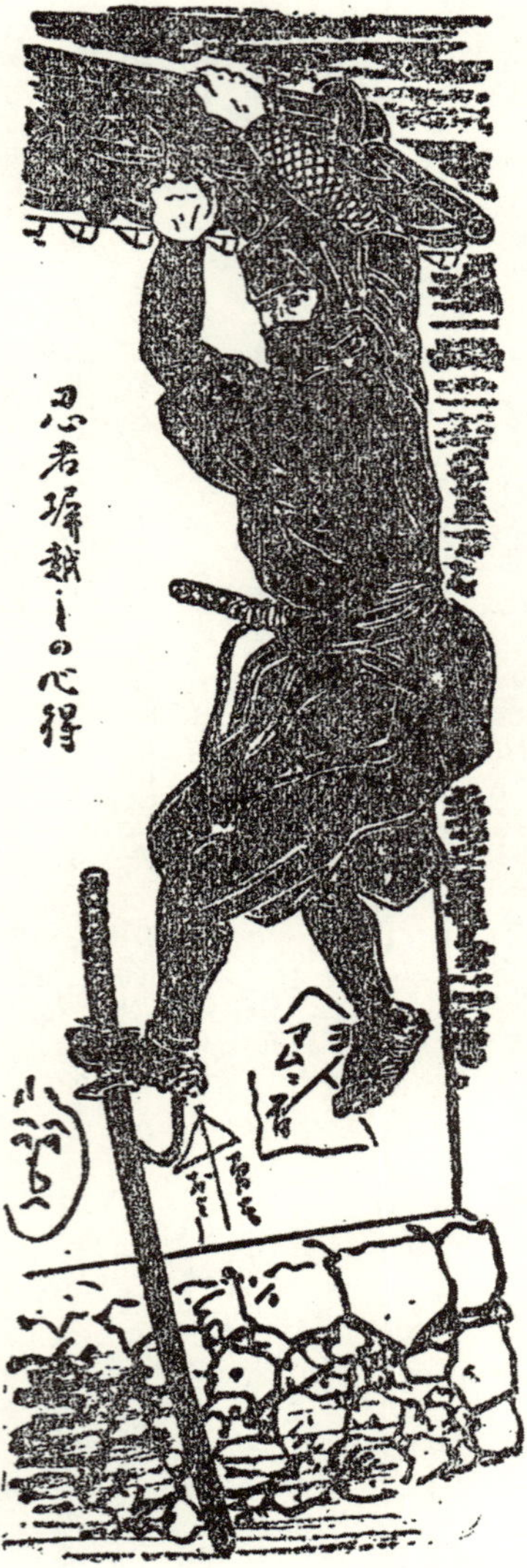

忍者塀越しの心得（伊藤銀月『現代人の忍術』〈1937年〉より）

本国内で多大な人気を誇った忍者は、１９８０年代に、ショー・コスギ（1948〜）が「*Enter the Ninja*」「*Revenge of the Ninja*」など一連の「ニンジャ映画」をアメリカ国内で大ヒットさせたことで、世界中に「ニンジャ・ブーム」が起き、それが最初に述べたような誤解を与えたのかもしれない。

そもそも「忍者」とは「忍びの者」「草の者」であり、服部半蔵のように実在した人物であっても、忍者の生涯や行動記録は詳細に残されるべき性格のものではない。英語で言えば「SPY（スパイ）」であり、世界で「国」という概念が出来た時点で、他国の情報を探るための任務を帯びた人々が同時に発生したことは容易に想像出来る。しかし、いずれも表立つことは出来ず、西欧における「秘密諜報部員」の象徴が映画『００７』におけるジェームズ・ボンドであるのと同様に、日本ではその象徴として忍者が活躍したことになる。

日本の歴史の中で、忍者が活躍の痕跡を見せ始めるのは武家政権が確立した鎌倉時代以降の話だ。伊賀《いが》や甲賀《こうが》の忍者のように組織的な集団もいれば、単なるゴロツキのようにあちらこちらを渡り歩くものまで、種々雑多な者がおり、男性ばかりか女性もいたとされる。女性の忍者は「くの一」と呼ばれた。これは「女」という漢字を分解すると「く」「ノ」「一」になるからだ。

誰も本物を見たことのないのに忍者の人気が衰えないのは、大人には少年時代の想い出を呼び覚ますものであり、外国人には「サムライ」と共通する「憧れ」の象徴でもあるからではないか。

英語にもなった「カミカゼ」「大和魂《やまとだましい》」の精神

今や、カタカナで書いたほうがしっくりくるほどで、海外の人にも馴染《なじ》みの深い「神風《かみかぜ》」。「かむかぜ」「しんぷう」とも言い、「神の威徳《いとく》によって起きる風」のことだと『広辞苑《こうじえん》』では最初に定義してある。この例を示すなら、俗に「元《げん》寇《こう》」とか「蒙古襲来《もうこしゅうらい》」と呼ばれる文永《ぶんえい》の役《えき》（文永11〈1274〉年）と弘安《こうあん》の役《えき》（弘安4〈1281〉年）の折に、対馬《つしま》や壱岐《いき》、筑前《ちくぜん》などを襲った「元《げん》」が暴風雨に遭い、全滅に近い打撃を蒙って、ほうほうの体で引き揚げたという大事件だろう。こちらの意味で使う場合は、和歌の枕《まくら》詞《ことば》にもなるほどで、「神の威徳」そのままである。

しかし、今や世界的に有名な日本の「カミカゼ」は、『広辞苑』で2番目に定義されている「（第二次世界大戦中、特攻隊《とっこうたい》の名としたところから）命知らずで向こう見ずなさま」のほうだろう。括弧内の「特攻隊」とは「神風特別攻撃隊」（爆弾を積んだ飛行機ごと敵艦船に体当た

神風が蒙古の船を襲う（矢田一嘯「敵艦の覆滅」）

り攻撃を行うために編成された）のことであるが、敵であるアメリカ軍にしてみれば理解不能な感覚で、そこに恐怖を覚えたであろうことは間違いない。そのために多くの若い命が喪われてしまったのだが、今ではもはや「精神的な支柱」としての「神風の精神」は受け継がれていないし、受け継ぐべきでもないだろう。

一方の「大和魂《やまとだましい》」。これも「神風」と同じように、本来の意味とは違う意味のほうが広く捉えられているケースだ。

本来は「漢才《からざえ》」、すなわち学問上の知識に対して、実生活上での知恵や才能を表す言葉だった。しかし、「勇猛《ゆうもう》で潔《いさぎよ》いのを特徴とする日本民族固有の精神」としての使われ方が圧倒的に多い。もっとも、この言葉は第二次世界大戦よりも遥か以前、江戸時代の曲亭《きょくてい》（滝沢《たきざわ》）馬琴《ばきん》（1767～1848）の戯作本《げさくぼん》『椿説弓張月《ちんせつゆみはりづき》』にも見られるもので、「武士道《ぶしどう》」の精神との関係の深さが窺える。

両方とも、海外の人々にはなかなか理解のしにくいものであり、言葉は時代と共に変わるものだが、今の私たちが実感を持ってこの言葉を使うことは出来ない。

同じようでも違う「俠客《きょうかく》」「やくざ」「暴力団《ぼうりょくだん》」

平成3（1991）年5月15日、「暴力団員による不当な行為の防止等に関する法律」いわゆる「暴対法」が交付され、暴力団に対する規制がさらに厳しくなった。「反社会勢力」が蔓延《はびこ》れば、世の中が悪くなるのは当然だが、「暴力団」と「やくざ」を意図的に混同させているきらいがないとは言えない。

歴史的に見れば共に「制外者」であり、厳格な身分制度の下では生きにくかった人々が共に手を携えてきた結果の、一つの姿でもある。「やくざ」の語源は花札賭博《はなふだとばく》の「おいちょかぶ」からきており、「八・九・三」の札が揃うと合計で20となって、「ゼロ」＝「役に立たない者」という俗説は良く知られている。しかし、昭和の後期になってもなお、芸能興行の仕切りに「やくざ」の手を借りるケースは多かった。また、そうでなければ地方によっては興行が打てない仕組みにもなっていた。互いに扶助関係にあった、とも言えるのだ。片方は華やかな舞台でライトを浴び、片方は世の中の裏街道を歩むことを生業としている。

やくざは、祭礼の縁日《えんにち》などの仕切りや、興行の仕切りなどを稼ぎの中心とする「的屋系《てきや》」と、博打《ばくち》を打たせて、その上がり（寺銭《てらせん》〈テラ銭〉）で暮らす「博徒系《ばくと》」の二つに分けられる。1960年代を風靡《ふうび》した高倉健《たかくらけん》（1931〜2014）主演の任侠《にんきょう》映画は、主に博徒系のやくざを扱ったものだ。的屋系の興行師に絡むやくざは、芸能との関係を深め、落語《らくご》の名跡を預かる親分なども出てくる。昭和の大スター長谷川一夫《はせがわかずお》（1908〜84）が、昭和12（1937）年に松竹《しょうちく》から東宝《とうほう》へ移籍をした折に顔を剃刀《かみそり》で切られた事件や、人気浪曲師だった二代目廣澤虎造《ひろさわとらぞう》（1899〜1964）を巡

幡随院長兵衛

晩年の清水次郎長

って出演の権利を握ろうと争った事件など、こうした話題の多くに、やくざが絡んでおり、この水脈は今でも芸能界の裏面を脈々と流れている。

歴史的には、平安時代にはすでに博徒がいたとも言われ、的屋系は芸能が興行として成立する中世までその出現を待たなくてはならない。どちらも、無宿者《むしゅくもの》や渡世人《とせいにん》など、定住場所を持たない浮草稼業《うきくさかぎょう》の人々が集まった、親分を頂点とした日本的な「家父長制度《かふちょうせいど》」というピラミッドの擬似的な集団とも言える。だからこそ、「親父《おやじ》」「伯父貴《おじき》」「兄貴《あにき》」「舎弟《しゃてい》」などの言葉が使われたのだろう。

歴史に名を残したやくざと言えば、古くは江戸浅草で町奴《まちやっこ》の頭領だった幡随院長兵衛《ばんずいいんちょうべえ》（1622～57?）、上州赤城山《あかぎさん》中を住処として活動した国定忠治《くにさだちゅうじ》（1810～50）、徳川家最後の将軍徳川慶喜《とくがわよしのぶ》とも縁の深い新門辰五郎《しんもんたつごろう》（1800?～75）、数千人の子分がいた東海一の大親分・大場久八《だいばのきゅうはち》（1814～92。本名は森久治郎《もりきゅうじろう》）、大政《おおまさ》・小政《こまさ》・森《もり》の石松《いしまつ》などの屈強な子分たちを統率した清水次郎長《しみずのじろちょう》（1820～93。本名は山本長五郎《やまもとちょうごろう》）あたりだろうか。

時代が進むにつれて、やくざの抗争は過激化し、やくざの集団よりも近代的な方法で金銭を調達する、組織的な暴力集団が生まれ始めた。これが昭和の中頃のことで、このあたりから「やくざ」と「暴力団」が混同されるようになっていくのである。はっきりとした発祥の年代はわからないが、それまで「○○組」や「△△会」、「××興業」などと称していたものが「暴力団」と呼ばれるようになったのは、第二次世界大戦後のことのようだ。戦後の混乱に乗じて、「本職」ではなかった「愚連隊《ぐれんたい》」などが組織的に、あるいは徒党《ととう》を組んでまさに「力」に物を言わせたのだろう。

まともなやくざは堅気《かたぎ》の人々とは別の世界で暮らし、迷惑をかけない、というのが鉄則である。古典的、とも言えるやくざは、口の利き方もきちんとしていれば、物腰も柔らかく礼儀正しい。彫り物を見せびらかして人々を脅そうとするのは、その下の「チンピラ」に過ぎない。自分が制外者であることを弁《わきま》えて、それを生業とせざるを得ないことを理解した上で世間と折り合ってきたのだ。しかし、今はそれも許されない時代となった。「今のやくざは、チンピラとやることが変わらない」という嘆きは、紀元前の中国古典の一節にもある。

武士のスポーツ「流鏑馬《やぶさめ》」「鷹狩《たかがり》」「犬追物《いぬおうもの》」

馬で神社の参道を駆け抜けながら、3ケ所の板的《いたまと》を弓で射《い》る「流鏑馬《やぶさめ》」は全国各地で行われているが、特に有名なのは鎌倉・鶴岡八幡宮《つるがおかはちまんぐう》と京都・下鴨神社《しもがもじんじゃ》のものだ。今は、完全な「伝統行事」として、あるいは祭りの中のアトラクションのような位置づけになっていることが多いが、平安時代の後期に始まった武士の代表的武芸の一つである。鎌倉時代に最盛期を迎えるが、騎馬《きば》対騎馬の一騎討ちから足軽《あしがる》を主力とする集団戦法へと戦《いくさ》の方法が変わっていくにつれ、流鏑馬は廃《すた》れていった。

流鏑馬が復活したのは江戸時代、八代将軍・徳川吉宗《とくがわよしむね》（1684〜1751）の頃である。享保9（1724）年、儀式典礼を司《つかさど》る高家《こうけ》の小笠原貞政《おがさわらさだまさ》が、吉宗の命によって新儀式としての流鏑馬を制定し、江戸郊外の高田馬場《たかだのばば》で度々流鏑馬を催している。その後、流鏑馬は幕府崩壊や第二次世界大戦によって再度廃れることになるが、戦後に復活して現在に至っているという流れだ。

「鷹狩《たかがり》」は、今では時代劇で観るばかりになってしまったが、その歴史は古く、古墳時代から行われていたようで、平安時代には歴

流鏑馬（楊洲周延『千代田之御表』より）

代の天皇に好まれた。広い野原で鷹を放ち、獲物を捕獲させ、また戻って来るように鷹を調教する者を「鷹匠《たかじょう》」と呼び、明治以降、第二次世界大戦が終わるまでは宮内省《くないしょう》（現在の宮内庁）に所属していた。このことからも、鷹狩が皇室と深く結びついた行事であることが窺《うかが》える。

鎌倉時代には源頼朝《みなもとのよりとも》によって禁止されたものの、南北朝・室町時代に武家の鷹狩が流行し、戦国時代以降に織田信長や徳川家康らに好まれて、鷹そのものや獲物の贈答が盛んになった。三代将軍・家光《いえみつ》も鷹狩を好んだが、五代将軍・綱吉《つなよし》の治世の折に「生類憐み《しょうるいあわれ》の令」によって厳禁とされ、八代将軍・吉宗の時代に復活した。江戸時代における鷹狩は、将軍家・御三家をはじめ、大名だけに許された非常に特権的なものであった。

明治の文豪・泉鏡花《いずみきょうか》（1873〜1939）の戯曲で、現在も歌舞伎役者の坂東玉三郎《ばんどうたまさぶろう》（1950〜）がしばしば上演している『天守物語《てんしゅものがたり》』にも鷹狩が出てくる。これは姫路城《ひめじじょう》の天守を舞台に、この世の者ならぬ美しい姫君と、鷹狩の最中に行方が見えなくなった鷹を探しに天守へ登ってくる美しい若武者・図書之助《ずしょのすけ》との幻想的な恋物語であり、天守から見下ろした鷹狩の風景が描写されている場面があるのだ。

「犬追物《いぬおうもの》」とは、鎌倉時代に始まったとされる弓術《きゅうじゅつ》で、竹垣で方形の馬場を作り、そこへ１５

0匹の犬と騎馬武者を入れ、制限時間内にどれだけの犬を射止めることが出来るかを争ったものだ。この時、犬に放つ矢は先の尖《とが》った金属製のものではなく、「鏑矢《かぶらや》」と呼ばれる先の丸いもので、犬の身体に傷をつけるわけではない。限られた狭い場所での接近戦となった時に、いかに巧く馬を乗りこなし、早く移動する敵に矢を射ることが出来るか、という「実戦用の訓練」だ。その後、「犬追物」の作法を継承した武家がどんどん滅び、江戸時代においては薩摩の大名・島津《しまづ》氏と高家の小笠原《おがさわら》氏だけとなった。歴史上は、明治14（1881）年に島津《しまづ》忠義《ただよし》が明治天皇の眼前で犬追物興行を行ったのが最後とされる。今は、動物愛護の観点から、実施されることはなくなり、記録に残るだけとなってしまった。

日本のスポーツ「空手《からて》」「剣道《けんどう》」「柔道《じゅうどう》」

「剣道《けんどう》」とは、剣術《けんじゅつ》の一種で、防具を着用して、真剣《しんけん》や木刀《ぼくとう》ではなく竹刀《しない》で稽古《けいこ》をするもの、と考えてよいだろう。竹刀を使った稽古自体は戦国時代からあるが、江戸時代を通じて道具や稽古方法が徐々に改良され、いくつもの流派が肩を並べて稽古試合をするようになったのは、江戸時代後期になってからのようだ。

千葉周作《ちばしゅうさく》（1793〜1856）が創始した「北辰一刀流《ほくしんいっとうりゅう》」の玄武館《げんぶかん》、桃井春蔵《もものいしゅんぞう》（初代。?〜1774）が創始した「鏡新明智流《きょうしんめいちりゅう》」の士学館《しがくかん》、斎藤弥九郎《さいとうやくろう》（初代。1798〜1871）が創始した「神道無念流《しんとうむねんりゅう》」の練兵館《れんぺいかん》が、江戸における代表的な道場で（俗に「江戸三大道場」と呼ばれる）、諸藩の藩士らが入門した。一方で幕府は、旗《はた》本《もと》・御家人《ごけにん》やその子弟らの鍛練のために「講武場《こうぶじょう》」（のちに「講武所《こうぶしょ》」と改称）と呼ばれる武術修練所を、安政元（1854）年に江戸の築地鉄《つきじてっ》砲洲《ぽうず》に設けたが、これは嘉永6（1853）年のペリー来航以降、欧米列強の近代的な軍備を目の当たりにするようになって、ようやく設置されたものだ。

結局、明治9（1876）年の「廃《はい》刀令《とうれい》」によって武士の帯刀《たいとう》が禁止され、その後は武士が刀剣《とうけん》を使う機会

防具姿の高杉晋作

がほとんどなくなったため、スポーツとしての「剣道」に置き換わっていった、と考えるのがよいだろう。なお、眠狂四郎《ねむりきょうしろう》の「円月殺法《えんげつさっぽう》」は、作家の柴田錬三郎《しばたれんざぶろう》（1917〜78）が発明したもので、実際の剣法ではない。

一方の「柔道《じゅうどう》」は、多少複雑な歴史を持つものの、いつ始まったかははっきりしている。嘉納《かのう》治五郎《じごろう》（1860〜1938）が明治14（1881）年に、それまで諸派に分かれていた「柔術《じゅうじゅつ》」の中の優れたところを集めて、独自の「柔道」を開発し、その翌年に「講道館《こうどうかん》」を東京の下谷区北稲荷町に設立した。厳密に言えば、柔道の歴史は産みの親の嘉納治五郎以来、約１３０年ということになる。ちなみに「柔術」は、それよりもずっと古い戦国時代からあり、戦場で相手を「組討《くみうち》」する際の技術や、敵に襲われた場合の護身術、敵を捕らえる際の「捕手《とりて》」などのことを指した。

柔道には、組技《くみわざ》や投技《なげわざ》、固技《かためわざ》など多彩な技があり、力の入れようとタイミングでは体格の小さい者が大きな者にも勝てることから、「柔よく剛を制す」と言われる。今や、オリンピックの種目であるばかりか、世界各国の強豪が覇を競うほどのスポーツになり、世界的な広がりを見せている。

ほかにも、こうした武術として「空手《からて》」を思い浮かべる方もいるだろう。空手は「唐手」とも書かれるが、琉球王国《りゅうきゅうおうこく》（現在の沖縄県）の武術である「手《ティー》」と中国の武術が合体して発展したものとされる。それが明治以降に日本国内へ広まり、第二次世界大戦後に世界各地へ広まっていったようだ。

剣道と柔道は、昭和28（1953）年から心身鍛練のために学校教育の場に取り入れられることとなった。己の身体のみで相手との勝負を決する時代のことを、実感を持って想像することは難しいが、世界に広がった日本の「精神」と「肉体術」は、今も生きているのだ。

斬り合いの美しき姿「殺陣《たて》」

海外の人たちが「サムライ」と同様に興味を示すのが「チャンバラ」である。彼らの感覚からすれば、動きにくい「キモノ」を纏《まと》い、鮮やかな刀捌《かたなさば》きを見せ、バッタバッタと人を斬る姿は、まさに「ジャパニーズ・サムライ」のクライマックス・シーンであろう。

勧善懲悪《かんぜんちょうあく》を大きなテーマとする時代劇においては、チャンバラ、いわゆる「殺陣《たて》」のシーンは最後の見せ場でもある。そのために綿密な動きが付けられており、これを業界の言葉では「手《て》」と呼ぶ。「この場面の立ち回りは、こういう『手』を付けましたので、覚えてください」というように、専門に立ち回りを考え、効果的に見せる「殺陣師《たてし》」という職分が、時代劇のみならず、現代劇のアクション・シーンなどでも重要な役割を果たしている。これは、歌舞伎に源流を発するものだろう。

今は、刀もジュラルミンや軽量の金属を使っていて、スピーディな動きが出来るように工夫されている。しかし、それでは重みや迫力が出ない、という理由で、「本身《ほんみ》」と呼ばれる真剣《しんけん》を使って立ち回りを行ったこともあったが、事故で死傷者が出たために、今では真剣での立ち回りが行われることはない。その分、あとから擬音《ぎおん》を巧く嵌めていくことで臨場感を出そうとしているが、あまりにも擬音の技術が発達してしまい、かえって煩《うるさ》く、臨場感を削《そ》ぐ印象を受けることもある。

袴《はかま》を付けた美しい刀捌きの殺陣だけを見せる演目が芝居にもある。今は無くなってしまった劇団新国劇《しんこくげき》の人気演目であった『殺陣・田村』だ。主役が、各方向から掛かってくる相手を、流れるような刀の動きや、スピーディな捌き方

殺陣のワンシーン（写真提供：志道塾）

で次々に斬り倒す、爽快な演目である。これを考案したのは新国劇の創立者・澤田正二郎《さわだしょうじろう》（1892〜1929）で、早世以後も代々の人気スターによって受け継がれてきた演目だ。

時代小説の映画化や舞台化に伴って、主人公独自の剣法が生み出され、それが人気を博した時期もある。眠狂四郎《ねむりきょうしろう》の「円月殺法《えんげつさっぽう》」などはその代表的なものだが、こうした殺陣は、主人公だけでなく、斬られ役がいかにうまく斬られるか、によって見え方がずいぶん変わってくる。ほとんど主人公が動かずにいても、斬られ役が巧《うま》ければ、ごく自然に見えるもので、こうした部分に、職人たちの「こだわり」がある。斬られ役は主役を望んでいるわけではなく、いかにして主役を引き立てて巧く斬られるかに工夫を凝らすのだ。ハリウッド映画『ラスト・サムライ』にも出演した福本清三《ふくもとせいぞう》（1943〜）は、「5万回斬られた男」との異名を持っているほど斬られ役の達人である。

自らの肉体を駆使して見せる斬られ役こそ、今に生きる「サムライ」なのだ。

武器から美術品へ「刀剣《とうけん》」

現在は、許可を得ずに刀剣《とうけん》を所持することが法律（銃砲刀剣類所持等取締法）で禁止されているが、外国人をはじめ、いわゆる「日本刀」に関する興味関心は高い。一口に日本刀と言っても、剣客・佐々木小次郎《ささきこじろう》（?～1612）が持っていたとされる長刀《ちょうとう》から、一般的な刀《かたな》（太刀《たち》・打刀《うちがたな》）、脇差《わきざし》、短刀《たんとう》と、種類は様々だ。

刀剣の歴史は古く、5～6世紀に盛んに造られた古墳《こふん》から、青銅《せいどう》や鉄の剣《つるぎ》が大量に発見されていることからも、古代から使われていたことがわかる。いわゆる日本刀の歴史を眺めてみると、第一義の目的である戦闘用の武器として使われることはもちろん、同時に「美術品」として日本刀を愛《め》でる文化が確立し、刀鍛冶《かたなかじ》や刀匠《とうしょう》、研師《とぎし》などが現在までその生命を保ち、評価を得ていることだ。さらに、天皇家の「三種《さんしゅ》の神器《じんぎ》」の一つに「草薙剣《くさなぎのつるぎ》」があるように、日本の歴史の中で、刀剣は大きな思想的な役割をも果たしてきた。こうした例は西洋にはない、とまでは言えないが、日本ほど思想的に強く結ばれ、裾野を広げている例は少ないだろう。

「備前長船《びぜんおさふね》」「正宗《まさむね》」「左文字《さもんじ》」など各流派が造る刀の数々は、刀の命である刀身の切れ味のみにとどまらず、刀身を納める鞘《さや》には蒔絵《まきえ》や漆《うるし》の贅沢な細工が施され、柄《つか》の文様にも精緻《せいち》な技巧が使われた。こうした名刀には「折紙《おりかみ》」と呼ばれる鑑定書が付けられ、それが名工の手になる業物《わざもの》である証《あかし》とされ、高額で取り引きされていた。信用のおける品物や人物のことを「折紙付き」と言うのは、この「折紙」が語源である。

今でも、刀剣を趣味にする人は多く、新聞でも即売会や鑑定会などの広告が掲載されている。

大雑把に言って、日本刀は基本的には「片刃《かたば》」だが、剣の場合は「諸刃《もろは》」になっているものが多いようだ。武士が差し

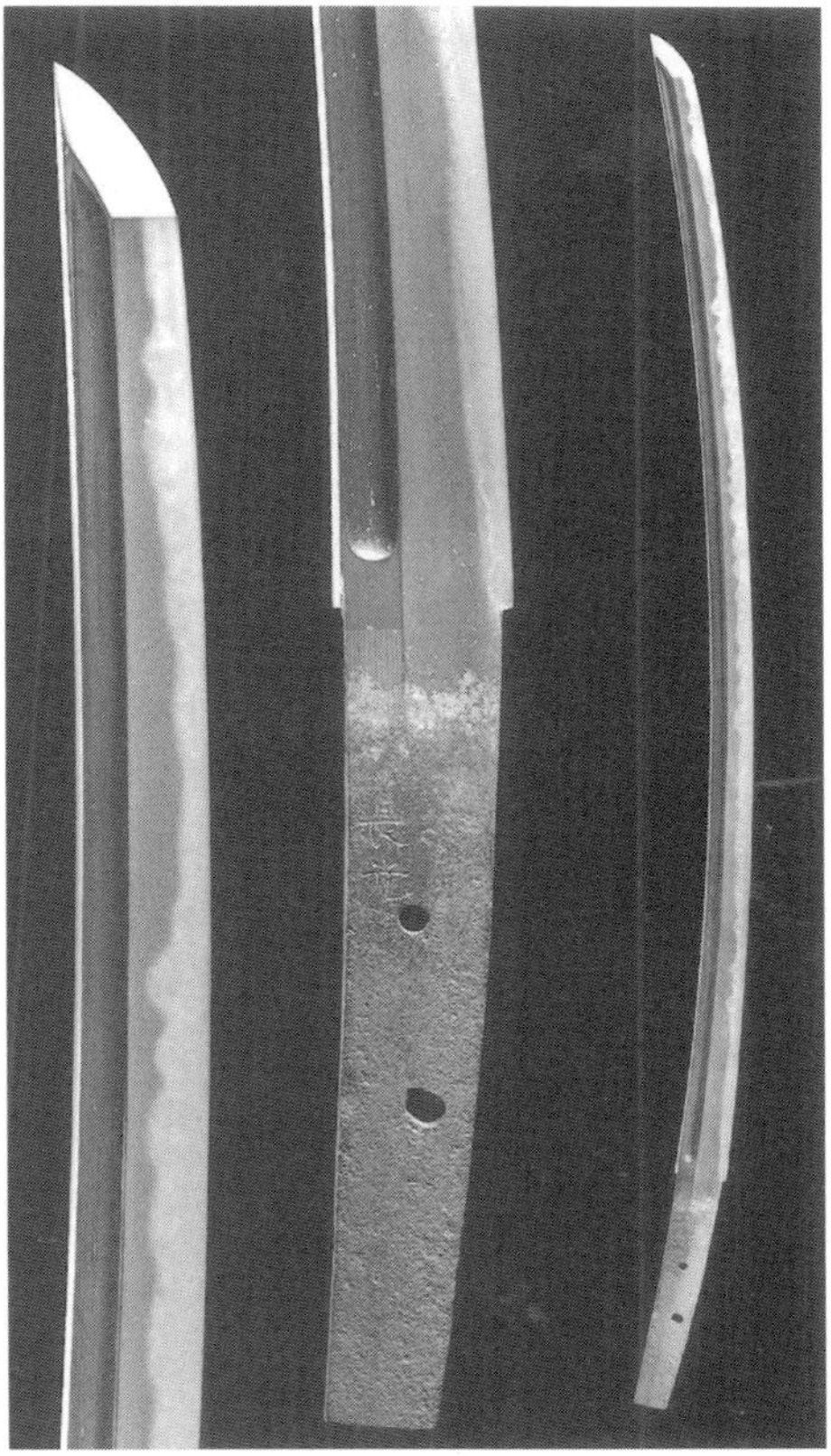

鎌倉時代の太刀 銘長光《ながみつ》（号は大般若長光《だいはんにゃながみつ》）東京国立博物館所蔵

ている刀も、脇差までは片刃の刀だが、もっと小さな「小柄《こづか》」と呼ばれるナイフに近いサイズのものは諸刃で、時には投げて相手を攻撃するためにも使われた。

日本刀は、今でも「居合抜き《いあいぬ》」の実演などで見事な切れ味を見ることがあるが、日本刀で一度に切れる人間の数は、せいぜい5人から6人までだという。骨を切るために「刃毀《はこぼ》れ」をし、脂肪が付着して切れ味が極端に鈍るからだ。そうなると、江戸時代の剣豪・荒木又右衛門《あらきまたえもん》（1599～1638）の「三十六人斬り」など、少なくともテレビや映画のチャンバラの主人公が見せる連続斬りは事実上不可能ということになる。

日本刀は、実は芸能にも深い関わりを持っている。御家騒動《おいえそうどう》を扱った歌舞伎や人形浄瑠璃《にんぎょうじょうるり》の時代物《じだいもの》の中で、敵味方が追い求めるものは圧倒的にお家の重宝である「名刀」や鑑定書の「折紙」である場合が多く、次が「香炉《こうろ》」であることを考えれば、その関わりの深さが見えてくるだろう。明治維新を経て、明治9（1876）年に「廃刀令《はいとうれい》」が出され、刀から実質的な機能が失われた。しかし、平成の今も、美術品としての価値は失われず、小説の題材にもなった「妖刀村正《ようとうむらまさ》」などの伝説と共に生きているのだ。

西洋とは違う発想の日本の「城郭《じょうかく》」

「城」は、もとより日本独自のものではないが、「白鷺城《しらさぎじょう》」の別名を持つ世界文化遺産であり国宝の「姫路城《ひめじじょう》」や白黒を巧く配分した「熊本城《くまもとじょう》」などを見ていると、日本人独自の「美」と「文化」をそこに見出すことが出来る。

ヨーロッパ各国にも有名な城はあり、世界中から多くの観光客を集めている。洋の東西を問わず、「城」は武将が戦うための「砦《とりで》」であり、「住まい」でもあった。戦乱が収まり、「住まい」としての機能に重きが置かれるようになってからは、当時の有名な絵師や建築家によって流行の、あるいは城主好みの装飾などが施されたところは洋の東西を問わない。ただ、日本の城の多くは戦乱で焼け、中には戦乱の途中で城主自らが火を放ったものもあり、木と石を主体に造った最上層の「天守《てんしゅ》」に古い物はほとんど残っていない。天正4（1576）年に築城された丸岡城《まるおかじょう》（福井県坂井市）の木造天守が現存する最古の物、という説があるが、いずれにしても16世紀の産物である。一方、石造りを中心にしたヨーロッパの城は、チェコ共和国の「プラハ城」が9世紀の建築で最も古いとされており、実に700年の差がある。

日本は山がちな地形のため、大雑把に言えば平地が多い場所に建てられた「平城《ひらじろ》」と、要塞《ようさい》の意図も兼ね備えた「山城《やまじろ》」、その間の裾野を持つ丘陵地に建てられ、のちに城下町としての発展を見る「平山城《ひらやまじろ》」の3つに分類される。山城は攻めにくい分、生活をするには不便であり、平城は城下町が発展する余地はあるものの、外敵には弱い。平山城は戦乱の世もようやく落ち着きを見せ、戦国時代の後期から江戸時代にかけて盛んに造られた城、と考えてよい。

戦国の争いが盛んな時代には山城が多く、戦乱が収まり泰平の世が訪れ始めると平城や平山城が増え、城下町が形成され、地方独自の文化も勃興することになった。城下町は、

姫路城の雄姿

寺を中心に栄えた門前町《もんぜんまち》と並んで、中世の庶民に与えた経済的・文化的な影響が大きく、土地によっては今でも気風にその名残を感じさせる場所がある。

どこの都道府県に行っても「○○城址」など、城が築かれていたことを示す場所がある。今は跡形もなくなって公園になっているところもあれば、石垣だけがその痕跡を残す場所もある。形状や保存状態は様々だが、俳人の松尾芭蕉《まつおばしょう》（1644～94）が奥州平泉《ひらいずみ》（岩手県平泉町）で詠んだ「夏草や兵《つわもの》どもが夢の跡」を体感出来るのは、こうした場所に立った時だろう。

江戸時代の姿をとどめている城は、幸いなことにまだ残されている。京都の「元離宮二条城《もとりきゅうにじょうじょう》」は、規模からしても相当なもので、「二の丸御殿《ごてん》」の障壁画だけでも3000点を超えるという。当時の名だたる絵師の手によって描かれた絵は、残念ながらかなり傷みが激しくなっているが、荘厳さや圧巻さは失われていない。

日本人が重んじる「義理」とは何か

第二次世界大戦の敗戦後まもなく、アメリカの文化人類学者ルース・ベネディクト（1887～

1948）が日本人の思想を研究するために書いた『菊《きく》と刀《かたな》』（原題は*The Chrysanthemum and the Sword: Patterns of Japanese Culture*）の中で、「義理《ぎり》」のことを「一生返し続けなくてはならない借金のようなもの」と定義している。何ともアメリカ人らしい合理的な発想で頷《うなず》ける部分もあるが、戦後すぐのことゆえ、日本、および日本人に関する理解が浅く、微笑ましい誤解がある。例えば、「海老《えび》で鯛《たい》を釣る」という諺《ことわざ》の解釈が「日本では雑魚《ざこ》を貰ったら鯛を贈る習慣がある」と書かれており、そんな損ばかりするやり取りがあるわけがない。

　さて、「義理」である。ベネディクトは今から70年前の視点で、その本質に近いところをアメリカ人の感性で見事に突いている。そもそもこの感覚は、12世紀末に武家政権が成立し、大将とその部下、雇う側と雇われる側の「御恩《ごおん》と奉公《ほうこう》」の関係が裾野《すその》を広げたものだろう。その広がりの中で、いつの間にか「人情《にんじょう》」とセットになり、「義理人情」を弁《わきま》えて生きるのが人の道、と考えられるようになった。義理の裾野はさらなる広がりを見せ、本来の「物事の正しい筋道」という意味以外に、体面や面目上、果たさなければならない行為にまで及んでいった。この伸縮が、いかにも日本人的なのは「恥《はじ》」と同様である。

　義理は、本来は一人の人に向けられていたものが、その対象が「世間様《せけんさま》」という不特定多数の「社会」にまで広がった。「世間様に義理が立たない」と言いながら、相手である世間様の顔がわかるわけではない。主人に対して自分の命に代えても義理を尽くすことは「忠義《ちゅうぎ》」に繋がる感覚であるが、一方で「義理を果たさなくては……」と、不本意ながらも会合などに顔を出すこともある。そこに、能動的な感覚は一切ない。俗諺《ぞくげん》に、「長生きの秘訣の一つは『義理を欠く』ことだ」とある。

実は、義理を非常に重んじる業界がある。やくざ業界だ。やくざは、「義理掛け」という行為を非常に重要視する。これを果たさないと、親分の顔を潰すことになる、という「御恩と奉公」に最も近い感覚が生きているからだ。

風俗

着物を語る「和服」総論

最近は、女性用の古着をワンピースやドレスに仕立て直して、新しい感覚で「和服」の味わいを楽しむ人々が増えてきたようだ。また、夏になると花火大会などで浴衣《ゆかた》姿の若いカップルを眼にする機会も増えた。

一般的に考えると、生涯で「着物」を着る機会は激減している。子供の「七五三《しちごさん》」はともかくも、成人式、自分、あるいは招かれた折の結婚式、浴衣あたりがせいぜいではないだろうか。最近では、通夜・告別式でも未亡人の喪服が洋装のケースが多い。

着物が敬遠されてしまった理由はいくつかあるのだろうが、まずは「着るのが難しい」「着たあとが動きにくい」「価格が高い」というのが一般的な理由だろう。しかし、着物はコツさえ覚えてしまえば着るのはさほど難しくないし、動きにもさほどの制約はない。価格の問題について言えば、今はアンサンブル一式がかなり手頃な価格で手に入るようになったし、洗濯機で丸洗いが出来る着物も増えた。また、昔ながらの多少値の張る着物でも、スーツのように数年で消耗してしまう物と比べると、さほど高いものとは言えないようにも思える。

何よりも機能性に優れているばかりではなく、キチンと手を入れれば、優に１００年は保つ。１００年着られるスーツはおそらくないだろう。仮に体型が変わっても、着物をほぐし、「洗い張り」と呼ばれる方法で洗濯をし、各パーツの寸法を伸ばしたり詰めたりして、仕立て直すことが出来る。昔は一つの品物を大切にし、代々にわたって使うことが珍しくはなかったのだ。

また、女性の場合は着物の形や模様を見ただけで、その人の立場がわかる。未婚のお嬢さんであれば大振袖を着られるし、人妻になれば袖は短くなる。また、裾に模様の入った「付け下げ」を着ていれば、改まった気持ちでどこかへ出かけようとしていることがわかる。日本髪を

和服を着て銀座を歩く女性たち
（『ホーム・ライフ』昭和13〈1938〉年7月号より）

結っていた時代には、髪型での判別も加わったため、相手に声を掛けずとも、どういう境遇や状態の人かが一目でわかる利点もあった。

こうした実用的な便利さはともかく、着物の魅力は美しさと着こなしだろう。「襟《えり》を抜く」加減で見せるうなじの色気や、裾回りの捌き方、ピンと伸びた背筋に、女性のキリリとした色気が漂うこともあれば、艶やかな模様の振袖に目を奪われることもある。

着物の生地になる素材は絹《きぬ》が最上で、普段着は木綿《もめん》である。夏になれば涼しげな「絽《ろ》」や「紗《しゃ》」の着物に変わり、季節感も感じられる。中でも木綿は、耐久性に優れているため、庶民が作業をするにはうってつけの素材だった。江戸時代も中期を過ぎ、各地で地場産業が発達し始めると、京都の「西陣織《にしじんおり》」、金沢の「加賀友禅《かがゆうぜん》」、江戸の「江戸小紋《えどこもん》」、越後の「小千谷縮《おぢやちぢみ》」など、地域の特色を活かした布地や柄が流通するようになる。

古代から、日本人の衣服として形を変えながらも欠かすことの出来ない「和服」は、単なる衣装ではなく、生活にも密着している。例えば「四月一日」という苗字があるが、これは「わたぬき」と読む。それまでは「綿入れ」の防寒具を着ていたものを、4月1日、春の本格的な訪れと共に「綿を抜く」という習慣が人の姓になったものなのだ。

衣装の「意匠《いしょう》」

「意匠《いしょう》」とは、英語で言えば「デザイン」のことだ。日本人に独特の繊細《せんさい》な美的感覚があることは、502ページで述べる「浮世絵《うきよえ》」などでも世界的に証明されている。特に、「着物」と総称される「和服」に関する感覚は微細であり、手が込んでいる。これは、女性だけではなく、男性もそうだ。羽織《はおり》は、黒か茶と相場が決まっており、青や黄はない。その代わりに、普段は目立たない羽織の裏地に凝《こ》り、金箔《きんぱく》や銀箔の縫いや刺繍《ししゅう》を施し、何かの折にちらりと裏地が見えることに「粋《いき》」を感じるのだ。女性も同様で、着物の色と半襟《はんえり》の色の重ね方、裾《すそ》模様、着物全体の柄《がら》行《ゆき》など、華美に過ぎず、品を保った範囲の中でいかに工夫を凝らすか、まさに衣装に関する「意匠」は先人の知恵と、時にユーモアが結集されているとも言える。

女性の着物に関して言えば、最高級の礼装である「留袖《とめそで》」から「訪問着《ほうもんぎ》」あるいは「付《つ》け下《さ》げ」と呼ばれる外出着、嫁入り前の女性が着る「振袖《ふりそで》」、普段着の着物から浴衣《ゆかた》に至るまで、実に様々な意匠を凝らしている。それらが連綿《れんめん》と続いているばかりか、着物以外の小間物《こまもの》や、携帯電話のストラップのようなアクセサリーにまで及んでいる。

「牡丹《ぼたん》」や「梅《うめ》」、「蘭《らん》」や「菊《きく》」など華やかでおめでたい植物や「雪輪《ゆきわ》」と呼ばれる雪の六角形の結晶や「山水《さんすい》」など自然の風景、「御所車《ごしょぐるま》」や「鳳凰《ほうおう》」など縁起の良い柄に始まり、「寿《ことぶき》」や「喜」などのおめでたい文字、「鶴」や「亀」、「松」など長寿の象徴である動植物の図案化、「市松《いちまつ》模《も》様《よう》」、「菱形《ひしがた》」などの幾何《きか》学《がく》模様、波の様子を図案化した「青海波《せいがいは》」や「荒磯《あらいそ》」など、挙げていけばキリがない。

尾上菊五郎《おのえきくごろう》家が使用している「斧琴菊《よきこときく》」文様

中でも面白いのは、歌舞伎役者が贔屓筋《ひいきすじ》に配った浴衣の柄《がら》で、役者の名前に因《ちな》んだ「（なかむら）芝翫縞《しかんじま》」、「（おのえ）菊五郎格子《きくごろうごうし》」、尾上菊五郎家が使っている「斧琴菊《よきこときく》」＝「良き事聞く」など、洒落っ気の横溢《おういつ》した物もある。今も昔も、人気の歌舞伎役者や相撲取りなどの浴衣姿を目にする機会はなかなかないが、こうした使い方も、また「粋」なものだ。
和服の意匠の数々は、その着物を着る季節によっても細かく分かれており、昔の人々が、衣装で季節感を楽しんでいたことが良くわかる。冷房や暖房のない時代のこと、毎日着る着物の意匠に楽しみを見出すことで、暑さ寒さを凌ぐ気持ちにもなれたのだろう。

「染物《そめもの》」の歴史と手法

「染物《そめもの》」と聞くと、まずは衣料品、それも和服《わふく》がすぐに思い浮かぶ。日本では、縄文時代から行われていた作業で、植物の花や葉、実、幹《みき》、根などを乾かしてから煮たり、細かく砕いて色素を抽出したりと、様々な方法で作成した染料で糸や布を染める作業だ。

赤い色なら紅花《べにばな》、茜《あかね》、蘇芳《すおう》、青なら藍《あい》、黄色であれば梔子《くちなし》、黄檗《きはだ》など、主な色は山野に自生する植物がもとになっている。それらを糸や布に染め、その色合いや風合いを楽しむほかに、紺《こん》や藍などは「虫除け」の効果もあるとされ、農作業の折には好んで使われた。日本発祥ではないが、その名残がジーンズだ。近年は、天然の草木から染料を抽出する手間暇が価格に跳ね返ることや、資源自体が少なくなったこと、化学染料が容易に多くの色を創り出せることから、ほとんどが化学染料による染物になり、「草木染《くさきぞめ》」と呼ばれる自然の染料による染物は貴重品な伝統工芸品となっている。

特に、「絞《しぼ》り染《ぞめ》」などは非常に手がかかるもので、生地を糸で縛り、その部分が染料で染まらないようにする。染め上がったあとで、縛った糸を解《ほど》くと、その部分は白いままであったり、薄い「ぼかし」になったりする。模様のようにポイントで絞りを行う場合もあるが、丸ごとを絞り染で行うものは「総絞《そうしぼ》り」と呼ばれ、職人の技が活かされた贅沢な品である。

また、染料に布地を浸ける際、染めたくない部分の模様に溶かした蠟《ろう》を筆に付けて布地に描いておくと、蠟が弾かれ、そこだけは染まらずに残る。この蠟をあとで落とし、その模様を浮き上がらせたものが「蠟纈染《ろうけつぞめ》」である。98ページで紹介する「小紋《こもん》」のように、細かな模様で全体を染め上げたもの、絵画の技術を染物に応用した「友禅染《ゆうぜんぞめ》」など、多くの技法が開発され、今でも伝えられている。最近は、和服の需要が減っていることもあり、洋服や小物にこうした染

東海道・鳴海《なるみ》宿の名産品だった有松絞り（三代歌川豊国『東海道五十三対 鳴海』より）

物の技法を使った品物も多く、それがかえって斬新だと受け取られ、「和洋折衷《わようせっちゅう》」の新しい文化を生み出している。

染物は、江戸時代の中期頃までは染料の壺の中に布地を入れ、浸け置きをして染める「浸け染め」が主流だったが、後期になると布地に刷毛《はけ》で色を引く「引き染め」の技術が開発された。「紺屋」（こうや・こんや）と呼ばれた職人になるには、専門的な技術を要するのだが、当時は染物の需要に対して職人の数が圧倒的に少なかったとも言われている。また、染物は、一旦壺から引き上げ、それを乾かして、染まり具合によっては再び染め直すなどの工程が必要で、天気に左右されることから、約束の期日通りには仕上がらないことが多かった。職人の人数が少ないことから客よりも優位な立場に立っていることもあり、ここから一日延ばしの言い訳を意味する「紺《こう》屋《や》の明後日《あさって》」という諺《ことわざ》が生まれたようだ。諺で言えば、専門家なのに自分のことは疎《おろそ》かになるという意味で「医者の不養生《ふようじょう》」と同様に「紺屋の白袴《しろばかま》」というものもある。また、「青は藍より出でて藍より青し」というほどに色濃く染まるもので、紺屋の職人は爪の先が青く染まり、落ちることがなかった。そうした職人と吉原の松の位の太夫《たゆう》・高尾《たかお》との愛情を描いた『紺屋と高尾』は、芝居や落語《らくご》にもなるほどで、誠実な職人と遊女の純愛物語である。

どんな体型でも応用可能な「帯《おび》」

ここでは和服、いわゆる着物に締める「帯」について述べることにする。単に腰紐《こしひも》のような形式でベルトのような使い方をしていた物までを含めると、取り上げる範囲も時代も相当に広く、複雑になるからだ。

和服で生活する習慣が激減した現代では、美しい帯を眼にするのは結婚式や成人式ぐらいになってしまった。着付けの方法が工夫され、何本もの紐を使用せずとも楽な姿勢で締められるようにはなったが、生活形態の中で使用頻度が減ったのは仕方のないことだろう。

女性用の帯にはいくつもの種類がある。約2尺3寸（69センチ）の幅の帯を半分に折って仕立てた「丸帯《まるおび》」は、婚礼の席や芸者などの着物で使われる。「丸帯」を簡単にしたものが「袋帯《ふくろおび》」で、重さも軽く、柄も丸帯よりは気軽に着られ、女性の和服には最も一般的なものだ。袋帯の一種で、大正期に名古屋で作られた「名古屋帯」と呼ばれるものもある。

また、帯には様々な結び方があり、京都の舞妓《まいこ》が見せる「だらりの帯」や最も多く使われる

「お太鼓」と呼ばれる結び方などは、よく耳にするものだ。この「お太鼓」は、江戸時代に亀戸《かめいど》天神《てんじん》に太鼓橋が出来た時、その完成を祝って花柳界《かりゅうかい》の女性が太鼓橋を模した結び方で参詣したことから、この呼び名になったという説がある。

一方、男性の帯は比較的単純で、3寸少し（10センチ）程度の幅の「角帯《かくおび》」が一般的だ。これは、今風に言えばリバーシブルになっているものもあり、表と裏で全く違う模様になっているために、着物の柄や種類によって便利に使い分けることが出来る。結び方も、「貝の口」と呼ばれる、結び目の端を上に向けて締める方法が一般的で、女性の帯ほど難しいものではない。ただ、

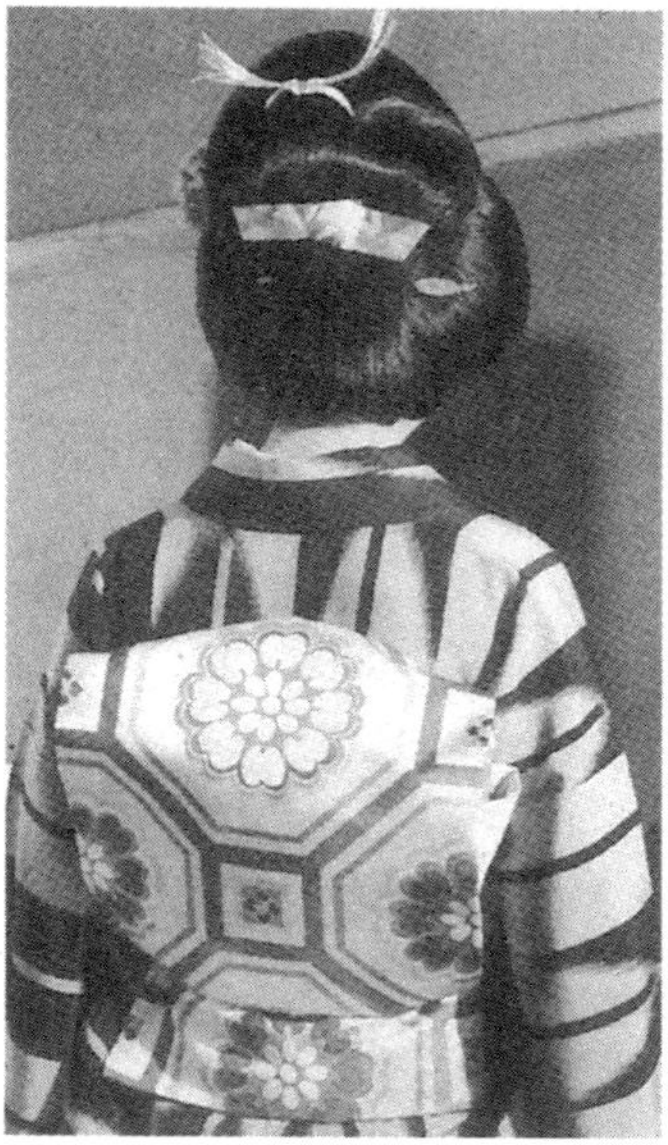

「お太鼓」結び

亀戸天神の太鼓橋（歌川広重『名所江戸百景』より）

「江戸」の結び方だと帯の端が右上に出るように結ぶが、「大坂」だと逆に左上に出るように結ぶ。いつ、どの時代から江戸と大坂の結び方がこのように分かれたのか、詳細にはわからないが、後姿を一目見れば、その人物の居所がおおよそ推定出来るのだ。

「ベルトの穴が一つずれると寿命が数年縮まる」などとも言われているが、帯の効用は、ベルトと違って決まった場所に締める穴が開いているわけではないため、その時の自分の身体の大きさに応じていかようにもなるということだろう。

江戸の粋《いき》「江戸小紋《こもん》」

和服を楽しむ人々にとって「小紋《こもん》」は楽しみ甲斐のある柄《がら》だ。文字通り、小さな模様や紋で埋められた柄の着物のことであり、一瞬見た感じが地味に見える柄もあるが、その場合は細かな工夫が楽しみになる。

現在は、和服の中での「礼装《れいそう》」は結婚式で新郎新婦の母親が着るケースが多い「留袖《とめそで》」を最高として、次いで「訪問着《ほうもんぎ》」「付《つ》け下《さ》げ」などがあるが、「小紋」は礼装ではなく普段着の扱いになる。その分、柄の大きさや並べ方を気軽に楽しめるのだろう。しかし、礼装でないとは言え、その製作には非常に手間がかかる。「小紋用」に様々な型を刳《く》り抜いた型紙を何百種類も用意し、それをズレないように1反《たん》の布に染めていく技術は相当に高度なものだ。江戸時代に大名や旗本《はたもと》が着用した裃《かみしも》にも使われていたため、江戸時代以来の伝統工芸として「江戸小紋」と呼ばれるものが多い。明治以降になると、京都府や石川県でも作られるようになり、それぞれ「京小紋《きょうこもん》」「加賀小《かがこ》紋《もん》」の名で呼ばれているが、どちらも織物の種類で言えば「友禅《ゆうぜん》」のほうが有名である。

　こうした伝統文化は、跡を引き継ぐ

肩衣《かたぎぬ》の柄は代表的な江戸小紋「霰《あられ》」（歌川豊国「澤村宗十郎」より）

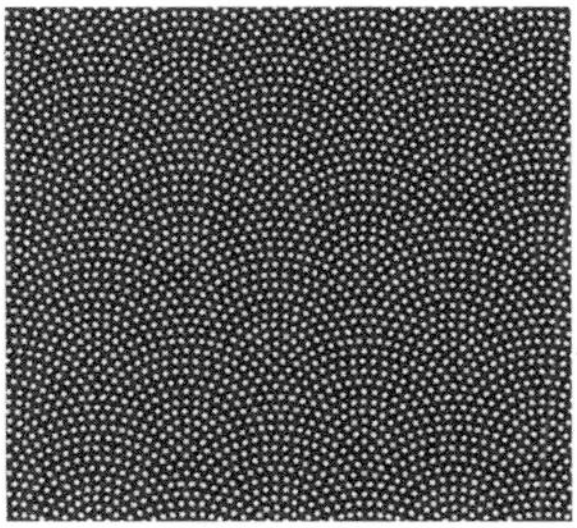

鮫《さめ》

唐桟縞《とうざんじま》

職人の減少がどの分野でも大きな悩みで、「江戸小紋」も同様だ。30〜40年前までは、高田馬場《たかだのばば》から飯田橋《いいだばし》あたりまでの神田川《かんだがわ》沿いに職人の工房が多く存在し、染めた反物《たんもの》を川でさらす光景が見られたが、今ではほとんど見なくなった。環境の問題も大きく左右しているのだろうが、厳寒の季節にも川へ入り、長い布をさらす苛酷《かこく》で手間のかかる労働が、後継者を減らしていった側面もある。また、手をかけた品物は値が張るのが当然で、だんだん「普段着の和服」から手の届かないところへいってしまったこともあるだろう。

小紋に限ったことではないが、和服は季節ごとに虫干《むしぼ》しをし、汚れればほぐして洗い張りに出し、年齢を重ねれば相応しい色に染め直しをするなどの手間までをも含めて「楽しみ」と思わなければ扱いにくい。伝統文化を楽しむには、「簡便性」や「利便性」よりも、そこにかける「手間暇」までもが「込み」になっているのだ。

百万石の誇り「加賀友禅《かがゆうぜん》」

前田家が治めた加賀百万石《かがひゃくまんごく》では、北陸《ほくりく》という北国《ほっこく》の地にありながらも多くの文化を生み出してきた。京都からそれほど遠くないという地理的な条件もあっただろうが、何と言っても「加賀百万石」のプライドの成せる技だろう。ちなみに「1石《こく》」とは、度量衡《どりょうこう》の単位で、「100升《しょう》」に相当する。江戸時代は、1日あたりの成人の米の消費量が約3合で、年間の消費量が約100升、つまり1石と考えられていた。ということは、加賀百万石の収穫量は、毎年成人を100万人養えるだけの経済力を持っていた、ということになる。だからこそ、生活に余裕が生まれ、かつ「文化」や「芸術」が発達する余裕も生まれるのだ。

加賀、すなわち石川県には多くの伝統工芸品があるが、代表的なものの一つが「加賀友禅《かがゆうぜん》」だろう。江戸時代の中期に、加賀藩の中で流行していた染め物を、京都の友禅の元祖と言われる絵師・宮崎友禅斎《みやざきゆうぜんさい》（生歿年不詳）が、晩年に加賀に隠居をし、そこで今までの経験を活かして京友

加賀友禅（加賀友禅研究会編『新様加賀友禅』昭和7〈1932〉年より）

禅よりも大胆なデザインを持ち込んだのが始まりとされており、現在は国指定の伝統的工芸品とされている。加賀で友禅が発達した理由の一つに、こうした技法がもたらされたことに加え、「浅野川《あさのがわ》」という水の綺麗な川が中心部にあったことが挙げられる。江戸なら神田川《かんだがわ》、京都なら賀茂川《かもがわ》と、染め物には綺麗な川が欠かせなかった。川に色とりどりの模様を染めた友禅をさらす光景は「友禅流し」として一つの風物になっているほどで、こうした恵まれた自然環境も、友禅を大きく発展させたのだ。

加賀友禅には「加賀五彩《かがごさい》」と呼ばれる藍色《あいいろ》、臙脂《えんじ》、草色《くさいろ》、黄土色《おうどいろ》、古代紫《こだいむらさき》の5色が基調となり、そこへさらに紅《べに》や緑などの色を加えた、華やかな色彩が特徴である。それだけに、豪華な印象を与え、艶《あで》やかで人目を惹《ひ》きながらも上品な図案や型染めに加え、金泥《きんでい》や金箔《きんぱく》、銀箔《ぎんぱく》、刺繍《ししゅう》などでさらに厚みを増し、図案としての印象が色濃くなる。これだけの工程をかければ、当然価格も高くなるが、最近は技術の発達により、草木《くさき》染《ぞ》めの染料が化学染料に変わり、以前に比べて安価で手に入るものも増えた。その一方で、昔ながらの「手描き友禅」も残っており、これは専門の職人が下絵書きから始め、染付までのいくつもの複雑な工程をこなすために、一人前になるまでには相当の年月を要する。94ページでも述べたが、現在はこうして手間をかけた和服の需要が少なくなっているのはどこも同じ状況だ。どの分野にも言えることだが、伝統を生み出し、それを継続するには気の遠くなるような時間がかかるのだ。

女性の髪を飾る「櫛《くし》」と「簪《かんざし》」

和服の生活で日本髪を結っていた時代の女性たちの豊かな黒髪を飾る櫛《くし》や簪《かんざし》は、見た目の美しさだけではなく、工芸品・美術品としての価値を持ち合わせている品々も多い。珊瑚《さんご》、鼈甲《べっこう》などの高価なものから、黄楊《つげ》などの植物を使ったもの、銀などの貴金属や漆《うるし》、螺鈿《らでん》などで加工をし、模様を施したものなど、多彩な種類の美しさが女性の頭を彩《いろど》った。実際に使用されていた当時よりも、美術品としての価値は今のほうが高い物もあるかもしれない。

櫛と簪は、一体どう違うのか。簡単に言えば、櫛は髪を「梳《と》かす」物であり、この作業を「梳る」（くしけずる）と呼んでいたことからも良くわかる。一方、簪は、髪をまとめて留め、一定の形にしておくものである。いずれも歴史は古く、縄文時代にまで遡《さかのぼ》ると言われている。むろん、当時の櫛や簪は今のような工芸品ではなく、動物の骨や木の枝、棒などを主体としたものであったろう。

櫛も簪も、時代による髪型の変化と共に大きな変遷を遂げている。奈良・平安時代は、女性で言えば「おすべらかし」に代表されるような長い直毛が主体であり、櫛よりも簪のほうが利用頻度は高かった。それが、江戸時代に入り、女性の髪型が今で言う「日本髪」として様式を整え、町人文化の勃興によって富裕な町人が増え、櫛や簪が婦女子の道楽の対象の一つとなったのである。今よりも女性の娯楽がはるかに少なかった時代にあっては、頭の装身具に凝ることは、私たちの想像以上の楽しみであったに違いない。また、男性が女性にプレゼントをするにも、価格帯も広く、珊瑚《さんご》玉《だま》などの玉が付いた「玉かんざし」は、最も一般的なアイテムの一つでもあったのだ。髪を留めるだけではなく、耳かきが付いていたり、毎日頭を洗うことが叶わなかった時代に、頭を掻く

蒔絵を施した鼈甲製の櫛

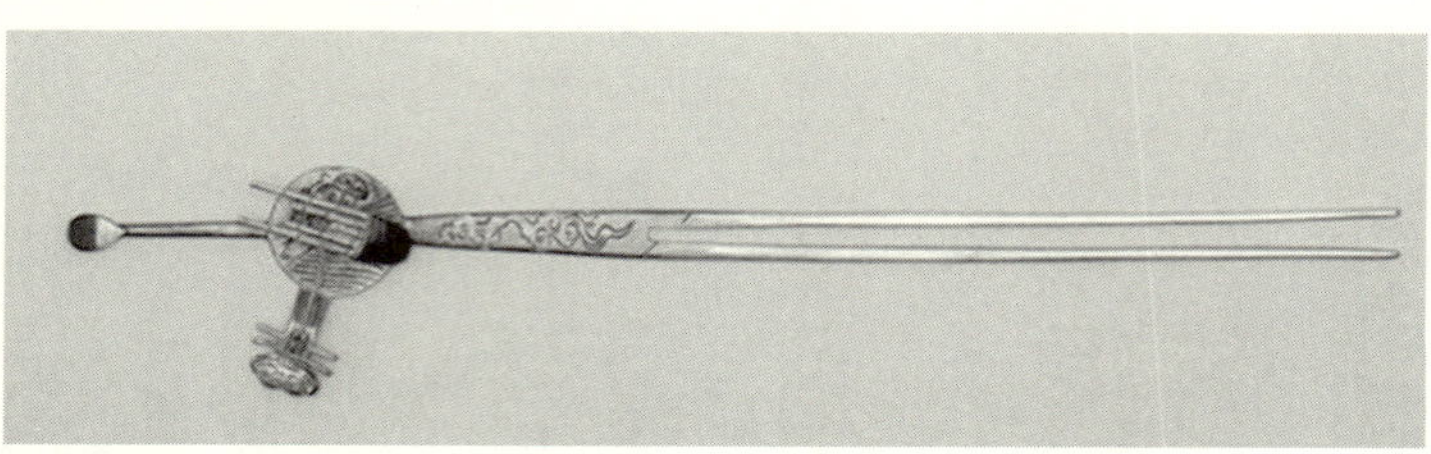

金銀製の簪

のに使ったりと、使用範囲は広かったようだ。

江戸の文化が爛熟《らんじゅく》を見せ始める頃には、職人たちの腕も上がり、「名工」と呼ばれる職人の作には何十両という値段が付けられた。昔は、芸者や京都の舞妓《まいこ》、芸妓《げいぎ》などの頭を飾っているぐらいだったが、最近ではファッションの一つとして、現代風の髪型に櫛や簪を利用するケースも増えてきたようだ。

毎年、師走《しわす》恒例の京都南座《みなみざ》の「顔見世興行《かおみせこうぎょう》」では、舞妓が贔屓《ひいき》の役者に簪に下げた小さな名札に役者の名前を書いて貰う、という習慣が今でも残っている。花柳界《かりゅうかい》と芝居の世界が、密接な関係を持っていた時代の名残の一つであろう。

時代の変遷に見る「髪型」と「鬘《かつら》」

「髪は烏《からす》の濡《ぬ》れ羽色《ばいろ》」、「緑の黒髪」など、主に女性の黒髪を賞賛する言葉は古くからあり、今でも外国人には漆黒《しっこく》の日本人の艶《つや》やかな黒髪は憧《あこが》れの対象の一つでもあるようだ。

どこの国でもそうだが、「髪型」は時代と共に大きな変遷を遂げてきた。古代の日本では、

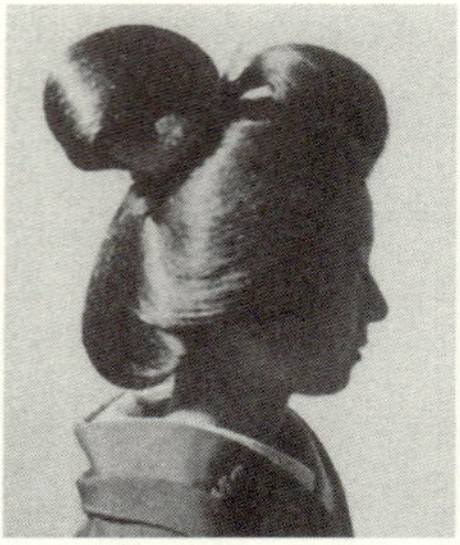

丸髷

唐人髷

島田髷

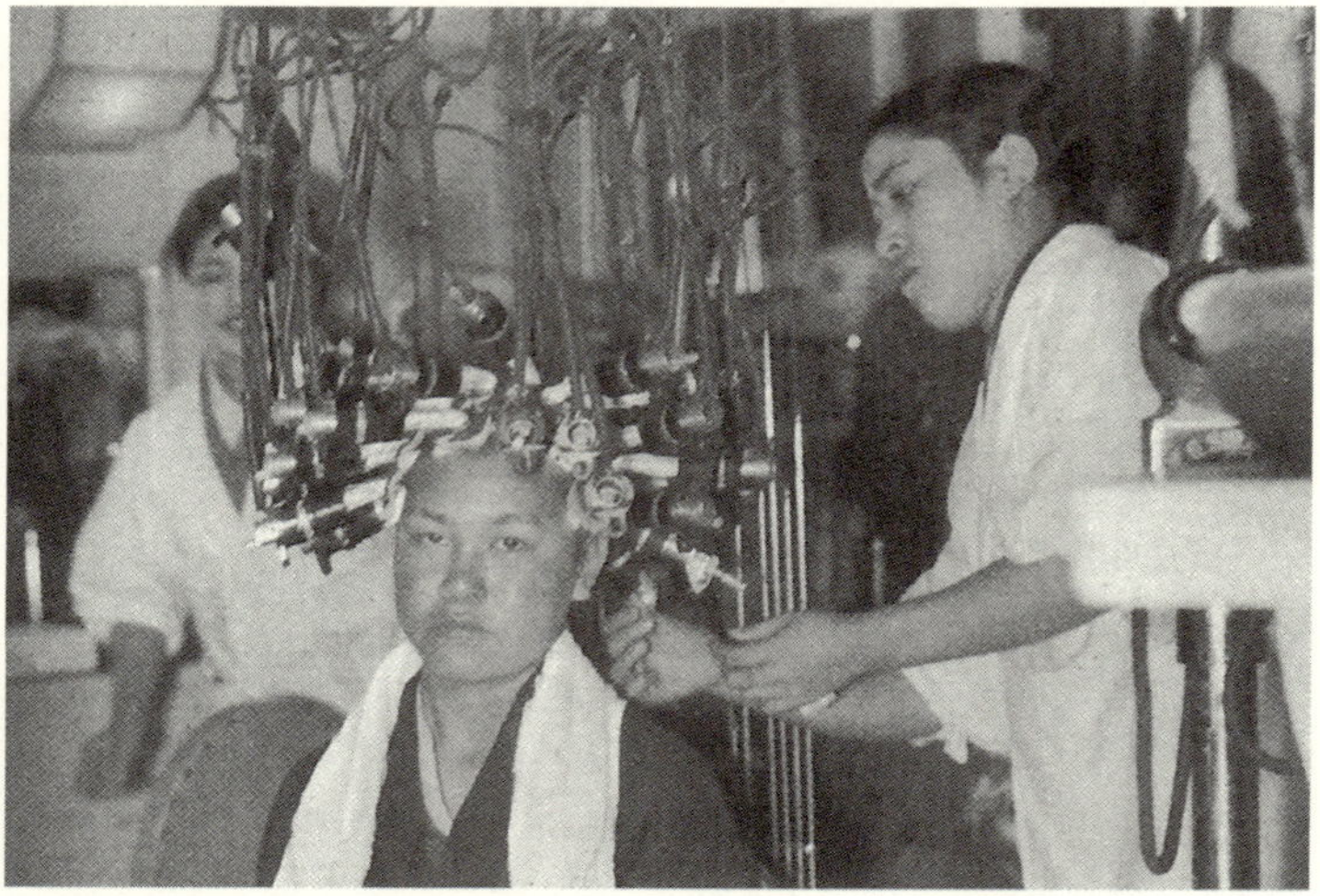

戦前のパーマネント。髪にウェーブをかけるため、40本あるコードに電気を入れている（昭和11〈1936〉年。銀座ハリウッド美容院）

「総角《あげまき》」(「角髪《みずら》」「美豆良《みずら》」とも)と呼ばれる髪型が、男性の間で流行した。平安時代になると、宮中《きゅうちゅう》の女性たちは黒髪を長く伸ばし、「垂髪《すべらかし》」や「下《さ》げ髪《がみ》」と呼ばれた髪型が流行を見せた。女性の髪は黒いほど、また長ければ長いほど、その価値が高いとされていたが、今のように簡単に洗髪が出来る時代ではなく、維持するのも大変だったことだろう。

男性・女性を問わず、髪型が大きな変化を見せたのは、何と言っても江戸時代だろう。男性は「丁髷《ちょんまげ》」、女性は「島田髷《しまだまげ》」や「丸髷《まるまげ》」といった様々な髪型のバリエーションが生まれた。今の時代、歌舞伎や時代劇ではなくて「丁髷」が見られるのは大相撲の「大銀杏《おおいちょう》」ぐらいのものだろうか。丁髷の回りの、額《ひたい》から頭頂《とうちょう》にかけて剃った部分を「月代《さかやき》」と呼び、時代劇などでは皆、青々としているが、髭《ひげ》と同様に髪は毎日伸びるので、あの状態を維持するには毎日月代を剃らねばならない。そこまで経済的に余裕のない町人や浪人などは、１週間か10日に一度しか剃れず、月代の部分が「無精髭《ぶしょうひげ》」のような状態になってしまう。ほかにも、月代を剃ったりせず伸ばした髪を全部束ねて結った「総髪《そうはつ》」(医者や儒学者《じゅがくしゃ》に多かった)や、髪を頭頂で束ねて根元を巻き立てた「茶筅髪《ちゃせんがみ》」があった。

この丁髷も、文明開化《ぶんめいかいか》が進むにつれて、髷を落とす「断髪《だんぱつ》」となり、「ザンギリ頭」と呼ばれる刈りっ放しの頭に変わった。「ザンギリ頭を叩いてみれば文明開化の音がする」と狂歌《きょうか》が詠まれたのは、明治時代のことだ。

女性の髪の結い方は、年齢や立場、職業によって決められていた部分が多い。例えば娘の頃、つまり嫁入りする前は、「桃割れ《ももわ》」や「銀杏返し《いちょうがえし》」と呼ばれるものが一般的で、嫁入りをする時点で「高島田《たかしまだ》」という「島田髷」の一種に変わる。その後、中年を過ぎると「丸髷」などになり、未亡人になると「切髪《きりかみ》」という男性の「茶筅髪」のような髪型になる。ポニーテールの短い物、と言えばわかりやすいだろうか。これは、ごく一般的な年齢別の流れであり、もっと細分化すると相当な数に及ぶ。未婚女性でも、芸者などの水商売の女性は「潰《つぶ》し島田」と呼ばれる髪型が多い。「島田」だけでも関東・関西、流行した時代の違いを含めれば15種類以上もあったのだ。

こういった女性の「日本髪」がかろうじて残っていたのも昭和20年代までで、昭和30年代になると、自前の髪で日本髪を結っている女性を見かけることはほとんどなくなった。大正時代のモダニズム全盛期には、「モボ」（モダンボーイ）、「モガ」（モダンガール）と呼ばれる時代の先端をいくファッションが流行《はや》り、女性にも髪を短くする男髪《だんぱつ》が流行した。また、戦前にアメリカから「パーマネント」が輸入され、流行を見せたが、第二次世界大戦中は「パーマネント」が外国語で敵国の髪型ゆえに、「パーマネントはやめませう」という標語まで作られている。ちなみにパーマネントは「淑髪《しゅくはつ》」「電髪《でんぱつ》」と言い換えられた。

今は、中学・高校の一部を除いて、髪型を規制されることはない。髪型一つで年齢や職業が見分けられ、その属性までもが知られた時代から考えると、自由であると同時に、そこまで規定されていたことが信じ難くもある。しかし、一方では、相手に何も聞かずとも、おおよそのことが判断出来る、という合理性も兼ね備えていたのだ。

平安時代からの色彩感覚「色合わせ」

日本人の美的感覚の鋭さは、古くは平安時代の貴族の服飾文化の中に見ることが出来る。四季の移ろいの中で、季節ごとに決められた装束《しょうぞく》の色の合わせ方、これを「かさね色目《いろめ》」と呼ぶ。宮廷《きゅうてい》装束の「十二単《じゅうにひとえ》」のように、何枚もの衣装を重ね着する場合に、何色に何色を重ねれば良いか、今の言葉に直せばファッションにおけるカラー・コーディネートだ。そこで求められるものは、「調和のある色彩感覚」だけではなく、「ハレ」(晴)と「ケ」(褻《け》)に分けられる生活の中での、「公(非日常)」と「私(日常)」に合わせる色までも決められていた。特に、宮廷の「女房《にょうぼう》」と呼ばれる女官《にょかん》の社会では、仲間に入るための素養として大事なものだった。

こうした衣装の色の合わせ方である「かさね色目」にはいくつかの意味があり、1枚の着物の表と裏のバランスを表す「重色目《かさねいろめ》」、重ね着をした場合の重ね方「襲色目《かさねいろめ》」、織物の縦糸と横糸に違う色を使うことによって色を重ねる「織色目《おりいろめ》」などがある。ここでは以下、「襲色目」について述べることにする。

ピンク系
一斤染（いっこんぞめ）／桜色（さくらいろ）／鴇色（ときいろ）／撫子色（なでしこいろ）／紅梅色（こうばいいろ）／桃色（ももいろ）／珊瑚色（さんごいろ）／東雲色（しののめいろ）／薄紅（うすくれない）／梅鼠（うめねず）／灰桜（はいざくら）／長春色（ちょうしゅんいろ）／甚三紅（じんざもみ）
赤系
牡丹色（ぼたんいろ）／躑躅色（つつじいろ）／薔薇色（ばらいろ）／紅色（べにいろ）／緋色（ひいろ）／猩々緋（しょうじょうひ）／唐紅花（からくれない）／茜色（あかねいろ）／臙脂色（えんじいろ）／蘇芳色（すおういろ）／檜皮色（ひわだいろ）／小豆色（あずきいろ）／葡萄色（えびいろ）
橙系
赤白橡（あかしろのつるばみ）／杏色（あんずいろ）／蘇比（そひ）／小麦色（こむぎいろ）／萱草色（かんぞういろ）／柿色（かきいろ）／黄丹（おうに）／洗朱（あらいしゅ）／橙色（だいだいいろ）／柑子色（こうじいろ）／蒲色（かばいろ）／狐色（きつねいろ）
茶色
白茶（しらちゃ）／朽葉色（くちばいろ）／代赭色（たいしゃいろ）／団十郎茶（だんじゅうろうちゃ）／丁子色（ちょうじいろ）／路考茶（ろこうちゃ）／雀茶（すずめちゃ）／弁柄色（べんがらいろ）／黄櫨染（こうろぜん）／柿渋色（かきしぶいろ）／栗皮色（くりかわいろ）／鳶色（とびいろ）／煤竹色（すすだけいろ）
黄系
鳥の子色（とりのこいろ）／玉子色（たまごいろ）／辛子色（からしいろ）／山吹色（やまぶきいろ）／鬱金色（うこんいろ）／支子色（くちなしいろ）／黄蘗色（きはだいろ）／刈安色（かりやすいろ）／琥珀色（こはくいろ）／黄土色（おうどいろ）／黄橡（きつるばみ／菜種油色（なたねゆいろ）／生壁色（なまかべいろ）
緑系
白緑（びゃくろく）／苗色（なえいろ）／青磁色（せいじいろ）／若竹色（わかたけいろ）／鶸色（ひわいろ）／萌黄色（もえぎいろ）／苔色（こけいろ）／松葉色（まつばいろ）／緑青（ろくしょう）／木賊色（とくさいろ）／海松色（みるいろ）／鶯色（うぐいすいろ）／鉄色（てついろ）
青系
甕覗（かめのぞき）／空色（そらいろ）／新橋色（しんばしいろ）／浅葱色（あさぎいろ）／白群（びゃくぐん）／縹色（はなだいろ）／瑠璃色（るりいろ）／群青色（ぐんじょういろ）／納戸色（なんどいろ）／茄子紺（なすこん）／藍色（あいいろ）／紺色（こんいろ）／褐色（かちいろ）
紫系
藤色（ふじいろ）／半色（はしたいろ）／薄色（うすいろ）／紫苑色（しおんいろ）／桔梗色（ききょういろ）／杜若色（かきつばたいろ）／菫色（すみれいろ）／楝色（おうちいろ）／江戸紫（えどむらさき）／二藍（ふたあい）／鳩羽鼠（はとばねず）／濃色（こきいろ）／滅紫（けしむらさき）

具体的な例を挙げてみよう。「梅《むめ》」と呼ばれる色目は、着用時期は春、表は「白」、裏は「蘇芳《すおう》」と呼ばれる赤を使う。「梅重《うめかさね》」の場合は、表が「濃紅《こいべに》」、裏が「紅梅《こうばい》」と呼ばれる同系色の濃淡で色を合わせることになる。春の色の重ね方だけで33種類ある。同様に夏は「白」と「青」の重ねで始まる「卯花《うのはな》」、「紅」と「紫」を重ねる「薔薇《そうび》」など22種類。秋は、「紫」に「白」を重ねる「萩《はぎ》」や「萌黄《もえぎ》」と呼ばれる黄緑色に「淡萌黄《あわもえぎ》」を合わせる「初紅葉《はつもみじ》」など39種類。「冬」は「白」に「紅梅」を重ねた「雪の下」など6種類。ほかに、四季に共通した「青」と「紫」の「松重《まつがさね》」や「紫」に「紅」を重ねた「脂燭色《しそくいろ》」など20種類、合計で120通りの色の重ね方があるのだ。

こうしたルールを踏まえ、どんな時に何と呼ばれている重ね方を用いるかで、その人のセンスが問われた。一般的なサラリーマンのように、スーツは紺《こん》かグレー、茶でも揃えておけば間に合うという点から考えれば、昔は遥かに神経を使っていたことになる。

実は、今まで述べてきたのは2枚重ねで着る場合の重ね方で、3枚、6枚、8枚などを重ねて着る場合の重ね方には、また違う組み合わせがある。

こうした「かさね色目」は、宮廷の女官だけではなく男性の貴族にも適用された。女性ほどのバリエーションはないが、それでも多くの種類があったのだ。ごく一部の人々とは言え、こうしたハイセンスな人々が、今から1000年以上も前の宮廷文化を彩っていたことを考えると、『源氏物語《げんじものがたり》』や『枕草子《まくらのそうし》』といった文学作品が、宮廷に仕える女性の間から生まれたことも納得がいく（『源氏物語』の作者・紫式部《むらさきしきぶ》は一条《いちじょう》天皇の中宮彰子《ちゅうぐうしょうし》に、『枕草子』の作者・清少納言《せいしょうなごん》は一条天皇の中宮定子《ていし》に仕えていた）。日本人の繊細な美意識は、長い伝統を持ち続けているのだ。

コンパクトな冷房器具「扇子《せんす》」

近年、男女を問わず「扇子《せんす》」が夏のお洒落《しゃれ》アイテムとして復権を果たしてきた。手元で風を起こすには簡単で、コンパクトに畳める上、模様や素材など様々なお洒落が可能、という点が見直されているのだろう。必ずしも和装に合わせた物ではなくなった。

「扇子」と「扇《おうぎ》」は同じもので、「あおぐ」という動詞が「おうぎ」になり「扇」となったことに由来する。歴史は古く、奈良・平安時代には檜《ひのき》の薄い板を20枚から30枚ほど連ねた「檜扇《ひおうぎ》」と呼ばれる、今の扇子よりもかなりサイズの大きな物が使われていた。歌舞伎では『菅原伝授手習鑑《すがわらでんじゅてならいかがみ》』の『道明寺《どうみょうじ》』や、『一条大蔵譚《いちじょうおおくらものがたり》』などで、檜扇が効果的に使われているのを見ることが出来る。

一口に扇子と言っても、いくつもの種類や大きさ、用途があり、私たちが普段使うような物のほかに、舞踊《ぶよう》に使う「舞扇《まいおうぎ》」としてサイズが大きめの物、噺家《はなしか》が高座《こうざ》で使用する白扇《はくせん》、珍しい物では、戦国時代などに使われていた護身用の武器で、「鉄扇《てっせん》」と呼ばれる物もある。

扇は、骨は一般的には木や竹を使うが、象牙《ぞうげ》や鼈甲《べっこう》など動物の一部を素材に用いることもある。また、植物でも香木《こうぼく》の「白檀《びゃくだん》」を使い、扇《あお》いだ時の仄《ほの》かな香りを楽しむものもある。この骨を束ねている部分が「要《かなめ》」と呼ばれ、扇の部品の中では最も重要なことから、その意を用いて、大事なことを「要」と言うようになった。開いた時に広がる紙の部分を「扇面《せんめん》」と呼び、基本的には紙だが、絹《きぬ》などの布を使う場合もある。扇面には、画家や文人墨客《ぶんじんぼっかく》が絵や文字、歌などを認《したた》めることも多く、それらが珍重された。今でも、歌舞伎役者の襲名披露では、高名な画家が絵筆をとって新しい役者の誕生に花を

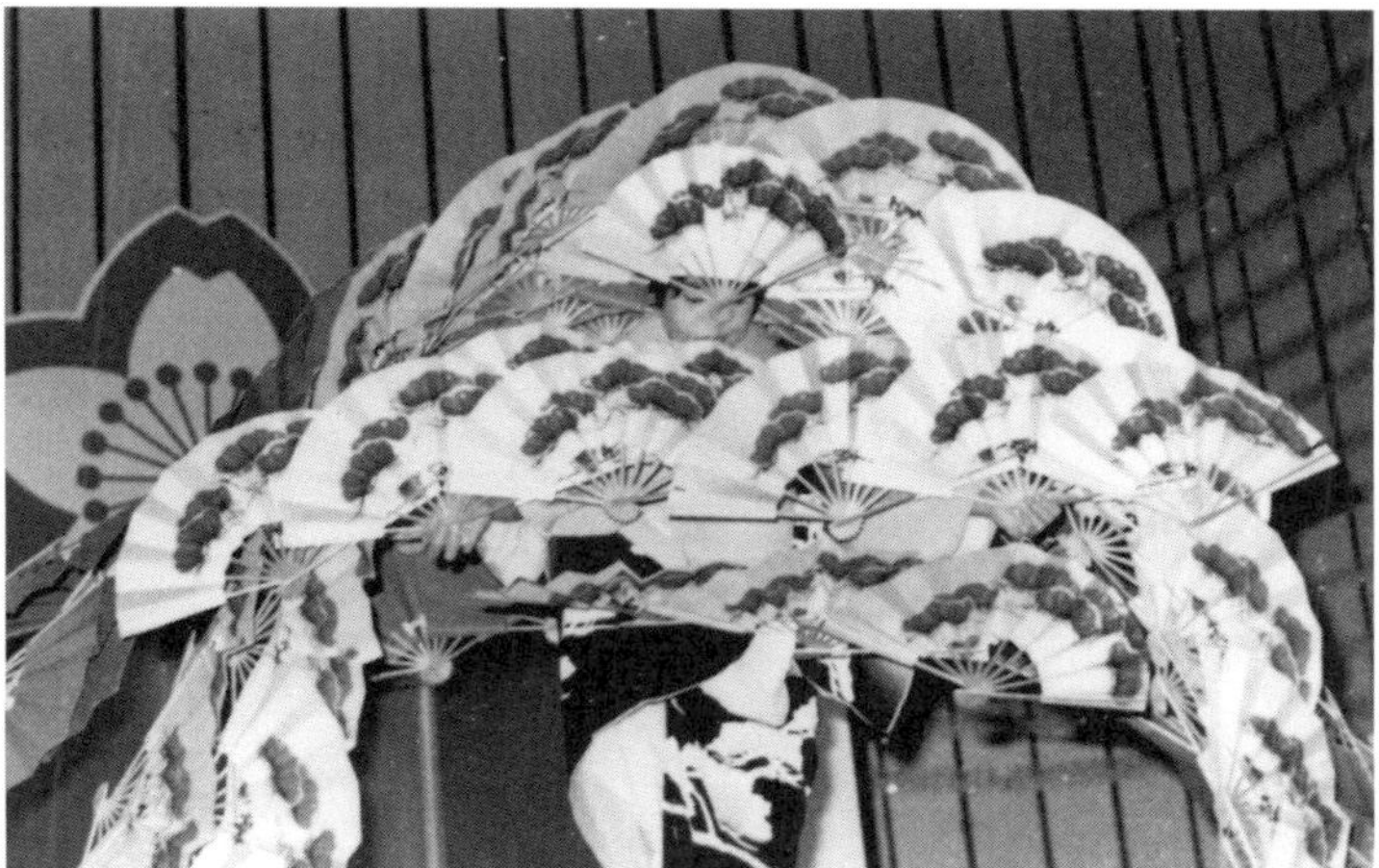

玉川スミの「松づくし」

添えるケースは多い。お祝いごとに扇を配るのは、扇がだんだん広がる様子が「末広《すえひろ》がり」に通じ、そのために扇のことをあえて「末広」と呼ぶ場合もある。

いろいろな使われ方で日本人の生活に馴染《なじ》んできた扇だが、落語《らくご》では箸《はし》にもなれば煙管《きせる》にもなり、駕籠《かご》を担ぐ棒にもなるなど、あらゆる小道具の役目を果たすことをご承知の読者も多いだろう。

ここで、ちょっと変わった、かつ貴重な扇の使用例を紹介しておこう。大正9（1920）年生まれで、平成24（2012）年に92歳で亡くなる数年前まで現役で高座を勤めていた女俗曲師《ぞっきょくし》の玉《たま》川《がわ》スミ。彼女は、自らが創り出した「松づくし」という芸で文化庁芸術祭賞を貰うほどの評価を受けた（前ページ写真参照）。これは、一本歯《いっぽんば》の高下駄《たかげた》を履き、バランスをとりながら自らの身体に松の絵を描いた扇を持ったり足の指で挟んだりしながら、最高１２０本もの扇を使って松の姿を作る、という芸で、ほかでは見たことがない。本来の使い方ではないが、日本人の物の工夫の一端を示す話であり、この芸が見られなくなったのは惜しいことでもある。

今に生きる便利小物「風呂敷《ふろしき》」と「手拭《てぬぐい》」

その名の如く、もともと風呂敷とは「風呂で敷く布」のことだ。現在の風呂の様子を思い浮かべると結びつかないが、「湯船へ浸《つ》かる」形式の風呂になったのは江戸時代のことで、それ以前は「蒸《む》し風呂」で汗を流した。そのために、今のサウナでバスタオルを簀子《すのこ》に敷くのと同じ感覚で、風呂敷が使われていたのだ。それが、時代が下るにつれて蒸し風呂が湯船の風呂に変わったため、風呂敷も本来の目的であった「風呂で敷く布」から「物を包む布」へと変化を遂げたのである。

手拭は、古代から私たちの生活に密着したもので、平安時代あたりでは神事の際に装身具の一種として使われていたようだが、江戸時代の風呂の普及と共に庶民にも一気に広まった。入浴の時に身体を洗ったり、汗を拭いたりするだけの用途ではなく、その使い道もどんどん幅を広げ、埃《ほこり》の多い江戸の町では風除けや埃除けの「頰《ほお》かむり」にもなれば、お洒落な手拭を染めさせて縁起物として贈答品にも使われ、また歌舞伎役者や相撲取り、落語家などが贔屓筋《ひいきすじ》へ名刺代わりに配るなど、様々な用途で使われた。

天明4（1784）年には戯作者《げさくしゃ》の山東京伝《さんとうきょうでん》が、手拭の美しさを見て楽しむ「手拭合《てぬぐいあわせ》」という催しを開催し、すでに江戸時代の人々の美的センスの良さを認めている。現在でも、ハンドタオル代わりにガーゼの生地を使ったものや、昔ながらのデザインをアレンジしたものなどが日常的に使われている。

四代目中村雀右衛門が贔屓筋へ配った手拭いと屋号の入ったのし袋（著者所有）

人類最古の職業「売春《ばいしゅん》」

「人類最古の職業」とも言われ、法律でいくら禁止をしてもその網の目を掻《か》い潜《くぐ》るいたちごっこは、歴史の営みと等しく繰り返されてきた。もっとも、性に関しては世界で有数の寛容さを誇る日本では、「売春をしたら死刑」などということはないが、それでも現在は法律で禁じられている。

時代は遡《さかのぼ》るが、江戸においては、有名な「吉原《よしわら》」のほかに、遊興場所としての格はかなり下がるものの「四宿《ししゅく》」と呼ばれる「板橋《いたばし》」「品川《しながわ》」「千住《せんじゅ》」「内藤新宿《ないとうしんじゅく》」での売春が、幕府に公認されていた。板橋は中山道《なかせんどう》、品川は東海道《とうかいどう》、千住は奥州道中《おうしゅうどうちゅう》・日光道中《にっこうどうちゅう》、内藤新宿は甲州道中《こうしゅうどうちゅう》への最初の宿場でもあり、「飯盛女《めしもりおんな》」と称して旅籠《はたご》の女中でありながら身体を売る女性の存在が認められていたのだ。

明治維新ののち、何度か日本の売春制度は廃絶のチャンスがあったのだが、なかなか思うように進まなかった。第二次世界大戦後に日本を占領したGHQが公娼制度の廃止を要求したにもかかかわらず、これも即座に実現というわけにはいかなかった。昭和33（1958）年4月1日の「売春防止法」の施行まで、紆余曲折《うよきょくせつ》を経ながらも吉原での売春制度は行われていたが、以降は完全に法律で禁止されたのだ。

昭和33年以前に公認で売春が行われていた地域を俗に「赤線《あかせん》」と言い、非公認の地域は「青線《あおせん》」と呼ぶ。これは、地図にその一帯を赤い線と青い線で記していたから、との俗説があるが、定かではない。赤線は、東京では吉原のほかに墨田区の玉《たま》の井《い》や、その近くの「鳩《はと》の街《まち》」と呼ばれた一帯、新宿二丁目などがあった。「売春防止法」施行後に、非合法で営業を続けていた場所を「白線《ぱいせん》」と呼ぶ、という説もあるが、これも明確ではない。

落語《らくご》や芝居などでは、吉原へ通うことが男の生き甲斐のように扱われているが、実情は

三ノ輪の浄閑寺には吉原の遊女たちがたくさん眠っている

決してそうではない。借金のカタに僅かな金額で売られてきて、まともにそこから抜け出せた女性の割合は相当に少なく、だからこそ「苦界《くがい》」という言葉があるのだ。遊廓の花魁《おいらん》と言えば聞こえはいいが、収入のうちの半分以上は遊廓に吸い上げられ、衣装は自前、ほかにも遊廓で決められた「紋日《もんび》」と呼ばれる特別な日には馴染《なじ》み客を競って集めねばならず、借金は嵩《かさ》むばかり、という仕組みだ。

吉原からそう遠くない三ノ輪《みのわ》に「浄閑寺《じょうかんじ》」というお寺がある。吉原で病気をしてもまともに治療がして貰えないばかりか、命を落としても葬式をあげて貰えるわけでもない。遺体を投げ込むように葬ったことから、この寺は別名「投込寺《なげこみでら》」とも呼ばれ、「生まれては苦界死しては浄閑寺」との句もある。物語の中に描かれているような遊廓の華やかな場面は、ごく僅かなものでしかなかったのだ。

男の極楽《ごくらく》・女の地獄《じごく》「遊廓《ゆうかく》」

「遊廓《ゆうかく》」は、江戸時代に入る以前に京都で発祥したと言われる。江戸時代に入ってからは、主な街道の宿場町を中心に広がったが、「旅籠《はたご》」などにも性的なサービスを提供する「飯盛女《めしもりおんな》」と呼ばれる女性が数多くいた。

しかし、江戸が日本の中心となってからは、やはり「花の吉原」である。

元和4（1618）年に江戸市内に散在していた遊女屋街を統合し、今の日本橋人形町付近に「葭原《よしはら》」が開設された。寛永3（1626）年に「吉原」と改称し、明暦3（1657）年の「明《めい》暦《れき》の大火《たいか》」を機に、浅草日本《にほん》堤《づつみ》へ移転して、以降は「新吉原」と呼ばれた。

「闇の夜に吉原ばかり月夜か

新吉原・角海老屋の花魁たち（香蝶楼国貞画）

な」と川柳に詠まれたように、江戸っ子はこぞって通ったようだ。花魁《おいらん》（遊女）のランクも、「松《まつ》の位《くらい》の太夫《たゆう》」と呼ばれ、今の金額で言えば一晩１００万円、という女性もいれば、１万円程度まで、店の大きさによってランクが決まっていた。それでも、そう毎晩通えるわけではない。そこで、「素見《すけん》」「冷やかし」と言って、ただ吉原へ行き、遊びはせずに眺めてくるだけ、という強者も登場。日に一度は吉原へ行かないと眠れないという落語の主人公もいる。

江戸では、１日に「千両」のお金が落とされる場所が３ヶ所あったと言う。１に魚河岸、２に芝居、３に吉原である。

日本の「男色《だんしょく》」史《し》

世界各地で同性愛が市民権を得て久しいが、イスラム圏ではいまだに行為だけで死刑に処せられる国がある。しかし、日本では同性愛が長く受け入れられていたばかりか、盛んな時代もあった。刑務所や軍隊などの閉鎖された生活空間で同性ばかりが生活を共にしていると、そうした行為が起こることは知られている。しかし、それは特殊な環境下における一時的な擬似愛に過ぎないことも証明されている。

日本の歴史を概観してみると、多くのポイントで全く色眼鏡をかけずに同性愛が容認され、「当たり前」とされていた時代があったのだ。例えば、「若衆宿《わかしゅやど》」（若者宿）と呼ばれる場所が地方の集落には存在し、ある一定の年齢になった男性が、集落の若い男性と一定の期間を共に暮らすことで、集落の正式な「大人のメンバー」として認められる。その生活期間には、当然のように同性同士の性行為も含まれていた。

能《のう》を愛し、発展させて現在の礎を築いた室町幕府の三代将軍・足利義満《あしかがよしみつ》（1358〜1408）は、当時稀《まれ》に見る美少年だった世阿弥《ぜあみ》（1363?〜1443?）を溺愛《できあい》し、それが能の発達に繋がり、武士が儀式に用いる「式楽《しきがく》」の地位を築いたのだ。

江戸時代では、三代将軍・徳川家光《とくがわいえみつ》（1604〜51）が、あまりの美童狂いに肝心の世継ぎがなかなか生まれず、周囲が困ったという話がある。こうしたことは、社会での生活環境が整い、武士の文化が町人のレベルまで下りてきて一気に成熟を見るのだが、武士の間において主従の間で同性愛が決して珍しくなかったことは、主君の寵愛を受けて出世の階段を駆け上がった人々が大勢いることからもよくわかる。真偽のほどはともかくも、織田信長と共に本能寺で命を落とした小姓の森蘭丸《もりらんまる》（1565〜82）、五代将軍・徳川綱吉《つなよし》（1646〜1709）の美童であったために異例の出世を遂げた柳沢吉保《やなぎさわよしやす》（1658〜1714）など、歴史上の事例は多い。

ただ、こうした人々には妻や側室もい

『衆道物語』（寛文元〈1661〉年）に描かれた男色の様子

たので、いわゆる「バイ・セクシュアル」と言える。

東京で言えば文京区の湯島《ゆしま》には、幕末まで若い美少年が体を売る「蔭間茶屋《かげまちゃや》」が軒を並べていた。一説によれば、距離的にそう遠くない上野の寛永寺《かんえいじ》をはじめとする寺町の僧侶のための遊び場としての発祥が最初のようだ。江戸時代中期には湯島の蔭間茶屋へ通い詰めることを「湯島詣《もう》で」と呼んだくらいだから、歴史はかなり古い。僧侶にとって「女犯《にょぼん》」は禁じられていても、男性とであれば問題はない、という解釈だろうが、この考え方は現代にも形を変えて生きているのだ。夫婦以外の男性と女性の性行為に金品のやり取りが伴えば「売春」になり法に触れるが、男性同士の場合はそうならない。なぜなら、「性行為」とは見なされないからだ。

男色《だんしょく》を売った歌舞伎役者のことを「蔭間」、または「色子《いろこ》」と呼んだが、彼らにも傾城《けいせい》（遊女）と同様にランクがあり、売れっ子は「太夫《たゆう》」と呼ばれ、音曲《おんぎょく》や俳諧《はいかい》、踊りなどの素養を身につけていたようだ。これは、歌舞伎の発達にも大きな関係があり、10代後半で蔭間として客が付かない年齢になると、そのまま歌舞伎の女形《おんながた》へ進むという、次の就職口が確保されていたのだ。当時は、「女形は普段の生活も含めて実際の女性のようでなくてはならない」という演技論が大きな権威を持っていたために、この構図は、当事者のみならず、世間も不思議には思わなかったのだ。事実、武士の同性愛をテーマにした歌舞伎の演目も僅《わず》かではあるが存在した。

明治維新によってこうした考え方は一掃され、以後、同性愛者たちは地下に潜らざるを得なくなった。しかし、第二次世界大戦後になって、だんだん世間の目も変わり、同性愛者が差別されない時代が訪れたが、これは昔と同じ寛容さを取り戻したに過ぎないのだ。

密室での芸術「緊縛《きんばく》」

「緊縛」と聞いて、何かエロティックなものを頭に想い浮かべた方もいるだろう。他国にも「緊縛」はないわけではないが、そこに「美」を求めるのは、日本人ならではの感性かもしれない。

今のような手錠《てじょう》がなかった江戸時代には、罪人を捕まえた時には縄が用いられていた。時代劇で聞かれる「お縄にかかれ！」という科白《せりふ》がその象徴だ。捕まえることを「捕縛《ほばく》」というのも、縄で縛ることからきている。一方、「縄抜け」という言葉もあるように、簡単に逃げられてしまうような縛り方では意味をなさない。そのために、いかにして罪人の動きを制限し、自由を奪い、かつ生命に影響を与えないようにするにはどうすれば良いか、という目的で捕縄術《ほじょうじゅつ》（緊縛術）が発達した。江戸時代の警察機構には必要かつ重要な技術だったのだ。

それが、明治維新を経て以降、「女性を縛る姿を楽しむ」という嗜好《しこう》が現れ、「緊縛」は地下水脈へ潜《もぐ》るように影を潜《ひそ》める。江戸時代の「あぶな絵」（浮世絵美人画のうち、一般的なものと秘戯《ひぎ》画《が》〈春画《しゅんが》〉との中間の作品）の中には「責《せ》め絵《え》」と呼ばれる拷問《ごうもん》風景を描いたものはあったが、いわゆる「マニア」の間でやり取りされるものだった。第二次世界大戦が終わり、様々な形で「性の解放」「フリーセックス」というものが叫ばれ、実践される中で、「緊縛」も専門の雑誌が発行されるようになった。

「亀甲縛《きっこうしば》り」という、六角形の亀の甲羅《こうら》の模様を造るような縛り方を一度や二度は耳にした方もいるだろう。また、江戸時代から伝わる「高手小《たかてこ》手縛《てしば》り」という両腕を後ろに回させて縛り、もう1本の縄で胸のあたりを縛る一般的な捕縛の結び方もある。また「海老責《えびぜ》め」と呼ばれる全身を海老のように反らせる拷問からきた縛り方もある。「緊縛師《きんばくし》」と呼ばれる人が存在するほどで、縛ら

海老責めの様子（『徳川幕府刑事図譜』より）

れる相手の身体を傷めることなく、何十種類もの方法で縛り上げることは、嗜虐的《しぎゃくてき》な嗜好を持つ人々にはまさに「芸術的」に映るのだろう。

表に出ようと地下水脈を流れようと、連綿と続いてきた営みの中において、一つの伝統となっているものは、立派な「文化」であり、緊縛もその一つに挙げられるのだ。

刑罰から芸術まで「入墨《いれずみ》」と「刺青《いれずみ》」

「入墨」と「刺青」が混同され、さらに「タトゥー」と言い換えたりもするために、それぞれの違いがわからなくなってきた。

大まかに言えば、もともとの民族文化として「入墨」があった。その証拠に、「邪馬台国探し」には必ず引き合いに出される『魏志倭人伝《ぎしわじんでん》』の中に、「顔に入墨をしている男が多い」との記述がある。それが、江戸時代になり、刑罰として一生消えない罪の証拠に、左腕をぐるりと回る輪の形で墨が入れられた。

これに対し、火消しや博徒《ばくと》など、勇みや勢い、男伊達《おとこだて》を生き甲斐にする人々が、中国の『三国《さんごく》

入墨刑の様子（『徳川幕府刑事図譜』より部分）

のざらし悟助の刺青（歌川豊国「当世好男子伝」より）

志《し》』や『水滸伝《すいこでん》』、あるいは仏像などの文様を朱や緑などの鮮やかな色と共に、主に背中に彫った。先の刑罰としての「入墨」と区別をするために、こちらは「刺青」と書き「彫り物」と呼び、男伊達を見せるために彫ったのだ。皮膚に針を刺し、そこに色を入れる痛さと、手間と費用がかかることから、俗に「我慢」とも呼んだ。これらも同じ入墨ではあるが、刑罰ではなく、自ら望んで彫ったものであり、芸術性の高い刺青も多い。「年老いていらぬ物とは知りながら若気のいたり伊達の勢い」という狂歌が示すように、「反社会的勢力」とは言わないまでも、無闇にお天道様の下にさらすものではない、ということを彼らは知っていたのだ。

世界で最も古いものでは、氷河に埋もれていた5300年前の男性のミイラにもその跡が見られるそうだ。

お正月から大晦日《おおみそか》までの「年中行事」

「クリスマス」をはじめ、「バレンタインデー」「ハロウィーン」「母の日」「父の日」など欧米に起源を持つ行事が日本に定着して久しいが、日本古来の年中行事が廃れていくのも時代の流れだろうか。

日本に古来から伝わる年中行事は、都市部と農村部とでは日にちが違っていたり、農村部のみで行われるものもある。今は廃れたものも含めて、以下、順番に並べてみよう。

まず、1月1日に年が明け、待ちに待った「お正月」が来る。本来は誕生日ではなく、年が改まった瞬間に全員が一つ年をとる、というのが「数え年」の考え方だ。7日の「七草《ななくさ》がゆ」、11日の「鏡開《かがみびら》き」を経て、地方によっては15日の「小正月《こしょうがつ》」の習慣を残すところもある。

7月、江戸の七夕。家々の屋根に葉竹が高々と立ち並んでいる(歌川広重『名所江戸百景』「市中繁栄七夕祭」より)

12月、歳の市で賑わう江戸浅草（三代歌川豊国・二代歌川広重『江戸自慢三十六興』「浅草年之市」より）

2月の最初の「午《うま》の日」は「初午《はつうま》」で五穀豊穣《ごこくほうじょう》や商売繁盛を願い、4日の「立春《りっしゅん》」、その前夜の「節分《せつぶん》」、8日には「針供養《はりくよう》」と、短い月だがなかなか忙しい。

3月は、3日の「雛《ひな》の節句《せっく》」、古来からのものではないが、3月は「卒業式」、4月は「入学式」と続く。3月には「春分《しゅんぶん》の日」を中心に1週間、「お彼岸《ひがん》」がある。秋にも同様に、「秋分《しゅうぶん》の日」を中心に「お彼岸」があり、両者を区別する場合は「春彼岸」、「秋彼岸」と呼ぶ。

5月5日は「端午《たんご》の節句」。銭湯では邪気を払うための「菖蒲湯《しょうぶゆ》」が行われる。6月を迎えると「衣替《ころもが》え」のシーズンだ。江戸時代の武家社会では、公式に4月1日から5月4日までと、9月1日から8日までは「袷《あわせ》」、9日から3月末日までは「綿入《わたい》れ」を着るとまで細かく定められていたが、明治以降、洋服が中心の生活になってからは、単純に「夏物」と「冬物」の入れ替えの感覚として残った。

7月7日は「七夕《たなばた》」で、7月28日前後の「丑《うし》の日」には、もはや超高級食材となってしまった「鰻《うなぎ》」を食べる。地域によっては1ヶ月違うが、7月、8月は「お盆《ぼん》」で、先祖の霊を迎え、供養する日だ。地方によっては、8月の「お盆休み」に帰郷する人が多いため、この時に「成人式」を行うところもある。8月の旧盆を過ぎ、秋風が立ち始める頃になると、「祭り」のシーズンだ。これも地域によって時期は多少ずれるが、五穀豊穣を祈るものが発祥だ。9月には「中秋《ちゅうしゅう》の名月《めいげつ》」を迎える。明治以降は廃れてしまったが、9月9日は「重陽《ちょうよう》の節句」と言い、めでたい数字の「陽数」である「九」が重なる、最もめでたい節句とされ、菊の花を愛《め》でたり、酒に菊を浸して飲んだりした。別名「菊花《きくか》の節句」とも言う。

11月は、主に関東で酉《とり》の日に商売繁盛を願い、熊手を買う「酉《とり》の市《いち》」で神社が賑わう。大阪では年明け10日の「十日戎《とおかえびす》」に変わり、戎信仰で商売繁盛を願う。俗に、「三の酉まである年は火事が多い」と言うが、1ヶ月の間に3回もお祭りがあると、人々の気が緩みがちなので、それを戒めるための言葉だと聞いた。

12月。暮れに入り、いよいよ押し詰まってくる。10日過ぎから20日過ぎまで、正月用品の「注《し》連飾《めかざ》り」や「松竹」などを商う「年の市」が立つが、今では12月最大のイベントは何と言っても「クリスマス・イヴ」と「クリスマス」だろう。

こうして駆け足で年中行事を見てくると、二つの特徴があることに気づく。一つは、起源を遡ると「五穀豊穣」「商売繁盛」に結びつくものが多いこと、もう一つは6月と10月にはそれほど大きな年中行事がないことだ。6月は田植え、10月は稲刈りと、農家にとっては最も大事な2ヶ月である。ここからも、日本の農耕民族としての歴史や考え方が見てとれるだろう。

日本の豊かな季節を感じる「歳時記《さいじき》」

「歳時記《さいじき》」という言葉には、二つの意味がある。元来は、中国から渡ってきた年中行事や故実《こじつ》を記したもので、もう一つは俳句の季語《きご》を分類して1冊の本にまとめたものだ。後者の場合は「季寄《きよ》せ」とも呼ぶ。

年中行事としての「歳時記」は、正月や節句《せっく》、七夕《たなばた》などのおめでたい行事に加え、田植えの日、稲刈りの日、養蚕《ようさん》を始める日など、主に第一次産業におけるカレンダーの役目に加え、中国から流入して日本で土着化した宗教である「道教《どうきょう》」の生活習慣も含まれている。例えば「仏滅《ぶつめつ》」や「大安《たいあん》」、「三隣亡《さんりんぼう》」など、その日の吉凶や、「鬼門《きもん》」「裏鬼門《うらきもん》」など、方角の吉凶を占う発想だ。

俳句の歳時記は、春夏秋冬の季語を季節ごとに集めたもので、いろいろな出版社からポケットサイズのものが出されており、俳句の愛好者は必ず持っている。こちらの歳時記には、いくつか

季節	二十四節気名	新暦の日付
春	立春（りっしゅん）	2月4日頃
	雨水（うすい）	2月19日頃
	啓蟄（けいちつ）	3月5日頃
	春分（しゅんぶん）	3月21日頃
	清明（せいめい）	4月5日頃
	穀雨（こくう）	4月20日頃
夏	立夏（りっか）	5月5日頃
	小満（しょうまん）	5月21日頃
	芒種（ぼうしゅ）	6月6日頃
	夏至（げし）	6月21日頃
	小暑（しょうしょ）	7月7日頃
	大暑（たいしょ）	7月23日頃
秋	立秋（りっしゅう）	8月8日頃
	処暑（しょしょ）	8月23日頃
	白露（はくろ）	9月8日頃
	秋分（しゅうぶん）	9月23日頃
	寒露（かんろ）	10月8日頃
	霜降（そうこう）	10月24日頃
冬	立冬（りっとう）	11月7日頃
	小雪（しょうせつ）	11月22日頃
	大雪（たいせつ）	12月7日頃
	冬至（とうじ）	12月21日頃
	小寒（しょうかん）	1月5日頃
	大寒（だいかん）	1月21日頃

特徴がある。「今も改版の折に季語が追加されるケースがあること」、「取り上げられている季語はすべて旧暦によるもの」「出版社によって、取り上げられている季語に若干の相違があること」だ。俳句は、「結社《けっしゃ》」と呼ばれる同人《どうじん》の集まりで作句されることが多く、その思想や主宰の意向が影響して歳時記が編まれる場合が、かつては今よりもかなり多かった。その影響で、歳時記によって季語の扱い方が変わっていたのだ。また、「季語が追加される」ことは、すでに松尾《まつお》芭蕉《ばしょう》（1644〜94）の時代に『去来抄《きょらいしょう》』の中で「古来の物ではなくても、俳句に趣を加える言葉であれば、後世への良い手本になる」という意味のことが書かれており、当時からかなりの柔軟性を持っていたことが見てとれる。

1年の気候や自然の動きを24等分した「二十四節気《にじゅうしせっき》」も、紀元前400年から紀元前200年頃の中国の戦国時代に生まれたものが、江戸時代に日本へ入り、徐々に私たちの生活形態や日本の風土に合うように調節されてきたものだ。「立春《りっしゅん》」や「冬至《とうじ》」、あるいは「啓蟄《けいちつ》」などは、馴染《なじ》みのある言葉だろう。

17文字の中に季節や感情を込める俳句ならでは、とも思える感覚は、歳時記からも読み取れる。例えば、「彼岸《ひがん》」。仏教の行事で、それぞれ「春分の日《しゅんぶんのひ》」と「秋分の日《しゅうぶんのひ》」を挟んで年に2回ある。この場合、春の彼岸はただ「彼岸」だが、秋は歳時記では「秋彼岸」となる。こうした微細な区別で、季節感を一言で表そうとする先人の工夫だ。

角川書店発行の『合本　俳句歳時記』は、ポケットサイズで本文が1000ページを少し超えるものだが、収録されている季語は2500を超える。大雑把に分ければ、一番多いのは季節で言えば「新年《しんねん》」（春とは別に「新年」として項目が立てられている）で、次に「冬」、「秋」、「夏」、「春」となる。季節ごとの分け方のほかに、「時候」「天文」「地理」「生活」「行事」「動物」「植物」の項目に分かれており、自分が読んでいる言葉が、どの季節のどの項目の中の言葉かが容易にわかる仕組みになっている。

何百年にわたって編まれ、改版されてきたものだけに、今の私たちの生活には馴染みのない言葉も多い。夏の季語の「漆掻《うるしかき》」。漆の木に傷を幾筋も付けて、そこから滲《にじ》み出す漆の液を採取する仕事のことだ。季語には必ず「例句」が添えてあり、芭蕉の「漆掻に我も出んに朝鴉」の句がある。「山眠《やまねむ》る」とは冬の季語で、山を擬人化して季語にしたものだ。風も雪もない穏やかな日和《ひより》の山を指す。また、春になり、新緑に覆われてエネルギーに満ちた春の山の季語は「山笑《やまわら》う」だ。日本人の言葉に関する敏感なセンスを感じる例だ。こうした言葉の一方で、秋の「生活」の部には「休暇明け」「運動会」など、近代以降の言葉も登場する。

もう一つ、歳時記の特徴は、著名な俳人や僧侶、芸能者などの命日が俳号をとって「○○忌」として、その季節の季語になっていることだ。旧暦の3月21日が空海《くうかい》（774～835）の「空海《くうかい》忌《き》」、6月19日は今も墓参の人が絶えない太宰治《だざいおさむ》（1909～48）の「桜桃忌《おうとうき》」、9月19日が正岡子規《まさおかしき》（1867～1902）の「子規忌《しきき》」、旧暦の10月12日が松尾芭蕉の「芭蕉忌」（時雨忌《しぐれき》、桃青忌《とうせいき》、翁忌《おきなき》とも）とされている。歴史に残る先人を偲《しの》んで一句、と言うわけだ。

わが町こそ一番「祭り」

季節を問わず、「祭り」のない地域はあるまい。また、「日本の三大祭」と称して、7月の京都祇園《ぎおん》・八坂神社《やさかじんじゃ》の「祇園祭《ぎおんまつり》」、6月の大阪天満宮《おおさかてんまんぐう》の「天神祭《てんじんまつり》」、5月の東京・神田明神《かんだみょうじん》の「神田《かんだ》祭《まつり》」とされてはいるものの、東北へ行けば宮城県仙台市の「七夕《たなばた》まつり」、青森県弘前市の「ねぷたまつり」（青森市は「ねぶた祭」）、秋田県の「竿燈《かんとう》まつり」の「東北三大祭」があり、祭りに関するお国自慢はどこにでもある。

子供の頃に、地元の氏神《うじがみ》様のお祭りで神輿《みこし》を担いだり、山車《だし》を引いたり、あるいは縁日を楽しみにした想い出は多くの人に共通だろう。「祭り」という言葉の語源は「祀る」であり、神前《しんぜん》に捧げ物をし、それを寿《ことほ》ぐことから始まっている。もちろん、これは日本だけの行事ではなく、世界各国で行われているものだ。日本の祭りも原型は中国大陸から入ってきたものに、土着的な宗教である「道教《どうきょう》」の要素を日本的にアレンジしたもの、と言えば一番現状に近いだろうか。その形態も多岐にわたり、地域ごとの祭りの違いを述べていたらキリがないが、基本は、氏神様である神社から神様が乗っている神輿を担ぎ出し、これを氏子《うじこ》が住んでいる地域を練って歩きながら、神の恩恵を授かる、というものだ。

時代と共に祭りを巡る風俗も変わった。例えば40年以上前には、女性が神輿を担ぐことはなかった。女性の「穢《けが》れ」が神に失礼だという暗黙の歴史的了解があったからだ。また、神輿を担いで練り歩く際の掛け声が「セイヤッ、セイヤッ」という声が多くなった。これも、以前は「わっしょい、わっしょい」だった。掛け声については諸説紛々たるところで、今のところ何が正解というものはなく、地域による差も大きい。また、担ぎ手も本来は氏子だけだった

江戸時代の京都祇園祭
（歌川広重『諸国名所百景』「京都祇園祭礼」より）

が、氏子の減少と祭り好きの意図が合致し、各地の祭りへ趣味で担ぎに出かける人も多くなった。

こうして少しずつの変遷は遂げながらも、祭りがなくならないのは、農耕・狩猟・漁猟民族にとって豊かな恵みをもたらす自然の神々への感謝の念であると同時に、公的な休日が定められていなかった時代の「ハレの日」でもあったからだ。「祭り」というキーワードで日本人の宗教観を考えると、圧倒的に神道《しんとう》に由来するものが強く、仏教の祭りはここまで全国的な規模の広がりはない。それぞれの宗派によって、1年の中で大事な節目になる「報恩講《ほうおんこう》」(宗祖の恩に報いるため、その忌日に営む法会《ほうえ》)や「盂蘭盆《うらぼん》」(精霊会《しょうりょうえ》。いわゆる「お盆」。祖先の霊を供養する仏事で、一般的には8月13日~15日に行われるが、7月に行う地域も多い)、「彼岸《ひがん》」などの行事はあるが、「死者を弔う」ことを中心に置いているからだろうか。唯一とも言えるのが、四月八日、釈迦の誕生日と言われる「花祭り」だが、神道系の祭りに比べると賑わいに欠けるし、そもそも騒ぐ性質の祭りではない。

一瞬の空中芸術「花火《はなび》」

花火は、夏の風物詩の一つとして、立派に生き残っている日本の伝統文化と言えよう。昭和53（1978）年に、17年ぶりに再開された「隅田川《すみだがわ》花火大会」は、今やすっかり年中行事として定着し、江戸時代の賑わいを取り戻した。また、全国各地で郷土色豊かな花火大会が行わるようになっただけではなく、日本の花火師の繊細な技術は、世界的にも高く評価されている。花火師は、北半球の日本が冬になって花火の需要がなくなる頃には、夏真っ盛りの南半球での仕事が多く、今や世界を駆け回っているようだ。

「隅田川」を、まだ「大川《おおかわ》」と呼んでいた時代の享保18（1733）年、八代将軍・徳川吉宗《とくがわよしむね》が悪霊退散と死者を弔《とむら》う「川施餓鬼《かわせがき》」の意味を込めて両国《りょうごく》の川開きの日に始めたのが、隅田川の花火大会の始まりだ。今でも、古くからの土地っ子は「大川の川開き」という言い方をしている。文化文政期（1804～30）になると、「鍵屋《かぎや》」と「玉屋《たまや》」の二大花火師がその腕を競い、夜空に色とりどりの花を咲かせた。見物客が掛ける「たーまやー」「かーぎやー」の声も名物の一つであった。しかし、天保14（1843）年に玉屋が火事を出してしまい、その責めを負って廃業してしまう。それでも、川開きでの掛け声は「玉屋」が圧倒的に多かったようで、「橋の上たまやたまやの声ばかりなぜに鍵屋と言わぬ情（錠）なし」との落首《らくしゅ》まで出たほどだ。これは、決して江戸っ子に情がないわけではなく、「たーまやー」のほうが単純に声を掛けやすかっただけの話だろう。また、落語には、花火大会での事件を描いた『たが屋』という噺《はなし》がある。

　花火大会の主役である「打ち上げ花火」は、火薬を「星《ほし》」と呼ぶ球の形にし、それを詰めた大きな「玉」を打ち上げる。それが、宙に打ち上げられ、同心円状に広がるものが主流で、花火が落ちるまでの間に色を変えたり、さらに爆発を繰り返したり

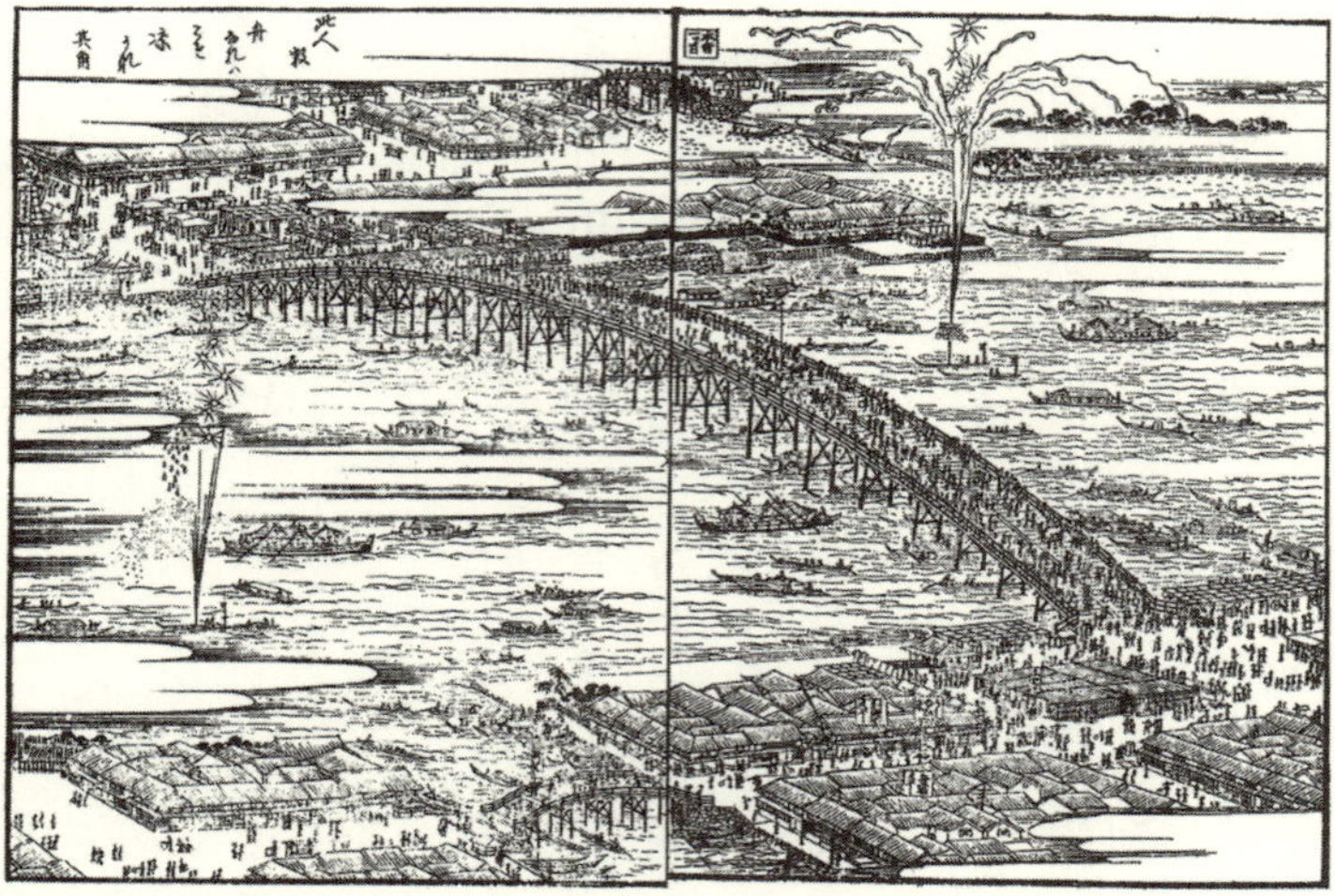

大川（隅田川）に架かる両国橋と花火。手前が広小路《ひろこうじ》で、江戸でも有数の盛り場だった（『江戸名所図会』より）

と、多くの仕掛けが施されるが、花火師独自の工夫によって「秘伝」とされるものも多いと聞く。また、空中で広がる形状によって、「菊《きく》」や「牡丹《ぼたん》」などの名が付けられており、打ち上げる玉の寸法も、いまだに尺貫法《しゃっかんほう》で表される。新潟県長岡市の花火大会では「三尺玉《さんしゃくだま》」と呼ばれる差し渡し1メートルに近い大玉が名物であり、よりサイズの大きなものを作ろうという動きはあるものの、近年までは「日本一の大きさ」だった。

これらの打ち上げ花火のほかに、花火大会で良く見られる「ナイアガラ」を代表とする仕掛け花火がある。導火線を数十メートルにわたって配置し、順次火を付けることで火花が滝が落ちるように見えることから、日本人にとって一番有名な「外国の滝」の名が付けられたのだろう。

そもそも、花火がこれほどに盛んになったのは、16世紀に鉄砲が伝来し、それに伴って頻繁に火薬が使われるようになって以降のことだ。文献にはそれ以前にも花火のようなものの記述はあるが、それらが現代の花火と同等のものだとは考えにくい。明治期に入ると、戦争での勝利や国の祝賀行事などで花火を打ち上げる機会も多くなったが、戦後、一時は米軍によって「火薬の製造」が禁止され、花火大会が出来ない時期があったのだ。

いろいろな分野の競争「番付《ばんづけ》」

個人情報の問題などから平成18（2006）年に廃止されたが、毎年、新聞などで高額納税者のいわゆる「長者番付《ちょうじゃばんづけ》」（金額は推定）がスポーツ、芸能、実業などの各分野で掲載されていた。私たち庶民には想像も付かない納税額だが、こうしたランキングを示す「番付」の歴史は、木版での印刷が普及し始めた江戸時代の寛政期（1789〜1801）あたりにまで遡《さかのぼ》る。

ほとんどが１枚の大判の和紙に刷られたもので、今も相撲の番付にその原型が残っている。ほかにも、芝居や祭礼など、庶民の愛する娯楽や年中行事に関する番付が多く発行された。特に、芝居や相撲などの興行物は、立錐《りっすい》の余地もないほど観客が入るように、との縁起を担《かつ》いで、「勘亭流《かんていりゅう》」という極太《ごくぶと》の隙間のない書体で書かれ、劇場や相撲場の空白を埋める願いも込められていた。現代の相撲番付を見るとよくわかるが、一番大きな文字は当然ながら「日下開山《ひのしたかいさん》」とも言われる横綱《よこづな》で、以下、大関《おおぜき》、関脇《せきわけ》、小結《こむすび》、前頭《まえがしら》とだんだん文字が小さくなり、下のほうへいくと虫《むし》眼鏡《めがね》がなくては読めないほどになる。自分の名前が、大きな文字で書かれるようになるのが励みにもなるのだろう。

「番付」というものは、相撲番付に象徴されるように、トップクラスから下までを、様々な分野や事柄で「順位付け」をする「見立《みたて》」の趣向で作られたものが圧倒的に多い。こうした番付が発行された場所は、大坂・京都・江戸・名古屋・金沢が圧倒的に多く、いずれも商業・文化が発達していた地域である。種類も多岐にわたり、「長者番付」「職人技」「温泉」「名所旧跡」などがあるが、中でも変わり種は、寛政年間末から明治18（1886）年までの間に、大坂で実に45枚にわたって発行された「医師」の番付である。今でこ

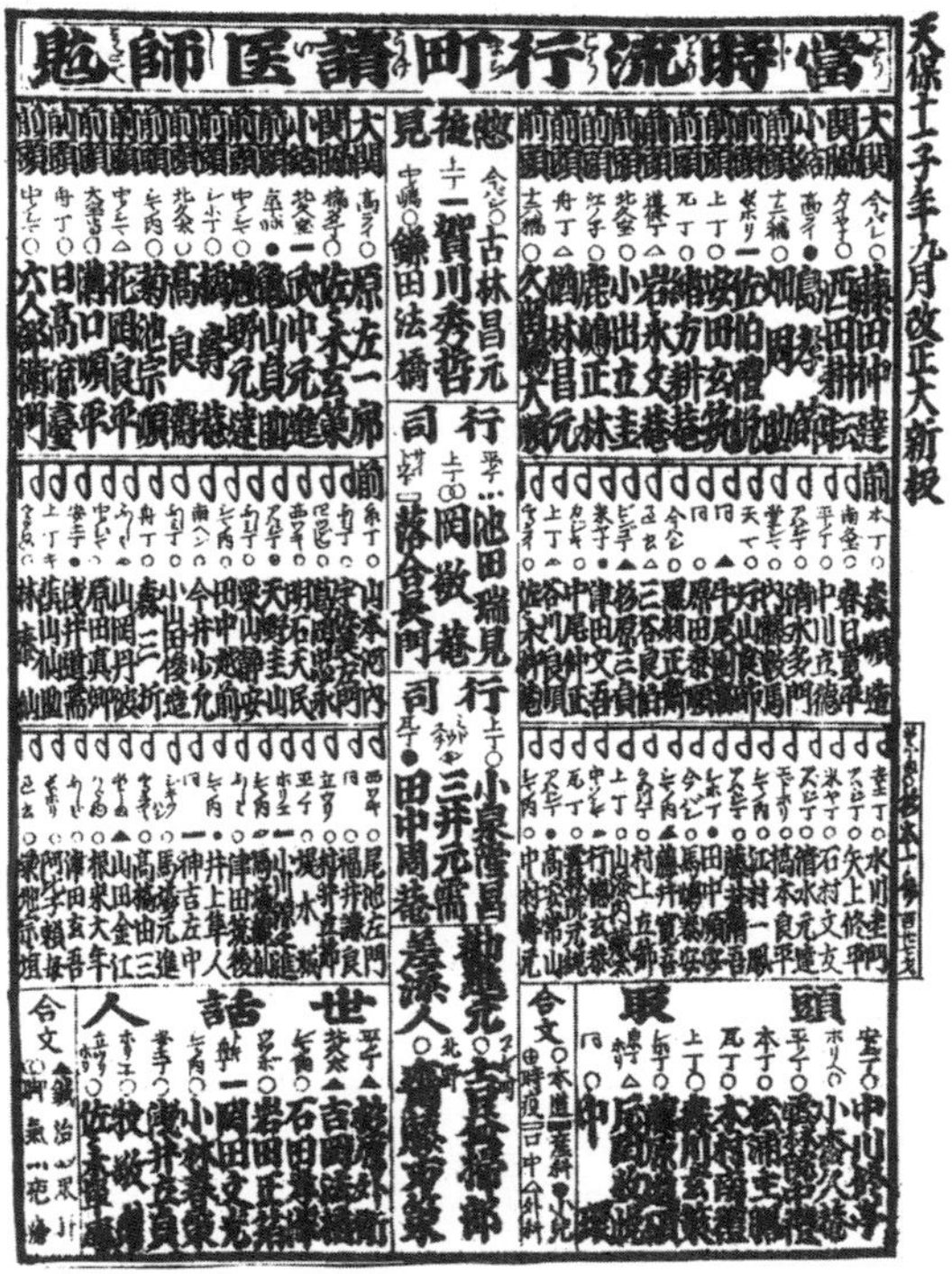
当時流行町請医師見立
天保十一子年九月改正大新板

ランク付けされた大坂の医師（天保11〈1840〉年「当時流行町請医師見立」）

そ、書店には「名医１００選」のような本が溢《あふ》れているが、２００年以上前に、すでに発行されていたことには驚く。例えば「当時流行町請医師見立《とうじりうこうまちうけいしみたて》」と題された医師番付には、標榜科目ごとに外科は△、小児科は●などの記号に加え、所在地までもが書かれており、かなり実用的な意味を持っていた。当時、１万数千人を超えると言われていた大坂在住の医師の中から、１００～５００名を選び、本屋だけではなく薬屋でも売られていたことからも、単なる「遊び心」ではなく、大坂らしい「実利」を伴った面もあったと言えるだろう。ただし、明治元（1868）年11月には発行禁止の憂き目に遭っている。理由は、人命に関わる医師番付に医師による売り込みがあったからだ。藪《やぶ》医者や偽《にせ》医者が番付に載っていては、確かに良くないし、正確なものではなくなってしまう。

もっとも、大坂でも本来の番付の趣旨である「遊び心」の横溢《おういつ》したものは当然存在し、「有るようで無いもの」「あほうとかしこ」「道楽者と無精者」など、洒落《しゃれ》のめした番付も数多く発行されている。一方、江戸では文化12（1815）年に、江戸市中の本格的な料理茶屋、菓子屋、鰻、寿司など、当時の食文化を反映した番付が刷られている。こうした番付に共通して見える特徴は、「どこの誰が創ったものかわからない」という点だ。場合によっては、商売に差し支えることもあっただろうが、大坂でも江戸でも番付はお土産としても販売されていたので、ある程度の信憑性を持って受け入れられていたということにもなる。

番付の精神は、日本人の大好きな「ランキング」という形式に、今でもその名残を見ることが出来るが、江戸時代の庶民の洗練されたセンスは、一枚の刷り物からでも浮かび上がってくるのだ。

年齢による行事「七五三《しちごさん》」「成人式」「長寿の祝い」

超高齢化社会で、70歳、80歳でさえ大々的にお祝いをしてもらえる年齢ではなくなってきた。昔から長寿のお祝いの最初にくる「還暦《かんれき》」の満60歳は、今では現役で働いている人々も多い。還暦だけは自分の生まれ年の干支が巡ってきて、赤ん坊に還る、という意味で満年齢で行うが、それ以降は皆、旧来の「数え年」で行う。

70歳の「古稀《こき》」は、杜甫《とほ》の漢詩「人生七十古来稀なり」からきているもので、77歳の「喜寿《きじゅ》」は、「喜」という漢字を崩して書くと㐂、つまり「七十七」になることが由来だ。80歳の「傘寿《さんじゅ》」は「傘」の略字が仐で「八十」、88歳の「米寿《べいじゅ》」は「米」を分解すると「八十八」になる。90歳の「卒寿《そつじゅ》」は、「卒」の略字「卆」が「九十」になることと同時に、昔の人の感覚で言えば相当な長生きになり、天寿であることから、もう長寿のお祝いを「卒業する」という意味も込められていた。しかし、医療が進んだ現在、そういうわけにはいかなくなった。99歳は「百」から一を引いて「白寿《はくじゅ》」、100歳はその名の通り「百寿《ひゃくじゅ》」。「茶寿《ちゃじゅ》」は、「茶」の字を分解すると「十」「十」「八十八」になることから、108歳だ。これらのお祝いがいつ設定されたものか、誰が言い出したものかは定かではないが、還暦や古稀のように、その理由や原典が明らかになるもの以外は、日本的なるものが多い。さらに120歳の「大還暦《だいかんれき》」というお祝いまで、いくつかあるが、ここまでくると現実的ではない。

一方、子供には「七五三」の祝いがある。地域によって、男女それぞれ祝う年齢が違っており、性別を問わずすべての歳にお祝いをする場所もあれば、東京周辺のよ

七五三の様子。左から、おんぶされている男児（3歳）が髪置《かみおき》、肩に担がれている女児（7歳）が帯解《おびとき》、母親に手を引かれている男児（5歳）が袴着《はかまぎ》（『絵本物見岡』より）

うに「男子は5歳」、「女子は3歳と7歳」という地域も多い。これらの数字はいずれも奇数で、江戸時代までは奇数が陽《よう》の数字、偶数は陰《いん》の数字とされてきた。それに加えて、乳幼児の死亡率が非常に高かったために、それぞれがめでたい年齢まで元気に育ったことを祝う習慣が根づいたのだ。

唯一、日本の法律で定められているのが満20歳の「成人」で、これは明治9（1876）年に公布された「太政官布告」による。国によって成人の定義はバラバラであり、14歳から23歳ぐらいまでの間に散らばっている。日本でも、「成人」の年齢を18歳に引き下げようという動きが何度か見られたが、まだ実現はしていない。祝日である「成人の日」も、1月15日と固定されていたものが、「ハッピー・マンデー」政策によって、毎年1月の第2月曜日となり、日付が変動するようになってしまった。

21世紀になっても冬の必須アイテム「炬燵《こたつ》」

生活がどれほど洋風になっても、冬に炬燵《こたつ》、そしてみかんを食べながらテレビを観る、という習慣は日本人の中に根付いている。暖房器具としての効能を考えてみると、炬燵は主に下半身を温めるため、冷えの防止や改善にもなり、全身の血流が良くなるのは事実だ。最近の新築マンションには、リビング・ルームに床暖房機能が付いているものも多く、これなどは韓国の「オンドル」と同様の発想である。やはり、足元が冷たいというのは、人間にとっては不快で、下半身から熱を奪われるのは健康にも良くない。炬燵は、移動可能なオンドルとも言える。

炬燵は、室町時代あたりに登場したもののようだ。囲炉裏《いろり》の上に組んだ櫓《やぐら》に布団を掛け、熱を逃がさないようにした「生活の中の発明」とも言える。その後、床を掘り下げ、床と同じ高さにして櫓を組む、現在の「掘り炬燵」が発明された、という流れだ。

江戸時代の中期になると、炭火を入れた容器に布団を掛けた「置炬燵」が庶民の間にも広まった。その特徴は、持ち運びが可能になったことだ。ほかにも暖房

置炬燵と長火鉢。長火鉢には引き出しが付いている（『児訓影絵喩《じくんかげえのたとえ》』より）

器具として、寝る時に布団に入れる行火《あんか》や湯たんぽ、形や大きさに様々な種類がある火鉢《ひばち》が使用された。

今は「電気こたつ」がほとんどだが、1960年代あたりまでは電気だけではなく、練炭《れんたん》や豆炭《まめたん》なども使われていた。町内には「炭屋《すみや》」があり、冬は各種の炭、夏は氷を売って生計を立てていた。ちょうどこの頃が、一般家庭がどんどん電気こたつに変わっていった過渡期である。

生物学的な真偽はともかく、童謡『雪やこんこん』の一節には「猫はこたつで丸くなる」というのがある。猫を飼っている人はわかるだろうが、確かに猫は炬燵の中が好きだ。また、今はあまり見かけないが、江戸時代に主に使われていた「長火鉢《ながひばち》」の、炭を熾《おこ》して湯を沸かす場所のそばには板が張ってあり、その部分を「猫板《ねこいた》」と呼ぶ。始終猫がいたわけではないだろうが、炭の余熱で温かく、猫が遊びにくるにはちょうどよい寸法だったこともあり、この俗称が付いたのだ。

物に感謝の「針供養《はりくよう》」

今も、時折ニュースなどで「針供養《はりくよう》」の様子が取り上げられることがある。豆腐やこんにゃくに針を突き立てることが、なぜ針の供養になるのだろうか。

針供養が行われるのは、一般的には2月と12月の8日とされている。これは、最初は事始め、終わりは事納めという厄日《やくび》に当たるためだ。日頃、針仕事に精を出す女性たちが、この日は仕事を休んで、世話になった針を休ませ、供養を行う。使っている途中で折れてしまった針や錆《さ》びた針を豆腐やこんにゃくなどの柔らかいものに刺す。柔らかいものに刺すのは、普段固い布を突き通させて、針を酷使していることへの労りの気持ちであろう。

ここで、日々の生活の助けになっている針仕事の「針」に感謝の気持ちを表したあと、神社やお寺で供養をして貰い、地域によっては「針塚《はりづか》」に埋めるか、海や川に流して終わりだ。日本人には、一つ一つの品物にも神が宿っている、という発想がある。日頃、それほど宗教に熱心ではない、とされる日本人が、半年に一度にせよ、日常生活の必需品に感謝の念を表すのだ。

その一方で、夜なべで針仕事に勤《いそ》しむ女性たちにとっては、年に2回、針にお礼を言うことで「公休」となり、気のおけない仲間同士とお喋《しゃべ》りや飲食に興じる一面も、時代によってはあったのだろう。

京都法輪寺での針供養の様子（昭和40〈1965〉年頃）

今のタクシー、昔の「人力車《じんりきしゃ》」

東京の浅草や京都、鎌倉などの観光地で人力車を見かける機会が多くなったが、もともとは今のタクシーに近い移動用の実用的な交通手段として、広く使われていた。明治初頭に発明されたと言われているが、誰が最初かは諸説が多く、断定出来ない。

江戸時代まで使われていた「駕籠《かご》」よりは、遥かにスピードが速いこともあり、急速な普及を見せたが、自動車での移動が一般的になるにつれて、急速にその数が減ったのは言うまでもな

い。

昭和初期の上野駅の写真を見ると、今のタクシー乗り場のように人力車の乗り場が何ヶ所か設けられており、駅へ着いた乗客を荷物と共にまさに人力で引っ張って走ったのだ。略して「人力」というが、これは「馬」に対する意味もあったのだろう。基本的には一人で引くものだが、急ぐ場合などは二人で引いたケースもある。

人力車を引く人のことを「車引《くるまひ》き」あるいは「車夫《しゃふ》」と呼ぶ。芸能の中で、車夫が主人公になっているものは、阪東妻三郎《ばんどうつまさぶろう》（1901～53）の主演で有名になり、その後も多くの人が演じた映画『無法松《むほうまつ》の一生《いっしょう》』だろう。これは九州・博多が舞台で、軍人の夫人

明治3〈1870〉年頃の東京日本橋の様子。人力車をはじめ、馬車、自転車が走っている（錦朝楼芳虎「東京日本橋風景」より）

に密かな想いを寄せる車夫の儚い恋の物語だ。また、芸者がお座敷へ出かけるのに「人力車」は必須アイテムで、新派《しんぱ》で今も上演される川口松太郎《かわぐちまつたろう》作の『明治一代女《めいじいちだいおんな》』の見せ場「雪の浜町河岸の場」は、芸者お梅に惚《ほ》れた箱屋（芸者の身の回りの世話をする男衆）が、お梅の乗った人力を止めるところから始まる。

人力車を人が直接引く代わりに、自転車に乗って引く光景を、今でも東南アジアなどで見ることが出来るが、これは人力車と自動車とが共存している例と言えるだろう。

乗るのもなかなか難しい「駕籠《かご》」

今も、石段の多い香川県琴平町の金刀比羅宮《ことひらぐう》などでは、あくまでも観光用として「駕籠《かご》」に乗れるが、江戸時代にはごく一般的な乗り物として、今のタクシーのように利用されていた。明治維新を経て「人力車《じんりきしゃ》」が登場するまでは、時間はかかるが、馬よりも安価で手軽な乗り物だったのだ。

人が担いだ物に乗り、人を運ぶという意味では、平安時代から存在はしていたが、あくまでも貴人を乗せるためのもので、一般化したのは町人文化が発達した江戸時代である。

基本的には、一丁の駕籠を二人で担ぎ、中に人が一人乗る、という形式だが、移動が長距離にわたる、あるいは大急ぎの「早駕籠《はやかご》」と呼ばれるものになると、交替の担ぎ手要員を必要とするため、その分値段も高価なものになった。江戸時代は、時期によって1両の価値が変わるため、どの時期を見るかにもよるが、1800年代には、およそ1里（約4キロ）で1万円という記録もあり、かなり贅沢《ぜいたく》な乗り物だったのだ。人間の歩く速さが1時間に約4キロ、と言われており、1時間歩く分を駕籠に乗れば1万円ということになる。しかし、ご祝儀である「酒手《さかて》」を要求する駕籠舁《か》きもいれば、不当な運賃を要求する泥棒まがいの「雲助《くもすけ》」も街道には出没した。

時代劇で見かける、殿様などの身分の高い人が

東海道を進む駕籠（歌川広重「東海道五拾三次之内三島・朝霧」より）

乗る駕籠を「大名駕籠」と言い、漆塗《うるし》りで、中も一般用よりは広めに造ってあり、重さが約50キロあったと言われている。一般用のごく簡素なものが10キロ程度であり、その5倍に当たる重さだ。特殊な駕籠では「輦台《れんだい》」と呼ばれるものがあり、東海道の大井川を渡る際に、川越人足《かわごえにんそく》の肩車ではなく、2本の棒を通し、4人で担ぐものがあった。

江戸時代のタクシーとは言うものの、今のようなアスファルトではなく凸凹の泥道を、人が担いで走る乗り物で、中は狭く、乗り心地は決して良かったとは言えない。人が担ぐ駕籠で「乗り物酔い」をした人も少なくはなかったようだ。

江戸時代の宅配便?「飛脚」

今でも宅配便《たくはいびん》（ちなみに「宅急便《たっきゅうびん》」の呼称《こしょう》は、ヤマト運輸〈クロネコヤマト〉だけが使える）業者のトラックに「飛脚《ひきゃく》」の絵が描かれているのを見ることがある。事実上、郵便はもとより宅配便も、その源流が飛脚にあることは間違いない。

では、この飛脚というシステム、いつ頃から日本に存在しているのだろうか。それは、中国の唐《とう》から流入した「駅制《えきせい》」に源流がある。駅制は、都《みやこ》から各国の国府《こくふ》を結ぶ主要街道の30里（約16キロ。中国と日本では1里の距離が違う）ごとに「駅家《うまや》」を設け、馬を使って使者や荷物、文書などを配達する交通・通信制度であり、奈良時代以前にはすでに存在していたようだ。

鎌倉時代に入ると、武家社会の成立と共に重要な情報の伝達手段の一つとなり、馬による「鎌倉飛脚」「六波羅飛脚《ろくはらびきゃく》」などが整備された。この頃には、駅に代わって「宿《しゅく》」が成立していき、それが飛脚の中継点となった。

戦国時代には、情報伝達の速さや重要度が増し、かつ情報の秘密度も高まったため、商業としての飛脚ではなく、大名の家臣が直接その役割を果たすこともあった。以降、時代が進むにつれて、街道や宿が整備されていく。

江戸時代の徳川政権下においては大きな戦乱もなくなり、併せて飛脚の形態も変化を遂げた。幕府の用向きを行う「継飛脚《つぎびきゃく》」、各地の大名の用事を足す「大名飛脚」などに始まり、幕府の許可を得て商人が経営する「飛脚屋」や「飛脚問屋」が一般の武士や庶民に広く利用さ

飛脚が走る（『凸凹話《たかひくはなし》』より。北尾重政画）

れるようになった。時代劇などで見られる、黒塗りの箱を担いで奴《やっこ》の格好で走るのは、「御状《ごじょう》箱《ばこ》」を担いだ継飛脚のことだ。

　これらの飛脚は、江戸～大坂間を約7～25日かけて届ける普通便から、幕府や藩の急用の場合など、昼夜交替で走り続けて3～4日程度で届ける特急便まで、何種類もの料金体系に分けられていた。今の郵便制度や宅配便システムの中で、距離と配達に要する日数や時間によって料金体系が細かく設定されているのと同じだ。ただ、明治時代以前には、大雨で橋が「川止め」になり、何日も渡れないことがあった。東海道《とうかいどう》にある大井川《おおいがわ》（現在の静岡県）は「箱根八里《はこねはちり》は馬でも越すが、越すに越されぬ大井川」と唄われたほどに氾濫《はんらん》が多く、そこで足止めを食らうケースが多かったようだ。

　その料金も、飛脚の宿泊費などが込みで計算されたため、相当高額になることもあったようで、特急便だと文化年間（1804～18）頃で江戸～大坂間が4両《りょう》2分《ぶ》、今の料金に直すと40万円近くという場合もあった。手紙1通であれば、普通便でだいたい2000円ほどで、荷物は重さに応じて料金が変わり、1貫匁《かんもんめ》（約3・75キログラム）につき3500円ほどだった。また、飛脚は途中で起きた事件や災害の情報を伝える機能も持っていた。

　こうした飛脚の制度が整っていたために、明治時代に入り、前島密《まえじまひそか》（1835～1919）がイギリスの郵便制度を参考にして日本で郵便制度を作った時に、今に繋がるシステムが出来あがったのだろう。

「三尺三寸」は何センチ？ 今も生きる日本の単位

「度量衡《どりょうこう》」とは、もともとは中国から渡ってきた計量の単位、ないしは考え方と言えばよいだろうか。日本でも着物の寸法や、面積、重さを測るのにごく一般的に使われていた。今でも、大正から昭和初期に生まれた世代や、一部の職業では「尺貫法《しゃっかんほう》」が利用されている。しかし、この伝統的かつ合理的な計算方式が、法律によって廃止されるという憂き目を見ているのだ。

しかし、廃止された尺貫法は今も私たちの回りでしっかりと生きている。例えば、お酒を呑む時に、「八海山《はっかいさん》を冷《ひや》で180ミリリットルね！」と注文はしない。言うまでもなく、「1合《ごう》」という単位だ。その上は「1升《しょう》」であり、「1升酒を呑む」酒豪はいても「1・8リットル酒」とは言わない。同様に、不動産のチラシなどには、必ず「○○㎡（△×・○坪）」と尺貫法の表記がなされている。

工事現場で「サブロクのパネル」と言えば「三尺×六尺」を意味する「約90センチ×約1・8メートル」のパネルのことだ。また、演劇の分野では歌舞伎などの古典芸能に限らず、「舞台の間口は4間《けん》ですので、2尺下がったところが入り口になります」という言い方をしている。

ほかにも、和室のある家なら必然的に敷く畳は、京間《きょうま》、江戸間《えどま》など地域によって若干の寸法の差はあるものの、長いほうが6尺、短いほうが3尺と相場は決まっている。2枚を横に並べれば1間（6尺）の正方形になり、これがすなわち1坪と、とてもシンプルでわかりやすい。

その一方で、重さを示す「貫《かん》」やその下の単位「匁《もんめ》」については使われなくなった。1貫が3・75キログラム、その10分の1の１００匁は３７５グラムだ。ほかに、距離を示す「里《り》」ももう使われない。昔は、焼き芋の屋台の提灯《ちょうちん》に「九里よりうまい十三里半」と書いてあったが、これは安価な焼き芋でも、高い栗より美味しいという宣伝文句だ。「栗（九里）より（四里）うまい」となれば、「九里」と「四里」を足した「十三里」の先で「十三里半」、という洒落だ。これが「36キロよりうまい54キロ」では全く意味をなさない。

お祭りから年越しまで、町の裁《さば》き人「鳶《とび》」

「火事《かじ》喧嘩《けんか》、大名小路広小路《だいみょうこうじひろこうじ》、伊勢屋稲荷《いせやいなり》に犬《いぬ》の糞《くそ》」。おかしな組み合わせだが、江戸の名物とされたものだ。「伊勢屋」は質屋の屋号に多く、伊勢から出てきた人が営んでいた店が多かった。江戸の名物の筆頭に「火事」が挙げられているのは、実際に火事が多かったからだ。木と紙だけで出来たような長屋が密集している江戸は、何回も歴史的な大火に遭っている。

火事場で活躍をするのは「火消し」と呼ばれる鯔背《いなせ》な男たちだ。江戸時代の火消しは、水による消火よりも、延焼を防ぐために、周囲の家を壊すことが中心だった。その際に、威勢のいい鳶《とび》の男たちが、もろ肌を脱いで背中や腕の彫り物《ほりもの》を見せ、纏《まとい》を振りながら火消しに努める風景は、映画やテレビの時代劇などでご覧になった方もあるだろう。

本来を言えば、「鳶」と「火消し」はもともと職分が違う。

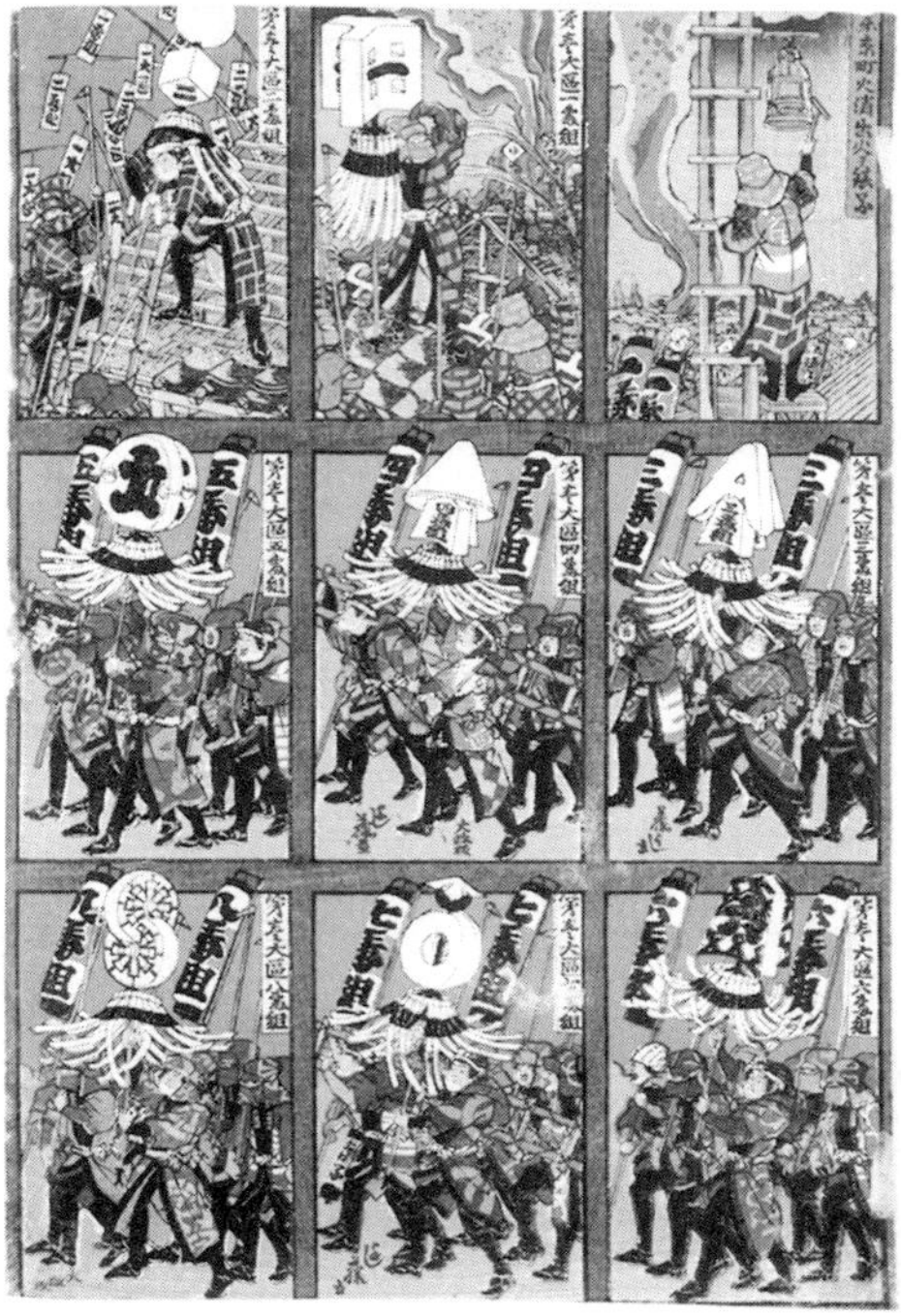

東京の鯔背《いなせ》な町火消したち
（よし藤「東京町火消出火ヲ鎮図」より）

高い足場の上を、鳶が飛ぶように飛び歩く、というところから名前が付いたという説もあるように、もとは建築に携わる職分の総称であり、飛鳥時代からあった職業だ。それが、江戸時代に入って「火消し」、特に「町火消し」と呼ばれる人々と同一化された。「町火消し」とは、官の「大名火消し」「定《じょう》火消し」に対する民の火消しで、歌舞伎に『め組《ぐみ》の喧嘩《けんか》』という芝居があるように、「いろはにほへと」の47組が存在し、それぞれの担当区域が決められていた。危険な火事場で「鳶口《とびくち》」と呼ばれる道具を持ち、勇みを見せるのが火消しのプライドであり、誰が一番手をとるかが争いにもなった。今はなかなか耳にする機会がないが、浅草などで鳶が勢揃いして粋《いき》な喉《のど》を聴かせる「木遣《きや》り」も、もとは重い石を運んだり、作業の時の掛け声の代わりに歌っていた「労働のための歌」で、美輪明宏《みわあきひろ》（1935～）が大ヒットさせた「ヨイトマケの唄」と発想は同じである。

鳶は、火消しとしての職分のほかに、町内の揉めごとをうまく収める役割も持っていた。組の頭である「鳶頭《とびがしら》」は、町内で揉めごとが起きると、公の訴訟、「公事《くじ》」になる前に問題を収める。双方の言い分を聞き、互いを納得させた上で判断を下す。揉めている当人同士も、「頭《かしら》」の顔を立てるために、あるいは酸《す》いも甘いも嚙《か》み分けた頭に諭されれば大人気《おとなげ》のない喧嘩をやめて双方が矛《ほこ》を収める、というのが通例でもあった。これは、やくざが揉めごとを解決する手法と似ている部分がある。しかし、やくざとの違いは、彫り物を背中に背負い、風体は似ていても、「民」に雇われ、きちんとした職責を担った町の構成員であったことだろう。ほかにも祭礼や酉《とり》の市《いち》での仕切り、熊手《くまで》の販売など、節目の行事に鳶は欠かすことの出来ない存在であり、町の保安員の役割も担っていたのだ。

今は「ガテン系」などという呼ばれ方をしているが、高い足場の上で危険な作業に従事している本質に変わりはない。また、祭礼や酉の市など、不特定多数の人々が集まる折々には、今も鳶の仕事は生きている。ただ、それを囲む町の構造が変化を遂げ、祭礼のための「睦《むつみ》」と呼ばれる町内ごとの団体や、町内会の結束が希薄な時代になった。その中で、鳶の果たすべき仕事は残っていながらも、出番が少なくなっているのが実情である。

自分の家の印「家紋《かもん》」

今、自分の父方と母方の家紋を正確に言える人は、そう多くない。最も家紋を目にする機会が多い和装での生活が極端に減り、あとは墓参りや法事の折に、自分の家の墓石を見るぐらいしか、目にすることがなくなってしまった。僅《わず》か100年ほど遡《さかのぼ》れば、一定規模の生活レベルの家や商店などでは、衣服だけではなく、提灯や食事用の箱膳《はこぜん》など、生活の中の多くの部分で目にする機会があったのだ。生活様式が全く変わってしまった今、自分の家の家紋を知らない人たちを責めることは出来ないだろう。

「家紋が日本の伝統文化なのか？　海外にもいろいろな紋章《もんしょう》があるではないか」という意見があるかもしれない。しかし、海外の紋章は「個人」の勲功を讃えるために国王などから授与されたケースが多く、日本の家紋は、文字通り「家の印」であり、当主が変わろうと代々受け継がれてきたものだ。平安時代に、貴族が牛車《ぎっしゃ》に家紋を付け、それを見せて歩いたのがルーツだという説があるが、現在、日本には約2万5000の家紋があり、実際に使われているのはその2割ほどだという。

　戦国の世では、家紋は敵味方を区別するのに格好の目印になった。合戦の流れや作戦を知らされている武将は別にして、その時に引っ張り出された足軽などは、家紋や旗印の動きが自分の居

家紋の全国占有率ランキング（日本家紋研究会の調査による）

1位—酢漿草《かたばみ》
（「片喰」とも書く）

2位—木瓜《もっこう》

3位—鷹《たか》の羽《は》
（図は「並び鷹の羽」）

4位—柏《かしわ》
（図は「抱き柏」）

5位—藤《ふじ》
（図は「下がり藤」）

場所や戦況を知る大きな要素になったであろうことは想像に難くない。こうした時代を経て、家紋は江戸時代に入りデザイン性を高めていった。普通に使用する家紋を「定紋《じょうもん》」と呼び、プライベートで使用する「替紋《かえもん》」が生まれ、よりデザインが増えた。家紋の対象になるのは、植物と記号が圧倒的に多いが、中には蟹《かに》や百足《むかで》などの珍しい文様もある。日本で最も有名な家紋は「菊」と「三《み》つ葉葵《ばあおい》」だろう。言うまでもなく、前者は天皇家、後者は徳川家の紋所《もんどころ》である。しかし、どちらも10種類以上のバリエーションがある。「菊」の紋章でも、天皇直系の一族と、ほかの皇族では微妙に違っており、「三つ葉葵」にしても、徳川本家と俗に言う「御三家」では違う。

明治維新を経て四民平等の時代が訪れると、多くの一般市民が家紋を持つようになったが、かなりいい加減な発想で、縁もゆかりもないのに豊臣家の「五三桐《ごさんのきり》」や藤原家の「藤《ふじ》」などを使うようになった。これは、古くからの家系図の多くは改竄《かいざん》が施され、また家系図のない家でも「言い伝えによれば……」という形で、日本人の7割以上が先祖は「源平藤橘《げんぺいとうきつ》」に辿り着く、という説を考えれば当然の話だ。源氏、平氏、藤原氏、橘氏と、日本の歴史を築いてきた「有名な一族」への憧れに拠《よ》るものなのだろうか。

「自動販売機《じどうはんばいき》」の不思議

「自動販売機」（自販機）の歴史は古い。
ヨーロッパでは、神殿《しんでん》などを礼拝《れいはい》する折に、コインを入れると一定の間、聖水《せいすい》が出る仕組みの機械が、すでに紀元前にはあったと言う。日本では、発明家の俵屋高七《たわらやこうしち》（1854～1912）が明治21（1888）年に発明し、明治23年の第3回内国勧業博覧会《ないこくかんぎょうはくらんかい》に出品した煙草《たばこ》の自動販売機（「煙草販売便器」）が最初の物であるとされている。実に125年以上の歴史を持っているのだ。

今、日本中のどこにいても、自動販売機の姿を見かけない場所はない。そのため、個人商店での対面販売が減り、コミュニケーションがなくなった、という意見もあるが、時間を問わずに好きな物が買える便利さもある。また、その便利さゆえに未成年が酒や煙草、アダルトグッズなどを誰憚《はばか》ることなく購入出来るということが社会問題となって、23時～5時の間は販売を停止している物もある。さして効果的とも思えないが、「社会」に対する企業側の姿勢でもあろう。

ざっと、自動販売機で購入が可能な商品を挙げてみよう。交通機関の「切符」、缶《かん》・瓶《びん》・ペットボトル・紙コップなどの容器を問わず「飲料」（酒類を含む）、「煙草」「新聞」あたりはお馴染みだろう。最近では、「パン」や「菓子」、「文庫本」の自動販売機も目立つようになってきた。繁華街には「花束」や「名刺」、レンタル用の「DVDソフト」の自動販売機もある。郊外で見られるコイン式の精米機も自動販売機の一種だろう。ほかにも神社の「御神籤《おみくじ》」や寺院の「御守《おまもり》」、「氷」（釣り場などで良く見かける）、「弁当」「蕎麦《そば》」「ラーメン」「ホットドッグ」「焼きおにぎり」などまで、何でもある。

　また、最近はあまり見なくなったが、「乾電池《かんでんち》」や「切手」（2007年に廃止）、「成人向け雑誌」、駅などのトイレの「ティッシュペーパー」、「フィルム付きカメラ」なども ある。こうして眺めてみると、日常生活のかなりの部分を自動販売機に

明治37（1904）年に俵谷高七によって考案された「自働郵便切手葉書売下機」。日本に現存する最も古い自動販売機（郵政博物館所蔵）

よる買い物でカバーすることが出来そうだ。「遊び」の部分では、「プリクラ」や「ガチャ」などもそうだ。こうした自動販売機は、日本全国で約500万台を超えるという。約25人に1台という計算だ。

ごく稀《まれ》に、自動販売機が壊されて中の現金が盗まれた、というニュースが流れるが、自動販売機は苦労をしてこじ開けても、中に入っているお金はいいところ数万円だろう。しかし、たとえ数万円でも、日本では現金が入ったまま放置されている機械が安全な状態に置かれているのだ。もちろん、海外にも自動販売機はたくさんあるが、原則、屋内への設置である。屋外へ設置した途端、あっという間に壊されて、現金から商品まで全部盗まれてしまう国も少なくはない。

自動販売機は日本の治安の良さ、日本人の良心を映す鏡であり、その意味でも「日本の伝統文化」と言えるのだ。

ミニチュアの芸術「箱庭《はこにわ》」「盆栽《ぼんさい》」

昔は、箱庭《はこにわ》や盆栽《ぼんさい》は「老人の趣味」と決まっていたものだった。それが、何をきっかけにか、手先の器用な日本人の繊細さを表すものとして、外国人から高く評価されるようになった。今では、わざわざ海外から日本へ盆栽だけを買いにきて、観光もせずに帰るツアーがあるほどの人気だそうだ。これは、当の日本人が知らない間に、外国の人たちによって日本文化が再評価されている例と言えるだろう。

　箱庭も盆栽も、江戸時代の後期から庶民に流行り出したものである。広大な庭園を持ち、立派な木々を植えられるのは、江戸市中では大名屋敷だけであり、それをミニチュア化することで、庶民が気軽に楽しめるようにした、という発想の源は一緒だろう。しかし、その凝《こ》り方が半端ではなかったため、両者とも「芸術」となり「文化」となったのだ。

　箱庭は、大きくても1メートル程度の長辺を持つ木箱に、いろいろな風景や人物を配置し、眺め

五葉松《ごようまつ》の盆栽「銘：うず潮」（さいたま市大宮盆栽美術館所蔵）

て楽しむものだ。ヨーロッパにも「ミニチュア・ハウス」や「ドール・ハウス」など似たようなものがあるが、根本的な違いは箱庭が自然の風景を重要視している点だろう。海辺の白砂青松《はくさせいしょう》、小川の流れ、山の木々などの風景から、自分の庭をそっくりそのままミニチュアにすることでも、あくまでも自然を中心に置いている。

その自然を用いながら人工的に加工して楽しむのが盆栽だ。長径が30センチほどの鉢に、一見樹齢数百年とも見紛うような松の木が見事な枝ぶりで広がっている。「撓《たわ》める」という技術を駆使した結果だ。松の枝に針金を巻き、矯正するような形で思い通りの枝ぶりに仕上げる技術だ。それだけではなく、剪定《せんてい》や根元の苔《こけ》の世話、鉢の土の管理や肥料など、なかなか手のかかる代物だ。こうして創られた「人工の美」が、「天然の美」に勝るとも劣らない美しさを見せるところが、外国人に高い評価を受ける理由の一つなのである。

日本語

便利な言葉「すみません」

いつの頃からだろうか、「すみません」という言葉がずいぶん多くの意味を持つようになった。お礼の意味を込めて「すみません」と言い、お詫びのつもりで「すみません」と言う。語源辞典によれば、「すみません」の本来の意味は、「相手の労をねぎらい、迷惑をかけたことを詫びる言い方」とある。「すみません」の「すむ」は「澄む」からきており、自分の気持ちが澄み、平らかで動揺のない平穏な様子を表す。したがって、「そんなことをしていただいては、私の心がすみません」となり、感謝やねぎらい、お礼の意味を込めた言葉になるのだ。

しかし、寝坊をして会社を遅刻しても「すみません」なら、飲み屋で会計を頼む時も「すみません」、町で道を尋ねる時も「すみません」だ。何だか、挨拶の代わりに使っているような感覚さえある。しかも、世代や相手との関係性によっては、「すみません」が「すいません」「すんません」「すまん」になり、「相すみません」にもなる。国語の文法とは離れたところで、自由自在な使われ方をしている「便利な言葉」だ。これを「柔軟性」と考える人もいるだろうし、「すみません」の意味を謝罪と考え、「日本人は何かというとすぐに謝る」と受け取る人もいる。

面白いのは、これだけ多様な使われ方をしている僅《わず》か5文字の言葉なのに、使う側も使われる側も、即座にどういう状況で相手が言っているかを理解出来ることだ。寝坊して駆け込んで来た部下が「すみません」と言った時に、お詫びをしながら道を尋ねるだろうと考える上司はいないし、道で「すみません」と声を掛けられた時に、頭の中に「会計」の言葉が浮かぶことはない。

「言葉は生きている」と言われ、時代と共に移ろうものだが、「すみません」は、日本人得意の加工技術で、本来以上の広がりを持たせていると言えるのかもしれない。

「どうもすいません」で一世を風靡《ふうび》した初代林家三平（1925〜80。写真提供：時事通信社）

「国字《こくじ》」は日本人が作った漢字

今は、パソコンが普及したおかげで文章を書くのはずいぶん楽になった。しかしその反面、手書きの文章を書く機会が減ってしまい、「漢字」が読めても書けなくなるという切実な問題が、日本人の間に起こりつつある。

「漢字」は、もとになる漢字が中国にあって、それが4世紀後半から5世紀の初め頃に、日本と朝鮮半島との交流が活発になるにつれて、渡来人《とらいじん》たちによって徐々に日本へもたらされた。加工するのが得意な日本人は、その後、中国にはない日本独自の文字を創り出したのだ。それを「国字」(「和字《わじ》」とも)と呼んでいる。

左表にその一部を掲げたが、字を見ればおおよその意味がわかる字が多い。例えば、山道を登りつめたところにあり、そこからは下《くだ》りの道しかなくなるので「峠《とうげ》」、神に捧げる木を「榊《さかき》」、人が動くから「働《はたらく》」、田んぼを焼いたので「畑《はたけ》」、身の美しさを「躾《しつけ》」、十字の道を「辻《つじ》」などだ。

また、「魚偏《さかなへん》」を使った文字には、獰猛《どうもう》なことで知られるシャチを「海の虎」と譬《たと》えた「鯱」、海の中では大きな魚の餌《えさ》になる弱い魚なので「鰯《いわし》」など、遊び心が横溢《おういつ》した字もある。

国字	読み
鯏	あさり
遖	あっぱれ
鵤	いかる・いかるが
圦	いり
鰯	いわし
笂	うつぼ
饂	うん
蛯	えび
縅	おどす・おどし
俤	おもかげ
颪	おろし
嬶	かか・かかあ
錺	かざり
樫	かし
鎹	かすがい
鯑	かずのこ
綛	かすり・かせ
桛	かせ
叺	かます
裃	かみしも
鱚	きす
瓩	キログラム
粁	キロメートル
喰	くう・くらう
椚	くぬぎ
粂	くめ
俥	くるま
纐	こう
鱇	こう
糀	こうじ
凩	こがらし
蓙	ござ・ざ
鮗	このしろ
込	こむ・こめる
怺	こらえる
榊	さかき
搾	さく・しぼる
笹	ささ
簓	ささら
扨	さて
聢	しかと
鴫	しぎ
雫	しずく
躾	しつけ
癪	しゃく
鯱	しゃち
諚	じょう
膵	すい
椙	すぎ
辷	すべる

国字	読み
腺	せん
糎	センチメートル
杣	そま
凧	たこ
襷	たすき
燵	たつ
鱈	たら
衜	ちどり
閊	つかえる
鶫	つぐみ
辻	つじ
褄	つま
峠	とうげ
栂	とが・つが
鯲	どじょう
栃	とち
迚	とても
鞆	とも
噸	トン
瓲	トン
凪	なぎ
岾	なた
鯰	なまず
鳰	にお
匂	におう
硲	はざま
畠	はた・はたけ
畑	はた・はたけ
鰰	はたはた
働	はたらく
噺	はなし
鋲	びょう
梺	ふもと
錻	ブリキ
塀	へい
枡	ます
桝	ます
俣	また
麿	まろ
粍	ミリメートル
毟	むしる
杢	もく
籾	もみ
椛	もみじ
匁	もんめ
軈	やがて
簗	やな
鑓	やり
裄	ゆき
枠	わく

日本語の基本「仮名《かな》」

江戸時代の後期には、すでに庶民の多くは「読み書き」が出来ており、今では99％以上の識字率を誇る日本。英語を主な言語とする国の識字率の平均は75％と言われているが、数字の差だけではない。英語のアルファベットは全部で26文字、大文字・小文字を併せても52種類だ。日本語は、ひらがな・カタカナのほかに、「常用漢字」とされている漢字だけでも、平成22（2010）年現在で２１３６字ある。ひらがな・カタカナには「ぱ」「ぴ」「ぷ」「ぺ」「ぽ」のような「半濁《はんだく》音《おん》」、「ば」「び」「ぶ」「べ」「ぼ」のような「濁音」、「きって」「ちょっと」のような「促音《そくおん》」などがあり、さらに種類は増える。これだけの文字を、日常的に困らない範囲で「読み書き」出来る率が99％以上、というのは稀《まれ》に見る能力だ。

その基本ともなるべき「仮名《かな》」、つまりひらがな・カタカタの登場は奈良時代にまで遡《さかのぼ》る。それ以前の文書は、中国の漢字を借りて使っており、本来の意味とは違う「当て字」も多かったことから、これを「借字《しゃくじ》」と言った。ほぼ同時期に「カタカナ」も登場したようで、漢字を略して表記することが第一の目的だったようだ。「い」は「以」の略、「ろ」は「呂」の字の略であるという対比を見ていけば、その成立の過程は明らかだ。

漢字を「真名《まな》」と呼んでいたことから、それを略した「かな」に「仮名」という字が当て嵌《は》められた。ひらがなとカタカナを区別して教えるようになったのは、明治時代以降のことで、それ以前は同じ音を表す言葉であれば、一つの文章の中に「つ」と「ツ」、「や」と「ヤ」が混在している例はたくさんあり、それが通常の使い方とされていた。

そもそも日本語は、筆で紙に「縦書き」が基本で、「仮名」が出現したことによって、いわゆる「崩し字」と言われる「草書《そうしょ》」や「行書《ぎょうしょ》」などの技法が発達した。最近では、自分で筆記用具を持って文章を書く機会が減っているせいか、特に「縦書き」が苦手な人が増えている。

小説や評論などの文学の分野では、今でも意図的に戦前の「歴史的仮名遣い」で文章を書く作家もいる。もちろん、戦前に書かれたものはすべて歴史的仮名遣いによるものだ。「ちょうちょう」ではなく「てふてふ」、「～

仮名の草書で書かれている「百人一首」の蟬《せみ》丸《まる》の歌。「これやこの　行《ゆく》もかへるも　わかれては　しるもしらぬも　あふさかの関《せき》」

と言う」ではなく「～と言ふ」となる。例えば丸谷才一《まるやさいいち》（1925～2012）などは、最後まで歴史的仮名遣いで文章を書くことに拘《こだわ》り続けた作家の一人である。

第二次世界大戦を経て、戦前と戦後で「歴史的仮名遣い」と「現代仮名遣い」とに分かれた。この境目に教育を受けていた、あるいは教える立場にあった人々は相当な苦労をしたことだろう。

「方言《ほうげん》」は美しきお国言葉

言葉は時代と共に移ろうものであり、新しい言葉が生み出される一方で、古い言葉が消えてゆく。今に始まったことではなく、「今の若い者は……」という言葉同様、古来から多くの人が憂《うれ》い、嘆《なげ》いてきたことの一つだろう。

日本は山がちな国土のために、昔は峠《とうげ》を一つ越えるだけで言葉の意味やニュアンスが違う、ということはどこにでもあった。単に物理的な問題ではなく、「村」という共同体に帰属するための符丁《ふちょう》という意味合いも大きかった。同時に、言葉の違いで余所者《よそもの》を見分けることが出来たし、村の生活を外部の脅威から守るための合理的な手段にもなっていた。こうした、単純な言葉、としての意味以外の役割を方言が担っていた時期もあったが、交通網の発達、人や物の交流が進むにつれ、そうした意識は徐々に下がったはずだ。

方言が大きな変換期を迎えたのは明治維新、そして第二次世界大戦での敗戦、テレビの普及の三つだろう。明治政府は徴兵制度を確立したが、全国各地から集められた青年たちには方言の差異があったため、互いの意思疎通はかなり困難だった。訓練のために教官が号令をかけた際、もし教官の話す言葉が理解出来なければ、命令を取り違えてしまいかねない。それゆえ軍隊内では、方言を廃する必要があったのだ。また、ほぼ同時に学校制度が整えられていき、「国語」が教えられるようになったことも大きく影響している。戦争に負け、アメリカの占領下に置かれたことも大きな要素だった。

国家が征服され、勝利国の言語を使用する義務を負わされなかったのは不幸中の幸いとも言えるが、「戦後」が始まった時点で、方言はより閉鎖的な空間と「年代」に押し込められるものとなった。ここから高度成長期を経て、テレビの普及が最後に大きなダメージを与えたのである。地方の人々は華やかな首都・東京に憧《あこが》れ、東京での職を求めた。東京の住人となった以上は、自分が生まれ育った故郷の訛りを捨てることこそが、東京に「同化」することだ、と考えられたのだ。

石川啄木《いしかわたくぼく》（1886~1912）が詠《うた》った「ふるさとの訛《なま》り懐かし停車場の人ごみの中にそを聞きに

ゆく」という望郷の念は、ここで消えた。

ところで、佐々木《ささき》すみ江《え》(1928〜)という大ベテランの女優がいる。昭和25(1950)年に結成された「劇団民藝《げきだんみんげい》」の創立メンバーの一人であり、昭和46年に退団して以降、テレビ、映画、舞台にと幅広い活躍をしており、60年以上の芸歴を持つ。脇役の名手であり、数多くの作品に出演しているだけあって、全都道府県の人の役を演じた経験を持つというから凄いものだ。言葉はイントネーションが少し違っても、微妙な違和感を覚えるだけに、ベテランゆえの見事な技と言える。

舞台作品では、敗戦間近の八ケ岳《やつがだけ》の山中を舞台に、ほとんど現地の訛りで農婦を主人公にした『おりき』(三好十郎〈1902〜58〉作)や、原爆の問題を扱い、瀬戸内海の島を舞台にした『泰山木《たいざんぼく》の木《き》の下《した》で』(小山祐士〈1906〜82〉作)など、方言を駆使した良質の作品がいくつもある。ただ、こうした作品は初演がいずれも半世紀も前のもので、今はなかなか新しい作品が生まれにくい状況であると同時に、これらの作品があまりにも評価が高かったために、次に演じることができる俳優がいない。その場所で、現地の人が喋《しゃべ》る方言が減っている以上、舞台作品だけでも、何とか残して次の世代に繋ぐことはできないものだろうか。

言葉が持つ力、「言霊《ことだま》」

「ことだま」は「言霊」とも「言魂」とも書き、言葉には霊性や精神性が宿る、という日本人独特の考え方だ。「縁起が悪い」「験《げん》を担《かつ》ぐ」という発想は、宇宙へ有人ステーションが出来る時代になっても根強く残っている。今の段階では、すっきりと科学的に解明することは出来ないだろう。それもわかっていながら、私たち日本民族に息づいている意識であり、風習だ。作家の井《い》沢元彦《ざわもとひこ》（1954〜）はこれを「言霊信仰」と呼んでいる。まさに、無意識のうちに言葉の力を信仰しているのだ。

「13日の金曜日」という、クリスチャン以外には特別な意味を持たない日でさえも、「縁起が悪い」と受け入れてしまう寛容さと柔軟性も面白いが、良くないことを口にして、それが実際に起きたらどうしよう、という根源的な感情の不安が呼び起こす原初の記憶、と言えるのかもしれない。

明治の文豪・泉鏡花《いずみきょうか》（1873〜1939）は、弟子に字の書き方を請われ、畳の上に指で書いたあと、それを消す仕草をしたと言う。墨で書いたわけではなく、そこに文字の形が見えるわけではなくとも、大事な文字を書いた場所を誰かが知らずに踏んではいけない、という気持ちの表れだ。鏡花は神経質なことでも知られた作家であり、聊《いささ》か過剰反応の気味はあったかもしれないが、文字を書いて暮らしている作家の気持ちがよくわかるエピソードである。

書かれた文字だけではなく、口から発する言葉も同様の力を持っていた。「擂《す》り鉢《ばち》」のことを「当たり鉢」、髭《ひげ》を「剃《そ》る」ことを「当たる」、「するめ」のことを「当たりめ」と言う。これは、「する」＝「お金を失う」ことを嫌い、逆の意味の言葉を当てた用例だ。今は全く使わないが、明治生まれの人たちの中には、死ぬことを「おめでたくなる」と表現する人たちがいた。これは、満60歳の「還暦《かんれき》」で生まれ年の干支を迎えて赤ん坊に還ったあとの年齢で亡くなった場合、天寿《てんじゅ》を全うしたという意味で「おめでたい」と言ったのだ。今でも、地方の葬儀などでは、長命を全うした故人にあやかれるようにと、「五円玉」を会葬者に配る風習が見られる地域もある。

一方、結婚式や結納《ゆいのう》などのおめでたい席では、「忌《い》み言葉」として、新しいスタートを切る二人に「切る」「離れる」など、縁起の悪い言葉を使わないようにする習慣が、今も生きている。言葉に霊的な力が宿るという発想は、すでに神話時代からあったようで、時代に関係なく言葉が大切にされてきたことがわかる。諸外国と比べると、語彙《ごい》や同音異義語が豊富な点で、言葉に対する日本人の感覚は非常に鋭いのだ。

言葉だけでも可能だが、具体的な「行為」が加わって相手を害し、相手が不幸な境遇に陥ったり、命を落とした場合、今度は「祟り《たた》」となり、それを怖れる。祟りを現代の科学で解明するのは難しいかもしれないが、古代から人々は言葉でも人を殺せることを知っており、実践もし、その祟りを怖れた。

日本人固有の感覚とも言えるが、祟りを怖れるあまり、鎮魂《ちんこん》の意味を込めて、「神様」にしてしまうケースも少なくはない。古くは、学問の神様として崇められている菅原道真《すがわらのみちざね》（845〜903）も、政敵だった藤原時平《ふじわらのときひら》の讒言《ざんげん》によって九州の太宰府《だざいふ》へ流され、失意のうちに亡くなった。その後、京都で起きた落雷などの災害が道真の祟りによるものであると考えられ、学問に長《た》け、「文章博士《もんじょうはかせ》」の称号を持っていた道真を「学問の神様」として祀ったのだ。受験シーズンには賑わいを見せる東京の湯島天神《ゆしまてんじん》や福岡の太宰府天満宮《だざいふてんまんぐう》には、祟り鎮めのために神様となった菅原道真が祀られている。

東京にも訛り《なま》がある、だから「東京弁」

これは「標準語」ではなく「東京弁」の話だ。東京にも、純然とした訛り《なま》はある。最もわかりやすいのは、落語《らくご》などに出てくる「てやんでぃ、べらぼうめ！」という言葉だが、今では実際にそんなことを言って歩いている人はいない。昭和一桁生まれの東京っ子であれば、「ひ」と「し」を本人は区別しているつもりでも、混同してうまく言えずに「朝日新聞」を「あさししんぶん」と言う人はいる。これは発音の問題で、同じ子音が重なるとうまく言えないというケースはほかにもある。「言問通《こととい》り」が「こっとい通り」になり、また、「い」と「え」を混同する例では、「お前さん」が「おまいさん」になる。一昔以上前の古い噺家《はなしか》の中には、日常会話にこうした訛りを色濃く残していた人もいた。

東京の訛りは、当然だが、江戸時代の川柳《せんりゅう》の中にも見ることが出来る。例えば、物事に没頭することを「首っ引き」と言うが、「新発意《しんぼち》の寄ると輪袈裟《わげさ》で首っ引」という句が、江戸時代の中・後期に刊行された川柳集『誹風柳多留《はいふうやなぎだる》』の中に載っている。首っ引きの語源は、二人が向き合って座り、帯を輪っかにして首にかけ、引っ張りっこをしたところからきているが、新発意（お坊さん）はそれを袈裟でやっている、よほど暇を持て余しているらしい、という意味の句だ。同じような言葉で「首ったけ」というのは惚れ込むこと。夜更かしをするのを「宵っ張《よいっぱ》り」という。今ここに挙げた言葉に共通の特徴は、「っ」の字を入れることによって意味が強調されることで、東京の訛りには言葉を強調するケースがほかにも多く見られる。地方の人が「東京の言葉は喧嘩をしているようだ」という印象を持つのは、こうしたケースかも知れない。

「図々《ずうずう》しい」とか「ぞんざいな」という行動を表す言葉の頭に「いけ」を付けて強調するの

も、東京弁の一つだ。「あいつはいけ図々しい奴だ」とか、「そんな、いけぞんざいな仕方があるか」などと言う。こうした東京弁も聞かれなくなって久しいが、「冷たい」を「つべたい」、「風呂敷」を「ふるしき」、と言うのも東京弁だ。

大雑把に言えば、東京の訛りは「大川《おおかわ》」と呼ばれた江戸っ子の誇りでもある「隅田川《すみだがわ》」を挟んだ下町と山の手では違っている。下町の人々は山の手の言葉を取り澄ましていると馬鹿にし、「のて」と軽蔑《けいべつ》した。一方で、山の手の住人は下町の言葉は荒っぽくて下品だとした。山の手が、いわば「新興住宅地」であったこと、下町はそれより昔から東京の地に根付いていたことが、今よりももっと面積の狭かった東京の中で喧嘩の種にもなったのだ。

もっとも、時代によって「下町」や「山の手」の範囲は異なり、徳川家康が江戸を開いた当初は、江戸町奉行の支配に属する地域だった「御府内《ごふない》」を基準として、それよりも低い土地を「下町」、高い土地を「山の手」と呼んだ。時代が下ると共に「御府内」の範囲も変わっていったが、例えば文政元（1818）年の例で言えば、東は亀戸村《かめいどむら》・小名木村《おなぎむら》周辺、西は新宿《しんじゅく》の角筈村《つのはずむら》・代々木《よよぎ》周辺、南は上大崎村《かみおおさきむら》・南品川宿《みなみしながわしゅく》周辺、北は上尾久村《かみおぐむら》、下板橋村《したいたばしむら》周辺の内側とされている。

「山の手」は、すでに江戸時代から使われていた呼び名で、「四ツ谷、青山、市ヶ谷、北は小石川、本郷をすべて山の手という」と、曲亭《きょくてい》（滝沢《たきざわ》）馬琴《ばきん》（1767~1848）の随筆『玄同放言《げんどうほうげん》』に書かれている。今の私たちの感覚よりもはるかに都心部が、「山の手」だったことがわかる。すなわち江戸城の近辺と、その西側の高台に集中していた大名や旗本の屋敷地あたりが「山の手」

だったのだ。

時代が進み、全国の言葉があちこちで行ったり来たりするような今、かつての東京弁は聞かれなくなってしまった。

でんがな、まんがなだけではない「関西弁」

関西地方の言葉をまとめて「関西弁」と表現されることに、該当する地域の人々は抵抗感があるようだ。確かに、「関西」と一括《くく》りにしても範囲は広く、京都弁と大阪弁、兵庫弁では明らかに特色が違う。それを一緒くたにされれば、「それは違う」と言われても仕方がないことだ。関西以外に住んでいる人々が耳にする関西地方の多くの言葉は、関西の芸人たちが使う言葉だろう。彼らの言葉が純粋な大阪の言葉か、というとそうではない。

谷崎潤一郎《たにざきじゅんいちろう》（1886～1965）の『細雪《ささめゆき》』。昭和初期から中期にかけて、大阪船場《せんば》に暮らす人々を描いた長編小説で、映画化や舞台化が繰り返しされてきた名作だ。性格がまるで異なる四姉妹が、それぞれに美しい「船場言葉」を使う。大阪という大都市の中でもごく限られた地域で使われていた言葉である。

例えば作中に出てくる「いとはん」とは「御嬢さん」のことで、「こいはん」とは姉妹のうちの末娘のことなのだが、この、はんなりとした言い方は、今の大阪の若い人たちには通じない。今は、地方によっては「方言復活」の動きもあるが、高齢者でも標準語を使う人々が増えたのは事実だ。

千年の都、「京都弁」の美しさ

よく「はんなりとした」などの表現で説明される「京都弁」。雰囲気は何となくわかるものの、これを誰もがわかるように文章で明確に説明せよ、と言われると困る言葉だ。「優雅《ゆうが》」や「雅《みやび》」とも少し違い、そこへさらにふわりとした柔らかさが加わったような感覚、とでも言えばいいだろうか。

「〜どす」「〜どすえ」「おおきに」「いけず」「おこしやす」などの言葉は、ほかの地方の方言に言い換えることができる。「〜です」「ありがとう」「意地悪」「いらっしゃい」と言えば、相当した言葉にはなるだろう。しかし、直接的に「ずけり」と物を言わないような印象を与える「京都弁」だからこそ、ほかの地方の人には優雅に聞こえるのだろう。また、女性的なニュアンスをも多分に含んでいる。徳川家康《とくがわいえやす》の時代に荒くれ者が寄せ集められて発展を遂げていった江戸と、優雅に歌を詠み、香《こう》を聞いて暮らしていた公家や貴族のルーツの違いが今も残っているのだろう。

それが今まで残った原因は、1000年以上にわたって「お上《かみ》」すなわち「天皇」を抱いていた日本の「首都」だという誇り、優雅な京都の貴族的な文化を創り上げたプライドがあるからだ。言葉の基礎になる環境が、開拓や干拓のために全国から集められた人々によって発祥した「江戸弁」と、天皇を抱き、貴族の文化を土台にした歴史を刻んできた「京都弁」では、その性質は違って当たり前である。

京都では早く返したい客人に「ぶぶ漬け」を勧めるという。皮肉ととれば皮肉だし、「時分どきに差し掛かった」ことを話に夢中の客人にさり気なく知らせる配慮と考えれば、そこに「気配り」があるともとれる。長っ尻の客人を帰らせるおまじないに「箒《ほうき》を逆さに立てる」というものがあるが、それよりもはるかに合理的だし、優雅な振る舞いだ。

そうした、物を直接言わない文化とも言うべき生活習慣が、大阪弁とは違う「京都弁」の文化を創っている。大阪とは僅かな距離でありながら、四方を山に囲まれた土地の閉鎖性も、京都弁を育て、保存するのに有効な役割を果たしたものと言える。風景を旅人が発見するのと同様に、地方の言葉の響きの美しさもまた旅人には魅力だ。風光明媚な土地柄や歴史的建造物に、柔らかな物腰の「京都弁」だからこそ、海外からの観光客にも人気が高いのだろう。そういう意味で、言葉は生きる文化遺産とも言えるのだ。

儚《はかな》き遊女の「廓言葉《くるわことば》」

「闇の夜は吉原ばかり月夜かな」と詠んだのは、元禄期（1688～1704）に活躍した俳人の宝井《たからい》其角《きかく》（1661～1707）である。その「吉原」であるが、もともとは今の日本橋人形町《にんぎょうちょう》のあたりにあって「葭原《よしはら》」と称していたが、のちに「吉原」と改められ、「明暦《めいれき》の大火《たいか》」（明暦3〈1657〉年）を機に浅草の日本堤《にほんづつみ》へと移されたことは１２０ページでも述べた。またの名を、「北国《ほっこく》」とも言う。こうした廓《くるわ》では、時代劇や歌舞伎などでお馴染みの「嫌《いや》でありんす」「よしてくんなまし」など、「廓言葉《くるわことば》」（「さとことば」とも）と呼ばれる独特の言葉が使われた。相手のことを「ぬし」と呼び、語尾に「ざます」や「ざんす」を付けることなどが主な特徴だろうか。「○○です」を「○○でありんす」と言い、「○○してください」を「○○してくんなまし」あるいは

「○○くんなんし」などと言った。このことから、廓言葉のことを俗に「ありんす言葉」とも呼んだ。

宮中《きゅうちゅう》では、古来から使われている独自の言葉があり、やくざや芸能の世界には符丁《ふちょう》のように「隠語《いんご》」が存在する。「廓言葉」はやや隠語に近いが、「仲間」であることを意味すると同時に、遊女の出身地を特定出来ないようにする大きな目的があった。特に、「田舎っぺ」を毛嫌いした江戸っ子を相手に、出身地が推定できるような言葉で接しては、商売が成り立たなかったのだろう。だから、「吉原共通語」を作って遊女の在所を隠し、男たちが夢から覚めないようにしたのだ。

一夜の夢を買っていただくお客様には、徹底的に夢を見てもらってその中で遊んでいただこう、という精神が遊女たちにあり、彼女たちの技術が高ければ高いほど、夢と現実の境目がつかなくなる。吉原は、江戸に住む男たちにとっての「お伽《とぎ》の国」だったのだ。

読み書きの初めは「いろは歌」から

明治19（1886）年頃を画期として、日本では「あいうえお」の順番で「ひらがな」を教えるようになったが、それ以前の日本人は「いろは仮名」に親しんでいた。第二次世界大戦中の昭和15（1940）年からは、「ドレミファソラシド」の音階をわざわざ「ハニホヘトイロハ」と置き換えたが、俗に言う「いろは歌」にしても、以下のいろは仮名が子供たちが最初に覚える教養でもあった。

いろはにほへと　ちりぬるを
わかよたれそ　つねならむ
うゐのおくやま　けふこえて
あさきゆめみし　ゑひもせす

47のひらがなを1回しか使わずに、しかも意味の通る歌にする、というのは簡単なようだが実に難しい。濁点を加えて漢字に直すと、

色は匂へど　散りぬるを
我が世誰ぞ　常ならむ
有為の奥山　今日越えて
浅き夢見じ　酔ひもせず

となる。

歌の内容は仏教の経文《きょうもん》の一節からとったものと言われ、空海《くうかい》が中国の唐《とう》から持ち帰ったものとされているが、確証はない。ただ、当時、空海が稀代の天才として知られていたこと、「三筆《さんぴつ》」と呼ばれるほどの能筆家《のうひつか》であったことが、空海説の有力な裏づけとなっているようだ。

この「いろは歌」には暗号が隠されている、というのは有名なエピソードで、以下のように7文字ずつに区切って並べ替え、末尾の文字を繫げていくと、ある言葉が浮かんでくる。

いろはにほへと
ちりぬるをわか
よたれそつねな
らむうゐおおく
やまけふこえて
あさきゆめみし
ゑひもせす

「とかなくてしす」＝「咎《とが》なくて死す」となり、歌舞伎の『仮名手本忠臣蔵《かなでほんちゅうしんぐら》』のタイトル「仮名手本」を暗示し、「咎なくて死す」は、喧嘩両成敗《けんかりょうせいばい》の法則に当てはめられずに非業《ひごう》の死を遂げた浅野内匠頭《あさのたくみのかみ》を示したものだ、と言われている。「いろは歌」そのものは、平安時代の中期には成立しているものなので、時代が違いすぎており、単なるこじつけであろう。しかし、江戸時代の人々の言葉に関するセンスを感じさせる話でもある。また、この「暗号説」が現代まで語り継がれていることに、言葉を楽しむ庶民の感覚が垣間見えるのも面白い。

「いろは歌」には異種があり、明治36（1903）年に当時の『萬朝報《よろずちょうほう》』という新聞が募集して入選した「鳥啼歌《とりなくうた》」というものがある。新しい「いろは歌」の募集に応募して選ばれたもので、こちらは「ん」の字を入れて全48字で構成されたものだ。

とりなくこゑすゆめさませ
みよあけわたるひんかしを
そらいろはえておきつへに
ほふねむれゐぬもやのうち

鳥啼く声す夢覚ませ
見よ明け渡る東を
空色映えて沖つ辺に

帆船群れゐぬ靄の中

「いろは歌」に比べると、かなり現代的な感覚を持っているが、歌としての意味を成しており、しばらくは教育の現場でも使用されていたようだ。

無意識に日本を感じる「諺《ことわざ》」と「習慣《しゅうかん》」

生きるための智恵を誰でもがわかるような言葉で短くまとめたもの、それが「諺《ことわざ》」である。「知らぬが仏《ほとけ》」「急がば回れ」などは今でも頻繁に使われるもので、人生を賢く生きるための「金《きん》言《げん》」とも言えよう。しかしながら、最近では本来の意味を誤って、まるで逆の意味に解釈しているケースも多い。しかも、「今どきの若い者は……」という世代の問題だけでは済まない範囲にまで広がっている。

例えば「情《なさ》けは人の為《ため》ならず」という諺は、本来は「人に情けをかければ、やがては自分が人の情けにあずかることができる」、つまり世の中は回り持ちだ、という意味だったが、昭和30年代から「情けをかけることはその人のためにならない」と、逆の意味で使われるようになった。

また、「袖《そで》振《ふ》り合うも他生《たしょう》の縁《えん》」という、「人の縁は偶然ではなく、宿縁《しゅくえん》からきているのだ」、という諺が、「袖振り合うも多少の縁」と誤記され、内容も誤解されてしまった。

世界各国には諺や金言などが無数と言えるほどに残されているが、日本で最も古い諺として記録されているのは何なのだろうか。岩波書店の『岩波ことわざ辞典』によれば、単独では聖徳太子《しょうとくたいし》が定めた「十七条憲法《じゅうしちじょうけんぽう》」の中の第一条、「一に曰《いわ》く、和《わ》を以《もっ》て貴《とうと》しと為《な》す」で、1冊の本にまとめられたものは、寛弘4（1007）年に源為憲《みなもとのためのり》が主に中国の古典に出てくるものから630を選んでまとめた『世俗諺文《せぞくげんぶん》』だとされている。この『世俗諺文』は、残念なことに上巻のみの220あまりしか残されていない。しかし、以降、筆者不詳のものも含めて、多くの「ことわざ集」がまとめられ、また、人々の口の端にものぼってきた。

科学的には、「人工細胞」で臓器が造れるようになるのも夢物語ではなくなってきたが、今でも「果報《かほう》は寝て待て」という諺は生きている。こうした諺の、すべての出典が明らかになっているわけではないが、『今昔物語集《こんじゃくものがたりしゅう》』をはじめ、『古今和歌集《こきんわかしゅう》』『源氏物語《げんじものがたり》』『平家物語《へいけものがたり》』『浮世草子《うきよぞうし》』などの文学作品の一部から採用されたものがかなりある。

これらの諺は、単なる思想だけではなく、私たちの生活習慣にまで深く根を下ろしている。例えば「夜、爪《つめ》を切ると親の死に目に会えない」という諺に、科学的根拠はない。しかし、明かりが不自由で、暗いところが良く見えなかった時代には、夜に爪を切ることは深爪《ふかづめ》に繋がり、場合によっては感染症などを引き起こすことがあった。それを戒めるために、「親の死に目」という大事な事柄を持ち出してくることで、根拠はないながらも諺として成立したものが、いつの間にか生活習慣に根付いているのだ。こうした例は、身の回りを探してみるとほかにも出てくるし、父母、祖父母の世代になるほど多いだろう。また、地域によって独自のものもある。

青森県の下北《しもきた》半島。俗に「まさかり半島」とも呼ばれるこの地域は、北端に霊場・恐山《おそれざん》を抱いている。この地域には、「死んだらみんなお山（恐山）さいぐんだ」という考え方が、現在もある。一般的な葬送儀礼を行った上でのことであり、恐山に墓所があるわけではない。山自身が「ご神体」とも言われる「恐山」に対する長年の畏怖と民間信仰が、生活習慣と混合している例の一つだ。

こうして考えてみると、日本における諺は、生活や思想、習慣だけではなく、信仰にまで大きな影響を与えながら、今も生きていることがわかる。

人生の指針「道歌《どうか》」の教え

「道歌《どうか》」とは、あまり耳慣れない言葉だろう。しかし、読んで字のごとく、人の生きる道を

「五・七・五・七・七」の歌の形式にしたものであり、立派な人生訓のエッセンスが含まれている。和歌や短歌が「芸術性」の追求だとすれば、道歌は生きる上での苦しみや辛《つら》さを教え、嗜《たしな》みを教え、始末倹約《しまつけんやく》の道を説き、人のあるべき姿を簡単に教えた「実用派」と言える。

子供が生まれる。どの親も「うちの子が一番可愛い」と思うのは同じ。「這えば立て 立てば歩めの 親心」と言う。しかし、実際にはそのあとに、「我が身に積もる老いを忘れて」と続き、一首の歌になるのだ。子供がやっと一人前になると、自分を育ててくれた親がいい加減な歳になっている。そこで、「親孝行 したい時には 親はなし」とくる。これも「墓に布団は 着せられもせず」と続いて、一首の歌になるのだが、意外にどちらも後半が知られていない。わかってはいても、なかなか行動に移せないのだが、そういう痛いところを巧《うま》く突いてくるのが道歌なのだ。

一休宗純《いっきゅうそうじゅん》をはじめ、親鸞《しんらん》、日蓮《にちれん》、道元《どうげん》、西行《さいぎょう》などの名だたる高僧、藤原定家《ふじわらのさだいえ》、和泉式部《いずみしきぶ》などの歌人、曲亭《きょくてい》（滝沢《たきざわ》）馬琴《ばきん》、山東京伝《さんとうきょうでん》、大田南畝《おおたなんぽ》（蜀山人《しょくさんじん》）といった江戸時代の戯作者《げさくしゃ》など、歴史上の人物が詠んだと言われているものも多いが、圧倒的に多いのは「詠み人知らず」である。誰の作かはわから

楠木正成《くすのきまさしげ》が詠んだ道歌。「仁《じん》と義《ぎ》と 勇《ゆう》にやさしき もののふハ 火《ひ》にさへやけず 水《みず》に溺《おぼ》れず」（『道歌心の策』より）

ないが、内容がわかりやすく、人生の妙味を見事に言い当てている点で、歌が残っているケースだ。

テーマは多岐にわたり、徳義や処世術、お金に関する戒《いまし》め、親子・兄弟・夫婦などの人間関係、信仰など幅広い。それほどに、日常生活に密着してきたから、芸術ではなく「実用派」なのだ。

「身の上を引きたて情有《なさけ》る人は おや子にまさる友としるべし」

◆サラリーマンの皆さんには辛いところかも知れない。

「あざみ草その身の針を知らずして 花とおもいし今日の今まで」

◆自分じゃだいぶ丸くなったつもりでいても、知らないうちに人を傷つけているんだな。耳の痛い歌だ。

「実るほど稲はふすなり人はただ 重くなるほどそりかえりる」

◆「実るほど頭《こうべ》を垂れる稲穂かな」という句もあった。

「よきことをいつもあるかと思うなよ 夏暑ければ冬の寒さよ」

◆人間とはわがままなものだ。

「世の中はきょうより外はなかりけり 昨日は過ぎつ明日は知られず」

◆わかってはいても、つい…、というところだ。

ここに挙げた5首はいずれも「詠み人知らず」とされているものだ。その分、歌の技巧としては劣る点もあり、また、道歌が完全に定義づけられていないために、西行の有名な「なにごとのおはしますかは知らねども忝《かたじけ》なさに涙こぼるる」という歌や、藤原定家の『定家集《ていかしゅう》』にある「としつきは昨日ばかりの心地して みなれし友のなきぞ多かる」という歌も、道歌として扱っている文献がある。いずれも、先人の人生の知恵や苦労を、わかりやすい歌に託して次の世代に伝えよう、教えてゆこうという日本の伝統の一つであることは間違いない。「座右の銘」を聞かれた時や、年賀状に「今年の抱負」を書く時などに使うには、便利なものなのだ。

いろいろな言葉の「語源《ごげん》」はどこにある?

和食を代表する料理の一つである「天麩羅《てんぷら》」の語源が、ポルトガル語の「テンポーラ」からきているという話は21ページでも紹介した。

私たちが日常使っている言葉の語源が意外なところにある、という些細《ささい》な問題に気づくのも面白いもので、そこから言葉がどう変わってきたのか、その言葉が生まれた当時の時代背景などに想いを馳《は》せることができる。

金銭に汚く、欲の深い人のことを「がめつい」と言う。かなり古くからある言葉のような気もするが、実は昭和34（1959）年に東京・芸術座《げいじゅつざ》（現在のシアタークリエ）で三益愛子《みますあいこ》（1910～82）の主演で上演され、当時としては記録的な大当たりをとった『がめつい奴』という芝居のタイトルの言葉であり、作者の菊田一夫《きくたかずお》（1908～73）の造語である。

一方、古くから使われている言葉で、意味は変わらないのに表記する文字が変わった言葉がある。例えば「雷」。自然現象で今も夕立と共に雷鳴が響くのは夏の風物詩だが、古代は「神鳴り」と書いた。「神」自身には実体がなく、音を発することはできない。しかし、神が人間に下す天罰、あるいは出現の合図として「神鳴り」という字が当てられていた。東北地方では「神立ち」と書いて「カンダチ」と呼んでいたり、四国地方では雷の擬音語《ぎおんご》そのままに「ドンドロサン」と呼んでいた時期が古代にはあったようだ。この雷が天空で響いている間は「雷」だが、落雷すると、雷神が天から降りたという意味で、「アマル」、または「アモル」と呼ぶ。両者とも「天降る（アマフル）」が転化したものだ。今は「雷」が鳴り、「落雷」するという言葉に統一されているが、こうした変遷を経て一つの言葉に集約された例だ。

また、スラング、いわゆる「隠語《いんご》」や特定の集団の符丁《ふちょう》を語源としているものもある。短刀のことを「ドス」と言うが、これは「脅《おど》す」の略語で「ドス」になったと言われている。「出鱈《でたら》目《め》」という言葉は、サイコロ賭博《とばく》で出た目に任せて賭けることから、「いい加減な」という意味に範囲を広げていったものだ。

寿司屋などで使う「お愛想《あいそ》」や「紫《むらさき》」という言葉も、本来は仲間同士の符丁であったものが、いつしか客の立場の人も使うようになった例だ。ちなみに「お愛想」は勘定書、「紫」は醤油のことだ。

「ごねる」という言葉もある。不平を漏らすという意味で使われており、「ごね得《どく》」という言葉は今も存在する。しかし、「ごねる」はそもそも仏教用語で、釈迦《しゃか》が入滅《にゅうめつ》した際の「御涅槃《ごねはん》」が訛《なま》ったものだ。江戸時代から明治期あたりまでは、本来の「死去する」「亡くなる」という意味で、「庄屋の奥さんがごねたそうだ」という使われ方をしていた。今のように、不平を言い立てることは「ごてる」と言い、この二つの言葉が混同されるうちに、本来の「死去する」の意味よりも「不平不満を漏らす」という使い方が市民権を得たようだ。

いろいろな言葉の源泉を辿っていくと、外来語を日本の言葉に置き換え、漢字を当てて自国の言葉にしている例が結構多い。先の「天麩羅」もそうだが、「懺悔《ざんげ》」もサンスクリット語に語源を持つ。宗教のように、外国から流入したものにその用例が多いのは納得できる話だ。

こうした柔軟性は、言葉だけではなく、宗教観などの日本人の感覚にもよく表れている。「神《しん》仏混淆《ぶつこんこう》」という発想を持っているからこそ、「神様仏様」と、質の異なる宗教を何の疑問も感じることなく口に出せる。ここに、日本人の民族性の柔軟さがあるのだ。

思想

「恥《はじ》」の感覚

日本人が持つ「恥《はじ》」という感覚や概念が、海外の人たちに正しく理解されているかどうかは興味のあるところだ。『広辞苑《こうじえん》』によれば、「恥」とは「①恥じること。（過失や失敗をして）面目を失うこと。②名誉をけがされること。不名誉。恥辱《ちじょく》。侮辱《ぶじょく》。③恥ずべきことを知ること。名誉を重んじること。廉恥心《れんちしん》。」とある。

改めて書き出すと、今の日本人でも③の意味での「恥」の文化は徐々に廃《すた》れていることが、外へ出てみればわかる。

もちろん、「恥」という感覚が全くなくなったわけではない。むしろ、辞典には記されていない別の側面を持っている。ある人が、個人的な出来事で恥ずかしい想いをする。当然、「恥」である。これは、本人一人の問題だ。しかし、場合によっては、「こんなみっともないことをしては、ご先祖様に顔向けが出来ない」と、会ったこともない自分の先祖に対してまでも感覚が及ぶ。また、何かしらの事件が報道されると、「あんなことをするなんて、日本の恥だ」と言う人もいる。公の職務を担っている人がした行為ではなく、一民間人の行動が、1億2000万人を代表する国家の「恥」にもなるのだ。

感覚・概念である以上は、個人の捉え方で幅があるのは当然のことだ。しかし、それが時間軸で言えば、「ご先祖様」なら100年以上になり、水平の広がりで言えば1億2000万という大きな数字を代表するものにもなるのである。

「恥」という言葉は、『竹取物語《たけとりものがたり》』や『源氏物語《げんじものがたり》』の中にはすでに登場しているので、1000年以上も前からあった感覚なのだろう。時代によって「恥」の感覚や濃度に違いはあるだろうが、今はかなり薄い時代になってしまった。

「お辞儀《じぎ》」と「会釈《えしゃく》」の違い

日本人が殊《こと》のほか礼節《れいせつ》を重んじる民族であることは、海外でもよく知られている。いつも柔和《にゅうわ》な笑みを浮かべ、議論の際にも相手を論破することだけを目的とはせずに、「間《ま》をとって」という、理論よりも双方の感情を重視して「双方痛み分け」という結論を出すこともある。

よく、「日本人の薄笑いにも似た笑顔の意味が測り兼ねる」と言われるが、それと同様に、あるいはそれ以上に外国の人々に謎めいた印象を与えるのが「お辞儀《じぎ》」と「会釈《えしゃく》」だろう。

お辞儀は目上の人や立場が上の人に対してする挨《あい》拶《さつ》だが、角度にもいくつかの段階があり、「15度」「30度」「45度」「90度」など、相手に対する感情やその場の状況によって分かれている。また、会釈は基本的には目上の人が目下の人からの挨拶に対して、軽く頷《うなず》いてそれを理解したことを示す行為だが、これも目上・目下だけの関係に限定されたものではなく、同僚であったり、単なる知人同士であったりもする。

外国人の立場に立ってこの行動を眺めた時に、最も不思議に思うのは、すれ違いざまに、相手のお辞儀がどの程度の角度に値するのか、あるいは会釈で済ませる相手なのかを、互いが瞬時に判断し、そこ

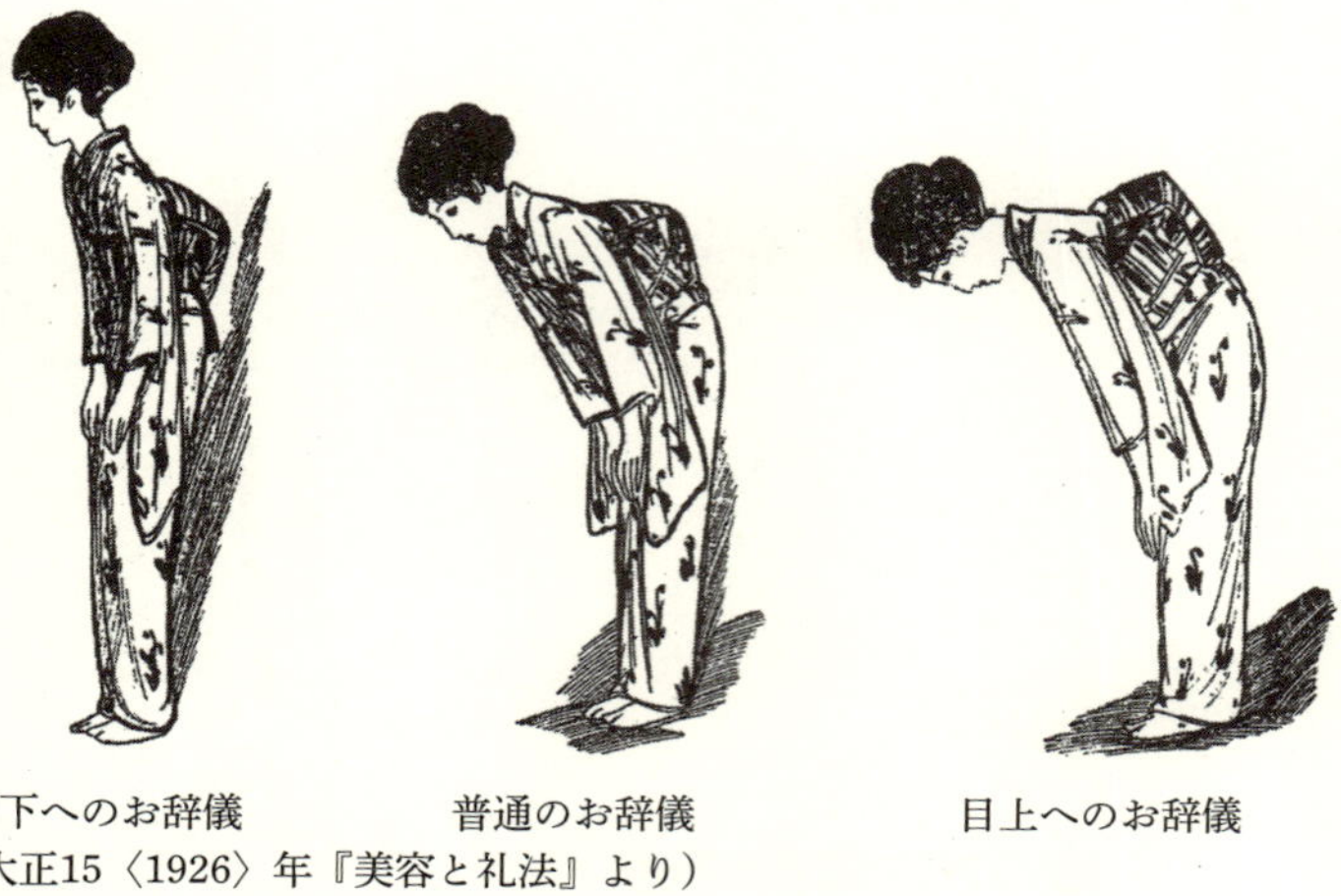

目下へのお辞儀　普通のお辞儀　目上へのお辞儀
（大正15〈1926〉年『美容と礼法』より）

に大きな食い違いがないことだろう。場合によっては、普段は会釈で済ませている相手に、深々とお辞儀をすることもある。

冠婚葬祭《かんこんそうさい》などの改まった場面であればわからなくもないが、それが近所へ買い物に出かける時でも、社内で知り合いや取引先に出会った時にも、同様に瞬時の判断をする日本人に、外国人は不思議な感覚を覚えるだろう。日本人が日常ほとんど意識せずに行っている挨拶の一部であるお辞儀と会釈を、外国人に対して理論的に説明することは困難である。そこに厳格なルールがあるわけではなく、個々人の「感覚」と「感情」に基づく行為だからだ。

意外に侮《あなど》れない「俗信《ぞくしん》」

ほとんどの場合、科学的な根拠や合理性を持たないが、21世紀になっても言い伝えられている「迷信《めいしん》」「俗信《ぞくしん》」と呼ばれるものがある。明らかに「近現代」になってから出来たものもあり、それを何気なく信じ、何の疑問も感じることなく、場合によっては行動に移している。

例えば、「霊柩車《れいきゅうしゃ》に出会ったら親指を隠せ」というもの。親指が親を示し、親の死に目に会えなくなるから、というのが一般的な解釈だが、これは明治時代以前にはあり得なかった俗信で、大正時代以降のモータリゼーションの中で「霊柩車」を葬儀で使用するようになってから生まれたものだ。

「白い蛇を見ると良いことがある」というのは、確率的に白い蛇の発生率が少ないこと、また、インドや中国から渡来した「仏教説話」の中で、幸運のシンボルとして扱われていたからだろう。そこに科学的な根拠はない。また、科学的根拠に基づいて言われたものではなくとも、長年の経験則で言われていることが合致する例もある。「夕焼けなら明日は晴れ、朝焼けだと雨が降る」というのは、西から東へ天候が変わる日本の特性を経験則から述べたもので、科学的に見ても正しい。夕焼けは西に雲がない状態で、翌日も晴れる可能性が高く、朝焼けは西に雲がある時の現象であり、それ以後降水の確率は高くなる。俗信とは言え、侮れないものもあるのだ。

何でも取り込む日本人は、西欧の迷信もいつの間にか自分たちのものとしている。「13日の金曜日は縁起が悪い」というのは、キリスト教の信仰者以外には関係のない話であり、「黒猫が横切ると不吉な事が起きる」というのも輸入品だ。こうして見ていくと、科学がまだそれ程発達していない時代に、経験則によって生まれた「俗信」のほうが、私たちの生活に則しているように思える。

時代や科学の進歩とは関係のないところで、「何かを信じていたい」という気持ちは、宗教をはじめ日常生活の各場面で見られる。今なら、「ジンクス」というものが人それぞれに生きているように、そこには理屈も合理的な説明も必要もないものなのだろう。そして、それを連綿《れんめん》と伝えることにも意味があるのだろう。

柔軟性を誇る「日本人の宗教観」

何かで危機に陥《おちい》ったり、頼みごとをする時に、私たちは思わず知らず「神様仏様《かみさまほとけさま》」と念ずる。よく考えてみれば、神様は神道《しんとう》で、仏様は仏教《ぶっきょう》、よその国では、一度にいくつもの異なる宗教の神様に願いごとをするなどという感覚は理解出来ないだろう。しかし、当の私たち日本人は、そのことに関しては何の違和感も持ってはいない。

キリスト教と日本の宗教との大きな違いは、キリスト教は聖書《せいしょ》にも「旧約《きゅうやく》」と「新約《しんやく》」があるように、神との信仰における「約束」または「契約」であるのに対し、日本の宗教の多くは人から神仏への一方的な「お願い」であり、契約ほどの厳しさはない。「悪いことをすると地獄へ落ちる」と教えられてはきたが、その感覚の厳しさが絶対的に違う、ということだ。その上、日本では、500年代半ばに仏教が流入する以前から土着の宗教として根ざしていた神々への信仰が、仏教の勃興と共に同一化される「神仏習合《しんぶつしゅうごう》」または「神仏混淆《しんぶつこんこう》」という、ややこしいとも柔軟性があるとも言える考え方が生まれた。これは、簡単に言えば、仏教の「大日如来《だいにちにょらい》」が実は神道の「天照大御神《あまてらすおおみかみ》」の化身である、つまり仏様が人々を救済するために神様となって顕現《けんげん》したとする「本地垂迹説《ほんじすいじゃくせつ》」という、8世紀の奈良時代に起きた説が基になっているようだ。しかし、この考え方は明治時代に起きた「廃仏毀釈《はいぶつきしゃく》」（249ページ参照）により、国家が推進する神道に取って代わられることになる。

天照大御神の化身である大日如来

これは考えようによっては非常に便利で、「神様仏様」と一緒に念ずることに何も支障がない。元来、「八百万《やおろず》の神々」と言われるほどに神々は身近な存在であり、「日本神話」はもとより、私たちが日常生活を送るあらゆる場所に神々が存在すると言ってもよいほどに、日本人の中に深く根づいているものなのだ。これは、神道が土着的な信仰を根源としたものであり、仏教の釈迦《しゃか》、キリスト教の「ＧＯＤ」のように祀られるべき本尊《ほんぞん》が唯一神《ゆいいっしん》ではない、という点が大きい。

この歴史を踏まえておくと、日本人の宗教観が、時代と共に、時の政権の意向によって左右されながら続いていたことが良くわかる。江戸時代には、キリスト教徒の弾圧が広く行われ、明治には国を挙げて「神の国」を目指し、第二次世界大戦中には「神風《かみかぜ》」という思想が吹き荒れた。戦争に敗れてからは日本国憲法下で「信教の自由」が保障されている。言い換えれば、「宗教的に柔軟にならなくてはいけない時代の転換点」を、日本人はいくつも通過してきた、ということだ。その上での「神様仏様」なのである。こういう歴史を辿ってきた国は珍しいかもしれないが、これを、節操がなくいい加減だ、と見るか、先人の知恵による柔軟性の表れと見るかは、それぞれの問題に帰するところだ。しかし、日本人の宗教観の根っこにあるものがどういう歴史なのかを知ることは、必要なのではないだろうか。

世界文化遺産「富士山《ふじさん》」への想い

平成25（2013）年にユネスコの世界文化遺産の登録を受けてから、富士山人気はますます過熱する一方で、あまりの登山者の多さに、「入山料」を徴収するようになった。環境保護のためにも、登山者に責任感を促すためにも良いことだが、富士山人気は今に始まったことではない。「登らぬ馬鹿に二度登る馬鹿」という諺《ことわざ》があるほど、昔から富士山は人気の対象であり、海外から見れば日本を象徴するものの一つが「フジヤマ」だ。現に、各地方に「○○富士」と名付けられた、富士山に多少似た形状を持つ山が多いのを見ても人気のほどがわかる。

古代から、山岳は信仰の対象でもあり、中でも日本一の高さを誇る富士山に寄せる想いは格別だった。山裾《やますそ》の広がりの雄大さ、雪を頂いた時期の美しさは紛《まご》うことなく「日本一の山」であり、富士山そのものが「ご神体《しんたい》」だったのである。また、富士山へ登るための「講《こう》」が江戸時代には盛んに行われていた。今よりも遥かに見晴らしの良い時代のこと、相当離れた地域からも富士の姿を目にすることが出来たはずだ。

古代には「不二山」と書かれていた、という記録がある。「二つとない山」という意味だろう。この「ふじ」は「不死」にも通じ、「霊峰《れいほう》」との別名も持つ。これだけの山のこと、美術はもとより、文学など多くのジャンルにその姿を残している。かつての文部省唱歌にも「富士は日本一の山」と歌われていることなどは、その最たるものだろう。古くは、『万葉集《まんようしゅう》』の「田子の浦ゆ うち出でてみれば 真白にぞ 富士の高嶺に 雪は降りける」という山部赤人《やまのべのあかひと》の歌に始まり、江戸時代の浮世絵《うきよえ》や、近現代においては横山大観《よこやまたいかん》（1868～1958）や片岡球子《かたおかたまこ》（1905～2008）が富士を描く画家として知られた。

　葛飾北斎《かつしかほくさい》（1760～1849）がいろいろな場所から見える富士山を描いた『富嶽三十六景《ふがくさんじゅうろっけい》』の

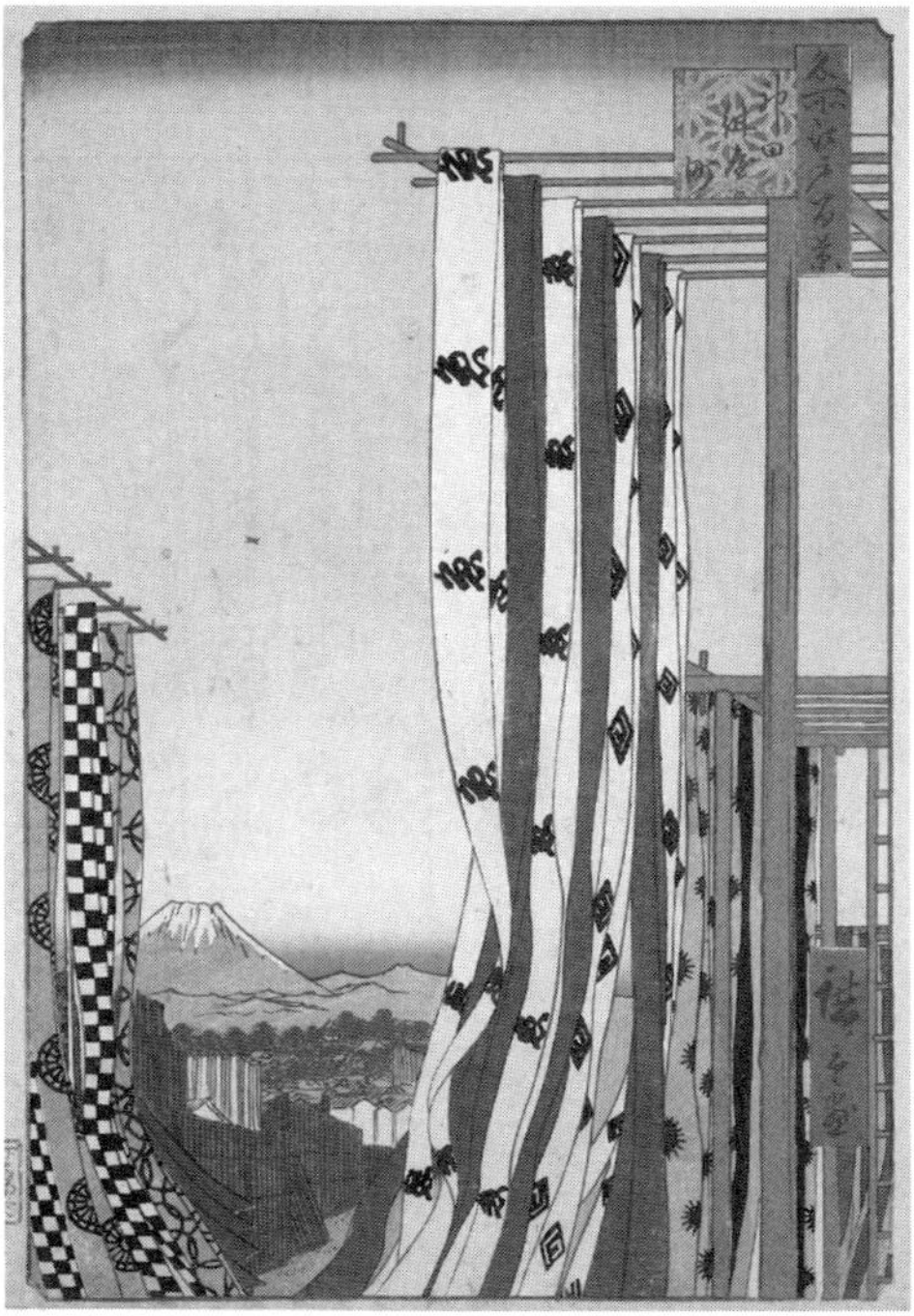

神田紺屋町から見えた富士山（歌川広重『江戸名所百景』「神田紺屋町」より）

うち、「甲州石班沢《こうしゅうかじかざわ》」にかなり大きな姿を見せているのは地理的には当然だが、歌川広重《うたがわひろしげ》（1797〜1858）が同様のモチーフで江戸の各地から見える富士山を中心に描いた『不二三十六景《ふじさんじゅうろっけい》』では、「東都目黒夕日が岡《とうとめぐろゆうひがおか》」「東都両ごく《とうとりょう》」「雑司がや不二見茶や《ぞうしふじみちゃ》」「東都飛鳥山《とうとあすかやま》」、あるいは『名所江戸百景《めいしょえどひゃっけい》』の「神田紺屋町《かんだこんやちょう》」など、ずいぶん大きく描かれ、多少のデフォルメがなされてたにせよ、江戸のあちこちで富士山が見えたことが良くわかる。現在の東京都千代田区や中野区をはじめ、都内各地に「富士見」という地名が今も残っているのは、その名残だ。

神の言葉を伝える「巫女《みこ》」

「巫女《みこ》」と聞けば神社にいる女性を想像するが、時代によって巫女の在り方や姿は大きく変わってきた。

古来から、「神に仕える」という本質に変わりはないが、アニミズム（呪術《じゅじゅつ》）の盛んであった古代においては、神の言葉を伝える役割が一番大きかっただろう。『魏志倭人伝《ぎしわじんでん》』に登場する卑弥呼《ひみこ》は、巫女の姿の象徴と言ってもよい。呪術が盛んであった時代のこと、卑弥呼が操ったという「鬼道《きどう》」が具体的にどんな行為を指すのかは不明だが、キリスト教で言えば「預言者《よげんしゃ》」のように、神の言葉を預かる立場であったのだろう。この名残が、今も青森県の恐山《おそれざん》にいるイタコの「口寄せ《くちよ》」などに見られる。

中世に入ると、巫女には「芸能者」としての役割も加わった。神前に舞《まい》や神楽《かぐら》を奉納することだ。それに加え、「渡り巫女」や「アルキ巫女」と呼ばれる定住地を持たない巫女が登場し、ここへさらに「遊女《ゆうじょ》」としての側面も加わった。こうなると、宗教者としての役割と芸能者としての役割はほぼ半々の状態、もしくは後者のほうが重きをなしているケースも出てきた。中には売春を専門の目的とし、巫女の姿はあくまでも仮という女性も相当に多かったはずだ。

巫女の姿のありようが最も大

巫女の神託《しんたく》（「観音霊験記　秩父巡礼十八番神門山修験長生院」より）

きく変わったのは、明治6（1873）年に明治政府が出した通称「巫女禁断令」と呼ばれる法律により、神社に属さない巫女を禁じたことだ。これによって、芸能者としての側面を持った巫女は表面上、姿を消すことになった。これは、明治政府が国家神道《こっかしんとう》の確立を推し進めた一連の動きによるもので、以降は完全に神社に奉職する女性を指す言葉に代わった。

このように、巫女という職業には、長い時代の中で大きな変化を遂げてきた歴史がある。宗教者には弾圧や迫害の中で生きる「運命」とも言うべき時代があったが、巫女の姿の変遷は、そうしたものとはまた違った形を辿っている。長い歴史を経てきたものは、概して今の時点で見えている姿だけではないのだ。その一例が巫女に象徴されている。

けじめに行う「手締《てじ》め」の意味

『広辞苑《こうじえん》』によれば、「事の決着を祝って行うそろいの拍手」とある。私たちが最も身近で参加する手締めは、宴席の一旦の終了を告げる「中締《なかじ》め」と呼ばれるものだ。手締めの前に、音頭《おんど》をとる人が簡単な挨拶をし、「お手を拝借《はいしゃく》」となって、「一本締め」「三本締め」などの手が打たれる。表記の仕方はいろいろだが、「ヨヨヨイ、ヨヨヨイ、ヨヨヨイ、ヨイ」、とこれで1本。中には拍手を一回だけして締めるものを「一本締め」とする場合もある。

相撲の土俵入りの際に見られる行為も手締めの一種で、辞書の解説のほかに、手を締めることは柏手《かしわで》を打つことに通じ、邪気《じゃき》を払う意味も含まれているのだろう。また、地域によって手締めの種類もバラエティに富んでおり、最近ではあまり見なくなったが、家を新築する際の上棟式《じょうとうしき》での手締めもあれば、祭礼の手締めもある。

変わったところでは、先に紹介した「一本締め」や「三本締め」とは締め方の違う「吉原《よしわら》締め」というものがあり、これはその名の通り、吉原で遊びを盛り上げるために行われていた独特の「手締め」だ。「ヨヨヨイ、ヨヨヨイ、ヨヨヨイ、ヨイ」のあとで、さらに7回ずつ2度手を叩く。

神田祭における一本手締めの様子

実際の「吉原締め」を見ることはもう出来ないが、大正や昭和初期の吉原を舞台にした新派《しんぱ》の芝居には、時折この「吉原締め」の場面が出てくる。黒の芸者の衣装と幇間《ほうかん》、着飾った遊女《ゆうじょ》など、独特の空間の中で、風情を感じさせるものだ。

「お賽銭《さいせん》」は誰にあげるのか

神社や寺院へ詣《もう》でると、必ず「賽銭箱《さいせんばこ》」が置いてある。場所によっては、境内へ入る前に「拝観料」をとられるところもあるので、神仏に向かった時に「お気持ちでご自由に」という意味であろうことはわかる。そして、多くの人が幾許《いくばく》かの小銭を箱へ入れ、「何かをお願い」する。ということは、「賽銭」というのは、「神仏へのお願いごと料」なのだろうか。その割に、願うほうは「家内安全」「合格祈願」「交通安全」「良縁に巡り合えますように」「会社で昇進したい」「元気で長生き」「宝くじに当たりたい」と、盛りだくさんだ。

今はほとんどが金銭だが、古代には農作物を中心とした品物が多く、それも「お願いごと」ではなく、「祈願成就」のお礼、または神仏に対する「贖罪《しょくざい》」の意味を込めて、自分の財産の一部を提供するものだった、という説もある。それがいつしか「お願いごと料」に変わり、全国各地の神社仏閣に置いてあるので、あまり深くその意味を問うことをせずに、ほぼ条件反射のようにお金を放り込む習慣になったようだ。おそらく、江戸時代に入って庶民の暮らしが安定してからのことだろう。

お札であれお願いであれ、神仏が坐《いま》す前にお金を放り込むというのは甚だ失礼な行為だと思うが、そのあたりがあまり気にならないのは、日本人特有の神様仏様に対する親しさからくるのかもしれない。

大正15（1926）年に奉納された新潟・浄興寺の賽銭箱

極楽《ごくらく》のミニチュア化「仏壇《ぶつだん》」

地方や思想によって違うが、日本家屋《かおく》が多かった頃は、大小を問わず先祖の位牌《いはい》や仏像を祀《まつ》った「仏壇《ぶつだん》」が置かれている家が多かった。しかし今は、核家族化に伴う生活の西洋化や、家の中に和室が少なくなったことなど、仏壇を眼にする機会が減ってきた。この仏壇は、一体いつ頃から飾られていたものなのだろうか。

戦乱の世も終わりを告げ、徳川家康《とくがわいえやす》（1542～1616）が江戸に幕府を開いて以降、泰平の時代に入ったかに思われたが、家康が豊臣家を滅ぼした慶長19（1614）年・20年の大坂の陣、および寛永14（1637）年に勃発した「島原の乱《しまばらのらん》」と呼ばれる一揆《いっき》が鎮静化するまでは、まだまだ国内に不穏な空気が漂っていた。この一揆は、領主による苛政《かせい》などが主原因で起こったが、問題は一揆勢の中に多数のキリシタンが含まれていたことだ。

もともと幕府は、慶長17年に全面禁教を実施してキリスト教宣教師（伴天連《ばてれん》）を弾圧するとともに、各地の住民に対しては踏絵《ふみえ》などを実施してキリシタンの摘発に力を注いできた。寛永7年頃には表面上キリシタンは消滅し、棄教《ききょう》しないキリシタンは地下に潜《もぐ》ったのだ。いわゆる「隠れキリシタン」である。しかし、キリシタンが叛乱《はんらん》を起こしたことに衝撃を受けた幕府は、一層本格的な禁教政策に乗り出すことになる。寛永17年には幕府に宗門改役《しゅうもんあらためやく》を設置して、幕府領および諸藩のキリシタン摘発を主導した。

さらに幕府が確立したのが寛文4(1664)年の「寺請制度《てらうけせいど》」だ。これは、町や村の住民は必ずどこかの寺院(檀那寺《だんなでら》)の檀家《だんか》にならなくてはいけない、という制度だ。これによって幕府は、今で言う役所の戸籍係に相当する任務を寺院に担わせた。寺院が地域住民の「個人情報」を掌握する形になり、婚姻《こんいん》・出生・死亡・出稼ぎ・奉公《ほうこう》などによる戸籍の変動時は当然の

絢爛豪華な金仏壇(有限会社根元泰蔵商店製作)

こと、旅に出る際の「通行手形《つうこうてがた》」の発行も、寺院に願い出なければならなくなった。

どうも、このあたりから、各家に仏壇が置かれるようになったようだ。それまでは、相当な資産家でも先祖の位牌は菩提寺《ぼだいじ》に預けておくものだったが、それがやがて家の中に先祖を祀り、位牌を並べる風習に変化したようだ。厳密に言えば、仏壇は「仏教における宇宙」を簡略に表現したもので、中央に各宗旨《しゅうし》の本尊《ほんぞん》が祀られている。

今でも北陸や上信越地方の旧家には、立派な「仏間《ぶつま》」があり、箪笥《たんす》よりも立派な仏壇に驚かされることがある。この地域一帯は、中世から浄土宗《じょうどしゅう》や浄土真宗《じょうどしんしゅう》（一向宗《いっこうしゅう》）の熱心な信者が多かったこともあるのか、殊《こと》に仏壇が立派で煌《きら》びやかだ。大事な祖先を祀るための場所として、少しでも住み心地が良いようにと細密な彫刻や模様が施され、そうすることで災いを避け、子孫を守り繁栄に繋がる、という考え方であろう。

仏壇《ぶつだん》の中の「位牌《いはい》」に書かれた「戒名《かいみょう》」とは？

今は、仏壇《ぶつだん》がない、という家が多い。前項で述べたように和室のない家も多く、そもそも仏壇が置けない住宅事情や生活様式の問題も起因しているのだろう。

宗派によって違うが、仏壇には、その宗派の「本尊《ほんぞん》」や「南無妙法蓮華経《なむみょうほうれんげきょう》」などの「題目《だいもく》」が中央に祀《まつ》られ、その手前に、故人《こじん》の「位牌《いはい》」が並んでいるのが一般的だ。位牌は、朝晩の供養の際に死者の霊と対面するための仏具で、葬儀の時は白木に墨書の簡単なもので、四十九日の忌明けまでに漆《うるし》塗りや金箔《きんぱく》塗りなどに変えるのが一般的とされている。表面には「戒名《かいみょう》」を書き、裏には「歿年《ぼつねん》」や「命日《めいにち》」などを記す。位牌は、鎌倉時代に禅僧が中国から日本に伝えたもので、室町時代には武家の間で「霊代《たましろ》」として祀られ、江戸時代に一般に普及したが、戒名があるのは日本だけだ。

戒名とは、本来は仏門に入門して修業を重ね、「三《さん》帰戒《きかい》」という僧侶の階級を許され、「受戒《じゅかい》」の時に贈られる「僧名《そうみょう》」のことを指す。宗派によっては「法《ほう》名《みょう》」「法号《ほうごう》」「法諱《ほうい》」と呼んでいる。それが、江戸時代以降、故人に菩提寺《ぼだいじ》から授けてもらう習慣が一般化した。宗派によって違いはあるが、故人の名前から1字を入れるのがならわしだ。子供の場合は「童子《どうじ》」「童《どう》女《じょ》」。成人の場合は、男性は「信士《しんじ》」「居士《こじ》」、院号の

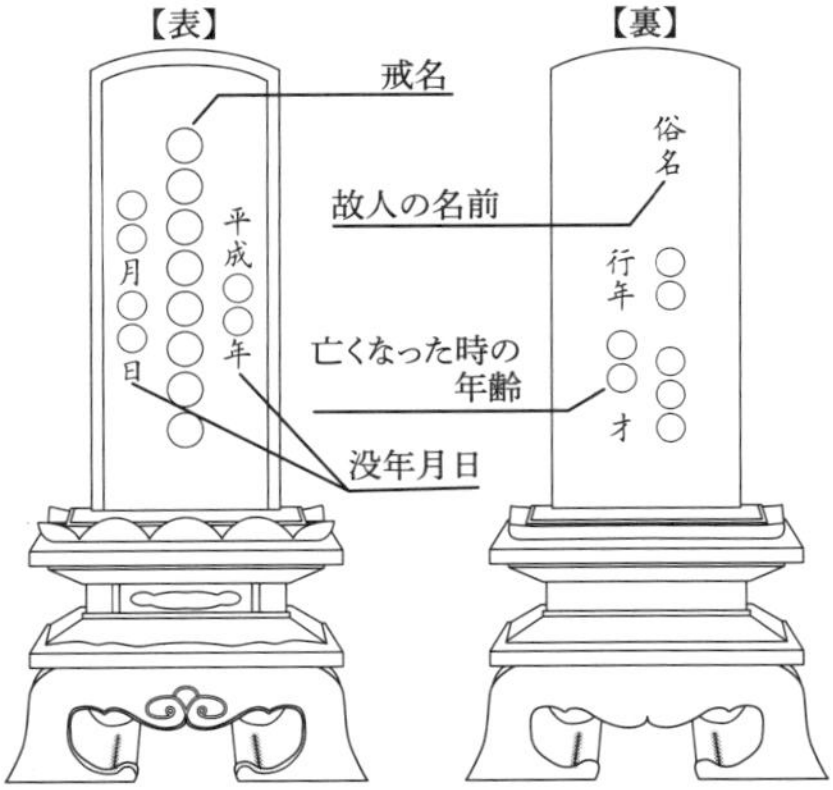

位牌への一般的な表記法

付いた「院居士《いんこじ》」「院大居士《いんだいこじ》」「院殿大居士《いんでんだいこじ》」となる。女性の場合は、「信女《しんにょ》」「大姉《だいし》」「院大姉《いんだいし》」となる。神道の場合は、男性は「大人命《うしのみこと》」、女性は「姫命《ひめのみこと》」などと付ける。

本来は、生前の功績や、寺院に対してどれだけの奇特があったかをもとに決めるものだが、社会的な地位、戒名料の多寡《たか》なども複雑に絡み合い、戒名が決まる。それでも、一般的には「院大居士」までで、過去の例をいくつか見ても、江戸時代の大名クラスで「院殿大居士」の戒名が付く。「冷光院殿前少府朝散大夫吹毛玄利大居士」という立派な戒名の主は、「赤穂事件」で有名な浅野《あさの》内匠頭《たくみのかみ》だ。「前少府」という官位名まで含まれている。

昭和の大横綱で69連勝の記録を持つ双葉山《ふたばやま》（1912～68）は「霊山院殿法日定大居士」、戦後の総理大臣で、葬儀が国葬で行われた吉田茂《よしだしげる》（1878～1967）の戒名は「叡光院殿徹誉明徳素匯大居士」という。

近年は、「戒名作成ソフト」までもが登場し、いくつか故人の特徴を入力すると、それに相応しい候補がいくつか出てくる時代だ。また、生前に自分の好きな字を使い、菩提寺の許可を得て自分で戒名を用意する人もいる。死者を巡る状況も、時代と共に様変わりしてきているのだ。

故人《こじん》を偲《しの》ぶ「法事《ほうじ》」の意味

最近では、親戚が顔を揃えるのは結婚式か法事（「法要《ほうよう》」とも言う）ぐらいになってきた。葬送儀礼のメインとも言える「葬式」も家族葬や密葬が多くなり、核家族化を象徴している。

仏教が５００年代半ばに伝来し、法事の発想も同様に流入してきたようだ。しかし、法事が庶民の間でも行われるようになったのは江戸時代も中期以降のことだろう。今でも、地方によっては三十三回忌など、かなり以前に亡くなった故人の法事を営むところはあるが、都市部に近づくにつれ、こうした習慣も薄れつつあるようだ。

仏教において、法事とは死者を弔《とむら》う儀礼だ。亡くなった日（祥月命日《しょうつきめいにち》）の１年後が「一周忌」、その翌年が「三回忌」、次が「七回忌」となる。「一周忌」は満１年後、「三回忌」以降は「数え」による数え方で考えるため、一周忌と三回忌は連続することになる。その後は、「十三回忌」「十七回忌」と三と七の付く祥月命日の前に執り行い、五十年忌のあと、百年忌をもって「弔い上げ」と言い、その故人に対する慰霊《いれい》の儀式は終わる。「三年」「七年」と間が空いているのは、それだけの時間をかけて、故人を喪《うしな》った哀しみを徐々に癒していくための時間なのだろう。

日蓮宗《にちれんしゅう》や浄土宗《じょうどしゅう》、浄土真宗《じょうどしんしゅう》など、仏教の宗派によっては開祖や大きな業績を遺した僧侶に対して五百年忌、七百五十年忌などの法要が営まれることもあるが、これは特例中の特例である。

一方、神道《しんとう》では「祭」と呼び、亡くなって5年後、10年後に「五年祭」「十年祭」などの呼び方で故人を偲ぶ。これは、亡くなると同時にその魂が神に昇華した、という考え方に基づくものだ。

今では滅多《めった》に「五十年忌」の法要を営む人はいないという。親の「五十年忌」ということは、自分が小さい時に親を亡くしていくるか、子が相当な長寿を保っていなくて

臨済宗の祖・栄西の歿後800年を記念した「八百年大遠諱法要」
（平成26〈2014〉年６月。写真提供：毎日新聞社）

は出来ないことだ。早くに親を喪うのは哀しいことだが、その分、自分が健康に恵まれ、亡き親の分まで長生きすることが出来た、という意味では喜ぶべきことでもあるのだ。

確かに物は考えようで、25歳で親を喪うことは残酷とも言えるが、「五十年忌」を元気で75歳で営めるということは、親に感謝すべきことなのかもしれない。「先祖」という感覚が次第に薄れている昨今だが、先祖がいるからこそ自分がいる。遡《さかのぼ》れば相当な数に上るはずだが、そのうちの誰一人が欠けても、現在の自分は存在しない。それを考えると、先祖供養の意味が自ずと見えてくる。法事とは、現在、自分が在ることへの感謝なのだ。

開祖列伝その1 親鸞《しんらん》

学校の歴史で習った「親鸞《しんらん》」を思い出してみると、鎌倉時代の仏教者で浄土宗《じょうどしゅう》を興した「法《ほう》然《ねん》」の弟子であり、のちに「浄土真宗《じょうどしんしゅう》」を開いた、という程度のことしか覚えていない。実際、自分の家の宗教が仏教の場合でも何の宗旨《しゅうし》に属するものか、あまり詳しくは知らない人が多いのが実情だろう。さらに、仏教の大きな宗旨では、一つの宗旨の中に「〇〇派」という根本は一緒でも、教えを異にする「派」がいくつも存在する。例えば、親鸞が開いた浄土真宗も、大きく分けて「東本願寺派《ひがしほんがんじは》」と「西本願寺派《にしほんがんじは》」、「大谷派《おおたには》」の3つがある。鎌倉時代以降、一大勢力を誇った浄土真宗の開祖・親鸞とは、一体どんな人物だったのだろうか。

承安3（1173）年に生まれ、弘長2（1262）年に満89歳で亡くなったというから、当時としてはかなりの長命であった。偉大な宗教者には多くの伝説がつきまとうが、それらのどこまでが真実かはわからない。ただ、当初は天台宗《てんだいしゅう》を学ぶために比叡山《ひえいざん》で修行をしたものの、自らの限界を感じ、29歳の時に比叡山を下りて、京都の六角《ろっかく》堂《どう》（頂法寺《ちょうほうじ》）で見た夢のお告げで浄土宗の開祖である法然のもとへ通うようになった、というエピソードはよく知られている。

親鸞（二代歌川芳宗「月の百姿」より）

浄土真宗の教えは、「ただひたすらに『南無阿弥陀仏《なむあみだぶつ》』の称号を唱え、念じていれば極楽往生《ごくらくおうじょう》が出来る」（専修念仏《せんじゅねんぶつ》）というものである。どんな宗教でも「教義」には多様な解釈があるが、禅宗《ぜんしゅう》のように辛《つら》い修行を伴わない一種の気軽さは、民衆の心を摑んだ。また、宗教家である親鸞自身が、恋に身を焦《こ》がし、師である法然のもとへ「宗教者である自分が女性へ恋をすることは許されるのか」と相談をしており、自らも妻帯《さいたい》し、7人の子供をもうけている。こうした「誰にでも出来る宗教」が大きな支持を得て、のちに多くの弟子たちによって一大宗派となったのだ。

しかし、宗教が時として政治に大きな影響を与えることは、今の世界の状況を見ても明らかなように、親鸞も専修念仏を禁止されて雪深い越後《えちご》（現在の新潟県）へ配流《はいる》されたり、僧籍を剝奪《はくだつ》されたりしている。信者たちはこれを「法難《ほうなん》」と呼ぶが、歴史に名を残した宗教者たちは多かれ少なかれ、こうした弾圧や迫害を受けずには生涯を過ごせなかった。

宗教者にとって、最も大事な行為の一つに、自分の教えをいかにして世間に広めるか、という問題がある。徒歩でしか移動が出来ない時代にあって、親鸞は精力的に各地を訪れ、自らの教えを説いた。全国に多くの宗教者の伝説が残されているのはこのためで、それが真実かどうかは、もはや問題ではないのだろう。親鸞は、特に東日本での布教に力を注ぎ、20年以上も草庵《そうあん》に住み、布教に努めたと言われている。

平安仏教の時代から、宗教者は知識人の最先端を行く人々でもあり、それぞれ多くの著述を遺しているが、親鸞の最も大きな仕事は、浄土真宗の根本的な教えをまとめたと言われる『教行《きょうぎょう》信証《しんしょう》』の執筆だろう。これは、浄土真宗の中でも「聖典《せいてん》」とされているほど重要な書物だ。しかし、現代人の宗教感覚では、その内容を理解することは難しいだろう。

開祖列伝その2　日蓮《にちれん》

鎌倉時代に確立された仏教宗派の中で、浄土真宗《じょうどしんしゅう》と並んで信仰者が多いのが「日蓮宗《にちれんしゅう》」であろう。その開祖・日蓮は、貞応元（1222）年に生まれ、弘安5（1282）年に61歳の生涯を閉じた。俗に「髭題目《ひげだいもく》」と言われる「南無妙法蓮華経《なむみょうほうれんげきょう》」の7文字を唱えることで法華経《ほけきょう》への帰依《きえ》を促し、極楽往生《ごくらくおうじょう》を目指す発想は、多くの民衆に受け入れられた。しかし、こうしたカリスマ性のある宗教者が現れると、その影響力を好ましく思わないのはどの時代の政権も同様で、日蓮も伊豆《いず》（現在の静岡県）や佐渡《さど》（現在の新潟県）に配流《はいる》されたり、鎌倉の龍ノ口《たつのくち》では斬首寸前の目に遭うなど、幾多の「法難《ほうなん》」をくぐり抜けてきた。そうした危機が多ければ多いほど、神格化もされやすいのだ。

元来、江戸時代以前の宗教者たちは選《え》りすぐられたエリートか抜群の勉強家で、日蓮も、頭が良すぎたために迫害を受けた面がある。文応元（1260）年に、『立正安国論《りっしょうあんこくろん》』という書物を当時の執権《しっけん》・北条時頼《ほうじょうときより》に提出したことが、その身の危険を招いたのだ。書物の内容は、問答形式で天変地異《てんぺんちい》や飢饉《ききん》・疫病《えきびょう》などの危機を説き、法然《ほうねん》（1133～1212）が興した浄土宗《じょうどしゅう》を「邪宗《じゃしゅう》」だと断じたものだった。当時の政権にしてみれば困った本だったのだろうが、日蓮の進言はのちに「文永《ぶんえい》の役《えき》、弘安《こうあん》の役」として歴史に残る蒙古襲来《もうこしゅうらい》の「元寇《げんこう》」という形で的中した。日蓮は著作が多く、『開目抄《かいもくしょう》』『観心本尊抄《かんじんほんぞんしょう》』『撰時抄《せんじしょう》』『報恩抄《ほうおんしょう》』『守護国家論《しゅごこっかろん》』などを遺している。これらは文学的な評価も高く、日蓮宗の中では「御書《ごしょ》」と呼ばれ、大切に扱われている。日蓮は、宗教者であると同時に思想家としての一面をも併せ持っていたのだ。

いつの時代でも宗教戦争は付き物で、狂言《きょうげん》にも『宗論《しゅうろん》』という作品がある。日蓮宗と浄土宗の僧侶がお互いの主張を譲らずに旅をしながら、仕舞いには混同してしまうという面白さを描いた作品で、上演の機会も多い。一大勢力となった日蓮宗と、それに対抗する勢力の浄土宗との争いは、今に至るまで形を変えながら続いている。これは、どこの国のど

日蓮（月岡芳年「あづまにしきゑ」より）

んな宗教でも避けることの出来ない宿命、とも言えよう。

日蓮宗は、昭和20（1945）年8月の敗戦を経て、どんどん分化が進み、いくつもの宗派が出来たが、宗派の数が飛び抜けて多いのが日蓮宗だ。「本山《ほんざん》」「大本山《だいほんざん》」「総本山《そうほんざん》」と名乗る寺院が44ヶ所あることを見ても、「教義」の捉え方の違いがいかに複雑な動きを見せたかがわかる。どの宗派も、自らが最も正しく開祖の教えを実践している、と主張しているのだ。

山梨県の身延山《みのぶさん》も本山として知られており、今も信仰のために訪れる人があとを絶たない。幕末から明治期にかけて活躍した落語《らくご》の中興の祖・三遊亭圓朝《さんゆうていえんちょう》（1839〜1900）が、客席から題をもらってその場で即座に噺《はなし》を拵《こしら》える「三題噺《さんだいばなし》」の名作『鰍沢《かじかざわ》』は、身延山へお参りに行く旅人の話が骨格になっている。日蓮だけに特化したことではないが、宗教は芸能と密接に関わりを持つことにより、大衆との共存、布教を図ったのだ。

開祖列伝その3　道元《どうげん》

禅宗《ぜんしゅう》の一つ、曹洞宗《そうとうしゅう》の開祖で、「道元禅師《どうげんぜんじ》」とも呼ばれるが、禅宗には栄西《えいさい》（「ようさい」とも）が開いた「臨済宗《りんざいしゅう》」もある。道元は正治2（1200）年の生まれというから、鎌倉時代初期の僧侶ということになり、道元の代表的な著作である『正法眼蔵《しょうぼうげんぞう》』は、ドイツのハイデッガー（1889～1976）や和辻哲郎《わつじてつろう》（1889～1960）など、後世の哲学者にも影響を与えたほどのものだ。

　鎌倉仏教と言えば、同時代には法然《ほうねん》（1133～1212）や親鸞《しんらん》（1173～1262）、日蓮《にちれん》（1222～82）などの僧侶がそれぞれの宗派を興したが、禅宗はただ念仏に専心すれば極楽往生《ごくらくおうじょう》が叶う、というわかりやすいものではなく、厳しい修行を求められた。ひたすら坐禅を組み、己《おのれ》を無にし、精神を透徹させた中で悟りを求める、というものだ。ひたすら坐禅に打ち込むことを「只管《しかん》打坐《たざ》」というが、己を無にすることなど、凡人にはなかなか出来る業ではない。仮に坐禅を続けることで悟りを得たとしても、その「行」を果てしなく続けることが、本来の修行である、とも説いている。

道元禅師像（鎌倉時代、宝慶寺所蔵）

　日本の宗教の中で「荒行《あらぎょう》」「山行」など、「行」という字を使った信仰の形態を持つのは禅宗だけだ。それほどに厳しく自己を追い詰める修行は、どこまで行ってもキリがない。険しい山野を1日に数十キロ駆け巡り、ほとんど睡眠も取らずに行に励む「千日回峰行《せんにちかいほうぎょう》」などは、禅宗の修行の厳しさを象徴するものの一つだ。

作家の立松和平《たてまつわへい》（1947〜2010）が、文庫で3巻にわたる『道元禅師』という小説を遺している。あくまでも作家の視点でフィクションが加えられたものではあるが、道元の考えや人生を丹念に追い、作家が心血を注いだ跡が見てとれる作品だ。道元は、出生からして曖昧な部分が多く、当時の貴族の子という説もある。14歳の折に比叡山《ひえいざん》で出家して「道元」を名乗るが、考え方の違いから比叡山の弾圧を受けた時期もある。その後、越前《えちぜん》（現在の福井県）に移り住み、46歳の折に「永平寺《えいへいじ》」を開いた。建長5（1253）年に53歳で歿したのは、ほかの宗教者に比べると聊《いささ》か若い感じもするが、成した仕事の大きさは年齢だけで語れるものではないだろう。

教育にも使われた「地獄《じごく》」と「極楽《ごくらく》」

「天国《てんごく》と地獄《じごく》」「地獄と極楽《ごくらく》」などと言う。「天国」は西洋の宗教の言葉で、「極楽」は日本の宗教の言葉である。「地獄と極楽」の「極楽」があとにくるのは、日本人特有の謙譲《けんじょう》さや控えめの現れかもしれない。

「地獄」も「極楽」も、行って帰ってきた人の詳細な報告書や体験談がないので、これらはすべて想像上の産物である。しかし、信仰や宗教の中で私たちの生活と分かち難く結びついている。街を歩けば「歩行者天国」があり、新聞や週刊誌の見出しにも、「借金地獄」や「通勤地獄」、「役人天国」などの言葉が、いまだに何の疑問もなく使われているのを見れば明らかだ。受け取る側に感覚の微妙な違いこそあれ、「天国」は楽しいもの、「地獄」は恐ろしく辛《つら》いもの、という共通したものがあり、その感覚の差が極端に大きくないからだ。

「地獄」も「極楽」も仏教からきた言葉で、インドで発生した仏教が中国大陸を経て日本へ渡り、独自の思想的な発展を遂げる中

河鍋暁斎《かわなべきょうさい》が描いた閻魔大王と鬼たち

で、いろいろなものが追加されてきた考えだ。特に「地獄」は、「因果《いんが》応報《おうほう》」、つまり生前に犯した悪業《あくごう》に対する報いとして死後に送られる恐ろしい場所であり、行かないで済むように日頃の行いを慎め、という発想だ。キリスト教で言うところの「最後の審判」にあたる。しかし、「天国行き」「地獄落ち」を決めるのは、地獄を取り仕切る閻魔《えんま》大王《だいおう》だ。ここまでの過程も、宗派や教義によって様々なようだが、死者がこの世とあの世の境目である「三途《さんず》の川《かわ》」を渡り、その際に「脱衣婆《だつえば》」と呼ばれる老女に身ぐるみ剝《は》がされることや、三途の川を渡るにはお金が必要なことなどは、現代の葬送儀礼にも受け継がれている。さらには、平安時代初期の公家・小野篁《おののたかむら》（802〜853）が、夜になると京都・六道珍皇寺《ろくどうちんのうじ》の井戸から地獄へ降り、閻魔大王の手伝いをしていたというエピソードもある。

「地獄」と一口に言っても種類が多く、熱さに焼かれる「焦熱《しょうねつ》地獄」やその逆の「極寒《ごっかん》地獄」、「針《はり》の山《やま》」など、多くの地獄がある。ここで「禊《みそぎ》」が済めば、再び生まれ変わることが出来る、というのが「輪廻《りんね》転生《てんしょう》」の発想だ。もっとも、「禊」は神道《しんとう》の穢《けが》れを払う、という発想からきており、日本での神仏習合《しんぶつしゅうごう》がいかにスムーズに民衆に染みついていたかがわかる。

一方の「極楽」は、すべての悩みや苦しみから解き放たれた世界であると『阿弥陀経《あみだきょう》』には記されている。暑くもなく寒くもなく、色とりどりの花が咲き乱れ、どこからともなく良い香りが漂《ただよ》い、七色の光が差し、瑪瑙《めのう》や珊瑚《さんご》などの美しい宝石で彩《いろど》られた立派な建物がありと、まさに極楽だ。何物にも思い煩《わずら》うことなく過ごせる世界、それが極楽である。

「極楽」へ行くには日頃から善行《ぜんぎょう》を積み、信仰に篤《あつ》い生活を送ることが第一だ。そのための工夫が、江戸時代の中期になると見えてくる。7月10日の「四万六千日《しまんろくせんにち》」。暑い時分に寺参りをすることで、一回詣《もう》でただけで「四万六千日分のお参り」に相当する、というものだ。何回参詣したから極楽へ行ける、という基準はないが、少しでも信者を集めようとした寺院の工夫だろう。

同時に、この頃になると「地獄」も「極楽」も、絵図で多くの人々が目に出来るようになった。小さな子供に地獄で鬼が怖い顔をしているところを見せ、「悪い子にしていると、地獄へ行くよ」という教育的効果もあったのだろう。

この世に極楽《ごくらく》を求めた「平安仏教」

中学校の歴史の時間に、794年の平安京《へいあんきょう》の成立年の覚え方として「鳴くようぐいす平安京」と教えられた方も多いだろう。すべて語呂合わせで歴史の年号を覚えるのは一苦労だが、これは比較的覚えやすいものの一つだ。平安時代は、ここに始まり、源頼朝《みなもとのよりとも》が鎌倉に幕府を開き、武士の政権が始まる1185年（現在の中学校の歴史教科書では、1192年〈「いいくに」〉ではな

最澄像（国宝。兵庫一乗寺所蔵）

空海像（奈良国立博物館所蔵）

い。そのため「いいはこ作ろう鎌倉幕府」となる）まで、約４００年間にわたって続いた時代だ。この時代にもたらされた仏教を「平安仏教」と呼び、具体的には一大勢力となった真言宗《しんごんしゅう》と天台宗《てんだいしゅう》の、二つの宗派を指す。

それ以前の奈良時代の仏教には、背景に天皇の皇位争いなどの政治的な問題があり、また、仏教が政治に介入するなど、本来の宗教の役割を果たしていなかった部分も多い。それらのことが一つの要因となり、桓武《かんむ》天皇（在位781〜806）は平安京へ遷都《せんと》すると共に、それまでの奈良仏教とは違う考え方を持った新しい仏教の流布に努めたのだ。それが、最澄《さいちょう》（767〜822）が唐《とう》で学んだ天台宗であり、空海《くうかい》（774〜835）が持ち帰った真言宗である。

平安仏教は「山岳信仰《さんがくしんこう》」とも結びつきが深く、最澄は比叡山《ひえいざん》に延暦寺《えんりゃくじ》を建立し、空海は高野山《こうやさん》に金剛峰寺《こんごうぶじ》を建立した。隔絶された厳しい自然環境の中で、加持祈祷《かじきとう》を中心とした密教《みっきょう》を行うとも、二つの宗派の特徴であり、真言密教は「東密《とうみつ》」、天台密教は「台密《たいみつ》」と呼ばれた。「密教」は、実は皇室や貴族の現世利益《げんぜりやく》のための宗教という側面が強く、のちの鎌倉仏教のように、多くの庶民を救う、という発想のものではない。つまり、「特権階級」にのみ信仰が許されたもの、と言えるかもしれない。その象徴的な建築物の一つが、京都・宇治市にある「平等院鳳凰堂《びょうどういんほうおうどう》」で、あの優美な姿を見れば、金銭に恵まれた貴族がこの世に極楽《ごくらく》を再現したものであった、ということも頷《うなず》けるだろう。

最澄・空海以降も、円仁《えんにん》（794〜864）・良源《りょうげん》（912〜985）・源信《げんしん》（942〜1017）といった僧侶が名を残し、阿弥陀聖《あみだひじり》・市聖《いちひじり》と称された空也《くうや》（903〜972）は、諸国を遊行《ゆぎょう》して庶民を教化し、阿弥陀信仰《あみだしんこう》と念仏の普及に貢献した。

もっとも、平安時代後期（11世紀半ば）になると武士が台頭し始め、末期には法然《ほうねん》（1133〜1212）の「浄土宗《じょうどしゅう》」が生まれて、武士だけでなく庶民にも大きな支持を広げていく。すなわち、仏教の流行が貴族から武士へと移り、そこから庶民へと広がりを見せたことになる。鎌倉仏教の誕生だ。

いつの時代も、権力者や富裕層から流行が生まれることが多いが、仏教という信仰でさえも、同じ流れを辿ってきた。「衆生済度《しゅじょうさいど》」の名のもとに、一人でも多くの人々を極楽往生させることを目的とした仏教でさえも、最初は特権階級にしか許されなかったのだ。現在の日本国憲法では「信仰の自由」が保障されているが、この感覚からすると、何とも奇異な話である。逆に言えば、それほどに「身分の差」というものが厳しく徹底されていたのだ。

命がけで歩く「お遍路《へんろ》」

そもそも、お遍路《へんろ》とは何を指すのだろうか。諸説あるが、真言宗《しんごんしゅう》の開祖・空海《くうかい》（774〜835）が歿したあと、修行僧たちがその足跡を辿って四国へ修行に出たのが始まりと言われている。古代から四国は修行の場であり、若き日の空海も四国で修行を積んだのである。最初から八十八ヶ所あったわけではなく、厳しい自然にさらされる足摺岬《あしずりみさき》（高知県）や、補陀洛渡海《ふだらくとかい》の出発点となった海に面した場所などが加わり、四国全体が修行の場と考えられるようになって、八十八という数に定着したようだ。巡り方にもよるが、すべてを巡礼すると道のりは1000キロを超えると言われ、まさに命がけの信仰の旅でもあったのだ。

現在は観光旅行との境目が付きにくくなっているが、本来であれば、白装束に身を包み、「同行二人《どうぎょうににん》」（常に弘法大師＝空海と一緒）と書いた傘を被り、杖を突きながら、一番札所《ふだしょ》から順番に歩いていく。札所に到着すると、宗派や先達《せんだつ》と呼ばれる指導者に教えられた作法に則《のっと》り参拝を済ませ、その証《あかし》として納札《おさめふだ》や写経《しゃきょう》を納める。持参した納経帳《のうきょうちょう》や掛軸、白衣に、札番印、宝印《ほういん》、寺号印の計3種の朱印《しゅいん》と、寺の名前や本尊《ほんぞん》の名前、本尊を表す梵字《ぼんじ》の種字《しゅじ》などを墨書して貰う。一度ではなくても、八十八ヶ所すべてを回り切ることを「結願《けちがん》」と言い、その後、和歌山県の高野山《こうやさん》に詣《もう》でて初めて「満願成就《まんがんじょうじゅ》」となる。一番札所から八十八番札所までを順に回るのを「順打《じゅんう》ち」と呼び、その逆に回るのを「逆打《さかう》ち」と呼ぶ。

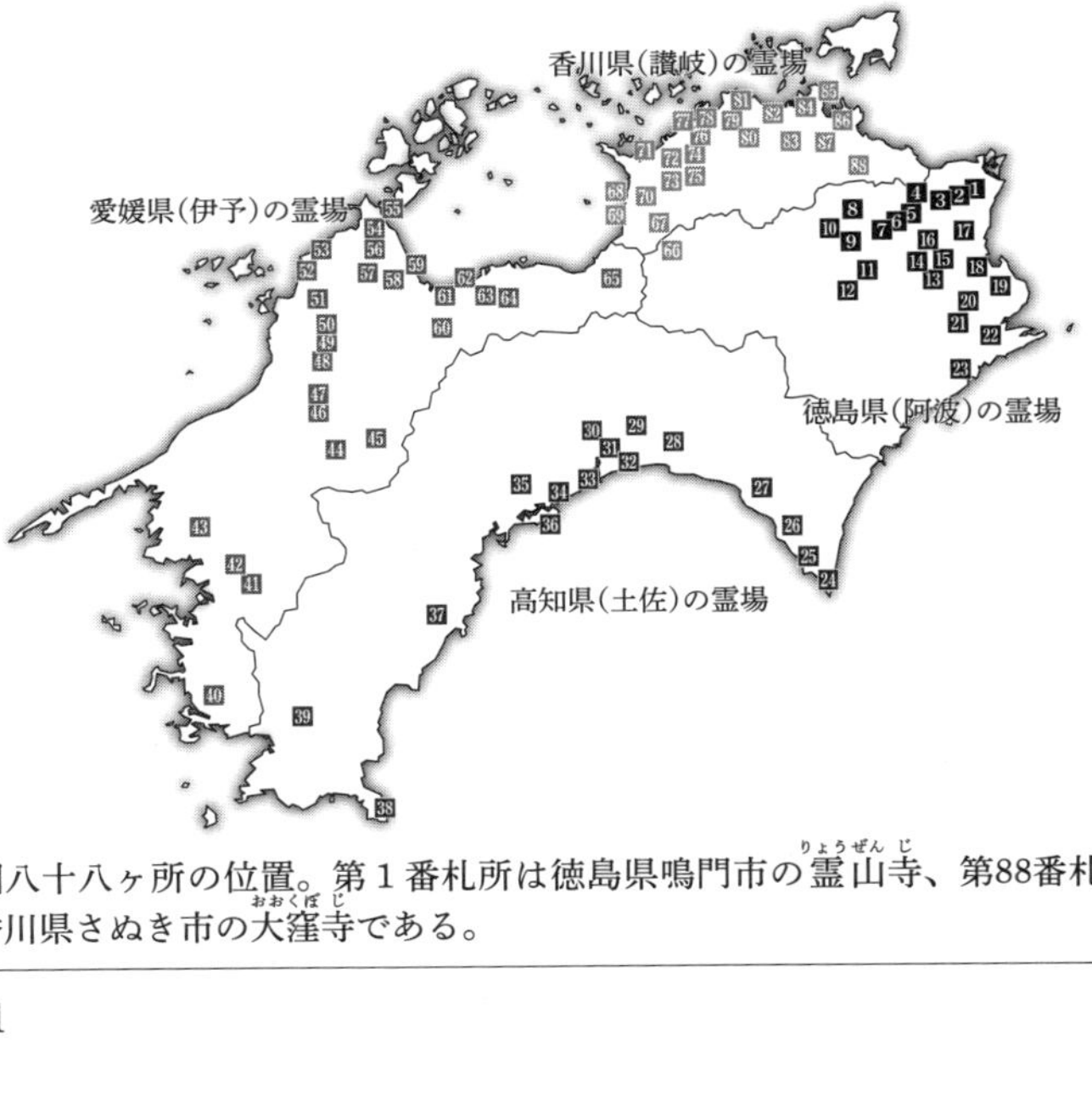

四国八十八ヶ所の位置。第１番札所は徳島県鳴門市の霊山寺《りょうぜんじ》、第88番札所は香川県さぬき市の大窪寺《おおくぼじ》である。

また、現在は交通機関や宿泊施設も発達したが、次の札所まで30キロ以上離れている場所や、険しい山頂に立っている札所（現在はロープウェイで上がれる）など、過酷な状況の中で続ける旅は、重い病を抱えた人々にとっては「死出の旅」でもあったのだ。その代わりに、地元の人々の好意による「ご接待《せったい》」と呼ばれるボランティアも充実しており、飲食物や休憩場所の無償提供が行われ、場合によっては無料での宿泊も提供される。言うまでもなく、観光ではなく命を賭けた信仰の厳しさを痛感しているからだ。

江戸時代に入ると四国八十八ヶ所のほかに、西国三十三所《さいごくさんじゅうさんしょ》の観音霊場《かんのんれいじょう》や熊野詣《くまのもうで》、善光寺《ぜんこうじ》参りなどの巡礼が庶民の間で流行するようになった。これらは急速な広がりを見せ、「坂東三十三箇所《ばんどうさんじゅうさんかしょ》」「秩父三十四箇所《ちちぶさんじゅうよんかしょ》」「三河三十三観音霊場《みかわさんじゅうさんかんのんれいじょう》」「最上三十三観音霊場《もがみさんじゅうさんかんのんれいじょう》」「関東三十三観音霊場《かんとうさんじゅうさんかんのんれいじょう》」「中国三十三観音霊場《ちゅうごくさんじゅうさんかんのんれいじょう》」「奥州三十三観音霊場《おうしゅうさんじゅうさんかんのんれいじょう》」「九州西国三十三箇所《きゅうしゅうさいごくさんじゅうさんかしょ》」など、日本全国にその範囲を広げることになる。一般庶民でも旅がしやすくなった江戸時代後期には、多くの人々が霊場巡りへ出かけるようになったのだ。

また、厳密には霊場巡りとは意味が違うが、お正月などに、自分の住んでいる地域や近隣の「七福神《しちふくじん》」を参詣することも盛んになった。明らかに、修行を目的とした霊場巡りとは違う遊行《ゆぎょう》を目的としたものであり、自らの修行よりも「ご利益《りやく》」を求めたものである。

八代目市川團蔵《いちかわだんぞう》（1882〜1966）は昭和41（1966）年、歌舞伎役者としては非常に珍しい「引退興行」を行い、無事に勤め上げ、引退したあと、すぐに四国へ巡礼の旅に出た。そして、途中の船から入水《じゅすい》し、自らの命を絶った。84歳であった。網野菊《あみのきく》(1900〜78)、戸板康二《といたやすじ》(1915〜93)などがこの出来事を小説にしているが、真実は不明のままだ。

「神道《しんとう》」と「仏教《ぶっきょう》」の違い

日本は多神教《たしんきょう》の国であると同時に、多宗教の国でもある。しかも、お互いが寛容であり、そのために国内で戦争や争いが起きることは滅多にない。むしろ、仏教の同一宗派内での争いが目立つぐらいのものだ。この柔軟な日本人の宗教観が、大晦日には寺院に除夜《じょや》の鐘《かね》を撞《つ》きに出かけさせ、一夜明ければ神社へ初詣《はつもうで》に出かけることに何の矛盾も不都合も感じさせないのだ。

同じ宗教でありながら、「神道《しんとう》」と「仏教《ぶっきょう》」はどう違うのだろうか。

オーストラリアの先住民族であるアボリジニには宗教がないと言う。自然そのものに神が宿っており、自分たちもその大きな自然の一部、と考えているからだ。日本の神道はこの感覚に近く、「八百万《やおろず》の神々」と呼ばれるように、竈《かまど》の神様をはじめ、交通安全、家内安全、合格祈願、最近では宝くじの当たる神様まで登場している。この源泉を辿っていくと、日本人も山や湖などの自然を「ご神体《しんたい》」とし、日本の豊かな自然のあらゆる場所に神が存在し、自分たちはその神々の加護を受けて日々の暮らしを送っている、という考えが基本にあったことがわかる。

その一方で、仏教はほとんどの場合が、開祖・教祖と呼ばれる人の「教え」を様々に解釈し、民衆に広めるという役割を果たしてきた。世界の宗教を見ても、「キリスト教」「仏教」「ヒンドゥー教」「イスラム教」など、「教」の字が付いている。これは、各宗教において唯一神《ゆいいつしん》とも言える「GOD」「釈迦《しゃか》」「アラー」などの存在がおり、その教えを伝えるという意味だ。それに反して、神道の場合は、「神道はこの神様」と代表される絶対神《ぜったいしん》が存在しない。有名な「日本武尊《やまとたけるのみこと》」「天照大御神《あまてらすおおみかみ》」など、多

出雲大社に集まった神々。大国主を中央にしてユーモラスに描いている（栄中茂斎「出雲の大社八百萬神どうけあそび」）

くの神様がいるが、序列が付いているわけではなく、また付ける発想もない。それよりもむしろ、日本を統《す》べる多くの神々に対して、国家の安寧《あんねい》を祈る「シャーマン」として、古くは卑弥呼《ひみこ》に始まり、歴代の天皇が国家の祭祀《さいし》を司《つかさど》ることが重要な役目として歴史を刻んできた経緯がある。時代によって、その行動や役割も違っていたが、日本で最強の神官とも言える天皇家が、宮中における年中行事の執行により、神道における重要な役割を果たしてきたのは事実だ。

もっとも、日本が国家を挙げて「神道の国」としての動きを強めたのは、明治時代に入り、「国家神道」として日本は「神の国」として歩むことが決められ、「廃仏毀釈《はいぶつきしゃく》運動」の中で多数の寺院が破壊された時期以降のことである。しかし、第二次世界大戦の敗戦後、「現人神《あらひとがみ》」として崇《あが》められていた昭和天皇が「人間宣言」を行い、日本国憲法の下で「信教の自由」が保障され、日本における神道の形は大きく変わった。

一方、仏教は中国から日本へ流入して以降、様々な解釈が生まれ、また日本で独自に発達を遂げた宗教も多い。平成の時代になってもなお、新興宗教と呼ばれるものが誕生し、それなりの信徒を集めている。

どんな形であれ、人々の心に安らぎを与え、先祖に想いをいたし、大自然の豊かな恵みに感謝する心さえ忘れなければ、多数の宗教がお互いを侵すことなく共存出来るという、日本は世界でも稀《まれ》な国なのだ。それは、すなわち日本人の精神性の一面を表しているものと言えよう。

日本昔ばなしの原型は「仏教説話《ぶっきょうせつわ》」

仏教の開祖・釈迦《しゃか》や、日本で生まれた多くの宗派の開祖・高僧などのエピソードのことを、仏教説話という。「民話《みんわ》」や「昔話《むかしばなし》」と一体どう違うのか。実は、その境目は判然としていない。弘仁13（822）年頃に成立したとされる日本最古の仏教説話集『日本霊異記《にほんりょういき》』をはじめ、平安時代末期に成立した『今昔物語集《こんじゃくものがたりしゅう》』、鴨長明《かものちょうめい》（1155～1216）が編集した鎌倉時代初期成立の『発《ほっ》心集《しんしゅう》』、弘安6（1283）年成立の『沙石集《しゃせきしゅう》』など、古典文学の中に多くの仏教説話集があるが、これらは中国の仏教説話集に原型を持っているものが多い。『日本霊異記』であれば『冥報記《めいほうき》』、『今昔物語集』なら『三宝感応要略録《さんぼうかんのうようりゃくろく》』がもとになっていることが、最近の研究で明らかになった。

仏教説話の根幹を成しているのは、「因果応報《いんがおうほう》」の理屈だ。「善いことをすれば報われる」「悪いことをすれば我が身に跳ね返ってくる」という人生の根本理念を、子供の頃から叩き込むために、いろいろな物語に仮託《かたく》して寺院で僧侶がわかりやすく説き聞かせたのだ。一例を挙げれば、困っている人に施せば、それがやがては大きな富をもたらす。しかし、そこに邪心があってはいけないという教えがあるとする。それを直接には語らず、「情けは人のためならず」という諺《ことわざ》にも結びつく行為を一つの話に仕立てたものだ。

芥川龍之介《あくたがわりゅうのすけ》（1892～1927）の多くの作品のもとになった『今昔物語集』は、インド、中国、日本の部に分かれてお

願掛けをする勝五郎（『箱根霊験躄仇討《はこねれいげんいざりのあだうち》』より）

り、その中で巻第12から巻第20までが「本朝《ほんちょう》」と呼ばれる日本の話で構成されている。さらにその中は、「法華経読誦《ほけきょうどくしょう》の功徳《くどく》」「法華経《ほけきょう》の霊験譚《れいげんたん》」「観世音菩薩《かんぜおんぼさつ》の霊験譚」「地蔵菩薩《じぞうぼさつ》の霊験譚」などと分かれている。これらの仏教説話は、のちに登場した人形浄瑠璃《にんぎょうじょうるり》や歌舞伎などの芸能にも大きな影響を与えており、語りとは違った形で庶民に広がりを見せていったのだ。

歌舞伎では「外題《げだい》」と言うが、タイトルや登場人物の属性の問題なのか、今では上演されない芝居の中にも、仏教説話の霊威を扱った作品は多い。『箱根霊験躄仇討《はこねれいげんいざりのあだうち》』は、箱根の権現の霊験で主人公・勝五郎《かつごろう》の萎《な》えた足が治る、という話で、中世の仏教説話「小栗判官《おぐりはんがん》」から採った物語である。神仏の霊験や恩恵を受けるには、主人公はなるべく不幸な境遇に置かれていなければ物語は成立しないのだ。すべてに満ち足りて、生活に不安のない主人公に奇跡が訪れても、観客の感動を呼ぶことはない。

「因果応報」は、時代や世代を問わず、あるいは意識無意識を問わず、日本人の精神性を大きく貫いている1本の太い棒のようなものだとも言えるのだ。

「廃仏毀釈《はいぶつきしゃく》」で何が起きたか？

209ページでも述べたように、日本人は元来、柔軟な宗教観を持っている。こうした「平和」とも言える日々が、突然鉈《なた》でぶち切られるように、轢断《れきだん》される日が訪れた。明治維新によって、西欧思想がなだれ込んできたのだ。その中で、明治政府は国家としての宗教（国教《こっきょう》）を「神《しん》道《とう》」と定め、仏教と分離しようと、慶応4（1868）年3月に「太政官布告《だじょうかんふこく》」として「神仏判然《しんぶつはんぜん》令《れい》」を出した。しかし、これが一部の国学者《こくがくしゃ》に拡大解釈され、仏教を排斥《はいせき》する「廃仏毀釈《はいぶつきしゃく》」運動へと方向が変わってしまったのだ。

具体的には、神仏習合《しんぶつしゅうごう》の廃止、仏像安置の禁止などの運動が起き、多くの寺院がその被害を受けた。神道が国家の統制によって大きな力を持ったのは、明治維新から第二次世界大戦の敗戦までの約80年間だが、これが国家が推進した「国家神道《こっかしんとう》」の時代だ。戦争で偉大な統率力を発揮すれば「軍神《ぐんしん》」と崇《あが》められ、人間でありながら神様にして祀ってしまう。

代表的なものとしては、甲斐《かい》の戦国大名・武田信玄《たけだしんげん》（1521〜73）を祭神とする「武田神社《たけだじんじゃ》」

や、信玄のライバルだった越後《えちご》の上杉謙信《うえすぎけんしん》（1530〜78）を祭神とする「上杉神社《うえすぎじんじゃ》」、明治維新の三傑《さんけつ》・西《さい》郷隆盛《ごうたかもり》（1827〜77）を祭神とする「南洲神社《なんしゅうじんじゃ》」、聯合《れんごう》艦隊司令長官《かんたいしれいちょうかん》として日露戦争時にロシアのバルチック艦隊を破った東郷平八郎《とうごうへいはちろう》（1847〜1934）を祭神とする「東郷神社《とうごうじんじゃ》」、同じく日露戦争時の第三軍司令官としてロシア軍の要塞《ようさい》があった旅順《りょじゅん》を陥落《かんらく》させた乃木希《のぎまれ》典《すけ》（1849〜1912）と妻静子を祭神とする「乃木神《のぎじん》社《じゃ》」などが挙げられるだろう。いずれも明治から昭和にかけて新たに建造された神社というのが特徴だ。

国宝として名高く、その優美な姿で人気の高い「阿《あ》修羅像《しゅらぞう》」を有する奈良・興福寺《こうふくじ》の五重塔が、明治初期に売りに出されたという記録もある。この時期に、現存していれば国宝級の品々が、寒さを凌ぐために、僧侶たちの手によって泣く泣く焚《た》き付けにされたという悲劇的なエピソードも残されている。また、寺院が神社に置き換えられるなど、本来の目的を変えて生き残

興福寺五重塔（国宝）

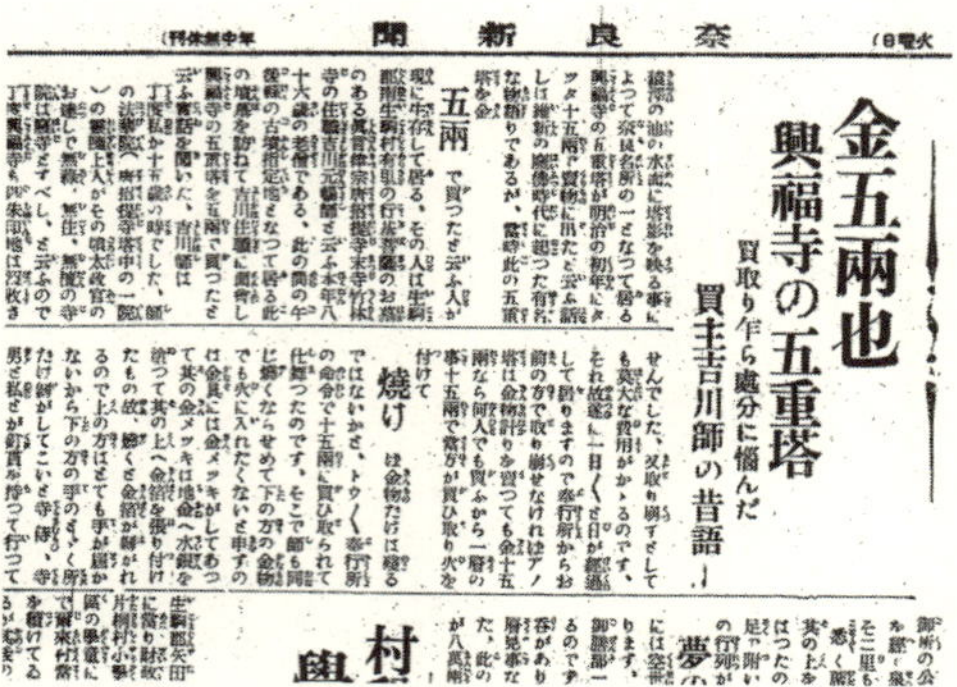

奈良新聞

金五兩也
興福寺の五重塔
買取り乍ら處分に惱んだ
買主吉川師の昔語

興福寺五重塔の売買について書かれた『奈良新聞』の記事（昭和5〈1930〉年11月11日付け。奈良県立図書情報館所蔵）

らざるを得なかったケースも多い。しかし、この国家的な強制も長続きはせず、明治8（1875）年には鎮静化に向かうが、地方によってはそれ以後もこうした運動はしばらく残った。

廃仏毀釈の動きは全国に広がったが、地域によって温度差がある。浄土真宗《じょうどしんしゅう》の信者が多い北陸地方では比較的早く収束したが、伊勢神宮のお膝元の三重県では徹底した廃仏毀釈運動が行われ、100以上の寺院が破壊された。国学が盛んだった薩摩藩《さつまはん》は、最も廃仏毀釈の被害が凄まじく、1600以上の寺院が破壊されたと言われている。時代のうねりは、神仏の座をも揺るがせたのだ。

山がご神体《しんたい》「山岳信仰《さんがくしんこう》」の厳しさ

富士山や奈良の三輪山《みわやま》など、山そのものがご神体《しんたい》とされるケースは全国各地で見られる。これが「山岳信仰《さんがくしんこう》」の原点で、厳密に言えば日本だけのものではなく、チベット、インド、中国など仏教《ぶっきょう》や密教《みっきょう》などに関係する地域でも見られるものだ。

古代から山は「信仰」の対象とされてきたが、いくつかのテーマに分けられる。水や獣《けもの》、木の実や鉱石《こうせき》など、私たちの生活に欠かせない物を与えてくれる「恵みの山」としての側面。こうした山々には神が鎮座《ちんざ》するとされ、神が宿るための「磐座《いわくら》」があった。

また、生者と死者が分かれる場所、または死者の霊が帰っていく場所として信仰される山がある。青森県の恐山《おそれざん》近辺では、今も「死ねばお山さ行ぐんだ」と言われているように、決して昔の話ではなく、こうした山は、ほかに山形県の月山《がっさん》、和歌山県の熊野三山《くまのさんざん》などが挙げられる。恐山では7月の中頃から終わりにかけて「大祭《たいさい》」が催され、死者の霊を「降ろす」イタコの口寄《くちよ》せが行われ、死者の言葉を聞くことが出来る。また、活火山で常に煙を吐き、時に爆発を繰り返す山は、「燃える山」として畏怖《いふ》の対象でもあった。

愛媛県の石鎚山《いしづちさん》で鎖禅定《くさりぜんじょう》をする行者《ぎょうじゃ》たち

仏教では、「須弥山《しゅみせん》」という遥かな高山が世界の中心にあると考えられていた。それを具現化したのが空海《くうかい》（774〜835）であり、最澄《さいちょう》（767〜822）である。空海は高野山《こうやさん》（和歌山県）を、最澄は比叡山《ひえいざん》（滋賀県・京都府）を開き、山で修行することの価値を高めたのだ。お寺の本堂の正面に掲げられた看板に、「○○山○○寺」と、山の名前が付けられているが、これを「山号寺号」と言う。また、本堂の中の仏壇の「須弥壇《しゅみだん》」と呼ばれる場所は本尊《ほんぞん》を安置する大事な場所で、先に述べた「須弥山」を寺院の空間の中に再現したものだ、と言えよう。

山岳信仰が民俗学的にも興味深いのは、神道《しんとう》、仏教だけではなく、修験者《しゅげんしゃ》や山伏《やまぶし》などが修行をする場でもあることだ。俗世界との交わりを絶ち、苛酷《かこく》な自然条件の中で肉体の極限まで厳しい修行をすることで、少しでも仙人《せんにん》に近づこうとする「神仙思想《しんせんしそう》」は、道教《どうきょう》に由来するものだ。こうした、アニミズム的な要素を含め、宗教の種類や方法などを一切問うことなく、受け入れているのが山岳信仰だ。

それは、仏教や神道が体系化される遥か以前に「自然崇拝」の気持ちが人々の中にあったからで、自然は怖いものだが恵みも与えてくれる、という非常にシンプルな考え方で接してきたからだろう。「山を荒らせば祟《たた》りがくる」「山が喜べば実りが多い」という原初の感覚を、今の私たちは笑うことが出来ないばかりか、真剣に想いをいたさなくてはならない。

「山伏《やまぶし》」が歩む「修験《しゅげん》」の道とは？

「修験」も「山伏」も、厳しく険しい修行を行う、というイメージがある。僧侶ではあるのだろうが、寺院にいる普通のお坊さんとどう違うのか、なぜそんな厳しい修行を積むのか、わからない点は多い。実際、両者を明確に説明するには不明な点も多く、歴史的にも相当に複雑な経緯を辿っているのだ。

「修験道の開祖」とされているのは、「役行者《えんのぎょうじゃ》」と呼ばれる役小角《えんのおづの》（生歿年不詳。「えんのおづぬ」とも）だ。古い文献では『続日本紀《しょくにほんぎ》』の文武《もんむ》天皇3（699）年にその名が登場するが、ここでは「妖しい術を使って世を惑わしたので、伊豆へ島流しにする」とあるだけだ。役小角の詳しい事跡は不明、と言ってもよい。

今から1300年以上も前に、その形態があった修験道は、歴史とともに形を変えながら続いてきたが、険阻《けんそ》な山々に囲まれた修験の場は日本各地に点在し、江戸時代の後期からは、一般庶民が「講《こう》」と呼ばれる信仰のグループを作って、修験の場へ参詣・参籠《さんろう》した。山梨県と静岡県にまたがる富士山をはじめ、京都府と滋賀県をまたぐ比叡山《ひえいざん》、和歌山県の高野山《こうやさん》、奈良県の吉野《よしの》金《きん》峰山《ぶせん》、山形県の羽黒山《はぐろさん》・湯殿山《ゆどのさん》・月山《がっさん》の三つの山を巡る「出羽三山《でわさんざん》」、神奈川県の大山《おおやま》などが主な山々だ。「六根清浄《ろっこんしょうじょう》」と身を清める言葉を口にしながら、杖を片手に山を登る。「六根」とは眼・耳・鼻・舌・身・意のことで、身体が持つすべての欲望を断ち切って、身を清らかに、と唱《とな》えることになる。当然、すべて徒歩による登山で、中には転落や長い旅程の中で命を落とす者も多かったが、こうした修験の「行」に出かける時には、経験豊かな「先達《せんだつ》」と呼ばれる人が、講を率いて何事も起らぬように目配りをして歩く。江戸時代にはすでにこうしたシステムが確立されており、詣でる人々も、これからは家に帰るまでは酒も禁止、と敬虔《けいけん》な気持ちで旅立った。

　これは庶民レベルの話だが、仏法に帰依《きえ》し、修験の道を収めようとする

山形県の羽黒山で山伏修行。出羽三山神社で秋の峰入り（平成18〈2006〉年8月。写真提供：毎日新聞社）

人々には苛酷《かこく》な「行」が課される。例えば比叡山の「回峰行《かいほうぎょう》」では、山内にある三つの塔を巡礼する行を700日続け、その後は山麓の赤山明神《せきざんみょうじん》までの往復を100日、900日と続け、1000日目には京都市街一周の大回りをする。その後、道場で7日間の参籠をして行が完成という、著《いちじる》しく苛酷なものが求められるのだ。

一方、山伏は、白装束に身を包み、法螺貝《ほらがい》を吹いている、というイメージがあるかもしれないが、山岳信仰の一種で、厳しい自然環境の中で瀧に打たれたり夜中に山を駆け巡ったりと厳しい修行を重ねることで、霊山《れいざん》と呼ばれる先に述べたような山々が持っている霊力を身につけることを目的としたものだ。姿かたちは時代によっても違うが、頭には頭巾《ときん》を付け、錫杖《しゃくじょう》または金剛杖《こんごうづえ》を持つ。袈裟《けさ》を着たその立派な出で立ちは、かなりデフォルメされているものの、歌舞伎十八番で有名な『勧進帳《かんじんちょう》』の弁慶《べんけい》の姿で観ることが出来る。この芝居の中で、弁慶は偽《にせ》山伏であることを見破られないようにと、山伏の衣装や持ち物とその役割の説明をしており、とてもわかりやすい。ただ、『勧進帳』はあくまでも芝居であり、弁慶も、主人の源義経《みなもとのよしつね》を無事に関所を通すために俄《にわ》かに偽山伏になったのだ。舞台の弁慶のような出で立ちでは、厳しい山野を跋渉《ばっしょう》することは出来ないだろう。

いずれにしても、自らの肉体や精神をギリギリの状態に追い詰め、その代わりに霊力を得ようとする行為は、日本人らしい精神性が行動に現れたものと言えよう。

本来の「絵馬《えま》」の意味

受験シーズンになると「○○高校に合格しますように」などと切実なメッセージが書かれた絵馬をよく見る。しかし、絵馬に記すべき内容は、神様への「願掛《がんか》け」のメッセージであり、単なる「お願い」ではいけない。本来的には「○○高校の合格を目指して勉学に励みますので、私をお守りください」と書くべきものだ。どんなに力のある神様でも、高校に合格させることは出来ない。それゆえ、自分が事に当たる際の心構えを記すべきものが「絵馬」だと考えれば良いだろう。

また本来、神様に対して「願掛け」をする際には、一方的にお願いだけをして自分は寝転んでいても良い、というものではなく、自らも相応の苦労をし、願いが成就《じょうじゅ》するよう神様の守護《しゅご》を仰《あお》ぐのが正しい。神社へ「お百度参《ひゃくどまい》り」に出かけたり、真冬に水を浴びる「水垢離《みずごり》」をしたり、自分の一番好きな嗜好品《しこうひん》か、茶や酒を断つ「断物《たちもの》」をしたりして、自分の願望がいかに真剣であるかを、神様に理解してもらう必要があるのだ。

古来より「馬」は、神聖な動物として扱われてきた。お盆に茄子《なす》で「馬」を作るのも、その馬に乗って先祖の霊が返ってくる、と考えられていたからだ。また、絵馬のサイズも今のようなものではなく、大きなものになると幅が1メートルを超えるような板に、プロの絵師が描いて神社に奉納《ほうのう》するものもあった。時代が下って江戸時代になると、小型の絵馬が庶民にも普及し、2月の「初午《はつうま》」と共に身近なものとなった。

そこで、庶民も「家内安全」や「五穀豊穰《ごこくほうじょう》」を地元の氏神様《うじがみさま》である神社の絵馬に願い、絵馬を奉納する習慣が広まったのだ。人口が増えたせいか、今の絵馬には、丁寧に住所まで記してあるものを見かけるが、本来は自分の干支と性別だけを記すものだ。例えば「庚寅《かのえとら》　男」と書けば良い。

土佐（現在の高知県）の絵師・金蔵（絵金）が大きな木に描いた絵馬「羅生門図」

また、絵馬を奉納し、願いが叶ったあとは「お礼参り《れいまいり》」に伺い、「おかげさまで願いが成就しました」と報告に行かなければならないことを覚えておきたい。

「地鎮祭《じちんさい》」をする理由

どれほど合理的な人でも、一生のうちで最も大きな買い物とも言える家を建てる時に、「地鎮《じちん》祭《さい》」を行わずにいきなり工事を始める人はいないだろう。

そもそも地鎮祭とは一体何をするもので、なぜ神主《かんぬし》がその儀式の主役となるのだろうか。日本には「八百万《やおろず》の神々」と言われるほど、多くの神々がおり、土地と言えどもそれぞれその土地には「地神《ちじん》」と呼ばれる神様が宿っていると考えられていた。法律上は、正式な取り引きを経て土地を自分の物にしても、古来からその土地に棲んでいる神様へ「これから家を建てますので、どうか災いのなきようにお守りください」という意味の行事が地鎮祭だ。

神社には、その地域一帯を守る役目があり、初詣《はつもうで》や七五三《しちごさん》などの節目にその神社に詣でたり、神社が治める地域内に住んでいる人々は「氏子《うじこ》」と呼ばれる。したがって、氏子の土地で建築が行われる際には、地元の神社の神主が司祭《しさい》としての役割を果たすのだ。

祝詞《のりと》を挙げ、お祓《はら》いをし、酒や塩で四方を清め、土地の地神に挨拶をする。これが地鎮祭である。儀式が済んだあとに、「直会《なおらい》」と呼ばれる食事会が催されることもあるが、これは忙しい中を参会いただいた関係者や近所の人々への慰労の意味が込められたものだろう。

現代の科学で割り切ることや証明することの出来ないものの一つが思想や信仰である。地鎮祭は、私たちに身近でありながら、科学では割り切ることの出来ない好例の一つかも知れない。

警視庁の新庁舎建設の地鎮祭（昭和52〈1977〉年。写真提供：毎日新聞社）

「御霊信仰《ごりょうしんこう》」とは何か

「御霊信仰」とは、日本の歴史の中で、恨みを呑んで死んだり、非業の死を遂げた人物の祟《たた》りと、疫病《えきびょう》や飢饉《ききん》、旱魃《かんばつ》などの天災を結びつけ、そうした人々の霊を慰め、「神様」として崇敬《すうけい》することで国家の安寧《あんねい》を願おうという神道系《しんとうけい》の発想による信仰だ。

特に古代から中世まで盛んに行われていたが、今も私たちの思考の中で無意識に「祟り」として解釈されているものは、「御霊信仰」の名残が生きていると考えてよいだろう。

歴史的な記述を見ると、貞観5（863）年に、政治的な理由で非業の死を遂げた早良親王《さわらしんのう》（のちに「崇道《すどう》天皇」の名を贈られた）、橘逸勢《たちばなのはやなり》など、6人の霊が祀られた、との記録がある。科学的に、あるいは合理的な説明が付かない天変地異《てんぺんちい》や災いは、すべて神様の怒りや怨霊《おんりょう》の成せる業《わざ》だと解釈していた時代に、「怨霊」の怒りを鎮め、神様に格上げすることで世の中の平安を守ろうとした「信仰」は、今も根強く生きている。『太平記《たいへいき》』や『平家物語《へいけものがたり》』などの読み物から、芸能、すなわち人形浄瑠璃《にんぎょうじょうるり》や歌舞伎へとその裾野を広げていったからだ。今で言えば「ナンセンス」の一言で片づけられてしまうことが、芸能の水脈の中で生き続けているということは、ナンセンスでは片づけることの出来ない国民性が、今も私たちの中に「畏怖《いふ》の念」として残っているからだろう。

　これらの怨霊を「祟り神」と呼ぶこともあるが、そうした神様たちを祀っている名刹《めいさつ》・古刹《こさつ》は多い。京都の北野天満宮《きたのてんまんぐう》、東京の神《かん》田明神《だみょうじん》、千葉県佐倉市の宗吾霊堂《そうごれいどう》などは、その例だ。「御霊」の発音が「五郎」に似ていることから、仇討で有名な曾我《そが》五郎・十郎兄弟を祀る「五郎信仰」との共通性があるとの論を展開したのは民俗学者の柳田國男《やなぎたくにお》（1875〜1962）だが、これよりもむしろ歌舞伎における「曾我物《そがもの》」と呼ばれる曾我兄弟を主人公にした作品の一群が与えた影響のほうが大きく、それが全国に広まったものだとの見方もある。

配流《はいる》先の讃岐で崩御した崇徳《すとく》天皇の怨霊《おんりょう》が、社会を不安定にし動乱を起こしたとされた（一勇斎国芳「百人一首之内　崇徳院」より）

現代の感覚で言えば、ほとんどが都市伝説として分類されるような話ばかりだが、そう言えるのは「科学的根拠」という裏づけがあり、安心することが出来るからだ。「雷」でさえ「神鳴り」と表記し、神の怒りを示す現象だと真剣に信じていた時代と、すべてが科学万能の現代を単純に比較し、昔の人は無知だと笑うことは出来ない。

路傍《ろぼう》に佇《たたず》む「道祖神《どうそじん》」の意味

旅の途中で山へ入ると、道の分かれ目や道端に古びた道祖神《どうそじん》を見かけることがある。読み方は「どうそじん」とも「どうそしん」とも言い、古くからの民間信仰だ。元来は、道の分かれ目や集落の区切りに置かれ、外敵の侵入を防ぐためや、道中の安全を祈る意味が込められていたが、男女二体が置かれているものは、「夫婦和合《ふうふわごう》」の意味もあるようだ。また、関西よりも関東・甲信越地方に圧倒的に数が多い。それらの地で産出する石の硬さに関係があるのだろうか。

いずれにしても、道祖神を祀《まつ》るのが盛んになったのは江戸時代以降、農民や町人が居住地の守り神として、いくらかずつの金銭を出せるようになってからのことだ。

「名工」と言われる人もいたが、円空《えんくう》（1632～95）などのように木彫ではないことや、雨ざらしで劣化が激しいこと、数が多すぎて補修に手が回らないことなどの理由で、年月の経過と共に朽ち果てたり、彫られている文字が苔《こけ》に埋もれて見えなくなっているものも多い。それが現代人の眼には何とも言えぬ美しい風情に映る場合も多い。

路傍に佇む道祖神

甲信越地方の中でも、特に信州に石工《いしく》が多かった。「高遠石工《たかとおいしく》」という言葉があり、『新編武蔵《しんぺんむさし》風土記《ふどき》』には天正18（1590）年に江戸城の石垣を造ったという記録が残されている。これが文献に登場する最初の記述のようだ。古代の古墳などから石の細工が発掘されることや、戦国時代の城の石垣など、多くの場面で石工が活躍をしたはずだが、意外に名前が残っていない。当時は「職人」であり、「芸術」として見るべき対象ではなかったからだろう。

高遠へ石工が集まった理由は詳らかでないが、そう遠くはない諏訪湖《すわこ》近辺が黒曜石《こくようせき》の一大産地だった時期があり、無関係とは言えないかもしれない。以降、江戸時代の後期まで、信州には相当数の石工がいたようで、天保3（1832）に68歳で歿した守屋貞治《もりやさだじ》（1765〜1832）は、生涯に336体の石仏を遺したと言う。また、嘉永3（1850）年に61歳で歿した太郎兵衛は、越後六日町《むいかまち》を中心とした地域に、約3000点の作品を遺している。この二人はその生涯や作品が郷土史家によって研究されたが、こうした石工以外に埋もれた石工は数え切れないほどおり、各地の庶民の願いを受けて、道祖神や庚申塚《こうしんづか》など、民間信仰の礎になるものを彫って歩いたのだろう。路傍《ろぼう》に佇《たたず》む道祖神は、どれほどの人々の往来を見つめ、どんな願いを聞いてきたのだろうか。

天皇の証《あかし》「三種《さんしゅ》の神器《じんぎ》」とは？

天皇の象徴であり、皇位を継承するために最も大事なものとされている「三種《さんしゅ》の神器《じんぎ》」。具体的には、「八咫鏡《やたのかがみ》」「八尺瓊勾玉《やさかにのまがたま》」「天叢雲剣《あめのむらくものつるぎ》」または「草薙剣《くさなぎのつるぎ》」を指すが、実際に見た人はいない、とも言われている。それが「神器」としての神秘性を高めているのだ。しかし、『古事記《こじき》』以来、様々な書物の中で触れられている日本の伝承である。歴史的な事実で言えば、元暦2（1185）年の「壇ノ浦《だんのうら》の戦い」で、安徳《あんとく》天皇が「天叢雲剣」と共に入水《じゅすい》したため、現在のものはレプリカであり、そのために「草薙剣」とも呼ばれる。

「三種の神器」は、天皇家においては皇統を継続させるためには必須のものであり、時と場合によっては、自らの命を賭しても守らなくてはならないものであった。初代の厚生大臣や内大臣《ないだいじん》などを歴任し、昭和天皇の側近で信頼の篤かった侯爵《こうしゃく》の木戸幸一《きどこういち》（1899～1977。維新の三傑の一人・木戸孝允《きどたかよし》は大叔父にあたる）は、昭和5（1930）年から昭和23年にかけて「日記」を記している。のちに『木戸幸一日記』として公刊されたが、その中で、終戦の御聖断《ごせいだん》を下す前後の昭和天皇の発言をつぶさに記録している箇所がある。

「万一の場合は自分がお守りして運命を共にするほかない」（昭和20年7月31日）。これは、当時伊勢神宮《いせじんぐう》（三重県）と熱田神宮《あつたじんぐう》（愛知県）に分けて保管してあった「三種の神器」が、もしも米軍が上陸して本土決戦になったら守り切れない、と判断した昭和天皇が漏らした言葉だ。ポツダム宣言を受諾し、「玉音放送《ぎょくおんほうそう》」と言われる「終戦の詔書《しょうしょ》」を出す僅か2週間前のことだ。

平成26（2014）年の伊勢神宮の式年遷宮《しきねんせんぐう》でも「神器」を運ぶ今上《きんじょう》天皇の姿があったが、「三種の神器」は、私たちには想像も付かない重みを持って天皇家に伝えられているのだ。

戦後、日本が高度経済成長へと向かう中で、庶民にも「三種の神器」が登場した。最初は「白黒テレビ」「洗濯機」「冷蔵庫」で、今の一人暮らしの学生よりもささやかな「神器」である。その後、１９６０年代に入り、「いざなぎ景気」を迎えると、「新・三種の神器」と呼ばれる、頭文字に「C」の付くものが登場した。「カラーテレビ」「クーラー」「カー」だ。当時の庶民が右肩上がりの景気の中で一所懸命に働いて、何とか手に入れられる「夢」の道具が「三種の神器」であり、今のように物が溢れている時代には、もうそぐわない言葉になってしまった。

生活に密着した「道教《どうきょう》」と「陰陽道《おんみょうどう》」

仏教、キリスト教、イスラム教……。それぞれに、寺院や教会、礼拝堂《れいはいどう》を持つ。「道教《どうきょう》」も同じ宗教でありながら、あまり道教の寺院は見かけない。全くないことはないが、数が少ないのは事実で、広く知られているものの例を挙げれば、横浜の中華街にある「関帝廟《かんていびょう》」だろうか。その名からも想像がつくように、三国志《さんごくし》の英雄「関羽《かんう》」を祀《まつ》ったものだ。

道教は、もともと古代中国の「神仙思想《しんせんしそう》」や「宇宙観」に重きを置いた土着的な宗教だったものが、日本に入り、日本の伝統や民俗と混合したものだ。名前にもあるように「道の教え」であり、人はいかに生きるべきか、というシンプルな根っ子を持ちながら、日本では人々の暮らしの中に深く入り込んでいった。「陰陽《おんみょう》」や「風水《ふうすい》」、「八卦《はっけ》」と言った占術《せんじゅつ》を、今でも私たちは無意識のうちに、あるいは来歴を知らずに使っていることがある。「自然の万物は木・火・土・金・

水の五つの要素からなる」という「五行思想《ごぎょうしそう》」、「自然界は陰と陽で成立している」という「陰陽思想」などは、今のカレンダーにも書かれている場合がある。

やがて、「陰陽師《おんみょうじ》」が操る「陰陽道《おんみょうどう》」に取って代わられ、表舞台からは姿を消したが、そのまま絶えたわけではなく、土着的な宗教として現代にも生きているのだ。安倍晴明《あべのせいめい》（921〜1005）や源博雅《みなもとのひろまさ》（918〜980）、芦屋道満《あしやどうまん》（道摩法師《どうまほうし》。生歿年不詳）などの陰陽師が、呪術《じゅじゅつ》や占術を生業として、平安時代の中期、すなわち藤原道長《ふじわらのみちなが》（966〜1027）が活躍した摂関政治《せっかんせいじ》期の少し前の時代において、朝廷《ちょうてい》から重用されていた。映画やドラマでは、陰陽師が「式神《しきがみ》」と呼ばれる生霊《いきりょう》を操って、敵に災いを為すなどの行為や、天変地異《てんぺんちい》の予言など、現代の科学では割り切れない行動をしているが、「巫女《みこ》」、すなわちシャーマンの託宣《たくせん》が重要であった古代においては、彼らの

悪霊を退治する安倍晴明（『泣不動縁起絵巻』より）

行動がどこまで真実であったのかを計り兼ねると同時に、「非科学的だ」と断罪することも出来ない。

例えば、「方違《かたたが》え」という言葉がある。明後日から西の方角へ旅行をしようと計画を立てていたら、「その日に西へ向かうのは良くない」と言われ、一旦違う方角へ向かい、そこで一泊してから西へ向かう。「そんなものは迷信だ」と片づけてしまうことは簡単だが、現在でも方位や方角に拘《こだわ》る人は少なくないし、「鬼門《きもん》」「裏鬼門《うらきもん》」という発想も生きている。これらは皆、「道教」からきた発想を陰陽師が使っていたものだ。仮に、忠告を無視して西へ強行したとして、悪いことが起きるかどうかは誰にもわからない。しかし、「方違え」を実行することで、相手に安心を与えられ、無事に旅行を済ませることが出来れば、宗教的な論理で言えば「相手を救った」ことになるわけで、それを否定することは出来ない。

現在、科学的な観点で言えば未来のことは全くわからない。だからこそ、人間は知りたがる。その要求に、古代では政治のレベルで、現代では民衆のレベルで応えようとしているのが「道教」であり陰陽師が行う「陰陽道」なのだ。

芸能・芸道

昭和の浅草を彩《いろど》った「女剣劇《おんなけんげき》」

最近は見聞きすることもなくなりつつある女剣劇とは、その字のごとく、女性が主人公を演じる剣劇、すなわち立ち回りや殺陣を含んだ芝居のことだ。長谷川伸《はせがわしん》（1884〜1963）の名作『瞼《まぶた》の母《はは》』『一本刀土俵入《いっぽんがたなどひょういり》』『鯉名《こいな》の銀平《ぎんぺい》』や行友李風《ゆきともりふう》（1877〜1959）の『国定忠治《くにさだちゅうじ》』など、今も上演されている股旅物《またたびもの》や、やくざを主人公にした人情物語を女性が演じる。立ち回りの場面では、晒《さらし》を巻いた太ももや胸がチラリと覗く。それが、観客に大受けし、日本最大の娯楽地であった浅草を拠点に一時代を築いたのだ。

女剣劇の最初の舞台がどれかを特定するのは、なかなか難しい。しかし、昭和初期の浅草で産声を上げたものだろう。大江美智子《おおえみちこ》（1919〜2005）、不二洋子《ふじようこ》（1912〜80）、浅香光代《あさかみつよ》（1928〜）、中野弘子《なかのひろこ》（1922〜96）は「女剣劇四巨星」とまで言われるほどの人気を博した。

浅香光代の話によれば、もともとは大衆演劇の役者である浅香新八郎《しんぱちろう》に弟子入りしたのが役者としてのスタートだと言う。その後、一座を持つようになり、浅草を拠点に大ブームが起きた。

彼女らの演劇的行動に賛意を表した長谷川伸らの作家は、劇団が苦しい時は上演料などは請求せずに、無償で作品の上演を許していたという。また、当たり役の『瞼の母』は、「正確に数えたことないからわかんないけれど、３００0回以上はやっている」とのことだ。これだけでも、当時の隆盛ぶりの一端が伺えるエピソードだ。

大江美智子という女優は初代、二代目が存在する。初代の弟子であった大川美恵子が昭和14（1939）年に公演中に急逝した師匠の名を襲名し、「二代目大江美智子」となった。先に述べた「四巨星」の大江美智子はこの二代目を指す。

戦争を境として、ほかの芸能と同様に一時その水脈は細るものの、戦後になって「第二次」とも言えるブームが起きた。国民が戦後を実感

浅香光代のチャンバラ劇（昭和30〈1955〉年撮影。写真提供：毎日新聞社）

し、多くの娯楽を求めていたのだろう。演劇界の中では女剣劇というと一段低く見られる傾向にあったが、一人残った浅香光代は、浅草に活動の拠点を置きながらその場所を広げ、一人気を吐いた。

昭和37年には新橋演舞場で、当時の市川宗家である十一代目市川團十郎の許しを得て『勧進《かんじん》帳《ちょう》』を演じている。ただし、「歌舞伎十八番の内」という看板を外す、という条件だったが、今から50年以上も前の話であり、歌舞伎役者ではない役者、しかもいくら剣劇とは言え女優が『勧進帳』を演じることなど、夢のまた夢と思われた時代だったのだ。

残念なことに、浅草自体が娯楽地としての力を失い、別の場所へ観光客を奪われる長期低落傾向が始まる中、女剣劇の灯も徐々に消えていった。今はただ、浅香光代が従来の形式の「女剣劇」の孤塁を守り、奮闘を重ねている。ここに消えゆく芸能の儚《はかな》さと美しさがある。

歌舞伎への反逆から発生した「前進座《ぜんしんざ》」

「前進座」は昭和6（1931）年、当時の東京・芝田村町（今の西新橋）にあった「飛行館」で産声を上げた劇団だ。旗揚げの中心となった三代目中村翫右衛門《なかむらかんえもん》（1901～82）と五代目河原崎《かわらさき》國太郎《くにたろう》（1909～90）らは、いずれも歌舞伎の大部屋の役者だった。しかし、折から日本を苦しめていた世界的な経済恐慌の波は興行界にも及び、スターではない役者は苦境に喘《あえ》いでいた。その経済的危機感と、歌舞伎の門閥制度による閉鎖性を打破しようと、劇作家の村山知義《むらやまともよし》（1901～77）らの応援を得て劇団「前進座」が歩みを始めた。彼らの思想に賛同した女優やスタッフを含む全32人のメンバーでスタートした前進座は、市村座《いちむらざ》で第一回公演を持ったものの、スターが不在だったために、いきなり赤字を出す苦しい船出だった。

　しかし、人気の高い花形役者を起用する「スターシステム」を導入せよとの提案を受け入れ、翌昭和7年4月には、初代市川猿翁《いちかわえんおう》（1888～1963）の弟子であった市川笑也《えみや》が五代目河原崎國太郎を襲名、大阪松竹《しょうちく》とも提携

『実録忠臣蔵』での四代目河原崎長十郎（右）と五代目河原崎國太郎（左）

し、道頓堀の浪花座《なにわざ》に出演するなど、順調な歩みを始めた。

前進座が幸福だったのは、長谷川伸《はせがわしん》、村山知義、坪内逍遥《つぼうちしょうよう》など、当時の文壇の実力者たちが、演劇界に新しい風を起こそうという若者たちに協力的で、自作の上演料を請求せずに、無償で作品を提供したことだ。また、歌舞伎もあり時代劇もあり、女優もいる劇団として、ユニットで映画に出演し、山中貞雄《やまなかさだお》監督による『街《まち》の入墨者《いれずみもの》』が『キネマ旬報《じゅんぽう》』でベストテン入りするなど、力を発揮出来る場面を作ってくれる協力者がほかの分野にもいた。

劇団創立までの思想もあってか、前進座は常に集団での行動を旨とし、稽古場と共同の住宅を建設、劇団員全員が「同じ釜の飯」で暮らすことになる。終戦を経て、歌舞伎以外にも大衆にわかりやすい作品を上演し続けて人気を博す一方、戦争に協力しなかったことにより当局の弾圧を受け、公演の妨害や、果ては中心の中村翫右衛門に逮捕状が出され、5人の座員が服役するなどの災難に遭遇することとなる。

こうした中、昭和43年には幹事長であった四代目河原崎長十郎《ちょうじゅうろう》（1902〜81）の独善的行動が問題となり、劇団を除名されるなど、劇団自身も揺れ動き、新しい方向性を模索する時期が続いた。この事件が劇団に与えた衝撃は大きく、劇団員全員の生活の安定を図るために「定年制」が導入されたのは、珍しいことだ。

昭和55年には、創立50周年を迎えるのを機に念願の歌舞伎座への出演を果たし、昭和57年には吉祥寺に観客や後援者の寄付で「前進座劇場」を建設する。しかし、創立メンバーの中村翫右衛門は、劇場の完成を見ることなく不帰の人となった。その後、前進座の代表となった河原崎國太郎は、歌舞伎の女形《おんながた》として世話物《せわもの》を中心に古風な色気と該博な知識で活躍を続けたが、平成2（1990）年、最後の創立メンバーは80歳の生涯を閉じた。

しかし、創立者たちの子息である四代目中村梅之助《うめのすけ》（1930〜）、六代目嵐芳三郎《あらしよしさぶろう》（1935〜96）、嵐圭史《あらしけいし》（1940〜）、などの「第二世代」による幅広い分野での活躍、さらには五代目國太郎の孫で平成10年に祖父の名を継ぎ六代目河原崎國太郎を襲名した嵐市太郎《いちたろう》（1962〜）や中村翫右衛門の孫の中村梅雀《ばいじゃく》（1955〜。平成19〈2007〉年に退座）らの「第三世代」を中心に歴史を重ね、平成23年には創立80年を迎えた。

その一方で、リーマンショック以降の不況に苦しみ、平成25年には前進座劇場を売却するなど、新たな苦境にも直面している。

しかし、歌舞伎の封建制に反旗を翻《ひるがえ》して無名の役者ばかりで設立した劇団が、80年以上の歴史を日本の演劇史に刻んでいる例はほかにはない。しかも、歌舞伎以外にもレパートリーを広げ、世代を超えて800回以上上演されている山本周五郎《やまもとしゅうごろう》の『さぶ』や、水上勉《みずかみつとむ》の作品、オリジナル・ミュージカルなど、全国を違った演目で巡演する方式は「演劇のデパート」との異名もとった。こうした異色の経歴を持つ劇団が、今後、日本の演劇史にどんな足跡を残すのか、それを見届けるのも観客だ。

大正時代の仇花《あだばな》「浅草オペラ」

明治・大正・昭和の初期まで「浅草」は日本一の娯楽街だった。芝居だけでも、「小芝居」と呼ばれる歌舞伎のほかに、女剣劇《おんなけんげき》、新国劇《しんこくげき》、新派《しんぱ》と様々なジャンルがあり、いくつもの映画館や寄席《よせ》が立ち並んでいた。一人でもカップルでも家族でも1日中遊べる街だったのだ。そこに、土地の名を冠した「浅草オペラ」なるものが大正期に大流行し、一世を風靡《ふうび》した。「オペラ」とはいうものの、本格的なものとは異なり、ストーリーや上演時間を簡略化し、コメディの要素なども加えて気軽に楽しむことの出来る「オペレッタ」だ。

日本で初の創作オペラが上演されたのは明治38（1905）年、『露営《ろえい》の夢《ゆめ》』という作品で、歌舞伎座で歌舞伎役者の七代目松本幸四郎《まつもとこうしろう》（1870～1949）が演じたものだ。その後、大正元（1912）年にイタリアからオペラ・バレエの演出家、ローシーが来日し、指導にあたって『トスカ』『天国《てんごく》と地獄《じごく》』などが上演されたが、これらは帝国劇場での上演である。これにより帝国劇場が「洋楽部」を結成、大正4年には「恋《こい》はやさし」の歌で知られる『ボッカチオ』が上演され、大流行した。ところが、翌年には帝国劇場洋楽部は解散してしまい、ローシーは自らの教え子を集めてオペラコミック一座を組織し、赤坂ローヤル館で『天国と地獄』を上演したのを皮切りに、続々と喜歌劇を上演し、多くの人気を集めるようになる。そのローヤル館も大正7年に解散、所属していた原信子《はらのぶこ》（1893〜1979）らが浅草観音劇場で「原信子歌劇団」の第一回公演を打ったところから、浅草オペラの歴史が始まった。

　ここで、田谷力三《たやりきぞう》（1899〜1988）という二枚目の大スターが登場、その人気は凄まじいものだった。劇場は、休日には溢《あふ》れんばかりの観客が詰めかけ、「田谷！」「力ちゃん！」などの掛け声が飛び交い、熱烈な応援団「ペラゴロ」（「オペラ」と「ゴロツキ」を合わせた言葉）も登場するなど、社会的な現象とも

ボッカチオ役の田谷力三（当時23歳）

なった。

今の藤原歌劇団の創設者であり、世界的なテナー・藤原義江《ふじわらよしえ》（1898〜1976）も、田谷力三に憧れ、それまで所属していた新国劇の役者を辞めてオペラ歌手に転向したほどである。『海賊《かいぞく》ディアボロの唄《うた》』『ベアトリ姐《ねえ》ちゃん』『恋《こい》はやさし野辺《のべ》の花《はな》よ』などは、多くの人々が口ずさみ、巷《ちまた》に唄が溢れた。

しかし、人気の絶頂期にあった「浅草オペラ」は突然、何の前触れもなく崩壊を迎える。大正12年9月1日に発生した「関東大震災」で、浅草が壊滅したのだ。この時に「十二階」の愛称で親しまれていた木造建築で、日本初のエレベーターが備え付けられていた「凌雲閣《りょううんかく》」も倒壊した。多くの劇場や映画館が壊れ、順次再建されたが、「凌雲閣」と「浅草オペラ」は関東大震災と共に姿を消した。

しかし、田谷力三は以後の「我らのテナー」として伸びやかで甘いテノールを聴かせ続け、昭和63（1988）年に89歳で亡くなる2週間前まで、その美声で人々を魅了した。震災後、65年間、「浅草オペラ」の灯を守り続け、現役のままで見事に世を去ったと同時に、「浅草オペラ」の灯は完全に消えたのである。

華やかなダンス「レビュー」

美しい女性たちが、時には華麗に、そして豪華な衣装で歌い踊る「レビュー」は、当然ながら日本発祥の芸能ではない。しかし、平成26（2014）年に創立100年を迎えた宝塚歌劇団《たからづかかげきだん》（創立当初は宝塚少女歌劇団《たからづかしょうじょかげきだん》）の歴史と、その派生を考えると、立派な日本の伝統芸能として考えてもよいはずだ。昭和2（1927）年に上演した『モン・パリ』が、当時の日本人にとっては憧れの地だったフランスの曲などを盛り込んで大成功を収め、以後は庶民の芸能として定着し、東京の娯楽のメッカだった浅草を中心に多くの歌劇団がレビューの公演を行った。

東宝《とうほう》の「宝塚歌劇団」に対して松竹《しょうちく》の「松竹歌劇団」（ＳＫＤ）、「大阪松竹歌劇団」（ＯＳＫ）などが大きな劇場で大規模な公演を行うと同時に、大小様々のレビュー公演が持たれ、テンポの良さや昭和初期に流行った「軽音楽《けいおんがく》」を巧く取り入れたショーの構成、そして幕切れにダンサーがずらりと並んでオッフェンバッハの『天国《てんごく》と地獄《じごく》』の序曲に合わせて踊る「フレンチ・カンカン」は大きな人気を博した。

「宝塚歌劇団」については290ページでも述べるが、ほかの二つ、「松竹歌劇団」（SKD）は昭和3年に発足し、浅草にあった約4000人が収容出来る「国際劇場」（昭和57年に閉館）を拠点にして公演を持っていた。しかし、エンタテインメントの多様化や、劇場の閉鎖などの条件が重なり、平成8（1996）年に68年の歴史に終止符を打った。松竹歌劇団の全盛期には「ターキー」の愛称で親しまれた水《みず》の江《え》瀧《たき》子《こ》（1915～2004）の男装が大人気を呼んだほか、デビュー当時の美《み》空《そら》ひばり（1937～89）、草笛《くさぶえ》光子《みつこ》（1933～）、倍《ばい》賞《しょう》千《ち》恵《え》子《こ》（1941～）・美《み》津《つ》子《こ》（1946～）の姉妹など、錚々《そうそう》たるメンバーを輩出している。

一方の「大阪松竹歌劇団」（OSK）は東京よりも古く、大正11（1922）年に「松竹楽劇部」として創立され、関西では宝塚と人気を二分するほどの勢いを持っていた。その後、親会社が近鉄《きんてつ》

松竹歌劇団（SKD）の見事なラインダンス（写真提供：共同通信社）

に変わるなどの苦難の歴史を経て、平成14年に80年の歴史の幕を降ろした。こちらも、京《きょう》マチ子《こ》(1924〜)をはじめ、笠置《かさぎ》シヅ子《こ》(1914〜85)などのスターを輩出している。

レビューにとっての不幸は、ＯＳＫのような親会社の変更もあったが、戦中から戦後にかけて大流行を見せた「ストリップ」にその座を奪われたことが大きな原因だったと考える。宝塚歌劇団は、最初から「清く正しく美しく」をスローガンにお色気路線とは明らかに一線を画していた。ＯＳＫもＳＫＤも発想は同様だったが、後発組としての苦悩があり、宝塚との明らかな差別化、あるいは特化が図り切れなかったこともあったのだろう。しかし、西欧のレビューショーを日本流にアレンジして、観客に根づかせたことの意味は大きく、三つの歌劇団が覇を競うように工夫を重ねていたから、宝塚が１００年の歴史を重ねることが出来たのだとも言える。レビューに関して言えば、残っているから勝ち、なくなったから負け、と言うものではない。一つの時代を築いた「芸能」として、観客の心に残した物は大きい。

歌舞伎ではない時代劇「新国劇《しんこくげき》」

「新国劇」とは、かつて「男が泣く芝居」として一世を風靡《ふうび》した劇団の名前であり、芝居のジャンルでもある。明治維新以降、溢《あふ》れるように流入してきた新しい考え方の中に、「今までの歌舞伎はもう古い。これからは、日本が誇れる新しい国劇」を創造するべきだと、シェイクスピアの全訳で名高い文学者・坪内逍遙《つぼうちしょうよう》（1859～1935）が名付け親となって大正6（1917）年に生まれた劇団だ。その座長となったのが澤田正二郎《さわだしょうじろう》（1892～1929）で、「澤正《さわしょう》」の愛称で親しまれ、『国定忠治《くにさだちゅうじ》』や『月形半平太《つきがたはんぺいた》』『関の弥太《せきのやた》っぺ』などの、任侠《にんきょう》の世界や男同士の友情を描き、当時の娯楽の一大拠点であった浅草で大スターの名をほしいままにした。「芝居は女子供が観るもの」という風潮の中で、熱き男の義侠心《ぎきょうしん》に涙する、それが大正の下町っ子の心を摑んだのだ。

芸能人は「あだ名」や「略称」が生まれれば一流だ、という説があるが、あながち間違いとも思えない。浅草の軽演劇を背負った榎本健一《えのもとけんいち》（1904～70）の「エノケン」、映画『座頭市《ざとういち》』シリーズで一時代を築いた勝新太郎《かつしんたろう》（1931～97）の「勝新《かつしん》」などがそれだ。「澤正」もそうして親しまれた一人だが、いかにも新国劇の座長らしいエピソードがある。

大正12年9月1日の正午近くに起きた「関東大震災」。昼時であったことが災いし、下町一帯は焼け野原同然で、10万人以上が犠牲になった。その僅《わず》か半月後、市民を勇気づけるために、と日比谷公園で澤正は『勧進帳《かんじんちょう》』を演じた。当時は、歌舞伎十八番の演目であり市川宗家の許可を得て演じる『勧進帳』を、歌舞伎以外の役者が演じることなど考えられなかった時代だ。しかし、事情が事情だけに、何とか許可を受けて新国劇が上演した『勧進帳』には6万人もの人々が集まったと言われている。「男・澤正」の面目躍如《めんぼくやくじょ》たるエピソードだ。

しかし、この大スターは昭和4（1929）年、37歳の若さで世を去ることになる。一座の看板を喪《うしな》った劇団は途方に暮れるが、その後継者に指名されたのは、若き島田正吾《しまだしょうご》（1905〜2004）、辰巳柳太郎《たつみりゅうたろう》（1905〜89）の二人だった。当時24歳で大抜擢を受けた二人のプレッシャーは相当なもので、辰巳はのちに、「その重圧に耐えきれずに澤田先生の墓前で自殺をしようとした」とその苦衷《くちゅう》を語っている。しかし、幸いにも

新国劇の創設者・澤田正二郎が演じる月形半平太（写真提供：毎日新聞社）

この清新で対照的な芸風のコンビが人気を博し、若くして頭領を喪った新国劇に好意を寄せる作家たちが、多くの作品を提供した。

その甲斐もあり、「動の辰巳、静の島田」と言われる二人の持ち味を活かした作品と、澤田が遺した作品を二人がバランス良く受け継ぎ、男性の観客を中心に活況を呈したのだ。緒形拳《おがたけん》(1937〜2008)や若林豪《わかばやしごう》(1939〜)などのスターも生み出したが、いずれも退団し、活動の場を外へ求めた。その中で、辰巳・島田の名コンビが一所懸命に師匠の遺した劇団を守ったが、経済的な問題で昭和62年に創立70周年記念公演を大盛況のうちに終え、劇団の歴史に幕を降ろした。その潔さも、まさに「男の劇団」だった。

「大衆演劇」とは何を指すのか

女形《おんながた》、舞踊《ぶよう》、流し目……。イメージは出来るが、「こういうものが大衆演劇だ」と明確な定義は出来ない。極論を言えば、明治以降は、演劇は皆「大衆」のものであり、翻訳劇も歌舞伎もミュージカルも立っている高さは一緒だからだ。しかし、劇場ではなく「演芸場」「健康ランド」

「ヘルスセンター」などで一杯やったりお菓子を食べたりしながら観る芝居は「大衆演劇」で、それ以外のものは「お芝居」という感覚的な棲み分けが観客の中に意識・無意識はさておき、あるのは間違いない。

歴史を辿ってみると、大衆演劇は二つの流れから発生し、それが1本の川になって現在の姿になったようだ。江戸時代は、歌舞伎は幕府からの許しがなければ、正式な形で劇場を構えての興行は許されなかった。しかし、そうしたものは料金も高く、気軽に出かけられる人々ばかりではない。だんだん神社や寺院の境内、広場などを使って、今で言えば「二流」「三流」の感覚で、名前のない役者たちが芝居を演じていた例が無数にある。これらを、正式な許しを得た歌舞伎と比べて「宮地芝居《みやじしばい》」「小芝居《こしばい》」などと呼び、格下のものとして見た。それ

「大衆演劇祭り」のポスター（平成25〈2013〉年10月）

が、江戸・大坂・京都の三都から、山村、漁村へと旅回りの一座を組んで歩くようになった。いわゆる「ドサ回り」「旅芝居」だ。これらは当然見物料も安く、気軽に見られる。また、村によっては旅回りに来る馴染《なじ》みの役者の一座を泊める宿になる家が決まっており、農閑期の農村の娯楽でもあった。役者との距離も近く、芝居が果てれば座敷で共に酒を酌み交わす、まさに大衆と共に存在した芝居だ。

もう一つの大きな流れは、大正時代に入ってからのことだ。大正6（1917）年に、澤田正二郎《さわだしょうじろう》（1892~1929）が、「大衆と共に半歩ずつ前進する演劇」を目指した「半歩前進主義」という明確な思想を掲げて、「新国劇《しんこくげき》」という劇団を結成した。人情物《にんじょうもの》や股旅物《またたびもの》で一世を風靡した長谷川《はせがわ》伸《しん》（1884~1963）の『瞼《まぶた》の母《はは》』や『一本刀土俵入《いっぽんがたなどひょういり》』、行友李風《ゆきともりふう》（1877~1959）の『国定忠治《くにさだちゅうじ》』や『月形半平太《つきがたはんぺいた》』などの作品が大当たりをとり、これらの作品は「女剣劇《おんなけんげき》」などにも派生して裾野を広げた。

この二つの流れが一つになったのは、明確に日時を特定は出来ないが、戦後、占領軍の統制によって、歌舞伎がしばらく上演出来なかった時代を経て、昭和20年代後半に、ほとんどの演劇が制約なく上演出来るような時代を迎えてからである。それまでにも、歌舞伎で長谷川伸の作品は頻繁に上演されていたが、同じ作品でありながら演者によってジャンルが明確に分かれたのはこのあたりの時代だろう。

それ以降、歌舞伎の演劇としての地位が高くなるのに反比例するかのように、大衆演劇は一段低いものとして見なされるようになった。しかし、何度かの波は経たものの、現在も100を超える大衆演劇の劇団が各地で活動をしており、特に九州では、九州を巡業しているだけで一生活が出来ると言われるほどに需要は多い。

大衆演劇が蔑視《べっし》される理由はいくつかある。大資本のもとで興行を打つわけではないから、音楽の使用に関して権利関係の処理を踏まずに無断使用する劇団も少なくはない。作品も、上演料を支払わずに無断上演するケースがあとを絶たない。また、観客の要求に応えるために、自分たちで脚本を改変して上演したり、場合によっては2本の脚本を繋ぎ合わせて即興で演じるケースもある。また、舞台には直接関係ないものの、贔屓《ひいき》の客との付き合いが一線を越えたものとなるケースも多々あり、スポンサーとして衣装や金銭の提供を仰ぐこともある。こうした「いい加減さ」とも言える芝居の創り方が、「大衆演劇は……」と蔑《さげす》まれる原因の多くを成していることは否定出来ない。

しかし、物は考えようで、今の演劇の中で、芸能として最も原初の状態に近いのが大衆演劇とも言える。江戸時代、お芝居と言えば歌舞伎しかなかった時代には、著作権は存在せず、盗作も無断上演も咎《とが》められる対象ではなかった。また、役者と贔屓筋とのスキャンダルは今に始まったことではない。見方によっては、江戸時代の歌舞伎のありようの一部が、今の大衆演劇に残っている、と考えることも出来るのだ。

清く正しく美しい「宝塚《たからづか》」の100年

「清く正しく美しく」のキャッチフレーズで親しまれている「宝塚歌劇団《たからづかかげきだん》」。平成26年（2014）には創立100周年を迎え、日本発の立派な芸能であり、常に多くのファンを集めている。

宝塚歌劇団の発祥は、大正2（1913）年に兵庫県宝塚にレジャーランドを開設し、阪急電鉄や現在の阪急阪神ホールディングスの基礎を築いた稀代のプロデューサー小林一三《こばやしいちぞう》（1873～1957）が「宝塚唱歌隊《しょうかたい》」を結成したところまで遡《さかのぼ》る。当時、三越百貨店が運営していた「三越少年音楽隊」（ここに、浅草オペラで一大スターとなった田谷力三《たやりきぞう》が所属していた）などと同様に、企業が行った「メセナ」の走りとも言えよう。

美しい少女たちが歌い、踊る舞台はたちまち人気を博し、関西圏から日帰りで遊びに出かけるには恰好のレジャースポットとなった。近隣には名湯・有馬《ありま》温泉を有し、鉄道の有効利用でまたたく間に多くの観客を集めた。小林の発想が素晴らしかったのは、時代を反映して、歌劇を演じさせるだけではなく、その養成機関とした「宝塚音楽学校」を設立したことで、演技や歌の基本をみっちり叩き込むだけではなく、一人の女性として自立出来るような教育をも施したことだ。戦時中には一時、「宝塚歌劇男子部」も構想されたが、実現を見ずに終わったため、文字通り「女の園」である。それらが各「組」ごとに分けられ、男役のトップスターを頂点として、相手の娘役のトップスターからきっちり序列が決まっている。だからこそ、ショーのダンスなども、一糸乱れぬ美しい姿が見られるのだ。

「月《つき》」「雪《ゆき》」「花《はな》」「星《ほし》」「宙《そら》」と、現在5つの組と、どの組にも属さない宝塚歌劇団「専科」のメンバーたちが、華麗で煌びやかなステージで多くの観客を魅了している。芸名も可憐な、あるいは独特のトーンを持った名前が多いが、以前は「百人一首」の文字の中から芸名を考える習慣があった。天津乙女《あまつおとめ》、淡《あわ》

宝塚歌劇団・月組公演ボンジュールパリのフィナーレ
(昭和30〈1955〉年12月。写真提供：毎日新聞社)

路恵子《じけいこ》、淡島千景《あわしまちかげ》、淀《よど》かほる……、いずれも往年の大スターだが、名前の付け方一つにもこだわりを持ち、見せ方を徹底的に研究した小林一三のなせる技だ。

　宝塚のＯＧが日本映画・演劇などの芸能に輩出した優秀な女優は相当数に上り、一大山脈を形成していると言ってもよいだろう。越路吹雪《こしじふぶき》、新珠三千代《あらたまみちよ》、八千草薫《やちぐさかおる》、乙羽信子《おとわのぶこ》、浜木綿子《はまゆうこ》、朝《あさ》丘雪路《おかゆきじ》、甲《こう》にしき、上月晃《こうづきのぼる》、安奈淳《あんなじゅん》、鳳蘭《おおとりらん》、大地真央《だいちまお》、黒木瞳《くろきひとみ》、一路真輝《いちろまき》、こだま愛《あい》、真矢《まや》みき、天海祐希《あまみゆうき》、和央《わお》ようか……錚々《そうそう》たる顔ぶれが並んでいる。

　１００年の長い歴史のすべてが順風満帆であったわけはなく、戦争による被害や、戦後、東京宝塚劇場が米軍に接収されて「アーニー・パイル劇場」と名づけられ、日本人が入れない劇場として不自由な時代を過ごした。また、昭和40年代には低迷した時期もあったが、ここで、昭和を代表する二枚目・長谷川一夫《はせがわかずお》（1908〜84）が漫画で人気だった『ベルサイユのばら』の演出に立ったことが大きな話題を呼び、一大ブームが起きた。『ベルサイユのばら』は宝塚の財産演目として、以降も繰り返し上演されることになる。

　芝居のあとは、趣向を凝らしたショーでラインダンスや各国のダンス、艶やかな和装も見せるが、フィナーレは何と言っても宝塚名物の「大階段」で、トップスターを筆頭に美女がずらりと並ぶ姿は圧巻でも豪華でもある。こうした形式が１世紀も続いていることからして、ほかの古典芸能に匹敵する伝統を持っていると言ってもよいだろう。「古典芸能」と聞くと何だか古臭いようだが、最近の宝塚の公演では男性の観客が圧倒的に増えた。特定の女優のファンもいれば、ステージの美しさ、華やかさに魅せられるファンもいるようだ。日本のエンタテインメントの裾野を広げた、という意味でも、宝塚歌劇は美しい文化である。

明治時代に始まった大阪のホームドラマ「曾我廼家劇《そがのやげき》」

関西の人々は、お笑いについての関心が高いようだ。テレビの街頭インタビューなどでも、とても素人とは思えないほどの切り返しを見せる人々は、関東圏よりも圧倒的に多いだろう。しかし不思議なもので、「悲劇」には東西の差はあまりないが、「喜劇」は差が大きい。関東はあっさりした笑いを好み、関西は、これでもかこれでもか、というほどの濃厚な笑いを好む傾向がある。そのルーツの一つとなっているのが、関西で独自に起きた「曾我廼家劇《そがのやげき》」だ。これが、昭和の喜劇王・藤山寛美《ふじやまかんび》（1929〜90）を生み出し、何度かの離合集散を繰り返して、現在も続いている「松竹新喜劇《しょうちくしんきげき》」のもとである。

明治37（1904）年に、曾我廼家五郎《そがのやごろう》（1877〜1948）と曾我廼家十郎《じゅうろう》（1869〜1925）によって大阪・道頓堀《どうとんぼり》の浪花座《なにわざ》で旗揚げし、当時の日露戦争を背景にした曾我廼家五郎自作の『無筆《むひつ》の号外《ごうがい》』などを上演したことに始まる。曾我廼家五郎・十郎の二人は、もともとは歌舞伎の大部屋役者だった。しかし、一向に役が付かず、名前も上がらないのに業《ごう》を煮やし、すでに役者を辞めていた十郎を誘って結成したもので、「笑わせる芝居」を目指して「新喜劇」の一座を結成した。これが好評で、翌年には東京の新富座《しんとみざ》に初上京している。

「曾我廼家」とは芸名にしても珍しい苗字だが、五郎・十郎の名からもわかるように、日本三大仇討《あだうち》で有名な曾我兄弟《そがきょうだい》の曾我五郎・曾我十郎から拝借したものだ。今に至る喜劇の水脈を造った、という点では、その名に恥じないものだろう。昭和23（1948）年に曾我廼家五郎が72歳で歿し、そのあとを受けて曾我廼家十吾《じゅうご》（1891〜1974）、二代目渋谷天《しぶやてん》外《がい》（1906〜83）らが「松竹新喜劇」を結成、

大正7（1918）年当時の曾我廼家一座。最前列中央が曾我廼家五郎

同じ道頓堀にあった中座《なかざ》で旗揚げ公演を行い、新たなスタートを切った。

長い歴史を持つ劇団はどこもそうだが、必ず分裂や脱退を繰り返す。劇団の中で生まれるスターに対する反発、トップの方針に反対する若手、経営の問題、芝居の方向性の問題などが主な原因だ。曾我廼家劇も、女形《おんながた》の脱退や、「松竹新喜劇」になってからは藤山寛美の破天荒な人気とそれを維持するための240ヶ月に及んだ連続公演に疲弊する劇団員も多く、何度も分裂を繰り返した。

そして現在、「新生松竹新喜劇」として、100年以上の歴史を重ねた「大阪の喜劇」が、今も多くの観客を笑わせている。

明治時代に初演された「日本のオペラ」

今でこそ、ドイツやイタリアの本場のオペラが来日し、こちらで演目を選んで出かけることが出来るようになった。チケットは高いものでは5万円を超えることも多いが、オペラの本場ヨーロッパまで出かける手間や時間を考えれば、安いものだ。ほかの舞台芸術、ミュージカルや歌舞伎に比べれば観劇人口は少ないかもしれないが、30年前に比べればずいぶんオペラ人口も増えている。

日本で最初に創作オペラが上演されたのが今から100年以上も前の明治38（1905）年の歌舞伎座であり、主演は当時市川高麗蔵《いちかわこまぞう》を名乗っていた七代目松本幸四郎《まつもとこうしろう》（1870〜1949）だった。ここで上演された作品は『露営《ろえい》の夢《ゆめ》』というもので、あまり評判が芳しくなかった、という記録があるが、まだ日本の観客にとって、オペラを気軽に受け入れる土壌が出来ていなかったことは大きな原因の一つだろう。歌舞伎役者がオペラを上演した理由は、方法論は違ったかもしれないが、舞台での発声法が出来ていたこと、プロの役者としての即戦力が買われたためだと考えられる。

それから13年後の大正7（1918）年には、当時の娯楽の中心地・浅草で田谷力三《たやりきぞう》（1899〜1988）らを中心に「第一回　原信子《はらのぶこ》歌劇団」の公演が行われ、「浅草オペラ」として一世を風靡《ふうび》したことを考えると、聊《いささ》かタイミングが早かったのかもしれない。しかし、初の創作オペラが、

『露営の夢』で軍曹・倭勇夫を演じる七代目松本幸四郎

歌舞伎役者によって上演されたというのは驚きだ。以後、続々と海外の作品が入ってきたが、昭和4（1929）年には歌舞伎座で坪内逍遥《つぼうちしょうよう》作のオペラ『堕《お》ちたる天女《てんにょ》』が山田耕筰《やまだこうさく》の作曲で四家《よつや》文子《ふみこ》（1906〜81）、奥田良三《おくだりょうぞう》（1903〜93）らの声楽家によって上演された。純然たる音楽家によるオペラという意味では、明治期の『露営の夢』よりも本場に近いかもしれないが、この作品より25年も前にそうした発想がすでにあったのだ。以後、昭和9年には「世紀のテナー」藤原義江《ふじわらよしえ》（1898〜1976）が旗揚げした「藤原歌劇団」の第一回公演が日比谷公会堂で開催され、海外作品の『ラ・ボエーム』に取り組む。

時代は流れ、いくつもの「日本発」のオペラ作品が生まれ、海外でも上演されるようになった。平成9（1997）年、東京・初台に新国立劇場が完成、演劇用の劇場のほかに「オペラハウス」が完成した。『露営の夢』の上演から、95年後のことである。

100年経っても「新劇《しんげき》」

江戸時代までは「芝居」と言えば歌舞伎を指し、他ジャンルの芝居がないためにそれで済んでいたが、明治期になると西欧の思想が流入し、演劇界にも西欧化の波が押し寄せた。

明治21（1888）年12月に、自由党の壮士《そうし》・角藤定憲《すどうさだのり》（1867〜1907）が大阪で「大日本壮士改良演劇会」の名で、当時の不平士族《ふへいしぞく》（明治政府に反対する元武士）の窮状を訴えた「壮士芝居」を始めた。これが江戸時代以来の伝統的な歌舞伎、「旧派」に対して「新派《しんぱ》」と呼ばれるようになり、3年後の明治24年には、川上音二郎《かわかみおとじろう》（1864〜1911）が演劇の改革を目的とした「書生芝居」を始め、現在まで続く劇団新派の芝居として、離合集散を繰り返しながら続いてきた。当時の流行小説をもとにした徳富蘆花《とくとみろか》の『不如帰《ほととぎす》』や泉鏡花《いずみきょうか》の

文芸協会第3回公演（明治45〈1912〉年5月・有楽座）でマグダに扮する松井須磨子

『婦系図《おんなけいず》』が爆発的なヒットを見せたために、新派は芸者や色街を素材とした作品、男女の情愛や人情を描く芝居へと特化し、昭和には川口松太郎《かわぐちまつたろう》が『明治一代女《めいじいちだいおんな》』、『鶴八鶴次郎《つるはちつるじろう》』などの名作を提供し、その流れは今も変わらない。

明治期は、歌舞伎界にも「従来の旧弊《きゅうへい》な芝居はいけない」と、リアリズムを求める「演劇改良運動」が起き、観客には不評を囲っていた時期があった。そのような中で、西欧の演劇を上演しようという胎動が起き、今でも「新劇」と呼ばれている翻訳劇、ストレート・プレイの上演が開始された。

詩人の島村抱月《しまむらほうげつ》（1871〜1918）が「文芸協会」を旗揚げし、坪内逍遥《つぼうちしょうよう》訳による『ハムレット』を東京の本郷座《ほんごうざ》で上演したのは、明治40年のことである。これが、日本における海外演劇の正式な上演の嚆矢《こうし》と考えてよいだろう。海外の演劇作品は、それまでも上演されていなかったわけではない。シェイクスピア作品について言えば、『ヴェニスの商人』が明治15年に大阪の戎座《えびすざ》で上演されたのが日本の初演である。しかし、この場合もこれ以降も、すべて登場人物は日本人であり、日本を舞台にした物語に「翻案《ほんあん》」（原作を生かし、大筋は変えずに登場人物を日本人にして改作すること）されたもので、オリジナル作品の翻訳上演ではない。

明治41年には、二代目市川左團次《いちかわさだんじ》（1880〜1940）が明治座で『ヴェニスの商人』の上演を行った。しかも、海外の芝居でありながら、出演は二代目左團次をはじめ、市川翠扇《すいせん》など、歌舞伎に関係のある人々ばかりだった。まだ、他分野での「俳優」が成長していなかった時期であったこと、左團次が革新的な発想の持ち主で、海外の演劇事情を視察に出かけ、大いに刺激を受けて帰ってきたことが主な要因である。

その後、伊庭孝《いばたかし》（1887〜1937）と上山草人《かみやまそうじん》（1884〜1954）らが近代劇協会、島村抱月と松井須磨子《まついすまこ》（1886〜1919）らが芸術座を結成すると、次々に近代演劇の上演を目的とした演劇集団や劇団が創立されていく。これらがいわゆる「新劇」の走りである。今に続く近代演劇上演の母体となったのは、大正13（1924）年に小山内薫《おさないかおる》（1881〜1928）や土方与志《ひじかたよし》（1898〜1959）らを同人として発足した「築地小劇場」だ。以後、数え切れないほどの劇団が創立と消滅、離合集散を繰り返し、現代に至ってもなお「新劇」の名のもとに、活動を続けている。

最初の『ハムレット』の上演から１３０年近くが経過し、「今さら新劇でもないだろう」という言葉は、演劇人の中からも多く聞かれるが、それに代わるふさわしい呼称がないのか、そのまま現在に至っている。現在、「新劇の三大劇団」と呼ばれている文学座《ぶんがくざ》は昭和12（1937）年、俳優座《はいゆうざ》は昭和19年、劇団民藝《げきだんみんげい》は昭和22年と、いずれも結成後60年以上の歴史を持つ劇団だ。ほかにも、昭和17年創立の文化座《ぶんかざ》、新劇専門ではなく、歌舞伎から分派した劇団前進座《ぜんしんざ》が昭和６年の創立と、長い歴史を刻んでいる劇団が今なお活動を続けている。

第二次世界大戦を経て、「新劇」を取り巻く環境は大きく変わった。それは、アメリカ軍が駐在していたこともあり、欧米の新作が上演しやすくなったこと。さらに、既存の劇団のスターシステム性がより色濃くなり、スターによる旧作や名作の上演が増え、本来の目的である「新しい演劇の創造」とは方向性が変わったことだろう。

既存の劇団への抵抗や反発も起きた。昭和42年には唐十郎《からじゅうろう》（1940〜）が新宿の花園神社に紅テントを建て、『腰巻お仙――義理人情いろはにほへと篇』を上演、昭和44年には寺山修司《てらやましゅうじ》（1935〜83）が「天井桟敷《てんじょうさじき》」を結成するなど、「アンダーグラウンド」と呼ばれる演劇運動が日米安保闘争や学生運動などと関連を持ちながら、新しい潮流を見せた。その後も斎藤憐《さいとうれん》（1940〜2011）、つかこうへい（1948〜2010）、野田秀樹《のだひでき》（1955〜）などの新しい才能が次々に登場して若者の支持を獲得し、演劇の裾野を広げて行った。

昭和から平成へと時代が変わり、創る側も観る側も「新劇」という感覚は稀薄になったが、「時代に即した演劇」を求める精神は活発になっている。呼び方はともかくも、模索や挑戦は続いているのだ。

歌舞伎にもいた「女優」

日本における女優の歴史を教科書的に考えてみると、「歌舞伎」の元祖といわれる出雲《いずも》の阿国《おくに》あたりということになるのだろうか。しかし、女性が歌舞伎を演じる「遊女歌舞伎」は、江戸時代の寛永年間（1624〜44）に禁止され、以降、歌舞伎は女形《おんながた》が女性の役を演じることになる。

　時代はぐっと下がって、明治32（1899）年に川上音二郎《かわかみおとじろう》一座がアメリカへ渡り、サンフランシスコで公演をした折に、病気になった女形のピンチヒッターとして、妻で日本橋の芳町《よしちょう》芸者だった貞奴《さだやっこ》（1871〜1946）が舞台に立ち、成功を収めたのが「女優第一号」とされている。もっとも、これにはいくつか事情があり、実際にピンチヒッターではあったが、その理由が女形の病気ではなく、サンフランシスコでは「男性が女装をして芝居をするのは受け入れられない」と拒絶された上での苦肉の策だったようだ。いずれにしても、「代役」として日本の女優が第一歩を踏み出した、と記録にはある。

フランスの漫画雑誌『リール』に掲載された川上貞奴（1900年9月13日号）

　その一方、明治21年に坂東喜美江《ばんどうきみえ》の名で子役として九代目市川團十郎が座頭《ざがしら》を勤める東京・新《しん》富座《とみざ》の舞台に立ち、のちに三代目坂東玉三郎《たまさぶろう》を襲名した女性（1883～1905）がいる。こちらのほうが、実は貞奴よりも早く舞台に立った歌舞伎の女優なのだ。三代目の玉三郎も、明治37年に、アメリカの万国博覧会のために渡米し、22歳の若さでアメリカで病死してしまう。不思議なことにアメリカの万国博覧会が近代の女優の発生に関係している。おそらく、歌舞伎、ないしは芸者の艶姿《あですがた》や日本舞踊が海外で注目を浴びるきっかけだったのだろう。

国内でもこの当時は「女役者」と呼ばれて女性で歌舞伎を演じる人はいた。最も有名なのは「市川九女八《いちかわくめはち》」（粂八とも書く。1846～1913）で、初代は九代目團十郎ばりの芸風を売り物にしたところから、「女團洲《おんなだんしゅう》」とも呼ばれた。「團洲」とは、團十郎の別名である。明治26年には47歳で、当時は東京の神田にあった三崎座《みさきざ》の女芝居の座頭《ざがしら》となり、大正2（1913）年に舞台の出演中に78歳で急死するまで、女役者としての生涯を貫いた。晩年には、川上音二郎・貞奴夫妻が開設した女優養成所の講師も務めており、貞奴ともまんざら縁がなかったわけではない。むしろ、貞奴が女優として認められる前に、「女役者」としての地位を確立していた、という点では、九女八のほうが先輩にあたる。しかし、なぜか教科書には出てこない。

昭和の初期あたりまでは、「女優」は卑《いや》しい職業とされていた。劇団新派の大黒柱であり、昭和の三大舞台女優、と言われた初代水谷八重子《みずたにやえこ》（1905～79）。大正10年、16歳で『寒椿《かんつばき》』という映画に出ているのだが、名前を出すことに対して当時通っていた高校から圧力がかかり、「覆面令嬢」と記されたために、かえって話題になったほどである。まだ芸者と女優が混同されていた時代で、ましてや良家の子女が映画や芝居に出る、などというのはおよそ考えられない時代でもあった。その後、大正13年に小山内薫《おさないかおる》らが日本における新劇の発祥として「築地小劇場」を始めた頃には、のちに日本の名女優となる山本安英《やまもとやすえ》（1902〜93）、東山千栄子《ひがしやまちえこ》（1890〜1980）、杉村《すぎむら》春子《はるこ》（1909〜97）などの顔ぶれが姿を見せることとなる。これらの女優の出現は、職業婦人の走り、という眼で見られた時期でもあった。

女優蔑視《べっし》の時代はまだまだ続く。昭和25（1950）年、映画『また逢う日まで』の中でガラス越しのキス・シーンで当時大変な話題を呼んだ女優の久我美子《くがよしこ》（1931〜）は、もとは華族の家柄で、系図を辿ると村上天皇まで遡《さかのぼ》れるという由緒ある侯爵家《こうしゃくけ》の令嬢だった。しかし、華族制度も崩壊し、生活を支えるために女優となった折には「華族の令嬢が女優に！」と世間の大きな話題になった。これは、明治や大正の話ではなく、昭和の話だ。女優やアイドルが身近な存在として光を放つのは、戦後しばらく経ってからの話で、そういう意味では、「女優」の歴史というのは、60年から70年程度のものなのである。しかし、その前には、先人が受けた蔑視や差別、貧苦を乗り越えた活動があったのだ。

明治時代の「演劇改良運動」

日本が一気に西欧化へと流れを切り替えようという中で事件は起きた。明治5（1872）年に狂言作者の河竹黙阿弥《かわたけもくあみ》（1816～93）と守田座《もりたざ》の座元《ざもと》の十二代目守田勘彌《もりたかんや》（1846～97）らが東京府からの呼び出しを受け、「ばかばかしい内容の芝居ばかりをせずに、『勧善懲悪《かんぜんちょうあく》』に主眼を置いたものに変えるように」との行政指導を受けたのである。いわゆる「芝居の嘘」などはやめて、もっと現実味のある芝居にせよ、そこに教育的な側面が見られればなお良い、という内容だ。

しかし、これを機会に「歴史的考証に忠実であるべきだ」と、リアリズムの考えが歌舞伎にも及び、明治10年代後半から20年代にかけて「演劇改良運動」なるものが盛んになったのである。

九代目市川團十郎（1838～1903）は、「活きた歴史を芝居で見せる」という意味で「活歴《かつれき》」と称し、登場人物を実名に変え、衣装や化粧も出来るだけ史実に近いものにし、歌舞伎の約束事に縛られない作品を演じようとした。当時の識者らも作品を提供したが、江戸時代からの歌舞伎を見慣れている観客には、「退屈だ」と評判が良くなかった。しかし、ここで團十郎らが実現しようとしたリアリズムは、形や精神を変えながら、現代の歌舞伎の中に受け継がれており、全く悪い側面ばかりとも言えない。

「演劇改良運動」がピークを迎えたのは、外務大臣を務めた井上馨《いのうえかおる》の邸宅で「天覧《てんらん》歌舞伎」が催された時だろう。江戸時代には「河原乞食《かわらこじき》」と蔑《さげす》まれていた人々が演じる芸能が、天皇陛下の上覧に供することが出来たのは、この運動のおかげである。残念なことに、表立った成果はあまりなかったが、前述のようにその精神は形を変え、今の歌舞伎に継承されている。

明治時代を代表する歌舞伎役者・九代目市川團十郎

「荒唐無稽《こうとうむけい》」を主眼とする江戸時代の歌舞伎に、現代人にも理解あるいは共感出来る「心理描写」が加えられたのは、九代目團十郎らの役者が、時代に合わせた歌舞伎を創るために、歌舞伎界以外の識者をブレーンとして、様々な意見を仰いだことによるものだ。当時の評判は芳《かんば》しくなかったにせよ、この運動がなければ、現在上演されている歌舞伎は、もっとわかりにくいものになっていた可能性は充分に考えられる。

今は「役の心理」、歌舞伎の言葉で言えば「性根《しょうね》」とか「肚《はら》」という感覚も、この時代にいっそう顕著となり、重きが置かれるようになった。どんなに長い歴史を誇る芸能でも、時代の変化と共に変容をせざるを得ない事例がここにはある。

歌舞伎に対抗して出来た「新派《しんぱ》」

明治の頃から、「歌舞伎は古臭い」と思っている人々が演劇界には少なからず存在した。歌舞伎にリアリズムを求めた「演劇改良運動」や、海外からの西欧演劇の流入が、それらの現れだろう。ほかにも298ページで述べたように、当時の若い「壮士《そうし》」と呼ばれる思想家たちが、歌舞伎を「旧派」と見なし、対抗しうる新しい芝居を創ろうという運動が起きた。明治21（1888）

年、大阪の新町座《しんまちざ》で角藤定憲《すどうさだのり》（1867～1907）らによって「壮士芝居」が旗揚げされ、『勤王美談上野曙《きんのうびだんうえのあけぼの》』などの芝居が上演された。これが、今に続く「新派《しんぱ》劇《げき》」の始まりである。

その3年後には、東京の中村座《なかむらざ》で、川上音二郎《かわかみおとじろう》（1864～1911）の一座が『経国美談《けいこくびだん》』『板垣君遭難実記《いたがきくんそうなんじっき》』を上演し、「オッペケペー節」を唄い、それが人気を博した。当時の世相を反映し、折から盛んだった「自由民権運動」を煽《あお》るなどの行為が、庶民には新しいものとして映り、それが多くの支持を得たのだ。「書生芝居」との別称があるほどだから、もとより俳優としての修業を積んだ人々ではないが、新しい時代の息吹を持つエネルギーが、未来への明るさを感じさせたのだろう。その後、相次いでこうした劇団が旗揚げされ、離

『假名屋小梅』で小梅を演じる花柳章太郎（右）と、一重を演じる喜多村緑郎（昭和28〈1953〉年3月・新橋演舞場）

合集散を繰り返しながら、「新派劇」は現在まで１２０年以上の歴史を刻んでいる。

明治28年に、浅草座《あさくさざ》で当時売れっ子作家だった泉鏡花《いずみきょうか》の小説『義血侠血《ぎけつきょうけつ》』を『滝《たき》の白糸《しらいと》』として川上音二郎、藤沢浅二郎《ふじさわあさじろう》（1866～1917）らで上演したのが、新派の方向転換の最初であり、大きなポイントであった。以後、明治31年に尾崎紅葉《おざきこうよう》の小説『金色夜叉《こんじきやしゃ》』を上演したあたりから、新派劇は男女のすれ違いの悲劇や、貧富の差による別れなどをテーマの中心に据え、女性たちの人気を博する一つのジャンルとして急成長を遂げる。喜多村緑郎《きたむらろくろう》（1871～1961）、河合武雄《かわいたけお》（1877～1942）による『己《おの》が罪《つみ》』が大阪の朝日座《あさひざ》で大当たりをとったことがこの評価を決定づけた。徳富蘆花《とくとみろか》の小説『不如帰《ほととぎす》』、菊池幽芳《きくちゆうほう》の小説『乳姉妹《ちきょうだい》』などのヒット作を連続させ、「新派大悲劇」という言葉が生まれたのも明治末期のことだ。その決定打とも言うべきものが、明治41年の伊井蓉峰《いいようほう》（1871～1932）演じる早瀬主税《はやせちから》、喜多村緑郎演じるお蔦《つた》による泉鏡花の『婦系《おんなけい》図《ず》』の上演だろう。原作の小説にはない「湯島境内の場」を追加し、ここでの「別れろ切れろは芸者の時に言うものよ」という科白《せりふ》は、当時の声色屋《こわいろや》が大儲けをするほどの当たりをとった。

勢いの止まらぬ新派は、若い美貌の女形・花柳章太郎《はなやぎしょうたろう》（1894～1965）、新進女優・水谷八重子《みずたにやえこ》（1905～1979）らが加わり、向かうところ敵なしとも言える状況を見せ、一時は歌舞伎を凌《しの》ぐ人気を得た。しかし、どこの劇団も歴史を重ねれば内部での権力争い、演目や劇団の運営方法に関する意見の相違などで、主要なメンバーの脱退や復帰、分裂などを繰り返す。新派もその例外ではなく、昭和40（1965）年にはお正月公演の最中に花柳章太郎を亡くし、昭和54年には女優で新派の屋台骨を支えていた水谷八重子が歿した。その後、歌舞伎や商業演劇からのゲストを招いて公演を続け、昭和62年には新橋演舞場で東宝《とうほう》から山田五十鈴《やまだいすず》（1917〜2012）をゲストに迎えて、「創立１００年記念公演」を盛大に行うことが出来た。

一時のような人気はなくなったが、川口松太郎《かわぐちまつたろう》、北條秀司《ほうじょうひでじ》、中野實《なかのみのる》らの昭和を代表する劇作家が新派のために遺した財産演目は今も健在で、『明治一代女《めいじいちだいおんな》』、『鶴八鶴次郎《つるはちつるじろう》』、『太夫《こったい》さん』、『明日《あした》の幸福《こうふく》』などを上演しながら、若手への芸の継承を目指している。「新しい物は古びるのも早い」という宿命は、すべての物事に当て嵌《は》まる。時代の最先端を走っていた芸能も、１世紀以上の歴史を重ねれば、もはや立派な「古典芸能」だ。明治や大正の生活感や倫理は現代の観客に通用しない部分も多い。その中で、どういう道を模索し、時代に寄り添いながら新しい潮流を生み出した当初の思想を舞台に反映するのか。新派に課された宿題は重いが、これはほかの芸能にも同様に言えることだ。

江戸から明治へ「劇場」の変遷

日本で初めて常設の劇場が出来たのは寛永元（1624）年、初代中村勘三郎《なかむらかんざぶろう》（1598〜1658）が江戸・日本橋に幕府の許可を得て開場した「猿若座《さるわかざ》」（中村座）だ。しかし、この時点では舞台と桟敷席《さじきせき》だけが屋根で覆われたもので、自然光だけを頼りに歌舞伎を演じていたようだ。劇場が今のような「建築物」の形になったのは、それから約１００年後の享保8（1723）年のことである。火事に悩まされていた幕府の指導を受け、「瓦屋根、塗壁造り」で防火性を高めたものだった。この頃から、蠟燭《ろうそく》などの屋内照明も加わるようになり、花道《はなみち》も設置されるようになった。

しかし、当時の錦絵などを見てみると、今のように舞台下手《しもて》（左手）寄りではなく、中央から突き出しているものもある。また、大入りの場合は、観客が舞台に上がり、役者の後ろ側で観るための「羅漢台《らかんだい》」と呼ばれる場所も造られた。

香川県琴平町に、江戸時代の名残を残す「金丸座《かなまるざ》」があり、年に1回「こんぴら歌舞伎」が上演されている。この劇場は、天保6（1835）年のもので、場内は升席《ますせき》で区切られ、その区切りの板の上を観客や、弁当やお菓子などを運ぶ「お茶子」と呼ばれる女性が歩いた。今も、この光景は変わらない。

歌舞伎座などには、1階、2階の客席の左右（東西と呼ぶ）に桟敷席という掘りごたつのような席が設けられている。元来、こうした劇場、というよりも芝居小屋では、舞台で芝居が上演されている間でも飲食は自由に行われ、舞台袖で柝《き》を打ちつけて大きな効果音を出す「ツケ」は、お喋りや飲食に夢中でろくに舞台に目を向けない観客の視線を集める工夫から生まれた、との説もある。

今のように椅子に座って芝居を観る形式の劇場が出来たのは、明治維新後、西欧からの文化が一気に流入してからのことになる。明治5（1872）年に、浅草・猿若町

大入満員の中村座（歌川豊国「三芝居之図」より）

にあった守田座《もりたざ》が新富町に移転して新築開場した際に、椅子席を設けたのがその始まりだ。以降、どんどん西洋式の劇場が増え、昔の面影を偲《しの》ぶことが出来るのは、熊本県山鹿《やまが》市の八千代座《やちよざ》や愛媛県内子町の内子座《うちこざ》など地方にある昔ながらの劇場と、僅《わず》かに都内に残る「演芸場」ぐらいになってしまった。

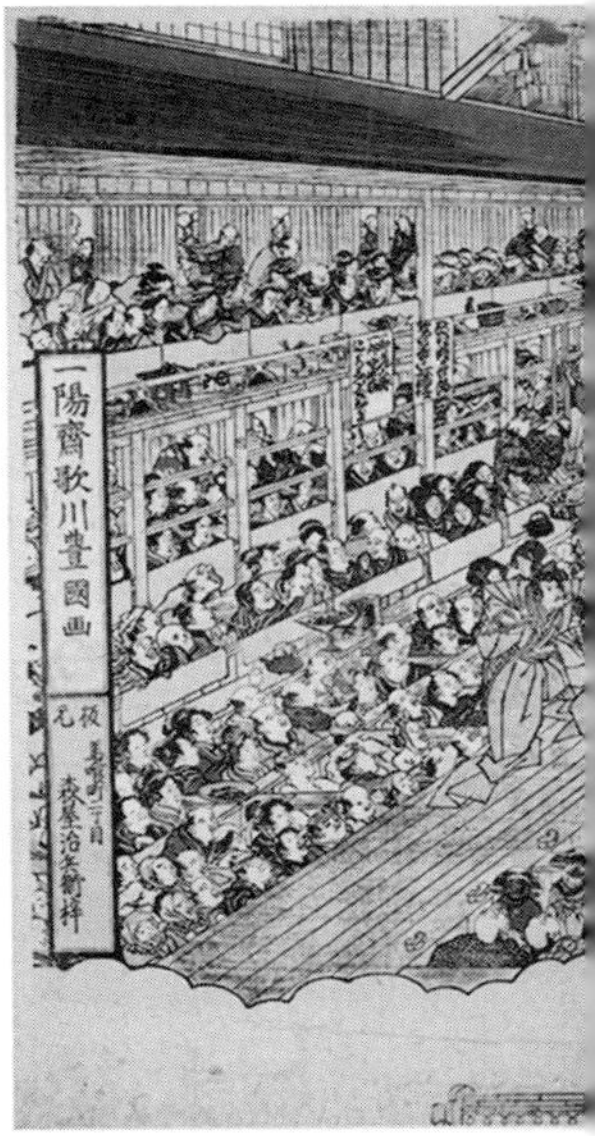

「歌舞伎」とは何か？

日本の古典芸能として世界に誇る「歌舞伎」。まだまだ敷居が高いと感じる人も多いが、海外の研究者もずいぶん増えている。さて、この「歌舞伎」を、どうやって説明したらよいのだろうか？　文字を見ると「歌」「舞」「伎」とあるので、「歌あり、舞あり、演伎ありの演劇」としたいところだが、実はこの文字はのちの当て字だ。「歌舞伎」とは、「傾《かぶ》く」という動詞が「かぶき」になったものである。では、この「傾く」とは一体何のことなのだろうか？

現代風に言えば「異形《いぎょう》の風《ふう》体《てい》」、つまり華美《かび》で派手《はで》な格好をして突飛な行為をすることだ。学校で習った「歌舞伎の始祖《しそ》」とされている出雲《いずも》の阿国《おくに》（生歿年不詳）の姿を描いた『阿国歌舞伎図《おくにかぶきず》屏風《びょうぶ》』を見ると、首からはクルス（十字架）を象《かたど》ったネックレスをかけ、男のような格好で念仏踊りを踊っている。しかも、阿国は出雲大社の巫女《みこ》だとされている。神様に仕える女性が仏教の踊りを、キリスト教徒のような衣装に身を包んで踊る。様々な資料を見る限り、当初の歌舞伎はレビューに近いものではなかっただろうか。観客は当然ながら男性が多く、そこで好みの踊り子を見つければ、あとは交渉次第でその夜の付き合いが決まる。こうした一座は出雲の阿国だけで

歌舞伎の始祖とされる出雲の阿国

はなく、京都鴨川《かもがわ》の河原にいくつもあったようだ。しかし、これは非公認の売春《ばいしゅん》で、大っぴらにやられては困ることであり、当然、役所からは禁止された。しかし、今度は美少年ばかりを集めて同じことが始まった。当時は同性愛も盛んで、今よりも遥かに市民権を得ていた時代であり、14、15歳ぐらいまでの美少年を相手に、主《ぬし》変わらずの状態で、これまた禁止となった。あとは、「元服《げんぷく》を済ませた成人男子だけでやりなさい」、とのお触れが出された。工夫の果てに、男性が女性の役を演じる女形《おんながた》も登場し、先行芸能の「人形浄瑠璃《にんぎょうじょうるり》」がやっていた演目を歌舞伎でも演じるようになって、今に至っている。

しかし、「歌舞伎とはどんな演劇か？」と聞かれると、的確な説明をするのがなかなか難しいのだ。「日本版ミュージカル」と言う人もいるが、これは違う。歌舞伎における音楽は、あくまでも伴奏の領域にあり、唄《うた》や音楽自体にドラマ性やメッセージ性を求めてはいない。乱暴に「時代劇」と言ってしまうと、「では、『水戸黄門《みとこうもん》』や『大岡越前《おおおかえちぜん》』も歌舞伎なのか」と言われる。「女形が出る芝居」と言っても、今は歌舞伎役者以外の女形もたくさんいる。江戸時代は庶民が観ることの出来る芝居は歌舞伎しかなかったから、「芝居＝歌舞伎」で何の問題もなかったが、明治時代以降はあれもこれもと言わんばかりにいろいろな物が登場し、もはや正確な分類は不可能に近く、意味があるとも思えない。

「時代と共に変容しながら、その時代を切り取って舞台に乗せる、邦楽と女形を必須とする演劇」が歌舞伎である、とでも定義しようか。近松門左衛門《ちかまつもんざえもん》（1653～1724）が、遊女《ゆうじょ》と手代《てだい》の心《しん》中《じゅう》事件を三週間後に人形浄瑠璃の舞台に乗せた。今のようにテレビやラジオ、インターネットもない時代としてはかなりのスピードだ。赤穂浪士《あこうろうし》の討ち入りも、義挙《ぎきょ》達成の12日後には芝居になっている。もっとも、これは「お上《かみ》に対して不敬《ふけい》である」と3日で中止させられたが……。江戸時代の人々にとって、今は「世話物《せわもの》」と呼ばれる庶民の話は現代劇であり、「時代物《じだいもの》」は時代劇だった。そこに、皮肉や風刺のスパイスをほどよくまぶし、庶民の声を舞台で叫んだのが歌舞伎の本質ではないか、と考えられるのだ。

もちろん、歌舞伎はそれだけの要素で出来あがっているわけではない。細かな部分に至るまで、400年を超える歴史の中で先人が工夫を重ねてきたからこそ、今も古典芸能として評価されているのだ。

「人形浄瑠璃《にんぎょうじょうるり》」と「歌舞伎」の違い

「人形浄瑠璃」と「歌舞伎」とは一体どういう関係なのだろうか。人形浄瑠璃のことを「文《ぶん》楽《らく》」とも言うが、これは三代目の植村文楽軒《うえむらぶんらくけん》が明治5（1872）年、大阪に人形浄瑠璃専門の劇場「文楽座」を建て、これが人気を博したことから「文楽」が人形浄瑠璃の代名詞となったのである。その意味で「文楽」という言葉は新しいと言える。

歴史的に見れば、まずは先行芸能として語り物の「浄瑠璃」があった。初めは、三味線音楽によるものではなく、琵琶法師《びわほうし》が語る「平曲《へいきょく》」と呼ばれるものだった。16世紀に、牛若丸《うしわかまる》と浄瑠璃御前の恋を描いた『浄瑠璃御前物語』(『十二段《じゅうにだん》草紙《そうし》』とも呼ばれる)が広く受け入れられ、同じ節《ふし》回しでほかの物語も語るようになったことから、それらを「浄瑠璃」と呼ぶようになったのである。

慶長年間(1596~1615)に、それ以前に琉球を経て大坂へ入っていた三味線による浄瑠璃の演奏と人形の動きが結びつき、ここから「人形浄瑠璃」の歴史が始まる。

17世紀も終わりの貞享元年(1684)、大坂・道頓堀《どうとんぼり》に竹本《たけもと》義太夫《ぎだゆう》(1651~1714)が竹本座《たけもとざ》を旗揚げし、近松《ちかもつ》門左衛門《もんざえもん》(1653~1724)の書いた脚本を竹本義太夫の三味線に乗せ、人形

『曾根崎心中』の一場面

遣《づか》いの辰松八郎兵衛《たつまつはちろべえ》（?～1734）らが人形を操る、すなわち「三味線」による伴奏で「義太夫節」に合わせて「人形」を遣う「三点セット」が成立し、「人形浄瑠璃」の原形が出来あがったのだ。

以後、『曾根崎心中《そねざきしんじゅう》』、『心中天網島《しんじゅうてんのあみじま》』などの近松作品が大当たりをとり、江戸時代における一大芸能としての姿を見せる。当時、ストーリー性を求めていた歌舞伎は、人形浄瑠璃のヒット作品を歌舞伎に移して演じることを考え、以後、両者はライバルとして互いに衰退を繰り返しながら歴史を重ねてきた。

人形が演じていた作品を人間が演じるにあたり、寸法が違う分、劇場の大きさや構造も変わり、それが日本の劇場の発達を促したと同時に、人形では表現出来ないことが、歌舞伎では表現出来るようになった。一例を挙げれば、人形浄瑠璃では役の科白《せりふ》は「太夫《たゆう》」と呼ばれる語り手の担当だが、一人、多くても三人ぐらいですべての役の科白を語ることになる。歌舞伎であれば、登場人物全員が肉声で科白を言うことが出来る。一方、人形の技術が発達し、一体の人形を一人で操るのではなく、三人で一体を操る「三人遣い」が18世紀前半に確立されると、仕掛けによって一瞬で人間の表情を変えたり、からくりを駆使した表現が可能になった。歌舞伎の場合、化粧をしているために、一瞬での表情の変化は難しい。こうした差は、芸能そのものの優劣の問題ではなく、芸能としての成り立ちの違いだ。

こうして多くの作品が人形浄瑠璃と歌舞伎の間を往復することになる。人形浄瑠璃から歌舞伎に移されたものは「義太夫狂言《ぎだゆうきょうげん》」ないしは「丸本物《まるほんもの》」と呼ばれ、現行の歌舞伎の上演作品の80％程度が人形浄瑠璃からの移入によるものだ。俗に「時代物《じだいもの》」と呼ばれる『仮名手本忠臣蔵《かなでほんちゅうしんぐら》』『菅原伝授手習鑑《すがわらでんじゅてならいかがみ》』『義経千本桜《よしつねせんぼんざくら》』『妹背山婦女庭訓《いもせやまおんなていきん》』『伊賀越道中双六《いがごえどうちゅうすごろく》』『ひらかな盛衰記《せいすいき》』など、名作とされる作品の多くも同様である。しかし、そのほかに「純歌舞伎」と呼ばれる、歌舞伎のために創られた作品もある。四代目鶴屋南北《つるやなんぼく》（1755～1829）の『東海道四谷怪談《とうかいどうよつやかいだん》』『桜姫東文章《さくらひめあずまぶんしょう》』をはじめ、歌舞伎十八番の『勧進帳《かんじんちょう》』『助六由縁江戸桜《すけろくゆかりのえどざくら》』『鳴神《なるかみ》』など、また河竹黙阿弥《かわたけもくあみ》（1816～93）の『青砥稿花紅彩画《あおとぞうしはなのにしきえ》』（俗に「弁天小僧《べんてんこぞう》」と呼ばれる）や『与話情浮名横櫛《よわなさけうきなのよこぐし》』（俗に「切《き》られ与三《よさ》」）などがある。

江戸時代後期から幕末にかけて、鶴屋南北や河竹黙阿弥などの狂言作者が登場し、歴史的な事件や人物に材をとって物語を紡ぎ出す「時代物」ではなく、江戸の町に暮らす庶民の生活を活写した当時の現代劇である「世話物《せわもの》」を登場させたことが、その後の歌舞伎界に大きな流れを創った。この一連の世話物は、ほとんどが純歌舞伎に属すると考えてよいだろう。当時の言葉がポンポンと軽妙に行き交う中で人情の機微《きび》や男女の恋愛を描く芝居は、重厚な義太夫の調べには合わないものであり、義太夫狂言が上方《かみがた》で盛んであったのに対し、新興都市として台頭し、大きな力をつけた江戸ならではの気風がふんだんに取り入れられたものだったことが考えられる。

今は両者ともに古典作品だけではなく、新作の作成にも力を注いでいるが、名作の誉《ほま》れが高い古典作品も、初演の時点では新作だった。その多くが江戸から明治にかけて生まれた、という事実はあるが、平成以降も新作が生まれており、古典として残る可能性は大いにある。人形浄瑠璃と歌舞伎は、ライバルではあるが、日本の古典芸能を支えている構造は変わらない。「世界無形遺産」としての価値もさることながら、庶民と共に生きる芸能としての感覚を大切にしないと、その魅力は即座に失われる。その危険性を孕《はら》んでいるのは、人形浄瑠璃も歌舞伎も同様だ。

「江戸歌舞伎」と「上方《かみがた》歌舞伎」の違い

「江戸歌舞伎」と「上方歌舞伎」とを、あえて区別する必要があるのか、と疑問を抱かれるかも知れない。東京・東銀座の歌舞伎座で演じられている歌舞伎と、大阪・道頓堀《どうとんぼり》の松竹《しょうちく》座で演じられている歌舞伎に何か違いはあるのか。結論を言えば、現在はほとんどない。しかし、厳密に言えば、約50年ほど前に、「上方歌舞伎」は一旦滅んだ。建築物ではないので、その年月日を特定することは出来ないが、あえて特定するならば、昭和42（1967）年6月、十三代目片岡《かたおか》仁《に》左衛門《ざえもん》（1903～94）が自主公演として実績を残してきた「第五回 仁左衛門歌舞伎」の幕を下ろした瞬間だろう。

昭和30年代後半、十一代目市川團十郎（1909〜65）の襲名で湧く東京の歌舞伎界をよそに、関西の歌舞伎は衰退の憂《う》き目をみていた。その中でも、「上方歌舞伎の灯を消してはならない」との志を持つ仁左衛門や二代目中村鴈治郎《なかむらがんじろう》（1902〜83）らが中心となって昭和33年に「七人の会」を結成し、歌舞伎公演を行ったが、3回しか続かなかった。それが、昭和37年の「仁左衛門歌舞伎」の発足に繋がる。一方の鴈治郎は、この時期、専属として所属していた松竹を離れ、映画俳優として名作をいくつも残す。昭和33年に市川昆《こん》（1915〜2008）が監督した『炎上《えんじょう》』、成瀬巳喜男《なるせみきお》（1905〜69）監督の『鰯雲《いわしぐも》』に出演、ブルーリボン助演男優賞など七つの映画賞を受賞するほど、映画俳優としての評価も高かった。

道頓堀・角座の賑わい。右側に『双蝶々曲輪日記』の看板が見える（『摂津名所図会』巻四より）

こうして、櫛《くし》の歯が抜けるように関西在住の役者が離れていく中で、自邸を売りに出しても良いから歌舞伎がやりたい、との想いが「仁左衛門歌舞伎」という自主興行に繋がったのだ。しかし、いくら熱意があっても、個人の力が及ぶ範囲は限定され、興行会社である松竹がその気にならなければどうにもならない。昭和54年に二代目澤村藤十郎《さわむらとうじゅうろう》（1943〜）が「関西で歌舞伎を育てる会」として道頓堀《どうとんぼり》の朝日座《あさひざ》で自主興行を行い、ようやく松竹も関西での歌舞伎の重要性を知ることとなり、平成4（1992）年に「関西歌舞伎を愛する会」として今に至っている。

ここで言う「上方歌舞伎」とは、「関西に在住の役者が、上方歌舞伎の演目を、関西の劇場で公演する」ものを指す。現在は、片岡愛之助《あいのすけ》（1972〜）やその父・片岡秀太郎《ひでたろう》（1941〜）が関西に拠点を置く上方役者として活躍しているが、歌舞伎役者の総数から考えればその割合は僅《わず》かな数だ。

歌舞伎の入門書を読むと、「江戸歌舞伎の特徴は荒事《あらごと》、上方歌舞伎は和事《わごと》」と分類されているが、そう単純なものではない。「荒事」は超人的ヒーローの活躍を中心にし、顔に「隈取《くまどり》」と呼ばれる派手な化粧を施した役者が登場する『暫《しばらく》』などに象徴され、「和事」は『吉田屋《よしだや》』の伊左衛門《いざえもん》のような上方の遊蕩三昧《ほうとうざんまい》の若旦那などに象徴されるが、それは一面に過ぎず、上方・江戸とすっぱり線が引けるものばかりではない。

歌舞伎に関する大きな誤解の一つに、「歌舞伎は江戸で出来たのではないか」というものがある。歴史的には、上方発祥の隣接する芸能・人形浄瑠璃の作品が歌舞伎に移設され、人間が演じた歌舞伎が大当たりをとったことに始まる。歌舞伎の歴史の初期は、上方が江戸とは比べ物にならないほどに盛んであり、洗練された繊細なものがあった。それは「義太夫狂言《ぎだゆうきょうげん》」と呼ばれる義太夫節の伴奏を伴う演目が多く生まれ、熱狂的な支持を得ていたことによる。こうした環境の中で、近松門左衛門《ちかまつもんざえもん》（1653〜1724）が元禄16（1703）年の『曾根崎心中《そねざきしんじゅう》』や『心中天網島《しんじゅうてんのあみじま》』、『国《こく》性爺合戦《せんやかっせん》』などの名作を生み出し、延享3（1746）年・4年・5年と3年連続で『仮名手本《かなでほん》忠臣蔵《ちゅうしんぐら》』『義経千本桜《よしつねせんぼんざくら》』『菅原伝授手習鑑《すがわらでんじゅてならいかがみ》』の三大名作と呼ばれる作品が、二代目竹田出雲《たけだいずも》（1691〜1756）・三好松洛《みよししょうらく》（1695〜1771?）・並木千柳《なみきせんりゅう》（宗輔《そうすけ》。1695〜1751）のトリオによって上演された。宝暦8（1758）年には上方の狂言作者・並木正三《しょうぞう》（1730〜73）が「廻《まわ》り舞台」を発明するなど、歌舞伎の中心は上方にあったのだ。道頓堀には「道頓堀五座」と呼ばれる中座《なかざ》・角座《かどざ》・浪花座《なにわざ》・朝日座・弁天座《べんてんざ》の劇場が並び（現在はすべて廃座）、活況を呈した。

　江戸の歌舞伎との交流はあったものの、江戸における歌舞伎のドラマ性が格段に高くなるのは、『東海道四谷怪談《とうかいどうよつやかいだん》』や『桜姫東文章《さくらひめあずまぶんしょう》』などの作品で知られる四代目鶴屋南北《つるやなんぼく》（1755〜1829）の登場を待たなくてはならない。しかし、南北が立作者《たてさくしゃ》と呼ばれる芝居の中心部分を執筆することが出来たのは、46歳の享和元（1801）年の『天竺徳兵衛韓噺《てんじくとくべえいこくばなし》』であり、19世紀に入っていた。以後、河竹黙阿弥《かわたけもくあみ》（1816〜93）の登場で、江戸の歌舞伎は俄然大きな力を得る。彼らが残した作品は「世話物《せわもの》」と呼ばれ、江戸の市井に暮らす人々の姿を活写し、義太夫よりも長唄や清元《きよもと》などの三味線音楽に重きを置くことも、江戸の人々の好みに合ったのだ。

上方歌舞伎と江戸歌舞伎は、一本の縄のように、互いに交わりを繰り返しながら渾然一体となり、時を重ねてきたものなのだ。時期によってどちらかが勝り、他方がそれを吸収して新しい物を生み出す栄養としながら、現在まで続いている。

「女形《おんながた》」はなぜ登場したのか

歌舞伎と言えば、女性と見紛《みまご》うばかりの美しさを誇る「女形」を抜きにして語ることは出来ない。男性なのに、女性よりも女性らしい、とは女形を語る時によく使われる言葉だ。では、この「女形」、一体どういう事情で歌舞伎に登場したのだろうか。３１４ページでも述べたように、歴史の教科書を眺めてみると、歌舞伎の始まりは京都鴨川の河原で「出雲《いずも》の阿国《おくに》」なる女性による「かぶき踊り」だとされている。

当初の歌舞伎は「遊女《ゆうじょ》歌舞伎」とも呼ばれ、今で言うストリップやレビューなどのエロティックな要素がふんだんに盛り込まれたショーのようなものであったと考えられる。当然、観客は「その後」を期待し、美しい踊り子がいれば、売春に結びつくのは簡単な話。当初は黙認していたお上《かみ》も、眼に余るようになれば当然禁止、となる。しかし、昔の興行師はしたたかなもので「女性がダメなら美少年でいこう」と、14歳前後の元服《げんぷく》前の美少年たちで同じような「若衆《わかしゅ》歌舞伎」を始めた。この当時は、「男色《だんしょく》」とも「衆道《しゅうどう》」とも言われた男性の同性愛が盛んで「粋な遊び」とされていた時代でもある。となれば、行き着く先は遊女歌舞伎と同じで、これも禁止。とうとう、「歌舞伎は成人男子に限る」とのお触れが出てしまった。これを「野郎《やろう》歌舞伎」と呼ぶが、ネーミングからして観客を呼べそうもない。芝居には色気が必要で、そこで男性が女装をして女性を演じる「女形」の登場となったわけである。歌舞伎が始まってからここまでが、ざっと50年である。

遊女・揚巻（歌川豊国「三うら屋揚巻」より）

男性だけで演じ、女性の役があるとは言っても、今までのように賑やかな踊りだけでは観客も呼べなくなる。そこで、「物まね狂言尽《づ》くし」と看板を掲げ、内容にストーリー性やドラマ性を持たせ、徐々に演劇としての体裁が整ってきた。そうなると、「女形」の役割も重要になってくる。いかに自然に女性らしく見せるか、多くの工夫が求められる。元禄期（1688〜1704）に京都・大坂で活躍した女形を代表する芳澤《よしざわ》あやめ（1673〜1729）が、『あやめ草』という女形の心得帖を残しているが、それらの多くは今も歌舞伎の女形の中に脈々と流れている。

芳澤あやめには、こんなエピソードがある。役者仲間が食事に招き、出された料理の中に「とろろ汁」があったが、あやめは一切手をつけなかった。好みではないのかと尋ねたところ、「女形がとろろ汁をすする様子はみっともなく、人様の前でお見せするものではない」との答えに、いたく感心したと言う。

女形と一口に言っても、役柄は武家の奥方、商人のおかみさん、色街《いろまち》の女性、遊女、農家の老婆など、幅広い。「歌舞伎十八番」の中の『助六由縁江戸桜《すけろくゆかりのえどざくら》』のヒロインである遊女・揚巻《あげまき》は、「立兵庫《たてひょうご》」と呼ばれる大きな鬘《かつら》にたくさんの簪《かんざし》を差し、厚手の打掛に、金襴《きんらん》の刺繍《ししゅう》を施した俎板《まないた》帯《おび》の衣装を身に纏《まと》い、高さが20センチを超える黒塗りの下駄で花魁《おいらん》道中を見せる。頭の先から下駄までの総重量は約40キロにも及ぶというから、女形は男の体格を持っていないと勤まらない、とも言えるのだ。その一方で、常に相手役を引き立て、「三歩下がって芝居をする」という心得がある。舞台の上では、身体は男でも、気持ちは女性でいなくてはならない。さらに、女形は、自分にとって一番苦しい姿勢でいる時が一番美しく見えるものだそうだ。踊りなどで、後ろを向いた瞬間や、芝居をしていない時にふと気が抜けると、身体の線が男になってしまう。見た目だけの美しさではなく、肉体も精神もいかに過酷な職分であるかがわかる。

時代は下るが、昭和戦前期に「芝居の神様」と呼ばれた名優・六代目尾上菊五郎《おのえきくごろう》（1885〜1949）は、近代の歌舞伎にリアリズムを持ち込んだ功労者である。その芸談の中に『雪夕暮入谷畦道《ゆきのゆうべいりやのあぜみち》』という河竹黙阿弥《かわたけもくあみ》の芝居で、雪の降る夜に恋人同士が出逢う場面の話がある。入谷の寮で菊五郎が演じる恋人・片岡直次郎《かたおかなおじろう》を待ち焦がれている遊女・三千歳《みちとせ》。犯罪者で追われる身の直次郎は、監視の眼を掻《か》い潜《くぐ》って三千歳に別れを告げに来る。その場面で、三千歳を演じた三代目尾上菊次郎《きくじろう》は、自分が出る寸前まで、氷を詰めた盥《たらい》の中に手を浸《つ》けておき、冬の夜中に恋人を待つ女性に徹したという。その努力にいたく感激した菊五郎は、菊次郎を自分の女房役に起用するようになった。

東京・半蔵門《はんぞうもん》にある国立劇場で、昭和45（1970）年に新作『大老《たいろう》』が上演された時の話だが、現在の九代目松本幸四郎《まつもとこうしろう》の父・初代白鸚《はくおう》が八代目幸四郎当時に、主人公の井伊直弼《いいなおすけ》を演じ、相手役のお静の方を、劇団前進座《ぜんしんざ》の創立者の一人である五代目河原崎國太郎《かわらさきくにたろう》が請われて初共演した。ある場面で、井伊直弼がお静の方を抱いたまま舞台が回って暗転になる。普通は、観客席から見えなくなると、次の場面の準備などのために役者は動き出すのだが、この場面では、客席から二人が見えなくなり、回り舞台の動きが完全に止まるまで、幸四郎は國太郎を抱いたままの格好でいたそうだ。後日、國太郎は「幸四郎という人は、女形にはやりやすい役者だったねぇ。とてもいい気持ちで一ヶ月勤められましたよ」と当時を懐かしんでいたという。

男性だけで演じる歌舞伎でありながら、立役《たちやく》（男役）と女形では見える風景や感覚が、明らかに違うものなのだ。

「歌舞伎十八番」とは？

今でも得意技を称して「十八番！」、同じ字を書いて「おはこ」と呼ぶことがあるが、この語源はどこからきているのだろうか。それは、江戸時代後期の天保3（1832）年に、七代目市川團十郎（1791〜1859）が子息に八代目を襲名させ、自らは五代目市川海老蔵《えびぞう》を襲名した興行で、披露狂言の『助六所縁江戸桜《すけろくゆかりのえどざくら》』に「市川海老蔵流寿狂言十八番の内」と銘打ったことによる。

　これが、歌舞伎役者が「家の芸」を定めた最初のケースになり、正確には「歌舞妓狂言組十八番」と呼ばれていた。『外郎売《ういろううり》』『嫐《うわなり》』『押戻《おしもどし》』『景清《かげきよ》』『鎌髭《かまひげ》』『関羽《かんう》』『勧進帳《かんじんちょう》』『解脱《げだつ》』『毛抜《けぬき》』『暫《しばらく》』『蛇柳《じゃやなぎ》』『助六《すけろく》』『象引《ぞうひき》』『七つ面《ななつめん》』『鳴神《なるかみ》』『不動《ふどう》』『不破《ふわ》』『矢の根《やのね》』の十八の演目が選定され、『助六』『勧進帳』『暫』『鳴神』などは今も人気が高く、頻繁に上演されている。この「歌舞伎十八番」の制定以前に、江戸歌舞伎古来の代表的な演目を集めた十八番が存在しているが、「役者の家の芸」として、自らの先祖が当たり芸としたものをまとめた、という点では先駆けである。

「歌舞伎十八番」が、なぜ「おはこ」と呼ばれるのか。一説には、この演目を書き並べた巻物が黒塗りの箱に納められており、そこから「歌舞伎十八番」のことを「おはこ」と呼ぶようになった、とある。

現在の十一代目市川海老蔵が「歌舞伎十八番」の復活に意欲を見せ、『蛇柳』を上演したのは平成25（2013）年のことだが、「歌舞伎十八番」の中には脚本が現存していない演目や、ほとんど上演されない演目が半数以上を占めている。『蛇柳』にしても、残された僅《わず》かな資料を手がかりに、脚本を新たに作成

「歌舞伎十八番」の内、右上から『象引』『暫』『外郎売』『鎌髭（六部）』『不動』『助六』『景清』『矢の根（五郎）』（歌川豊国『三都名所図会』より）

しての上演で、江戸時代のものをそのまま上演しているわけではない。これは、江戸時代の歌舞伎の性質上やむを得ないことで、著作権の概念がなく、改作や他演目の一部を嵌《は》め込むことが当然だった当時は、「歌舞伎十八番」の演目であっても、それぞれ特定の演目の固有名詞を指すだけではなく、その設定や趣向、人物名などの範囲をも含めているケースが多かったからだ。

能の『安宅《あたか》』を参考に、七代目團十郎が創り上げた『勧進帳』や『助六所縁江戸桜《すけろくゆかりのえどざくら》』のように、現行の上演台本とさほど違わないものもあるが、台本や演出が確立されたものは、ほかに『毛抜』『鳴神』『外郎売』『矢の根』『暫』『景清』『鎌髭』あたりまでではなかろうか。ちょうど半分だが、『景清』『鎌髭』は江戸時代からの確定台本であるとは言い難い面もある。

「歌舞伎十八番」の中でも特筆すべき演目は、最も人気が高い『勧進帳』である。江戸時代においては能が武士の保護下にあったため、能役者と歌舞伎役者の身分差は非常に激しく、歌舞伎役者が能役者と口を利くことはおろか、能の舞台を観ることも叶わなかった。しかし、七代目團十郎が能の様式を歌舞伎の舞台に持ち込み、ストーリーはもとより、舞台正面に老松《おいまつ》を描いた「松羽目《まつばめ》」という能舞台の様式を歌舞伎に持ち込んだのだ。以降、「能取り物」との名で、「松羽目物」は歌舞伎の演目に一つの山脈を形成することになる。それが、『紅葉狩《もみじがり》』『船弁慶《ふなべんけい》』『土蜘《つちぐも》』などの舞踊作品に繋がっているのだ。また、その範囲は同様に狂言にも及び、『棒《ぼう》しばり』『太刀盗人《たちぬすびと》』『茶壺《ちゃつぼ》』などの作品を生むことになった。

「歌舞伎十八番」の制定は、もう一つの功績を歌舞伎に遺した。七代目團十郎の「歌舞伎十八番」を受け、九代目團十郎（1838～1903）が32演目に及ぶ「新歌舞伎十八番」を明治期に残す。以降、各家の頭領が先祖の当たり芸や自分の当たり芸の中から選定した「家の芸」としての歌舞伎の演目が確立し、伝承されてきたのだ。五代目尾上菊五郎《おのえきくごろう》（1844～1903）の「新古演劇十《しんこえんげきじっ》種《しゅ》」、十一代目片岡仁左衛門《かたおかにざえもん》（1858～1934）の「片岡十二集《じゅうにしゅう》」、初代中村鴈治郎《なかむらがんじろう》（1860～1935）の「玩辞楼十二曲《がんじろうじゅうにきょく》」などから、近年では二代目市川猿翁《いちかわえんおう》（1939～）が三代目猿之助《えんのすけ》時代に制定した「猿之助四十八撰《しじゅうはっせん》」にまで及び、現在「家の芸」は15を数える。今では上演されない演目も多いが、代々の当たり役になっているものも多数ある。

歌舞伎役者の「身分」

歌舞伎役者は、日本が誇る伝統芸能の担い手として、人間国宝、芸術院会員、文化勲章などの栄典でその功績を讃えられる。しかし、歌舞伎役者の「身分」がようやく一般人と同様のものとなったのは、明治時代の中期以降のことだ。

明治維新の荒波を受け、古典芸能である歌舞伎も新しい姿を模索した。近代的な思想を植えつけようとする明治政府にとっては、江戸時代以来の荒唐無稽《こうとうむけい》とも言える「歌舞伎芝居」もそのままにしておいてよいものではなく、「演劇改良運動」なる動きが起こり、いくら芝居とはいえども、もっと現実に即したことを芝居にするように、などと指導を受けた。

そのような中、明治20（1887）年に、東京麻布《あざぶ》の鳥居坂《とりいざか》にあった外務大臣の井上馨《いのうえかおる》邸で、明治天皇・皇后の両陛下が九代目市川團十郎などの歌舞伎をご覧になった。俗に「天覧《てんらん》歌舞伎」と呼ぶが、これ以降、歌舞伎役者の地位は向上し、先に述べた栄誉・栄典の対象にまで昇り詰めたのだった。

では、それまでの時代は、どうだったのだろうか。江戸時代の役者の給料は年

明治天皇・皇后の両陛下が臨座する前で『勧進帳』武蔵坊弁慶を演じる九代目市川團十郎ら（楊洲周延「高貴演劇遊覧ノ図」より）

俸制が基本で、1両の価値は時期によって変動したものの、年間に1000両(仮に1両を10万円とすると、1億円になる)の出演料をとる「千両役者」も出てきた。しかし、「身分」としては、江戸時代の「士農工商」の中には当て嵌《は》まらない「制外者」であり、「まともな人間」とは見なされていなかった。

江戸幕府は、劇場を吉原《よしわら》などの遊廓と同様に「悪所《あくしょ》」と考えられていたからで、「表に出る時には素顔をさらさずに、編笠《あみがさ》を被って歩け」とか「必要以上に贅沢《ぜいたく》な生活をしてはいけない」と、人気を誇る存在でありながら、常にお上《かみ》の眼が光っていたのだ。七代目市川團十郎(1791~1859)は、舞台の上で高級な錦裂《にしきぎれ》を使った衣装を纏《まと》い、生活も贅沢だ、と江戸を追放されたこともある。

時代を遡《さかのぼ》ってみると、歌舞伎に限らず、琵琶法師《びわほうし》や白拍子《しらびょうし》、傀儡女《くぐつめ》などの芸能者は、誰もが皆「制外者」として扱われていた。琵琶法師はともかく、白拍子や傀儡女のような女性の芸能者はすぐに売春に結びついたこともあるが、一番の理由は、一ヶ所に定住しない「漂泊の民」だったからだ。

江戸幕府にしてみれば、定住しない者からは年貢も税も取り立てることが出来ない。今で言えば、国民の義務である「納税」を果たさない連中、イコール悪、という図式が成り立つ。元来、定住して生活を営むだけの経済力を持てなかったからこそ、芸能者として漂泊しながら日々の生活を送るしかなかったのだ。定住生活が叶わない芸能者たちは、乞食同様の扱いを受けた。つい数十年まで、歌舞伎だけではなく役者や芸能の世界で生きる人々に対して、「河原乞食《かわらこじき》」という言葉があった。「河原」は言うまでもなく、歌舞伎の発祥が京都鴨川の河原であることによる。その言葉が、リアリティを持って生きていた時代がそこまであった、ということだ。

こうした身分制度の中で、唯一きちんとその身分を保護されていたのは「能役者」だ。室町幕府の三代将軍・足利義満《あしかがよしみつ》が能の始祖とも言うべき世阿弥《ぜあみ》を寵愛し、江戸時代に徳川政権が確立してからは正式に武士の式楽《しきがく》、いわば嗜みとしてその地位を確立し、武士によって保護された。したがって、江戸幕府が崩壊するまでは能役者の地位は高く、歌舞伎役者とは比較にならなかったのだ。歌舞伎役者たちはこうした差別の中で、自らの身分を向上させ、「復権」してきた歴史をも持っているのだ。

歌舞伎役者のサイドビジネス

江戸時代の人気者と言えば、歌舞伎役者と相撲取りだ。江戸時代の歌舞伎役者がいかに人気を博したかは、「千両役者」の言葉と共に、多くの浮世絵で偲《しの》ぶことが出来る。偲ぶ、と言えば、人気役者が亡くなると、「死絵《しにえ》」と称する浮世絵が、人によっては１００種類以上摺《す》られ、ファンの涙を絞ったものだ。

それだけの人気者になると、自らが流行を生み出し、それに目を付けた商売人がグッズを売り、中には自分で小間物屋《こまものや》を開業する役者も現れた。八代目市川團十郎（1823〜54）という自殺した二枚目役者が吐いた痰《たん》や、入った風呂の湯が売れたという驚きの話もある。

幕末から明治の初期にかけて活躍し、33歳の若さで亡くなった美貌の女形《おんながた》・三代目澤村田之助《さわむらたのすけ》(1845〜78)。今は少なくなったが、舞台中の怪我で「脱疽《だっそ》」という身体の組織が壊死《えし》する病気に罹《かか》り、最初は左足、次に右足、左手の手首から先、右手と四肢を失っても舞台を勤め、凄惨《せいさん》とも言える美しさで人気を博した。明治初期に亡くなったせいか、数葉の写真が遺されており、往

菊五郎格子

芝翫縞

時の面影を偲ぶことが出来るが、古い写真ゆえにその全貌が伝わらないのが惜しい。この悲運の女形の名前を付けた品物は、何でも売れたそうだ。「紅」「白粉《おしろい》」「下駄」、何でも「田之助」と付ければ、飛ぶように売れたという。こうした例はそう多くはないが、役者が好んで身につけた柄や着物の色が流行し、今も残っているケースは結構ある。

　市川團十郎の「かまわぬ」模様、尾上菊五郎《おのえきくごろう》の菊五郎格子《きくごろうこうし》、中村芝翫《なかむらしかん》の芝翫縞《しかんじま》といった、主に浴衣に使われる柄や、布の色も「路考《ろこう》」の俳名を持つ女形・瀬川菊之丞《せがわきくのじょう》が好んだ路考茶、市川團十郎の團十郎茶、嵐璃寛《あらしりかん》の璃寛茶など、なぜか役者の名前が付いている色には「茶」が多い。こうしたものは、今でも季節の挨拶の浴衣や襲名の折の配り物などで使われており、人気役者の伝統は時代を超えて続いている。

歌舞伎役者に贔屓《ひいき》が三階席から掛ける「大向こう」と呼ばれる掛け声は、役者の名前ではなく「屋号」を呼ぶ。市川團十郎なら「成田屋《なりたや》」、松本幸四郎《まつもとこうしろう》なら「高麗屋《こうらいや》」、坂東玉三郎《ばんどうたまさぶろう》なら「大和屋《やまとや》」と、役者の一家一門ごとに屋号がある。團十郎は成田山の信仰が篤かったため、幸四郎はその名が高麗（現在の朝鮮半島）までも届くように、との願いを込めて屋号にしたと言われているが、役者の中には自らが営む小間物屋などの屋号をそのまま役者の屋号にした人もいると聞く。多くは士農工商の「商」に準じる身分としての屋号で、誰の屋号が店の名前に由来したものか、現在は定かではない。

人気稼業は移ろいゆく大衆が相手であり、稼げる時に稼いでおかなくては、という想いは昔も今も同じことだ。

五代目市川團十郎（1741〜1806）の「錦着て畳の上の乞食かな」という句が切なく響く。

何度もあった「歌舞伎の危機」

歌舞伎役者の地位が向上したのは、400年を超える歌舞伎の歴史の中で、ここ100年ほどのこと。それまでは、人気役者はたくさんいても、身分は低く、歌舞伎自体が弾圧の対象だった。それを支え続けたのは、観客である庶民。何度も滅びそうになりながら、したたかに生き延びてきた芸能の力には、凄《すご》いものがある。

では、なぜ歌舞伎は弾圧の対象になったのだろうか。時期によって理由は違うが、庶民の芸能だった歌舞伎は、総じてお上《かみ》にとっては好ましくなかったからだ。例えば、幕末に近い天保期(1830~44)は、飢饉《ききん》があったり外国の船が日本近海へ頻繁《ひんぱん》に現れたりと、幕府にも悩みが多かった。老中の水野忠邦《みずのただくに》が「倹約せよ」と自ら率先垂範《そっせんすいはん》し、将軍・大奥から庶民までを締めつけた「天保の改革」。それなのに、歌舞伎の舞台では絢爛豪華《けんらんごうか》な衣装を身に纏《まと》い、派手な騒ぎをしている。七代目市川團十郎(1791~1859)などは、「舞台の上で本物の甲冑《かっちゅう》や錦の衣装を使うなどとはもってのほか」と、一定期間江戸を離れなければならない「所払《ところばら》い」という処罰を受けている。また、こうした見た目だけの問題ではなく、その精神自体が「反体制」で、お上のやり方を皮肉ってみたり洒落《しゃれ》のめしてみたりと、為政者にとっては邪魔なこと甚《はなは》だしかった。情報能力という点では、今のテレビ以上のものを持っていたであろうから、「たかが芝居」と無視するわけにもいかない。こうして、何度も歌舞伎は危機に遭ったのだ。

なぜ、江戸幕府は、歌舞伎をそこまで嫌ったのだろうか。それは、室町時代の発生以来、連綿《れんめん》と続いている武士の芸能として「能」があり、歌舞伎は遥かに格の低い、下賤《げせん》なもの、とされていたからだ。

その最たる象徴とも言うべきものが「絵島生島事件《えじまいくしま》」と呼ばれるものだ。時は正徳4（1714）年、七代将軍・徳川家継《いえつぐ》の頃。大奥に仕えていた絵島（江島とも）が江戸木挽町《こびきちょう》（今の東銀座）の山村座《やまむらざ》に出演中の歌舞伎役者・生島新五郎《いくしましんごろう》と良い仲だったことが発覚した。これが今では予想もつかない大スキャンダルとなり、絵島は信州高遠藩《たかとお》（今の長野県伊那市）へお預け、生島新五郎は三宅島《みやけじま》に流罪、山村座は取り潰された。のみならず、絵島の兄は斬首《ざんしゅ》、関係者約１５００名が処罰の対象となったのだ。大奥に勤める女性というのがまずかったにせよ、この規模の大きさは驚くばかりである。

ここまでは江戸時代の話だが、昭和にも歌舞伎の危機はあった。昭和20（1945）年8月15日、日本は敗戦し、連合国の占領下に置かれた。同時に、歌舞伎の多くが上演禁止になったのだ。理由は「時代劇などの仇討《あだう》ち物は、戦勝国への復讐心を起こさせる」、恋愛物は「戦争に負けた国がそんなことをしている場合か」など。「無条件降伏」で戦争に負けた以上、国民は生きることと、食べることに必死で、芝居や娯楽どころではなかったはず、と思われるかもしれないが、こういう時だからこそ、と敗戦の翌9月には、もう歌舞伎の興行が行われている。しかし、先の理由で上演出来る演目はかなり限られたものになっていた。そこへ救世主のように現れたのは、何と日本人ではなく、当時の進駐軍で、マッカーサーの副官を務めていたフォーヴィアン・バワーズというアメリカ人。嘘か真か、大きな銭湯だと思って入ったのが劇場で、そこで観た歌舞伎に一発でノックアウトを喰らい、歌舞伎の虜《とりこ》となってしまった。挙句《あげく》の果てに、自ら申し出て副官を辞め、芸能の検閲担当になり、多くの作品を上演出来るように取り計らったのだ。中には、自分が観たいために許可を出した作品もあったとされる。

その一方で、昭和30年代には、320ページで述べた「上方歌舞伎」のように滅びてしまったものもある。栄枯盛衰はどの世界にもあることだが、戦後の歌舞伎を救ったのが当時の敵国・アメリカというのはちょっと洒落た話ではないだろうか。

歌舞伎の「三大名作」

もともとは人形浄瑠璃《にんぎょうじょうるり》の作品だが、歌舞伎に移されて俗に「三大名作」と呼ばれている作品がある。『菅原伝授手習鑑《すがわらでんじゅてならいかがみ》』『義経千本桜《よしつねせんぼんざくら》』『仮名手本忠臣蔵《かなでほんちゅうしんぐら》』の3作である。作者はいずれも二代目竹田出雲《たけだいずも》・三好松洛《みよししょうらく》・並木千柳《なみきせんりゅう》のトリオが中心になった合作で、延享3（1746）年、延享4年、延享5年と3年連続での大ヒットを生み出しているのだ。全く違う題材と出演者で大ヒットを連発させた恐るべきトリオである。この当時は著作権の概念もなく、合作や人の作品の改作などは当たり前、という時代で、「人の作品の面白いところをいかにパクれるか」が狂言作者（今で言う劇作家）の腕の見せどころでもあった。近代的感覚のドラマツルギーなどは持ち合わせずとも、古典漢籍《かんせき》や昔の説話などに関する知識が豊富だったからこそ出来た仕事だ。

しかし、なぜこの3作が「三大名作」なのだろうか？『菅原―』は学問の神様で有名な菅原《すがわらの》道真《みちざね》の半生を描いた物、『義経―』はタイトルだけを見ると源《みなもとの》義経《よしつね》が大活躍する作品と思いがちだが、実は少ししか登場せずに、源平入り乱れての物語で、ヒーローの名前を借りた感じだ。

最後の『仮名手本――』は、今も人気の赤穂浪士《あこうろうし》の討ち入りの物語だ。

この3作の共通点は、どの作品も「非業の死」を遂げた人物が中心になっていることだ。菅原道真は政敵・藤原時平《ふじわらのときひら》に陥れられ、九州の太宰府《だざいふ》まで流されて歿した。源義経は、実の兄・頼朝《よりとも》に追い回されてあちこちを逃げ回った挙句《あげく》に、奥州の衣川《ころもがわ》で殺された。浅野内匠頭《あさのたくみのかみ》は、真相は定かではないものの、吉良上野介《きらこうずけのすけ》に殿中・松の廊下で切りつけて、即日切腹させられた。いずれも悲劇のヒーローなのだ。菅原道真に至っては、歿後、都であまりにも多くの天変地異が発生したために、一気に「神様」に昇格し、福岡の太宰府天満宮をはじめ、京都の北野天満宮、東京の湯島天神などに祀《まつ》られている。

見方によっては、いずれも全編を完全に上演すると、ゆうに12時間はかかろうというこれらの芝

『菅原伝授手習鑑』「寺子屋の場」

居は、死者を鎮魂《ちんこん》するための劇だ、とも言える。もちろん、それだけが理由ではなく、長い芝居の中にいろいろな趣向が凝《こ》らされており、それが上演当時の巷《ちまた》の話題を見事にすくい上げていたこともある。

「赤穂事件」と呼ばれる「殿中松の廊下」の事件が起きたのは、元禄14（1701）年のこと。機を見るに敏な芝居者《しばいもの》は即座にそれと思しき芝居を創りはしたものの、お上《かみ》に対する批判に方向が傾き、想定される時代や人物を変えてもなかなか「決定版」の上演は許されなかった。実際の事件が起きてから45年の歳月を経て、決定版とも言える『仮名手本忠臣蔵』が上演の運びとなったわけだが、本来の仇討ちには関係ないお軽《かる》と勘平《かんぺい》のラブストーリーなども加えられ、劇的な面白みは質の高いものになっている。

『菅原――』にしても、上演当時、大坂で三つ子が生まれた、という当時では珍しいエピソードを巧く当て嵌《は》め、菅原道真の家来は三つ子の兄弟という設定になっている。こうした工夫を、歌舞伎の世界では「趣向」と読んで非常に大切にしたものだ。メインのストーリーにどんな趣向を加え、さらに面白くもとの事件を浮かび上がらせるか、に狂言作者たちは心を砕《くだ》いたのだ。

日本人は「三」で括《くく》るのが好きなのだろうか、それぞれの作品で3人の重要人物が芝居で大きな役割を果たす。これも、「趣向」の一つだ。『菅原――』では三つ子の兄弟・松王丸《まつおうまる》が、自分の子供の小太郎を身代わりに差し出し、首を切らせる。また、道真に恩を掛けてもらった白大夫という老人の70歳のお祝いの日に三つ子の兄弟の末っ子・桜丸《さくらまる》が切腹をする。そして道真は、自分が配流される原因を作った娘の苅屋姫《かりやひめ》と別れる。3組の親子の別れが描かれているのだ。『義経──』では、死んだはずの平知盛《たいらのとももり》、平教経《のりつね》、平維盛《これもり》の3人が生きていた、という設定のもとに話が進む。『仮名手本──』では、塩冶判官《えんやはんがん》（史実では浅野内匠頭）、早野勘平《はやのかんぺい》、加古川本蔵《かこがわほんぞう》（史実では梶川頼照《かじかわよりてる》）の3人が切腹をして果てる。これは偶然の一致ではなく、明らかに作者たちの「趣向」によるものだろう。

狂言作者たちは、「次の芝居ではどんな趣向で見物を驚かそうか」と、自らの仕事に精一杯取り組みつつ、その中で知恵を出し合って一つの作品にまとめ上げていったのだ。

『仮名手本忠臣蔵《かなでほんちゅうしんぐら》』とはテロか？

歴史上では「赤穂事件」と呼ばれている、浅野内匠頭《あさのたくみのかみ》の吉良上野介《きらこうずけのすけ》に対する刃傷事件から300年以上が経った。

時は元禄14（1701）年3月14日、江戸城の殿中、松の廊下で、京都からの勅使《ちょくし》（天皇の使い）饗応の日に、接待役の赤穂藩主・浅野内匠頭が、高家《こうけ》筆頭の吉良上野介に斬りつけた。高家とは、殿中での礼儀作法を教える立場の役職だ。使いとは言え、京都から天皇の代理で使者が来るのだから、疎《おろそ》かには出来ないどころか、細かな作法がたくさんある。その饗応の当日に、接待を命じられていた浅野内匠頭が江戸城内で刃傷事件を起こしたのだ。言わば、国会へ天皇陛下がお見えになる日に議員がピストル乱射事件を起こしたようなものだ。儀式は急遽場所を変えて行われ、斬られた吉良は軽傷で済んだ。時の五代将軍・徳川綱吉《つなよし》はこの行為に激怒、浅野は即日切腹、吉良は態度が殊勝であったと、お咎《とが》めなし。挙句に、赤穂藩は取り潰しとなった。

なぜ浅野が吉良に斬りつけたのか、諸説あるものの、真相は不明だ。しかし、「喧嘩両成《けんかりょうせい》敗《ばい》」が基本であるはずのお上の裁きに不満を抱いた赤穂藩家老・大石内蔵助《おおいしくらのすけ》以下47名が、1年

大石内蔵助らが吉良邸へ討ち入る（『仮名手本忠臣蔵』十一段目。葛飾北斎画）

あまりの艱難辛苦《かんなんしんく》を経て、翌元禄15年12月14日に、現在のＪＲ両国駅にほど近い吉良邸を襲い、宿敵吉良の首を討った。これが、俗に言う「赤穂事件」の概略だ。

この行為に、江戸庶民は湧いた。お上《かみ》の片手落ちとも言うべき裁断に不満を抱いていた上に、大名の中にも、心密かに赤穂の浪人たちを応援する人々がいたのだ。その証拠に、討ち入りを果たすまでは「赤穂浪士」、つまり家が取り潰しになり、浪人の身の上だったから浪士だったものが、討ち入りを果たした途端に「赤穂義士」と呼び名が変わった。しかし、これは「テロ」だ。自分の会社の社長が刃傷沙汰を起こして、会社が時の法律で裁かれ、潰れたのを恨みに思い、1年以上かけて作戦を練り、喧嘩相手の社長を集団で殺したのだ。どう考えても表彰の対象ではない。しかし、江戸時代の庶民の感覚は違った。

折しも元禄文化華やかなりし当時、この刺激的な事件はすぐさま人形浄瑠璃《にんぎょうじょうるり》に仕立てられて上演されたが、すぐに取り締まられた。時の政権を批判するようなものはまかりならん、という理由だ。その後も何度か劇化はされたものの、事件後、実に47年を経て、ようやく決定版とも言うべき作品が生まれた。それが、人形浄瑠璃と歌舞伎の三大名作の一つと言われる『仮名手本《かなでほん》忠臣蔵《ちゅうしんぐら》』だ。実際の事件をもとに、設定を鎌倉時代に変え、場所も変え、しかし、明らかにわかるように登場人物の名前を少しずつ変え、史実とは関係のないエピソードを付け加え、全十一段という大長編となった。今でも歌舞伎ではよく上演されるが、完全に最初から最後まで通して上演すれば、休憩時間を入れて15時間はかかろうという大作だ。

なぜ、『仮名手本忠臣蔵』がこんなにも受けたのだろうか。これだけヒットするには理由があるはずだ。事件が起きたのは、徳川家康が江戸に幕府を開いてから約100年後。元禄文化が花開き、世は泰平で、戦《いくさ》もなく平和な時代が続いていた。その時に、「忠義」を大義としたこの事件が起きたから、庶民は驚き、賞賛したのだろう。しかも、そこへ至るまでのいきさつが、「弱きを助け強きを挫《くじ》く」のが好き、という江戸っ子の気質を見事に捉えたのだ。

以後、「忠臣蔵」は、決定版『仮名手本忠臣蔵』を中心に、「外伝《がいでん》」と呼ばれるエピソードのような芝居が50編以上創られた。その中には、今も人気で上演される『松浦《まつうら》の太鼓《たいこ》』や『土屋《つちや》主税《ちから》』などの作品がある。それればかりではなく、講談《こうだん》や落語《らくご》、浪曲《ろうきょく》、流行歌など、ほかの芸能へも大きな影響を与え、「忠臣蔵」は日本の時代劇における大きな山脈を形成したのだ。始まりはテロでも、日本人の精神性を見事に捉えたからこそ、400年を過ぎた今もなお、何度でもリメイクされ、いろいろなジャンルで生き続けているのだ。

歌舞伎の「家」制度

歌舞伎はいまだに「封建的《ほうけんてき》」だ、という声が聞こえる。世間にその印象を与えるのは、「家制度」や「門閥《もんばつ》」、「御曹司《おんぞうし》」といった、現代人が失くした感覚を持った世界だからだろう。それゆえに「閉鎖的」とも言われ、世間からは窺《うかが》い知れない部分が多いように思われているのも事実だ。しかし、その一方、歌舞伎400年の歴史において、「家」の中で代々伝えられてきた「芸」だからこそ、今も江戸時代の香りを残したままの伝統芸能として息づいているのだとも言え、単純に断罪することは出来ない。この「家制度」の中には、戦後あっけなく崩壊した日本の「家父《かふ》長《ちょう》制度」も包含されており、歌舞伎では特に「家」の意識が高まったのは明治以降のようだ。

能、狂言、茶道、香道などの諸芸が、芸の奥義は長男への「一子相伝《いっしそうでん》」に重きを置いていたことが、歌舞伎へも大きな影響を与えている。しかし、江戸時代は、名跡《みょうぜき》を襲名するのは必ずしも実子に限ったことではなく、名前を継ぐために養子をもらい受けたり、一門の高弟の中から技量の優れた役者を選んでその名を継がせたケースも多く見られる。

現在活躍している歌舞伎役者の中で、最も古い代数を誇るのは先年亡くなった中村勘三郎《なかむらかんざぶろう》（1955〜2012）の十八代だ。初代は歌舞伎の始まりとほぼ同時期の慶長年間（1596〜1615）の生まれで、江戸三座として幕府の公認を受けた中村座の座元《ざもと》でもある。当初は江戸城で芸を披露した功績により「猿若《さるわか》」というコミカルな要素を持つ踊りの衣装を授与されていたことから、「猿若勘三郎」と名乗っていた。寛永19（1642）年の資料に「中村勘三郎」の名が見られるが、由緒に関しては不確定な部分も多い。

次に古いのは、平成13（2001）年に十七代目が亡くなった市村羽左衛門《いちむらうざえもん》家で、中村勘三郎と同じく江戸・市村座の座元でもあり、初代は中村勘三郎とほぼ同世代である。

現在、十五代目を名乗る片《かた》

三代で途絶えてしまった上方《かみがた》の名門河内屋《かわちや》の實川延若家（写真は二代目延若〈1877〜1951〉）

岡仁左衛門《おかにざえもん》家は初代が明暦2（1656）年の生まれで、前出の二人よりも一時代遅い。しかし、京坂の舞台で名を上げ、その後は江戸での活躍を見せ、代々が江戸、京、大坂の三ヶ津《さんがのつ》と呼ばれた当時の大都市で活躍することを目標としてきた名門である。

337ページでも述べたように、それぞれの役者の家には「屋号《やごう》」と呼ばれるものがある。基本的には、同じ姓を持つ一家一門の屋号は同じものを用いるが、市川家のように姓は同じでも、本家は「成田屋《なりたや》」、門弟にあたる血筋の市川猿之助《えんのすけ》家は「澤瀉屋《おもだかや》」、市川左團次《さだんじ》家は「高島屋《たかしまや》」など、別の屋号を用いることもある。

また、代々続いた家でも後継がなく、名跡がそのままになっている家もあり、十代続いた岩井《いわい》半四郎《はんしろう》家、上方《かみがた》で大きな名跡だった實川延若《じつかわえんじゃく》家は三代で途絶えている。こうして、「家を守り、継承する」ことが、「歌舞伎の芸を継承する」ことに繋がり、現在までの歴史を重ねてきたが、当然初めは誰もが「初代」である。江戸時代において、初代で名前を大きくした最も有名な例に挙げられるのが、落語にもなった「中村仲蔵《なかぞう》」で、血筋は繋がらなかったが、平成4（1992）年に歿した五代目までその名が残っている。

現代では、現・尾上松緑《おのえしょうろく》の父にあたる「尾上辰之助《たつのすけ》」は初代で市川新之助《しんのすけ》（のちの十二代目市川團十郎）、尾上菊之助《きくのすけ》（現・七代目尾上菊五郎《きくごろう》）と並び、「三之助」と呼ばれて人気を博した。現・片岡仁左衛門も襲名までは本名の「片岡孝夫《たかお》」で舞台に立ち、初代でありながら人気役者となった。現・中村吉右衛門《きちえもん》の祖父の吉右衛門も初代であり、一代で菊五郎と並び称される大名跡となり、昭和初期の歌舞伎界を担う存在となった。

やや特殊な例ではあるが、市川猿之助一門のように、歌舞伎界ではなく外部から弟子をとり、「名題《なだい》」と呼ばれる幹部に昇進し、大きな役を演じるようになった市川右近《うこん》、初代ではないが市川笑也《えみや》などが活躍している。

日本における「家制度」がほぼ崩壊しかけている現在、歌舞伎における家制度は今後貴重なものになっていくに違いない。

歌舞伎の中の「時代劇」と「現代劇」

現代の視点から見れば、ほとんどの歌舞伎作品は「時代劇」の範疇《はんちゅう》に入る。現代に書かれた新作歌舞伎でも、扱われている時代は江戸時代以前の物がほとんどで、発想は新しくとも時代劇であることに変わりはない。歌舞伎は「時代劇専門の演劇」という捉え方が現代の観客の感覚だ。

しかし、江戸時代２６５年の間に、多くの作品が登場した時点では、そうではなかった。その時代での「時代劇」と「現代劇」とに分かれており、大雑把な分け方をすれば、前者を「時代《じだい》物《もの》」、後者を「世話物《せわもの》」と呼ぶ。「時代物」の多くは、上方《かみがた》の人形浄瑠《にんぎょうじょうる》璃《り》から歌舞伎に移入された作品で、江戸時代よりも以前の王朝時代から、平安、鎌倉時代などの歴史的なエピソードを主軸に据え、その中に武将の忠義の精神や親子の情愛、主従の義理などのテーマが大きく横たわった作品が多い。

葛の葉狐が童子と別れる『芦屋道満大内鑑』（月岡芳年『新形三十六怪撰』より）

お家騒動もあれば説話を下敷きにした芝居、狐の精と人間が夫婦になる『芦屋《あしや》道満《どうまん》大内鑑《おおうちかがみ》』、通称「葛《くず》の葉《は》」は「異類婚姻譚《いるいこんいんたん》」という人間と獣が夫婦になる話の一例だ。また、「貴種流離《きしゅりゅうり》譚《たん》」という、身分の高い者が売られたり、悲惨な目に遭ったりする話は「安寿《あんじゅ》と厨子王《ずしおう》」をはじめ、いくつものパターンがある。源《みなもとの》義経《よしつね》が兄・頼朝《よりとも》に命を狙われ、各地を流転する物語はまさしく貴種流離譚だ。時代物のもう一つの特徴は、主人公や重要な人物が、多くの人々が知る歴史上の人物の名を借りている、というところにもある。古くは蘇我入鹿《そがのいるか》、聖徳太子《しょうとくたいし》などに始まり、菅原道真《すがわらのみちざね》、源義経や木曾義仲《きそよしなか》、平清盛《たいらのきよもり》、平将門《まさかど》など、歴史上の有名人が軒並み登場する。

一方、作品が上演された時の時代をそのまま扱った作品があり、これらは「世話物」と呼ばれる。「世間の話題」という意味で、今の時代を扱ったドラマと同様だ。これは、上演当時の観客にとっては「現代劇」で、庶民がたくましくも健気に生きる姿を描いた作品が多く、そこに民衆の共感があった。

ただし、300を超える歌舞伎作品のすべてが、時代物と世話物に綺麗に分かれるわけではない。一本の長い芝居の中で、ある場面では荘重《そうちょう》な時代物が演じられ、気分を変える効果を狙って、その間に世話物が上演されるといった作品も多い。こうした作品を「丸本《まるほん》世話物」と呼ぶ。大坂のねっとりとした夏の空気を感じさせ、今も人気が高い『夏祭浪花鑑《なつまつりなにわかがみ》』、お染久松《そめひさまつ》の悲恋で有名な『新版歌祭文《しんぱんうたざいもん》』（俗に『野崎村《のざきむら》』）、上方狂言で歌舞伎の最初の精神を受け継いでいる「傾城《けいせい》買い狂言」と呼ばれる男女の色事を描いた『吉田屋《よしだや》』などは、今も頻繁に上演されている。

「時代物」と「世話物」を区別するもう一つのポイントは、劇中で使われている三味線音楽の種類による分類だ。「時代物」の多くは、上方発祥の義太夫《ぎだゆう》が大きな割合を占める。これは、人形浄瑠璃が歌舞伎へ移行されたケースが多いからだ。一方、「世話物」は、江戸が文化都市としての発展を遂げた江戸時代中期以降から盛んに生まれたこともあり、必ずしも義太夫音楽への依存度は高くない。その代わりに、同じ語り物の音楽の「清元《きよもと》」などを情景描写に使い、時代物よりも軽い感覚がある。世話物の「世話」とは、下品で日常的な場面や流行語を指す意味も持っており、昔の人はみっともない状況を人に見られると「とんだ世話場をお目にかけまして……」などと言ったものだ。町人社会が充実するにつれて、そこでもいろいろな事件が起きる。痴情のもつれ、金の貸し借り、強盗や殺人。そうした行動を芝居にし、舞台に乗せたのが「世話物」である。

そう考えれば、歌舞伎の時代物や世話物の分類は、今のドラマや映画の原型の一つとも言え、少しは歌舞伎が身近に感じられるはずだ。古典芸能だから、と身構える必要はどこにもない。だからこそ、歌舞伎は江戸時代から庶民の娯楽でいられたのだ。

明治維新と歌舞伎

元号を「慶応」から「明治」へと改めた明治維新は、日本の歴史を大きく変えた。一見、時代の流れとは無関係に見える歌舞伎とて例外ではなかった。西欧から「新しい演劇」や「リアリズム」の思想が文学に流れ込むにつれ、明治政府が打ち出した「現代化」の波は歌舞伎を襲ったのである。

歴史上の事件を題材にした作品の場合、江戸時代は幕府の取り締まりを憚《はばか》って、誰にでもその人と見当がつくような仮名《けみょう》にしていた役の名を、すべて実名《じつみょう》に改めた。また、今の言葉で言えば「時代考証」を正確に行い、扮装や化粧も史実に近いものにした。305ページでも述べたように、荒唐無稽《こうとうむけい》なお涙頂戴やご都合主義の芝居はやめて、演劇として史実を尊重し、リアリズムを前面に押し出した歌舞伎を創ろう、という動きが起きた。これを「歴史を活写した芝居」という意味で「活歴《かつれき》」と呼ぶ。役者では、当時の劇壇のトップに君臨していた九代目市川團十郎（1838〜1903）がこの思想

活歴の代表的な作品『高時』で北条高時を演じる十五代目市村羽左衛門（1874〜1945）

に大いに共鳴し、作者では依田学海《よだがっかい》（1834〜1909）らが作品を提供、明治10年代後半からは「演劇改良運動」と呼ばれ、歌舞伎界を取り巻く一つのうねりが起きた。「改良」という言葉からもわかるように、それまで庶民が愛好してきた「勧善懲悪《かんぜんちょうあく》」や「男女の恋愛」などは愚劣な演劇だと考えた明治政府は、運動が起きる前の明治5（1872）年に河竹黙阿弥《かわたけもくあみ》（1816〜93）らを呼び出し、説諭したほどだ。

では、当時にあっては何が「正しい」演劇だったのか。当時の『東京日日新聞』の記者で、のちに歌舞伎の作品を残す福地桜痴《ふくちおうち》（源一郎。1841〜1906）が演劇改良論を書き、明治19年には伊藤博文、末松謙澄《すえまつけんちょう》（1855〜1920）らが中心になった「演劇改良会」を設立、新しい演劇の提唱と実践を目的とした。しかし、明治20年4月に時の外務大臣井上馨《いのうえかおる》邸で行われた明治天皇の「天覧《てんらん》歌舞伎」程度の実績しか上げないうちに、井上の失脚などを原因として急速にこの運動は水脈を細めた。

もともと、江戸時代からの観客には「難しくてよくわからない」「面白くない」「珍妙な恰好だ」とさんざん不評を買っていた。しかし、九代目團十郎がここで提唱し、実践した演技の「リアリズム」はその後、六代目尾上菊五郎《おのえきくごろう》（1885〜1949）、初代中村吉右衛門《なかむらきちえもん》（1886〜1954）らによってさらに洗練され、役の心理を内面的に表現する演技術として今も継承されている。「古典」と呼ばれる歌舞伎作品も、明治維新による西欧化の流れを避けることは出来なかった。その代わりに、歌舞伎におけるリアリズム表現を手に入れたのだ。

各地に伝わる民俗芸能「地芝居《じしばい》」

福島県の檜枝岐《ひのえまた》（南会津郡）、山形県の黒森《くろもり》（酒田市）、青森県の奥内《おくない》（青森市）、埼玉県の小鹿野《おがの》（秩父郡）などの各地域に、今でも「地芝居《じしばい》」と呼ばれる歌舞伎が残っており、貴重な民俗芸能として上演される様子をニュースで見かけることがある。中には子供が演じるものがあり、幕切れにはその熱演に俄作りの客席からおひねりが飛ぶ。また、山形の「黒森歌舞伎」は、毎年2月に雪の降る中で、酒で身体を温めながら観るのが慣例になっており、各地域での農閑期の祭礼にも似た娯楽の一つだ。

もとを辿れば、江戸時代に歌舞伎が盛んだった大坂・江戸へ商売や何かで出かけていった芝居好きが、地元の人々に教えたり、旅回りで来た一座の役者から教わったりしたものが原型である。もう一つは、旅回りの役者が種々の事情でその土地の人となり、そこで教える、というパターンだ。いわゆる「ドサ回り」の芝居だが、中には相当な腕の持ち主がおり、今で言う大劇場なら脇役でも、地方へ出れば座頭《ざがしら》を張ることが出来た。それで、ついそのまま居ついてしまったケースも多いのだろう。

もっとも、そのおかげで各地に地芝居として、大坂や江戸の大都市とは違う味わいの歌舞伎が残ったのだから、これらの歴史を否定する理由はない。江戸時代中期、宝暦から天明年間（1751〜89）にかけて行われたというのが文書では一番古い記録、という説もあるが、最初の地芝居がいつ、どこで誰によって行われたのかを特定することは、なかなか難しい。また、特定することにさほどの意味があるとも思えない。

地芝居で特徴的なのは、現在の歌舞伎ではほとんど、あるいは全く上演されない演目が残っていることだ。中でも『忠臣蔵外伝《ちゅうしんぐらがいでん》』と呼ばれる、『仮名手本忠臣蔵《かなでほんちゅうしんぐら》』から派生した多くの演目群の中の作品を、地芝居はまだ持っている。『義士十二刻《ぎしじゅうにとき》』の「潮田又之丞住《うしおだまたのじょうすみ》

山形県酒田市の黒森日枝神社境内の演舞場で披露される黒森歌舞伎
（平成21〈2009〉年２月。写真提供：毎日新聞社）

家《か》」、『増補忠臣蔵《ぞうほちゅうしんぐら》』の「本蔵下屋敷《ほんぞうしもやしき》」、「忠臣二度目清書《ちゅうしんにどめのきよがき》（寺岡切腹）」などは、松竹の歌舞伎ではほとんど上演されない。ほかにも、『蟇妖術瀧夜叉譚《がまようじゅつたきやしゃたん》』の「岩屋の段」、『弓張月源家鏑矢《ゆみはりづきげんけのかぶらや》』の「八丈島の場」など、原典は大方想像が付くというものもあるが、いずれも実際の舞台の上演記録は不明だ。

地芝居の魅力は、未成熟なところにある。本職の役者ではないのだから当然の話だが、プロ顔負けに巧くやることよりも、その土地に根づいた芸能としての歌舞伎を愛してやまない人々が、地域の中で伝承し続け、なお成熟しているところ、これこそが地芝居の魅力なのだ。

「能《のう》」と「歌舞伎」はどう違う？

歴史的に言えば、「能」は室町時代にはその形が確立されていた芸能であり、歌舞伎の発祥は室町時代末期だが、芸能として確立されるのは江戸時代中期のことだ。関わっていた人の身分で言えば、能は武士が儀式に用いる「式楽《しきがく》」としての芸能、歌舞伎は庶民の娯楽《ごらく》としての芸能、という歴然とした身分差が、観客のみならず演じる側にもあった。次に、衣装や化粧など外見から

能の『石橋』

歌舞伎の『連獅子』

見てみよう。

能は衣装をつけると同時に、多くの場合、「面《おもて》」と呼ばれる役柄に応じた面をつける。「直面《ひためん》」と呼ばれる素顔で演じる場合があるが、これはあくまでも例外の範疇《はんちゅう》だ。歌舞伎は演目にもよるが、長屋の住人から武士、あるいは派手な衣装を着て、顔に奇《き》っ怪《かい》とも言える化粧を施したスーパーヒーローまで登場する。また、どちらも女性は舞台に立てない、という不文律《ふぶんりつ》があるが、それが完全に守られているわけではない。

しかし、これらは、能と歌舞伎の本質を語ってはいない。何事にも例外がある、という前提の上に立って、大雑把《おおざっぱ》な分け方をすれば、能の本質は死者がこの世に現れ、その想いを語ったあとにまた冥界《めいかい》へ還《かえ》ってゆくまでの物語を演じた芸能だ。歌舞伎にも亡霊《ぼうれい》や幽霊《ゆうれい》が出てくる作品もあるが、基本的に主人公は歴史上の人物を含めて、あくまでも生きている人間である。歌舞伎はいきなり歌舞伎としてのドラマが生まれたわけではなく、それ以前に「人形浄瑠璃《にんぎょうじょうるり》」という人形を使った芸能があり、それが人間の演じる歌舞伎に移行された芸能なのだ。

死者が中心の能、人間が操るが人形によって演じられる人形浄瑠璃、そして生身の人間が演じる歌舞伎。この差が、芸能の本質としての最も大きな違いだろう。

もちろん、細かな点を見ていけば、もっと多くの違いもあれば逆に共通点もある。歌舞伎は能と人形浄瑠璃の影響を大きく受けて発達してきた芸能であり、ほかの芸能も含めて貪欲《どんよく》に肥大してきた芸能だ。その中に、能や人形浄瑠璃の痕跡を今も観ることが出来る。例えば、武蔵坊弁慶《むさしぼうべんけい》が関所を抜ける際に白紙の巻物を読み上げる『勧進帳《かんじんちょう》』という歌舞伎の人気演目があるが、これには能の『安宅《あたか》』という先行作品があり、七代目市川團十郎（1791〜1859）が歌舞伎に移して『勧進帳』として完成させたものだ。しかしそれは、決して簡単な作業ではなかった。能役者が武士に大切に保護されていたのに対して、歌舞伎役者は「卑《いや》しき身分」として人間以下の者として扱われてきたからだ。こうした格差を乗り越えて歌舞伎は発展を遂げてきたのである。

しかし、歴史は皮肉だ。明治維新という大きな時代のうねりの中で、武士の政権は崩壊した。武士に守られていた能も、同じ運命を辿《たど》らざるを得なかった。一方、庶民が力をつけ、経済・文化・教養の面で江戸時代の武士以上とも言える力をつけていくのと同時に、歌舞伎は庶民の芸能としてもてはやされ、明治20（1887）年には明治天皇が臨座《りんざ》した「天覧《てんらん》歌舞伎」が催されるまでになったのだ。

日本の歴史の中で、１本の縄がねじれながら伸びていくように、時代によって表に出る芸能が能の場合もあり、歌舞伎の場合もあったのだ。その後、歌舞伎は大衆的な人気にも支えられ、かつ大資本の傘下に入ったことで、日本の芸能の大きな一画を占めることになっていった。しかし、能はそれが叶わず、ごく限られた愛好家の芸能として、今もその命脈を保っている。

武士が愛好した「能《のう》」

京都の北山《きたやま》に金閣寺《きんかくじ》（正確には、鹿苑寺《ろくおんじ》という寺の舎利殿《しゃりでん》を指す）を造ったことでも知られる室町幕府の三代将軍・足利義満《あしかがよしみつ》（1358〜1408）が、世阿弥《ぜあみ》（1364?〜1443?）という身分の低い美少年の芸人を溺愛《できあい》することがなかったら、能が現在まで伝わることはなかっただろう。ここで驚くべきことは、日本一の権力を持った「武家の棟梁《とうりょう》」が卑《いや》しい旅芸人に愛を注いだ、という

「身分差」の問題である。当時は口を利くことはおろか、座る場所の高ささえも違う厳然《げんぜん》とした身分制度があったからだ。その中で、美しい少年・世阿弥の舞姿に惚れ込んだ義満が、自らの盃《さかずき》を取らせたことが京都の公家たちにとっては信じ難いことだった。世阿弥とその父・観阿弥《かんあみ》(1333〜84)にとっては、またとないパトロンを得たことになり、ここから能の歩みが始まったのだと言える。

世阿弥は父の観阿弥と共に、絶大な権力者を後ろ盾にして、着々と能を武士の間に浸透させていった。

安土桃山時代には、名だたる大名たちが能に凝《こ》り、豊臣秀吉(1537〜98)は自分で舞うばかりか、曲は残されていないが能を自作したほどだ。

一代で後世に残る芸能の骨組みを完成させた世阿弥。しかし、政権が変われば流れが変わるのは今も昔も同じことだ。最大の後ろ盾だった義満が歿し、その後、六代将軍・足利義教《よしのり》

世阿弥を溺愛した足利義満

（1394〜1441）の代になると、世阿弥に弾圧が加えられるようになった。義教が、自分と対立していた弟の義嗣《よしつぐ》に気に入られていた世阿弥を嫌ったからだ。当時71歳だった世阿弥は佐渡島《さどがしま》へ配流《はいる》されてしまった。そのまま表舞台に復帰することなく生涯を終えたと思われるが、生歿年をはじめ、不明な点も多い。しかし、晩年の60歳を過ぎたあたりから、演劇史上特筆すべき画期的な仕事を残している。

それは、俗に『花伝書《かでんしょ》』と呼ばれる芸術論『風姿花伝《ふうしかでん》』や、芸談をまとめた『申楽談儀《さるがくだんぎ》』などの、芸道の奥義《おうぎ》を著したことだ。おそらく、日本で初めての、理論的な演劇論だろう。これが、現在までの日本の演劇をはじめとした芸能の体系化にどれほど大きな影響を与えたかは計り知れないものがある。これらの書に記されていることは、能だけに限られたものではなく、世阿弥が歿したのちに発生した歌舞伎をはじめ、現代までの多くの芸能に共通している普遍的な理論を持っているからだ。もっとも、世阿弥が生きた室町時代は、活字による文化がまだ生まれてはいない。したがって、広く読まれるようになったのは江戸時代のことだ。「孤高の天才」とも言うべき世阿弥が存在しなければ、今の日本の演劇シーンは予想もつかない姿になっていただろう。

世阿弥が天才だったと考えられる要素は、ほかにもある。今も上演されている能の演目をいくつも残していることだ。もちろん、歌舞伎にもそうした例がないわけではない。しかし、全体の演目数の比率で言えば、世阿弥が残した作品が最多だろう。自らが理想とする作品を遺せたことは、芸術家としての幸福でもあっただろう。ただ、不明な点も多い。確実に世阿弥の作であると言われている能は、『平家物語《へいけものがたり》』を題材にした『八島《やしま》』や『敦盛《あつもり》』などの作品をはじめ、50以上にのぼる、とされている。また、能の上演時間も、今の半分程度だった、という説もある。よく言われるように、能は「死者の芸能」だ。多くは、戦いで敗れた武将や、人を乞《こ》うるあまりに亡くなった人が現れ、心情を語る。「シテ」と呼ばれる主役の人物が登場する能舞台へ繋がる「橋掛かり」と呼ばれる、歌舞伎で言えば「花道《はなみち》」のような通路は、死者の世界と現世を繋ぐ冥界《めいかい》との通路でもある。

多くの合戦で命を落とした悲運の武将たちの鎮魂《ちんこん》の意味を持ったことで、能は武士が愛好するものとなり、武士が儀式で用いる「式楽《しきがく》」として保護を受けるようになるのである。

「能」と「狂言」の違い

「能」とセットで「能狂言」と言われるように、謡《うたい》や舞《まい》を中心にした「能」の合間に、科白劇《せりふげき》として演じられるのが「狂言」だ。「狂言綺語《きょうげんきご》」という言葉に由来するもので、「狂言自殺」「狂言強盗」などと使われるように、「中身のない嘘」や「荒唐無稽《こうとうむけい》な振る舞い」というのが言葉本来の意味だが、芸能としての「狂言」は、明らかにコメディである。日本で最古の形を留めた喜劇《きげき》、と言ってもよいだろう。そして、狂言にはいくつかの決まったパターンがある。

　ちょっととぼけた大名と、狡賢《ずるがしこ》いが抜けている家来の太《た》郎冠者《ろうかじゃ》、ないしは次郎冠者《じろうかじゃ》。これらの登場人物が巻き起こす40分から1時間程度の喜劇だ。大名に戒《いまし》められた行為を破り、何とか主人の目を盗んで盗み酒などのささやかな悪事を働く太郎冠者。しかし、結果はすぐにばれて、主人に追い掛けられながら幕になる、というのが一つの王道パターンだ。

狂言『萩大名』（写真提供：毎日新聞社）

『附子《ぶす》』や『棒縛《ぼうしばり》』などの演目がそれにあたる。ほかにも、「聟入《むこい》り」を題材にした『二人袴《ふたりばかま》』『寝音曲《ねおんぎょく》』、大名が主役になる『萩大名《はぎだいみょう》』『武悪《ぶあく》』など、いくつかの分類がある。

狂言では主役を勤める人物を「シテ」と呼び、脇役を「アド」と呼ぶ。能に「観世流《かんぜ》」「宝生流《ほうしょう》」「金剛流《こんごう》」「金春流《こんぱる》」「喜多流《きた》」の五流派があるように、狂言にも「大蔵流《おおくら》」「和泉流《いずみ》」「鷺流《さぎ》」の三流派が存在していたが、「鷺流」は大正時代に滅び、現在は大蔵と和泉の二流派で成り立っている。能との大きな違いはいくつもあるが、僅《わず》かな例外を除いて、能は「面《おもて》」と呼ばれる面を付けて演じるのに対し、狂言は素顔で演じる。

演目のほとんどが喜劇性の高いものであることから、明治維新以降、歌舞伎の改良運動の影響を受けて、歌舞伎化された作品も多い。とは言っても、形式や本質は変えずに、能の伴奏であった鼓《つづみ》や謡の代わりに、歌舞伎の伴奏音楽である長唄《ながうた》や常磐津《ときわず》などを用いて「狂言舞踊《きょうげんぶよう》」の名で上演することが多くなった。『太刀盗人《たちぬすびと》』『棒《ぼう》しばり』『釣女《つりおんな》』『身替座禅《みがわりざぜん》』など、今も人気で頻繁に上演されるものは少なくない。初心者にもわかりやすく観られることや、笑いを含んだ内容、気分を変える意味も手伝っているからだろう。しかし、歌舞伎などと違い、1ヶ月などの長期間の公演ではないこと、能楽堂《のうがくどう》での上演が主体で観客収容人数が少ないことが、狂言を広げたくても広げられないジレンマになっているのかもしれない。

京阪の「座敷舞《ざしきまい》」

「上方舞《かみがたまい》」とも呼ぶ。京阪の料亭などで、芸妓《げいぎ》や舞妓《まいこ》が舞うもので、江戸時代後期（1800年以降）から幕末にかけて上方で発生したものだ。劇場での華やかな舞踊《ぶよう》を見慣れた方には取っつきにくいかもしれないが、上方ならではの「はんなり」とした色気が漂い、三味線が奏《かな》でる「地《じ》唄《うた》」を中心に、ゆっくりとしとやかに舞うのが特徴である。

元来が、御殿《ごてん》での舞や能の舞を基本にしているために、動きが歌舞伎などの舞踊よりも単純化され、その分を舞い手の心情で見せるのが座敷舞の真骨頂と言えよう。一般にはなかなか観る機会がないが、東京・国立劇場で毎年、『京阪の座敷舞』としてその時の上方舞を代表する舞い手を集め、1日限りの公演が行われている。舞踊は、芝居のように何日も続けて行うことはなく、基本は1日限りの舞台だ。広い意味での「お座敷芸」の一種であることを考えれば、それも当然のことと言えよう。お座敷で舞を見せるという性質の芸能であることから、歌舞伎の『京鹿子《きょうかのこ》娘道成寺《むすめどうじょうじ》』や『積恋雪関扉《つもるこいゆきのせきのと》』のように、1時間を超える大曲はない。どれもが十数分から30分ほどの曲で、その中で恋する人を想う女心や、別れたあとの寂しさをしみじみと舞って見せるのだ。『雪《ゆき》』や『黒髪《くろかみ》』などがその代表であろう。

上方舞にも多くの流派があるが、その中の山村《やまむら》流、楳茂都《うめもと》流、井上《いのうえ》流、吉村《よしむら》流を「上方四流」と呼ぶ。現在、楳茂都流は歌舞伎俳優の片岡愛之助《かたおかあいのすけ》（1972〜）が家元を勤めている。また、京都祇園甲部《ぎおんこうぶ》の芸妓・舞妓による井上流は毎年、祇園甲部歌舞練場《ぎおんこうぶかぶれんじょう》で行われる『都《みやこ》をどり』の中核をなしており、人間国宝の四代目井上八千代《いのうえやちよ》（1905〜2004）は94歳でその名を孫に譲るまで現役で舞台を勤めた。その母の三代目も１０１歳の長寿で、１００歳の折に舞い納めている。この三代目・四代目の井上八千代母子を中心に、劇作家の北條秀司《ほうじょうひでじ》が『京舞《きょうまい》』という優れた作品を遺

京都・祇園甲部歌舞錬場における「都をどり」の華やかな舞台風景
（昭和39〈1964〉年４月。写真提供：毎日新聞社）

しており、今も時折上演されている。山村流から出た武原《たけはら》はん（1903〜98）は、『雪』を生涯の当たり芸とし、95歳で長逝するまで上方舞一筋に歩んだ。

中世の「語り芸」説教浄瑠璃《せっきょうじょうるり》、琵琶法師《びわほうし》

芸能の分野において、「語り芸」は様々な水脈に分かれながらも、今も連綿《れんめん》とその流れを続けている。語り芸と聞いて即座に思いつくのは「落語《らくご》」だろうか。高座《こうざ》の上で、一人で何人もの人物を語り分ける代表格とも言える。しかし、落語の登場よりも遥かに昔から、多くの形で語り芸が日本の芸能の中を流れている。

中世には、盲目の琵琶法師《びわほうし》が辻《つじ》へ立って、あるいは寺院のように人の集まるところで、哀切な響きに乗せて平家滅亡の『平家物語《へいけものがたり》』を語った。同様に、説教浄瑠璃《せっきょうじょうるり》として「説教節《せっきょうぶし》」を語る人々が現れた。彼らは定住の地を持たず、町から町へと漂白の旅を続けた「放浪の芸能者」である。「説教節」には、のちに三味線が使用されるようになり、これが邦楽《ほうがく》としての「語り物」と呼ばれる富本節《とみもとぶし》や新内《しんない》、義太夫《ぎだゆう》などの語りと音楽を融合させた芸に発展していったのだ。邦楽

には「唄い物」と「語り物」と呼ばれる二つの系統があり、この「語り物」のルーツは人形浄瑠璃や歌舞伎の伴奏音楽として使われるようになる遥か以前から、芸能としての地歩を確立していたのだ。

その後、落語が登場し、幕末から明治にかけて洗練され、三遊亭圓朝《さんゆうていえんちょう》（1839～1900）という「中興の祖」の出現により、その地位は確固たるものになった。こうした芸能と同様のものに、二人で演じる「漫《まん》才《ざい》」がある。これも歴史は古く、正月に各戸を回って新年の祝賀を述べる「三河萬歳《みかわまんざい》」にまでそのルーツを遡《さかのぼ》ることが出来る。しかし、萬歳は時代と共に姿を変え、「寿《ことほ》ぐための芸能」から、「人を笑わせるための芸能」へと質が転化していった。この境目は明治維新後に置くのが適当だろう。誰もが感じるように、「漫才」は関東よりも関西のほうが人気が高い。これは、

江戸時代の万歳。扇を持って舞う太夫《たゆう》と鼓《つづみ》を打つ才蔵《さいぞう》（『絵本満都鑑《えほんまつかがみ》』より）

「掛け合い」という会話の性質が関西の人々の気質に合ったこと、もう一つはその素地として即興的な喜劇である「俄《にわ》か」という先行芸能が存在していたことが大きいだろう。この流れと下地があったからこそ、関西で「松竹新喜劇《しょうちくしんきげき》」が絶大な人気を誇ることが出来たのだ。

昭和の初期になると、一人で立って面白い話をする「漫談《まんだん》」が登場する。今の言葉で言えば「ピン芸人」だ。この言葉の名付け親は、活動弁士《べんし》の出身で、朗読や座談の名手として一時代を築いた徳川夢声《とくがわむせい》（1894〜1971）だと言われている。これは、関西での二人芸「漫才」に対抗しうるものとして、関東での一人芸語りの「漫談」が発達したのだとも言える。この中には、浅草の軽演劇で活躍した古川緑波《ふるかわろっぱ》（1903〜61）が名付けた「声帯模写《せいたいもしゃ》」、今で言う「モノマネ」も含まれている。しかし、時代の流れと共に「漫談」は、だんだんとほかの芸能の影に姿を潜《ひそ》めてしまった。後継者がなかなか育たなかったことや、ほかの芸能に比べて人数が少なかったこと、主な活動の場である寄席での扱いが「色物」という立場も大きく影響したのだろう。特に、声帯模写を混ぜた漫談は、時の流れと共に真似をされている対象のスターや有名人を知る観客が少なくなったことも大きい。

また、祭礼や縁日などの露店で、「口上《こうじょう》」を伴った「バナナのたたき売り」や「蝦蟇《がま》の油売り」なども、広い意味で言えば立派な語り芸と言える。

こうして眺めてみると、語り芸は芸能の中で最も大きく、いろいろな形に姿を変え、生きている芸能、と考えられる。今は「説教節」を一般的に聴くことは出来ないが、その代わりに漫才や落語をはじめとする「お笑い」に姿を変えた。

「浄瑠璃《じょうるり》」の起源

「文楽《ぶんらく》」とも呼ばれ、ユネスコの無形文化遺産に認定された「人形浄瑠璃《にんぎょうじょうるり》」。平たく言えば人形劇だが、この「浄瑠璃」とは一体どういう意味で、どのように発生をしたのだろうか。現在は、三味線音楽の中の特に「義太夫《ぎだゆう》」を指すが、最初は三味線音楽ではなく、琵琶《びわ》の演奏や扇で拍子をとる、「語り物」の伴奏音楽である。では、どんな物語伴奏をしていたのだろうか。

江戸時代に歌舞伎や人形浄瑠璃などの芸能が発生する前の時代には、琵琶法師《びわほうし》が『平家物語《へいけものがたり》』を語る「語り物」としての芸能が存在していた。その中に、古くは『浄瑠璃御前物語《じょうるりごぜんものがたり》』と呼ばれた『十二段草子《じゅうにだんぞうし》』という御伽草子《おとぎぞうし》があった。源義経《みなもとのよしつね》が金売り吉次の供をして奥州へ下る途中の三河国矢矧《やはぎ》の宿で、長者の娘・浄瑠璃御前に心を惹《ひ》かれ、関係を結ぶ。やがて、義経は旅立つが、途中で病に倒れたことを知った浄瑠璃御前は方々を探して義経を尋ねあて、神々に祈りを捧げて快癒させる。義経は浄瑠璃御前に感謝をしつつも、素性を明かして奥州へ下るという物語だ。

永遠のヒーローとも言うべき源義経が、歌舞伎や人形浄瑠璃ができる以前に芸能に姿を見せている例で、この物語は「絵巻物」にも仕立てられ、作者は「伝：岩佐又兵衛」と言われている。

この『浄瑠璃御前物語』を語るための音楽や詞章が、のちに独立した音楽「浄瑠璃」として、歌舞伎や文楽の伴奏音楽となったのだ。さらに、語り物の音楽の系譜は義太夫から常磐津節《ときわずぶし》、清元節《きよもとぶし》、富本節《とみもとぶし》、一中節《いっちゅうぶし》、宮薗節《みやぞのぶし》、河東節《かとうぶし》、新内節《しんないぶし》などに分かれてゆく。歌舞伎舞踊の伴奏音楽として発達を遂げた「長唄《ながうた》」に吸収された大薩摩節《おおざつまぶし》のようなものもあれば、時代と共に愛好者が減り、代表曲の多くが清元節に移行された富本節のようなものもある。今のJ-POPにも時代の移り変わりによってクローズアップされ、人気を博するジャンルがあるのと同様に、浄瑠璃もまた、芸能としての消長を繰り返しながら、邦楽の一角を守り続けているのだ。

「舞《まい》」と「踊《おど》り」の違い

「舞踊《ぶよう》」とは「舞」と「踊り」を組み合わせた言葉で、どちらも音楽に合わせて身体表現をすることだ。しかし、時に応じて、使い分けられることがある。「上方舞《かみがたまい》」、「座敷舞《ざしきまい》」「盆踊り」

「手踊り」など。本質的には変わらないことから、江戸時代初期には「舞」＝「踊り」という感覚で使われていたようだが、厳密に言えば、発生の形態が違っている。

「舞」は古代に「神事」として奉納されたものが発展を遂げてきた歴史を持つ。宮廷の雅楽《ががく》で、中国から渡来した「楽舞《がくまい》」や日本古来からの「隼人舞《はやとまい》」「倭舞《やまとまい》」などを「国振歌舞《くにふりのうたまい》」とし、現在も宮内庁に伝承されている。また、巫《み》女《こ》が舞うものや歌舞伎以前の芸能である「田《でん》楽《がく》」「猿楽《さるがく》」なども、「舞」に分類される。

江戸時代に入り、人形浄瑠璃《にんぎょうじょうるり》が発展する中で、播磨《はりま》・西宮神社（現在の兵庫県西宮市）の「夷舞《えびすま》わし」と浄瑠璃が合体して「人形浄瑠璃」となった。江戸時代後期には、大坂・京都の花街で山村友五郎《やまむらともごろう》（1781〜1845）が「山村流」を、篠塚文三郎《しのづかぶんざぶろう》（?〜1845）が「篠塚流」

空也堂における踊り念仏（『拾遺都名所図絵』巻四より）

を創設、以後、「楳茂都流《うめもと》」「井上流」「吉村流」など、花街の座敷芸としての舞は一世を風靡《ふうび》し、大坂の舞は「上方舞」、京都の舞は「京舞《きょうまい》」として、それぞれ重要無形文化財に指定されている。

一方「踊り」は、『万葉集』には葬儀の場で身悶《みもだ》えして悲しむ動作のことを表現する、との記載があり、平安時代には念仏と結びついて浄土宗・空也《くうや》（903〜972）が、鎌倉時代には時宗・一遍《いっぺん》（1239〜89）の「踊り念仏」が民衆に広まった。宗教との関連性が深かったために、人間の感情表現や祈りの動作など、「舞」に比べて身体の動きも大きかった。

室町時代末期に「かぶき踊り」が生まれ、より装飾性を高め、音楽も「舞」の地唄《じうた》に対して「踊り」は長唄《ながうた》、清元《きよもと》、常磐津《ときわず》など、多くの邦楽を伴奏音楽として発達を遂げた。現在でも、「歌舞伎舞踊」という呼び名はあるが、舞台で上演されているのはほとんどが「踊り」に属するものだ。

すべてに当て嵌《は》まるケースとは言えないが、「舞」には水平運動の表現が多く、「踊り」には垂直に跳躍する運動が加えられたという、一見してわかる違いがある。これは、京坂の「舞」が花街で「お座敷芸」としての発達を経ており、舞台のように大きな空間ではなく、畳2枚の幅で舞うと言われるように、座を乱さぬような静かな舞が求められたことが大きな原因だろう。

また、所要時間の差も大きな違いだ。「舞」は多くのものが15分から30分の間であるのに対し、「踊り」は歌舞伎と一体化し、舞台でいろいろな仕掛けを見せるようになってからは、『京鹿《きょうかの》子娘道成寺《こむすめどうじょうじ》』や『忍寄恋曲者《しのびよるこいはくせもの》』のように1時間を超える長さのものも登場した。もちろん、舞と同じ程度の上演時間で終わる演目も多いが、「舞」にはこれほど大仕掛けなものはない。

また、「踊り」は人物の個性に合わせた衣装を着る場合が多く、衣装をつけずに踊る場合はあえて「素踊《すおど》り」と呼ばれる。衣装でのごまかしが利かず、派手に見せることも出来ないため、踊り手の技量が問われる難しいものだ。昭和の中頃までは、花嫁修業の一環として、踊りや邦楽を何か一つ身につけるという感覚が東京にも残っており、町内には必ず何かしらの芸事の稽古所があった。「踊り」は、こうして庶民が支えて来た古典芸能の一つでもあるのだ。

盲目の旅芸人「瞽女《ごぜ》」

芸能は時代と共に変容しながら、滅びゆく運命も同時に持ち合わせている。北陸や新潟などの盲目の女性たちが、三味線を手に歩いて旅をし、毎年決まったスケジュールの中で、農閑期の農村を中心に唄を披露して歩いた放浪芸「瞽女《ごぜ》」。テレビの普及、交通網の発達による危険性などから、その数はだんだんに少なくなり、平成17（2005）年に「最後の瞽女」と呼ばれ、無形文化財に指定されていた小林ハルが105歳で長逝《ちょうせい》した瞬間に、瞽女の芸は絶えた。今でも、瞽女が唄った唄や語り物を伝承している人々はいるが、皆、定住者であり、厳密に言えば「瞽女」という職業を生業にしているわけではない。

　豪雪地帯の多い日本海側で、「雪目《ゆきめ》」と呼ばれる眼疾や、麻疹《はしか》による高熱で視力を失った女の子は、当時で言えば「按《あん》摩《ま》」か「瞽女」で生きていくしか方策がなかった。もとより裕福な家庭の育ちではなく、医学も未発達な明治時代のこと、親は泣く泣く娘を手放し、「親方《おやかた》」と呼ばれる瞽女の家に預けたのだ。瞽女は新潟県に最も多く、それも上越地方の「高田《たかだ》瞽女」と、中越地方の「長岡《ながおか》瞽女」に大別された。女性ばかりで暮らす瞽女の生活には厳しい規律が求められ、男性との関係を結ぶことは厳禁で、その掟を破った瞽女

新潟県高田市（現在の上越市）内を歩く瞽女（昭和12〈1937〉年頃）

は、集団から放擲《ほうてき》され、「はなれ瞽女」として一人で放浪の旅を続けなければならなかった。

通常、瞽女は「手引き」と呼ばれるやや視力のある女性を先頭にし、3人もしくは4人の集団で行動をした。年間のスケジュールもおおよそ決まっており、雪解けを待っての「春の旅」、稲刈りが済んだ頃の「秋の旅」と定められていた。旅に出ない期間は、それぞれの親方の家でつましい暮らしを送っていたが、晴眼者《せいがんしゃ》よりもきちんと整った暮らしぶりで、盲目ながら縫い物も見事に仕上げ、家の中には塵《ちり》一つ落ちていない、厳しい教育が施されていた。親方を中心とした制度に守られている以上、どれほど厳しくてもその制度に従っていなければ、生活が成り立たなかったのだ。

毎年、旅の行程で宿泊させてもらう家も「瞽女宿」として、主に集落の中で裕福な家が決められていた。瞽女が集落に辿り着くと、家々を回り、三味線の演奏や唄を聴かせる「門付《かどづ》け」を行い、茶碗に一杯の米や野菜、時には僅《わず》かな現金をもらって歩く。それが済むと瞽女宿に落ちつき、その夜に近隣の住民を呼んで、酒肴が用意され、数時間の演奏を行う、というのが基本だ。ラジオもない山村では、年に一度か二度訪れる瞽女の唄声を聴き、内容によっては笑い、涙し、ということが大きな娯楽の一つであったのだ。

歴史的に眺めて見ると、瞽女の歴史は中世にまで遡る。その当時は「御前」と書き、身分の高い女性も含まれていたが、時代の変化に伴い、盲目の放浪芸へと姿を変えていったのだ。眼の不自由な女性ばかりの集団の行動には、多くの意味で危険が付きまとった。山間部を歩いて旅する中での怪我や事故、長い旅の最中での病気、そして瞽女宿へ宿泊している間の性的嫌がらせだ。中にはそれで身を落とす瞽女も少なくなかった。

今の常識で考えれば、身体の不自由な人々に、そうした芸能行為、しかも1年の大半を旅で暮らすという生活は、受け入れ難いものだ。しかし、福祉制度が充実せず、教育もろくに受けられなかった時代にあっては、生きるためにはやむを得なかったのだ。盲目ながらもその演目は広く、「段物《だんもの》」と呼ばれ、1時間に及ぶ『小栗判官《おぐりはんがん》』などの説話を中心にしたものもあれば、賑やかでコミカルな唄もあり、集まった村人のリクエストに応えて、明け方近くまで語り、唄うことも少なくなかったと言う。

江戸の「大道芸《だいどうげい》」

大道芸の歴史は古い。そのルーツには大きく二つの流れがあり、一つは室町時代の文献にも大道芸人の姿が描かれているように、定住せずに芸を披露する「アルキ巫女《みこ》」や「瞽女《ごぜ》」、「琵琶法師《びわほうし》」といった人たち。もう一つは江戸時代の越中富山の薬売り・松井源水《まついげんすい》で、江戸時代の半ば頃に江戸・浅草の奥山《おくやま》という興行地に移り住み、のちには寄席芸人《よせげいにん》となって昭和までで実に十七代を数えた。歌舞伎役者並みの血統だ。「反魂丹《はんごんたん》」や「外郎《ういろう》」などの薬を売るためには、お客を飽きさせない早口言葉を含んだ口上に加えて、曲独楽《きょくごま》などの芸を見せることも必要だった。商品を売る行為自体が「芸能」なのだ。。

　立て板に水のような口上こそが「芸」で、実のところは売っている品物にそう価値があるわけではない。祭りの縁日などの華やかな賑わいの中で、舌先三寸でどれだけ売れるかが、「香具師《やし》」、「的屋《てきや》」の腕であり、、立派な大道芸だ「蝦蟇《がま》の油売り」「バナナの叩《たた》き売り」など、今は見られなくなってしまった芸は「口承芸能《こうしょうげいのう》」と言ってもよい。

　江戸時代には、両国橋界隈《りょうごくばしかいわい》に見世物小屋《みせものごや》や掛小屋《かけごや》と呼ばれる仮説の小屋が立ち並び、観客からの

江戸の大道芸いろいろ。右から「高野行人」「歯力《はりき》」「ちょろけん」。「高野行人」は高足駄《たかあしだ》を履いて歩く者、「歯力」は歯を使って重い物を持ち上げたり銜《くわ》えたりする者、「ちょろけん」は大きな張子《はりこ》を被《かぶ》って歩く者である。

投銭《なげせん》などで生計を立てていた。「放下師《ほうかし》」と呼ばれた人々は、皿回しや鞠《まり》を使った曲芸の手鞠《てまり》、手妻《てづま》(手品)など、多くの種類があった。室町時代末期に成立したとされる『三十二番職人歌合《さんじゅうにばんしょくにんうたあわせ》』『七十一番職人歌合』には、タイトル通りの数の職業が図入りで描かれており、その中に、「琵琶法師」「白拍子《しらびょうし》」「曲舞《くせまい》」など、大道芸と呼べるものも含まれている。

幕末近くには、竿《さお》を使った軽業《かるわざ》を得意とした早竹虎吉《はやたけとらきち》(?〜1868)が江戸で人気を集め、何十種類もの錦絵《にしきえ》が出板されるほどで、アメリカへもその芸を披露しに出かけたが、現地で急死してしまった。

一方、祭りの縁日などで物を売る「的屋」や「香具師」も組織化され、いわゆる「やくざ」へと変貌していく。昭和初期までは、「的屋」を中心として稼ぐ「的屋系」と、博打の上がりである「寺銭《てらせん》」を主な収入源とした「博徒系」の二つのやくざの流れがあったことだ。いずれも、しきたりや信仰には厳格で、的屋系博徒は中国の伝説に登場する医学と農業の神である「神農《しんのう》」を篤く崇拝し、必ず床の間には「天照大御神《あまてらすおおみかみ》」と共に神農の名を記した掛け軸を掛けていた。映画の影響や、やくざの収入源が覚醒剤《かくせいざい》など非合法の物に変わったことでイメージも変わったが、大道芸の一部は、江戸時代からそうしたアウトローの配下に置かれ、幕府もそれを黙認した状態で、キチンと棲み分けが出来ていたのだ。もちろん、「シマ」と呼ばれる縄張りをめぐる争いなどはあっただろうが、映画のように日々「切った張った」という生活ばかりではなかっただろう。

今は、純然とした芸だけを見せて金銭をもらう文字通りの大道芸は廃れてしまい、欧米の流れを汲んだストリート・パフォーマンスにその座を奪われた。「大道芸」と「ストリート・パフォーマンス」は、似て非なるもので、その本質が全く違う。どちらも、芸を見せて金銭をもらうという構造は一緒だが、芸を見せる側の属性が、社会の中にいるか、社会からはみ出さざるを得なかったか、という根本的な違いを持っている。身分制度の存在した時代に、その外に弾かれた人々は、自分の芸を売って生活の糧《かて》とするしかなかった。場合によっては、その芸が自身の肉体であることも当然ながらある。その歴史と違いを踏まえておかないと、誤解を招くことになる。「大道芸」という言葉が時折寂寥《せきりょう》とした感覚を持つのは、背負ってきた歴史によるものなのかもしれない。

「三味線音楽」いろいろ

厳密に言えば、三味線は日本のオリジナルの楽器ではない。中国で生まれたものが、琉球《りゅうきゅう》では蛇皮《へびがわ》を張った「三線《さんしん》」と呼ばれるものになり、そこから日本へ入ってきた輸入楽器である。室町時代の後期に、『平家物語《へいけものがたり》』などを奏《かな》でていた琵琶法師《びわほうし》たちが、琵琶の撥《ばち》で演奏し、蛇ではなく猫の皮を張り、撥も象牙《ぞうげ》や木製のものに変え、江戸時代には爆発的な流行を見せた。しかし、三味線で奏でられる音楽は、日本の「邦《ほう》楽《がく》」と呼ばれるものだ。

三味線には花梨《かりん》や紫檀《したん》、黒檀《こくたん》などの木材が主に使われているが、今はなかなか国産の良い材料が入手出来なくなり、輸入品が多い。撥も象牙や鼈甲《べっこう》が最高とされてはいるが、どちらもワシントン条約によって新たに輸入することは出来ない。

義太夫《ぎだゆう》、長唄《ながうた》、常磐津《ときわず》、清元《きよもと》、新内《しんない》、小唄《こうた》、地唄《じうた》など、多くの音楽で欠かせない楽器だが、地唄だけは三味線を「三絃《さんげん》」と呼ぶ。また、義太夫には「太棹《ふとざお》」と呼ばれる重くて力強くて低い音が出る三味線を使い、ほかの音楽では「細《ほそ》

江戸時代の音曲《おんぎょく》に三味線は不可欠であり、武士も庶民も親しんだ楽器だった（『絵本常盤草』より）

棹《ざお》」「中棹《ちゅうざお》」を使う。三味線は、その名のごとく、三本の糸が張られており、太いほうから低音の「一の糸」、中音の「二の糸」、高音の「三の糸」と並んでいる。絃にはナイロンやテトロンが使われることもあるが、本来は絹糸を撚《よ》り合わせて作ったものが使われる。

三味線の棹には、ギターのように押さえるポイントに印がついているわけではない。「勘所《かんどころ》」と呼ばれる場所を自分の耳で判断し、そこを押さえ、撥で弾いて音を出す。調律も「本調子」を基準に、「二の糸」を高音に設定した「二上がり」、「三の糸」を低音にした「三下がり」の三種類を基本にしている。

三味線音楽は、大きく分けて「語り物」と「唄い物」の二つの系統に分かれる。「浄瑠璃《じょうるり》」から派生した物語を語る「義太夫」「常磐津」「清元」「新内」がこの部類に属する。一方、「唄い物」は「長唄」「小唄」「端唄《はうた》」など、歌舞伎の一部分として発達し、そこから分派していったものだ。そのため、舞踊《ぶよう》に使われる音楽の中では最も多く、昭和の中頃あたりまでには「花嫁修行」として嗜むものの中に、一般的に「長唄三味線」が含まれていた。現在も、歌舞伎の中で使われる三味線音楽では圧倒的に多いのが長唄だ。

一方、青森県の「津軽三味線」のように、限定された地域で独特の発達を遂げた三味線音楽もある。これは、中世の放浪芸・瞽女《ごぜ》が拠点としていた新潟から日本海沿いに北上し、伝えられた三味線音楽が、幕末から明治にかけて祭礼などでの「大道芸」や、金品をもらって回る「ホイト」と呼ばれる人々の放浪芸として発展を遂げ、現在のような民謡音楽としての形式になったものだ。「奏でる」と言うよりも豪快に撥を「叩きつける」ような演奏形態が、北国の厳しい風土を象徴するイメージと併せて捉えられ、ブームを呼んだのは昭和に入ってからのことで、それまではまさに「知る人ぞ知る」芸能の一つでもあった。

南北に長い日本列島では、いろいろな文化がその土地の気候風土や習慣を取り込み、中央の都市とは違った発達形態を見せる一つの例だ。

粋《いき》な男女の関係「都々逸《どどいつ》」

「竹ならば割って見せたい私の心　先へ届かぬ不幸せ」。

現代は、こうした都々逸が説明を加えないとわからない時代になってしまった。言わず語らぬ想いを三味線の音色に乗せて男女の心の機微《きび》を歌うことが都々逸の粋な味なのだ。冒頭のものは「不幸せ」が竹の「節《ふし》」を「合わせる」という意味に掛かった洒落だ。竹は節が詰まっているために、先へは届かない。自分の想いが相手に通じないことの苦しさ悩ましさを、竹になぞらえて表現しているのだ。

都々逸は、基本形は七・七・七・五の26文字からなるが、最初に5文字を加え、「五字かぶせ」と呼ばれる形態のものもある。先に紹介したのは、この「五字かぶせ」で、全部で31文字、和歌と同じ文字数になる。

都々逸を歴史的に見れば、江戸時代後期に都々逸坊扇歌《どどいつぼうせんか》（1804～52）という芸人が始めたという説があるが、これ以前にもすでに名古屋あたりを中心に流行した「よしこの節」という音曲《おんぎょく》があり、これを都々逸坊扇歌が流用して一つの芸にした、というのが正確なところだろう。昭和40年代頃までは、テレビで中継される寄席《よせ》の番組などに、柳家三亀松《やなぎやみきまつ》（1901～68）、都家《みやこや》かつ江《え》（1909～83）などの芸人が三味線漫談と称して高座《こうざ》に上がり、時事漫談と共に渋い喉《のど》で都々逸の2、3曲を歌っている光景が珍しくはなかった。しかし、世の中も変わり、廓《くるわ》

都々逸の創始者・都々逸坊扇歌の歿後100年を記念して、昭和26（1951）年に茨城県石岡町（現在の石岡市）で行われた「扇歌百年祭」の様子。大三味線が奉納された（写真提供：毎日新聞社）

もなくなり、都々逸に歌われている光景や心情が世間では理解されないものになり、だんだんと廃《すた》れていったのだ。

「惚れて通えば 千里も一里 逢えずに帰れば また千里」（作者不詳）

「この酒を 止めちゃ嫌だよ 酔わせておくれ まさか素面《しらふ》じゃ 言いにくい」（作者不詳）

「夢でなりとも逢いたいものよ夢じゃ浮名は立ちはせぬ」（作者不詳）

など、圧倒的に「作者不詳」のものが多い。考えてみれば当然の話で、遊廓や待合での男女の逢《おう》瀬《せ》を歌ったものに、麗々《れいれい》しく「作　誰々」などというのは野暮《やぼ》の極みである。

「三千世界の 烏《からす》を殺し ぬしと朝寝が してみたい」

これは、幕末の志士・桂小五郎《かつらこごろう》の作とも高杉晋作《たかすぎしんさく》の作とも言われ、遊女の目線で作られている。「烏」は熊野権現《くまのごんげん》のお使いで、遊女が客に、「本当に惚《ほ》れたのはあなただけです」という意味のことを書く「起請文《きしょうもん》」という紙には、この烏が印刷されていた。起請文は神への誓いであり、起請文に書いた内容に反すると、お使いである烏が三羽死ぬ、という言い伝えがあった。しかし、遊女にしてみれば、客を釣るための道具に過ぎず、今までに何百枚書いたかわかったものではない。遊廓では、本当に惚れた男のことを「間夫《まぶ》」と呼ぶが、間夫と一晩しっぽり過ごし、ゆっくり朝寝が出来るのなら、今までに書いた起請を全部反故《ほご》にして、お使いの烏が何羽死のうが知ったことではない、という意味だ。ずいぶんと乱暴な話ではあるが、金で売られた遊女が本当に惚れた男に対する想いが良く出ている歌だ。

「和楽器《わがっき》」の歴史と種類

現在、古典音楽を中心とした邦楽《ほうがく》を演奏する際に使われる「和楽器」の種類は意外に多い。一番ポピュラーなのは「三味線《しゃみせん》」や、「箏《そう》」と呼ばれる琴《こと》だろう。三味線はその名の通り絃《げん》が3本だが、箏の絃は13本が基本で、15、17、20、21など、多絃の種類もある。そのほかにも、琵琶《びわ》、竹笛《たけぶえ》、鼓《つづみ》、太鼓《たいこ》、雅楽《ががく》（古代中国から日本に伝わった宮廷音楽《きゅうていおんがく》）で使われる笙《しょう》、篳篥《ひちりき》、ちんどん屋が叩いて歩く「鉦《かね》」も立派な和楽器である。いずれも、大陸から渡来したとされるものが、日本の気候風土や美意識、その楽器を使う芸能の中で独自に発展を遂げたものと言えよう。

ただ、湿気の多い土地柄の日本で発達したこと、西洋のオーケストラの楽器のように金属を使ったものが少ないことなどから、非常に繊細な環境を求めるものが多い。三味線の皮は主に猫を使うが、湿気の影響で「パン！」という音を立てて、一瞬にして裂けてしまうことも少なくない。また、鼓や太鼓は主に馬の皮を使う。直径2メートルを超えるような大太鼓もある一方で、肩に乗せて叩く鼓まで、サイズは何十種類にも及ぶ。邦楽の演奏会や歌舞伎の舞台などで見かける場面だが、鼓の演奏者は特に革の微妙な湿り気に注意を払っており、時折自分の舌で湿り気を与えたり、その具合を確かめたりする。そうした気遣いが必要なほど、観客にはわからないような微妙な範囲で音色が変わるのだろう。

もう一つ、西洋の楽器との大きな違いは、演奏される場所の「広さ」だ。貴族の館などで「弦楽四重奏」を奏でる場合、最低でも20畳や30畳の広さが必要だ。しかし、三味線は4畳半の座敷で差し向かいで演奏することに何の違和感もない。上方《かみがた》で発達した「三曲《さんきょく》」は、三味線、琴、胡弓《こきゅう》の三つの楽器で「地唄《じうた》」を演奏し、時には舞うもので、座敷という室内で発達した芸能である。比較的丈夫な太鼓や笛などは、祭りなど屋外での演奏も多いが、室内での

尺八・琴・三味線の三曲（二代目歌川豊国「風流娘三曲」より）

演奏を想定しているものが多い。

また、琴や三味線は、演奏者＝調律者《ちょうりつしゃ》であることも特徴の一つだろう。調律のことを「調子《ちょうし》」と呼ぶが、演奏者の経験によって培《つちか》われた「耳」で、自らが調子を合わせる。例えば、三味線の「本調子」という最も基本的な調子にしても、その曲を歌う相手の声の高低によって微妙な変化を見せる。絶対的に決められた音ではないのだ。面白いことに、これだけ時代が進んでも、この感覚は江戸時代から変わらずにいる。最近では、入門者のために調子を合わせる機械や道具もあるが、その発想には変化がない。これも大きな特徴である。大正時代に生まれた「大正琴《たいしょうごと》」が、初心者にわかりやすく、また、現代の音楽も簡単に弾けるようにとの考えのもとに創られ、「和洋折衷《わようせっちゅう》」の味を一番持っているものとも言える。しかし、それにしてももう１００年を超える歴史を持つ楽器だ。

今は、古典の邦楽を耳にする機会がどんどん減っているが、長い時間を経てもそれほど大きな変化を遂げずに残ってきたということは、日本人の琴線《きんせん》に触れる何かを持っているのだろう。正月のテレビ番組には必ずと言ってよいほど宮城道雄《みやぎみちお》（1894～1956）が作曲した「春の海」の琴の音が流れるが、そのことに違和感を持っている日本人は少ないのではないだろうか。

庶民の学問と楽しみ「寄席《よせ》」

「定席《じょうせき》」と呼ばれ、常に落語を中心とした興行を打っている寄席《よせ》は、東京では上野の鈴本《すずもと》演芸場、新宿の末廣亭《すえひろてい》、浅草演芸ホール、池袋演芸場の4席しかなく、落語の大部分はホールや劇場での公演が多くなってしまった。寄席では落語だけでなく、「色物《いろもの》」と呼ばれる漫才《まんざい》や音曲《おんぎょく》、講《こう》談《だん》、浪曲《ろうきょく》やマジックなども多く高座《こうざ》（舞台）にかけられるために、どうしても一人あたりの持ち時間が少なくなってしまう。その点、ホール落語や独演会などは、たっぷりと時間がとれるために数が増えてきたという歴史がある。ほかにも、落語を中心とした寄席演芸が低迷していた時代に、僅《わず》かな集客ではとても経営が成り立たず、出演者に満足な出演料が払えないという経済的な事情も大きかった。

昭和初期には都内に100軒近い寄席があり、人形町の末廣や上野の鈴本などを一流とし、各地に二流、三流の「端席《はせき》」と呼ばれる寄席までずいぶんの数があった。客も銭湯の帰りなどに気軽に立ち寄って、適当な時間を過ごしながら楽しむという習慣が根づいていたのだ。しかし、ラジオ、次いでテレビの普及に伴い、「生《なま》の芸」が間近で見られるという価値が失われてゆき、衰退の一途を辿っていった。稼ぎの金額や、人数の多寡《たか》に関係なく厳しい観客の前で修業を重ねることで芸人としての腕を上げる「道場」としての役割も果たしており、観客が芸人を育てる時代もあったが、今は逆にそんな悠長な真似を許さなくなった。特にテレビの出現以降は、売れっ子の落語家が民放各局と専属契約を結ぶなど、映画スター並みの扱いで厚遇されたため、ますます寄席へ

上野の寄席・鈴本演芸場（昭和９〈1934〉年。写真提供：毎日新聞社）

出る機会が少なくなった。

歴史的に見ると、今の形式に比較的近い形で初めて寄席が出現するのは、寛政10（1798）年に江戸・下谷《したや》の下谷神社の境内で初代三笑亭可楽《さんしょうていからく》（1777〜1833）によって開かれたものとされており、下谷神社には「寄席発祥の石碑」が建っている。語源は、「客を寄せる場」、つまり「寄せ場」が「寄席」に転化したのだろう。

時代とともに、客席も畳敷きから椅子へと構造が変わった。まだ畳敷きの寄席があった頃は、前座の噺など聴く耳を持たない厳しい観客は、すぐにゴロリと横になってしまったそうだ。

休日や祭日でもない限りは「昼夜入れ替えなし」で丸1日楽しめ、気軽に下駄履きやサンダルで出かけられる身近な娯楽施設があちこちにあった時代は、もう遠くなってしまった。

一人芸「落語」の世界

ある落語家（「噺家《はなしか》」とも言う）は、子供から「親父の仕事は『するってぇと何かい？』って奴だろ」と言われ、返答に困ったそうだ。今は新作を中心に古典共々落語が元気な時代だ。時代設定を工夫しながら、今の世相の話題を巧みに取り込み、笑わせる力が観客を惹きつけるのだろう。

同様の寄席《よせ》演芸に「漫才《まんざい》」がある。こちらは二人で演じるもので、一人の場合は「漫談《まんだん》」となる。では、「落語」と「漫談」の違いは何か。「落語」は高座《こうざ》に座布団を敷き、和服で座って喋《しゃべ》る。関西では、落語家の前に「見台《けんだい》」と呼ばれる台を置くこともあるが、東京では扇子《せんす》と手拭いしか使わない。共通したルールは、立とうが踊ろうが勝手だが、座布団から出てはいけない、ということだ。50センチ四方程度の空間で、いかに話術で勝負するか、が問われる。

歴史的なルーツを辿ると、豊臣秀吉に仕えていた曾呂利《そろり》新左衛門《しんざえもん》が落語家の祖ではな

落語界の中興の祖である三遊亭圓朝

いかという説があるが、同時期に、町の辻《つじ》に立って面白い話をし、人々を笑わせていた「辻講《つじこう》釈《しゃく》」が起源ではないかという説もあり、確かなところはわかっていない。江戸時代後期の寛政10（1798）年に江戸の下谷《したや》で初めて寄席が開かれてからは、歌舞伎よりもさらに身近な「庶民の芸能」として根づき、ほかの芸能と同様に隆盛と衰退を繰り返しながらも息の長い人気を保ち、現在まで続く歴史を重ねてきた。明治時代には「落語界の中興の祖」と呼ばれる初代・三遊亭圓《さんゆうていえん》朝《ちょう》（1839〜1900）が登場、怪談噺や人情噺を得意とし多数の新作落語を創作して、名人の名をほしいままにした。『真景累ヶ淵《しんけいかさねがふち》』『怪談乳房榎《かいだんちぶさのえのき》』『人情噺文七元結《にんじょうばなしぶんしちもっとい》』などいくつかの落語は歌舞伎化され、歌舞伎の舞台でも当たりをとった。

寄席が庶民の芸能として根づいたのは、何よりも娯楽としての金額が歌舞伎に比べて安かったこと、寄席の数が多く、気軽に出かけられたことの2点だろう。時代や場所によって、一流、二流、三流、端席《はせき》（それ以下）と暗黙のうちに分かれ、登場する芸人も違ってはいたが、演じる噺の中身は基本的に同じで、名人芸を聞きたければ一流の寄席に出かけ、一風呂浴びた帰りに涼みがてら寄るには近所でと、目的に応じて使い分けることが出来たのも、親近感がある理由だろう。

平成23（2011）年に亡くなった立川談志《たてかわだんし》は、「落語とは、人間の『業《ごう》』の肯定《こうてい》である」という落語論を展開していた。落語に登場する人物の多くは皆非常識で、それを客席から笑って眺めること、これが「業の肯定」に通じると言うのだ。確かに、長屋の熊さん、八っつぁんをはじめ、一見まともそうなご隠居にしても、常識的とは言えない。そこに、落語が醸《かも》し出す「滑稽味」が出て笑いを誘う。

長屋の連中が気の毒だからと、大家が自腹を切って花見に連れて出かけたのはよいが、予算の関係でお酒はほうじ茶、卵焼きは沢庵《たくあん》、かまぼこは大根の漬物で代用する『長屋の花見』。物を知らない長屋の住民が、物知りで通るご隠居のところへ珍妙なことを尋ねに来るのだが、「分からない」とは絶対に言いたくないプライドから、ご隠居の答えがどんどんおかしくなってゆく『やかん』、『浮世根問《うきよねどい》』。こうしたやり取りの中に、庶民は他人の無知を笑いのめすと共に、批判精神や正しい知識、親孝行や人情の機微をも学んだのだ。

落語には「人情噺」と呼ばれる、サゲ（落ち）をあまり重視せずに、話の内容と運びで聴かせるものがある。先に挙げた『人情噺文七元結』や『唐茄子屋政談《とうなすやせいだん》』などがその代表格だろう。中には『子別れ』のように、サゲが付けられているものもあるが、これもサゲよりは内容重視だ。落語のサゲには「地口落《じぐち》ち」「考え落ち」など、十数種類もあると言われているが、聴いているほうはサゲを意識する必要はない。

人々を爆笑もさせ、ホロリと泣かせもする「落語」は、ラジオやテレビの登場によって、寄席に出かける観客は激減したが、新しいメディアとうまく共存しながら生き残った芸能でもある。その中から幾多の「名人」が登場し、時代や好みはあるものの、いまだにかつての名人のCDやDVDは売れ続けている。

落語は、結末がわかっていても、巧い人が演れば何度聴いても飽きない。いわゆる「芸人」と呼ばれる人々が、いとも簡単に消えていくのは、人々を飽きさせないだけの芸がないからだろう。たった一人で、場合によっては20人以上の人物を語り分けなくてはならない「話芸」としての洗練が、落語の本質である。これは、古典でも新作でも変わりはない。

「講談《こうだん》」と「浪曲《ろうきょく》」

「講談」は「読む」と言い、「浪曲」は「語る」と言い、共に寄席《よせ》の芸能の一種である。もっとも、両者共にその源流を遡《さかのぼ》ると、寄席とは別のところで発生し、それが演芸場としての「寄席」の出し物の中に組み込まれていった、と考えるのが正しいだろう。

いずれも、昭和の中頃には一世を風靡《ふうび》するほどの芸能で、「浪曲」ではのちに歌手になった村《むら》田英雄《たひでお》（1929〜2002）、二葉百合子《ふたばゆりこ》（1931〜）などの人気者が出たが、群を抜いていたのは二代目廣澤虎造《ひろさわとらぞう》（1899〜1964）で、当時は『清水次郎長伝《しみずのじろちょうでん》』を知らない人がいないほどの人気だった。七五調で語られる「浪曲」は「浪花節《なにわぶし》」とも呼ばれ、節回しがそれぞれ演者によって違い、その違いを楽しむほかに、一つの物語を節に乗せて歌い、語るのが基本だ。舞台には腰ぐらいの高さのテーブルを置き、贔屓《ひいき》筋などから贈られた掛け物を敷き、袴《はかま》の正装で語る。腹の底から鍛え上げられた声の節回しと独特の抑揚《よくよう》は、一人芝居のようでもあり、それは先行芸能として中世に発達を見せた「説教節《せっきょうぶし》」や、法螺貝《ほらがい》を吹きながら神に捧《ささ》げる祝詞《のりと》を語る「デロレン祭《さい》文《もん》」などの門付《かどつ》け芸にその源流を遡ることが出来る。

一方、「講談」は江戸時代に流行した「辻講《つじこう》釈《しゃく》」などの大道芸の一つが、多くの歴史的エピソードを中心にした作品を取り込んで、寄席芸能としての発達を遂げたものだ。主なジャンルには、「軍記物」や「人情噺」「怪談」などがあり、独特の抑揚を付けて語る芸である。「講談」は浪曲とは違い、高座に座って「釈台《しゃくだい》」と呼ばれる小さなテーブルを置き、聴かせどころでは、「バンバン」と釈台を叩いて調子を付け

江戸の講釈師・森川馬谷《もりかわばこく》が高座《こうざ》で「忠臣蔵」を講釈（『忠臣蔵十二段目』より）

るのが特徴だ。特に、「軍記物」などにはその傾向が強く見られる。

明治末期には「立川文庫《たつかわぶんこ》」と呼ばれる講談を速記にした読み物が大流行し、それは昭和初期の「少年講談倶楽部」まで続く。それらの物語には「忠君愛国」「忠義」「親子の情」などがふんだんに盛り込まれ、国民道徳の実践指導を目的とした「修身《しゅうしん》」の要素も盛り込まれていた。

近年、残念なことに「浪曲」は聊《いささ》か元気がないが、「講談」のほうは女流講談師も増え、今の若い観客に講談の魅力を知ってもらおうと、新作の上演などの試みが懸命になされている。ただ、両者共に気の毒なのは、今はお手本とすべき名人芸が失われ、暗中模索の中で新しい作品と伝統とをどう融合させるか、という大きな問題を抱えていることだ。広い眼で見れば、これはこと講談や浪曲に限ったことではなく、能・狂言・歌舞伎・人形浄瑠璃《にんぎょうじょうるり》などすべての古典芸能に当て嵌《は》まる大きな、そして深刻な問題なのだ。

日本の「奇術」

「手品《てじな》」のことを、古くは「手妻《てづま》」（手を稲妻のように素早く動かすことから生まれた語）もしくは「和妻《わづま》」（西洋の手品「洋妻」に対する語）と言った。今は「イリュージョン」とも呼び、広い場所でかなり大きな仕掛けをするものがある一方、トランプやコインを使って指先の芸を見せる手品も健在である。また、あえてネタをバラしながら、観客の驚きよりも笑いを誘うことに主眼を置いた手品もある。歴史が長い芸能の中で、形を変えながらも意外に廃《すた》れていない分野と言えるかもしれない。

歴史的に眺めれば、奈良時代あたりに「大道芸《だいどうげい》」の一種として中国大陸から流入してきたもので、「幻術《げんじゅつ》」などと呼ばれていたが、戦国時代には一種の見世物芸としての確立をみたようだ。しかし、その頃入ってきたキリスト教の「切支丹《きりしたん》の妖術《ようじゅつ》」と考えられ、不当とも言える迫害を経験した時期もあった。「人心を惑わす」という眼で見られたのだろう。

女奇術師・松旭斎天勝

「手妻」が、芸としての成熟を迎えたのは江戸時代になってからである。元禄期（1688〜1704）には塩屋長次郎《しおやちょうじろう》（生歿年不詳）が、化政期（1804〜30）には初代柳川一蝶斎《やながわいっちょうさい》（生歿年不詳）が活躍するなど、町人文化の成熟と時期を一にしている。彼らは「芸能」として「水芸《みずげい》」や「胡蝶《こちょう》の舞《まい》」と呼ばれる演目で人気を博し、庶民が大いに支持することとなった。

明治時代に入ると、ヨーロッパ巡業した松旭斎天一《しょうきょくさいてんいち》（1853〜1912）やその一門などをはじめとした数多くの奇術師《きじゅつし》が「西洋奇術」を披露して人気を博したが、当時の奇術師の中で忘れてはならないのは松旭斎天勝《しょうきょくさいてんかつ》であろう。明治19（1886）年に生まれて昭和19（1944）年に亡くなるまで、68年の波乱万丈の生涯を送り、日本の奇術の一大潮流を創り上げた、言わば「中興の祖」とも言うべき女性である。日本人離れした立派な体格と美貌《びぼう》で人気を博し、数回のアメリカ公演も成功、「天勝」の名は奇術師の代名詞となったばかりではなく、「魔術の女王」と呼ばれ、日本中で大人気だった。偽物《にせもの》さえも現れたというから、よほどの人気だったのだろう。今に続く女流マジシャンの元祖とも言える存在だ。天勝の波乱に満ちた生涯は何度も舞台化されるなど、長らく人気を誇ったが、現在は歴史の波に埋もれてしまった感がある。

日本の「手妻」の特徴は、「一瞬にして象を消す」といったようなダイナミックなものではなく、寄席《よせ》などでの公演が多かったこともあり、見事な手技を見せることに主眼が置かれている。先ほど名を挙げた「胡蝶の舞」という芸は、白い半紙で1匹ないしは2匹の蝶を創り、これをあたかも生きて飛んでいるかのように扇子《せんす》の風で舞わせるというものだ。すでに江戸時代から人気の芸の一つであり、三味線《しゃみせん》の賑やかな伴奏と共に、優美な姿を見せることで観客の喜びを誘う。まさしく「手妻」であり、手先の器用な日本人がさらに工夫を凝らして創り上げた芸だ。ただ、最近はこうした芸よりも大掛かりな芸のほうに観客の目が向く傾向があり、だんだん観る機会が減っているのは残念なことだ。

日本で大掛かりな仕掛けの奇術を見せたのは、昭和に活躍した初代引田天功《ひきたてんこう》（1934～79）だ。テレビ番組で「脱出イリュージョン」を見せて人気を博したが、病気のために若くして亡くなった。その後、弟子だった女性が二代目として名を継ぎ、今もイリュージョンを見せている。時代と共に観客の嗜好も変わり、「奇術」という言葉の範囲も広がってきた。今では純然たる手技だけではなく、イリュージョンや透視《とうし》、超能力《ちょうのうりょく》までもがその範囲として考えられているようだ。

「見世物小屋《みせものごや》」の哀しき風情

「さぁさぁ、寄ってらっしゃい見てらっしゃい、見るは法楽《ほうらく》見らるるは因果《いんが》、お代は見てのお帰りだよ」。大きなお祭りの縁日などで、ダミ声で叫ぶ呼び込みの声と、極彩色《ごくさいしき》の泥絵の具でおどろおどろしく描かれた絵看板。そこには「蛇女《へびおんな》」や「河童《かっぱ》」など、どう考えても「絶対に存在しない」ものがいる。理性ではわかっていても、「さぁ、始まるよ」とジリリと古めかしいベルの音がすると、看板を見上げていた人々は不思議と中へ吸い込まれていく。しかし、肝心の見世物はなかなか始まらず、何回かこのようなことを繰り返し、俄《にわか》作りのテントが立錐《りっすい》の余地もないほど満員になったところで、おもむろに見世物が始まるのだ。

　すでに見世物小屋は消滅し、古くは落語、あるいは映画やテレビの中での光景だと思われるかもしれないが、実は、まだ1軒だけ見世物小屋で生計を立てているところがある。東京新宿の花園《はなぞの》神社で毎年11月に行われる「酉《とり》の市《いち》」に、見世物小屋が出

新宿・花園神社の見世物小屋の絵看板

ている。

例えば「蛇女」は、わざと薄暗くした舞台の上で、蛇のようなメイクをした長い髪の女性が半裸に近い姿で座っており、下半身は大きな蛇がとぐろを巻いている。上半身が人間、下半身が動物、いわば「半人半獣《はんじんはんじゅう》」の見世物だが、肝心な上半身と下半身の繋ぎ目が薄ぼんやりとしていて見えない。

次いで「河童」は、舞台の上に50センチ四方ほどの切り穴が開いており、穴の中には水が溜まっている。司会が「さぁ河童ちゃん、出ておいで、出ておいで」と床を叩くと、「何か」が浮かび上がってくる。茶色い毛が生えており、頭の皿の部分には生えていない。それが何度か浮かんだり沈んだりし、やがて見えなくなる。

この「見えなさ」加減こそが見世物小屋の醍醐味《だいごみ》である。誰も、「蛇女」や「河童」の存在を信じているわけではない。「一体、どんなものを見せるのだろう」という好奇心が満たされれば、それが立派な「芸」になる。芸の上の趣向として成立するのだ。ほかにも、長さ20センチ程度の小さな生きた蛇を殺し、その血を呑む女性がいて、時折テントの中では女性の悲鳴が上がる。40分ほどのステージが終わると、観客は一斉に出口へ流れ、そこで見物料を払うことになる。不思議なことに、出る時の観客の表情が面白い。「なぁんだ」という顔つきと「本物でなくてよかった」という顔つきが混ざっている。こうして「雰囲気」を味わい、非日常の世界へ誘う、という点で、見世物小屋は立派に芸能の目的を果たしているのだ。

漂泊《ひょうはく》の「放浪芸人《ほうろうげいにん》」たち

「放浪芸」と聞くと、的屋《てきや》や香具師《やし》など、お祭りの縁日で物を売って歩く商売を連想する人もいるかもしれないが、日本の放浪芸をきちんとした形で定義するのはなかなか難しい。一般に「大道芸《だいどうげい》」、最近はストリート・パフォーマンスと呼ばれているものもその範疇《はんちゅう》に含めれば、平安時代にはその存在が見られ、売春を伴った「アルキ巫女《みこ》」と呼ばれる存在まで、実に多岐にわたる。のちに貴族や武家に抱えられ、今に続く能《のう》や歌舞伎などの古典芸能の萌芽《ほうが》になったものもあれば、「見世物小屋《みせものごや》」や新潟を中心とした「瞽女《ごぜ》」、青森の津軽地方を中心とした「ボサマ」や「ホイト」と呼ばれる、三味線などを弾いて金品を得るものまで、実に幅が広い。

江戸時代の大道芸の中には、今のサーカスのようなものもあり、また、祭礼の縁日で「蝦蟇《がま》の油《あぶら》」を、見事な口上で売り捌《さば》く者もあった。「蝦蟇の油」のように、縁日に集まった人々を口上一つで呼び寄せ、その人数を増やしていく芸を「大締《おおじ》めの芸」と呼び、大道芸の中でも相当の技術を要するものであった。しかし、明治政府はこうしたものを「下品」だとして規制する政策をとり、時代が進むにつれて数多くの娯楽が生まれたことや、肉体的にも金銭的にも決して楽な稼業ではなかったことから、徐々に衰退を見せた。そういう点では近年、歩行者天国や駅前広場、公園などで盛んに行われているジャグリングやパントマイムのほうが、西洋からの流入とはいえ、日本の土着的なものを排した「垢抜《あかぬ》けたパフォーマンス」として高く評価されているのかもしれない。

　しかし、日本の芸能の多くの出発点が、消えゆく大道芸や放浪芸にあると看破し、自らが役者でありながら、平成24（2012）年に83歳で亡くなった小沢昭一《おざわしょういち》（1929〜2012）は、学者顔負けのフィールドワークを1970年代から始め、各地方での大道芸人から遊《ゆう》廓《かく》までを調査、自ら聞書きをし、録音して歩いた。これは、とても役者の「余技」として

子供たちの前で演じる猿回し（昭和初期。写真提供：毎日新聞社）

片づけられるものではなく、日本の芸能史の裏面を肉声を中心にまとめた立派な研究成果である。民俗学者が行うのではなく、自らが芸能者として舞台に立つ人の仕事だけに説得力がある。

とは言え、時代の変化と共に「蝦蟇の油売り」「南京玉《なんきんたま》すだれ」「猿回《さるまわ》し」「見世物《みせもの》」「バナナの叩《たた》き売《う》り」などは、趣味で口上《こうじょう》や「啖呵売《たんかばい》」などを覚えて楽しむ人はいても、それで生活する人は激減しているのが現状だ。商品の売り上げもさることながら、雑踏の中で見せる芸に対する「投《な》げ銭《せん》」「放《ほう》り銭《せん》」と呼ばれる見物料だけでは、とても生活は出来ない。また、法律や条例が厳しくなっており、かつてのように自由な活動が出来なくなった側面もある。もう一つは、立派な劇場で見せる「芸」よりも格が落ちる、という謂《いわ》れのない根拠が、大道芸や放浪芸を生きにくくしてしまったとも考えられる。

中世のヨーロッパでは、各地を遍歴《へんれき》して楽器を奏《かな》でながら詩を朗唱《ろうしょう》した「吟遊詩人《ぎんゆうしじん》」が一定の評価を受けていたが、今ではその扱いが変わってしまったのと同じ現象と言えるだろう。彼らは、己の身についた芸を売って生計を立てているという点では、テレビや舞台で仕事をしている俳優や表現者と何ら変わることはない。しかし、時代の流れでだんだんと隅《すみ》に追いやられた結果、多くのものが絶滅し、あるいはその危機に瀕《ひん》している。歌舞伎や人形浄瑠璃《にんぎょうじょうるり》のように、行政からの保護を受けている伝統芸能もある一方、居どころの定まらない「放浪芸」は誰も保護しようとはせず、また、保護されることを望んでもいない。それが、定住場所を持たない芸能の本質だからであろう。滅びる運命を担ってこその「放浪芸」なのである。

お座敷の盛り上げ役「芸者《げいしゃ》」と「幇間《ほうかん》」

最近は、観光ツアーなどで「芸者遊び体験」などはあるものの、本当の意味での「お座敷遊び」や、遊廓《ゆうかく》などで豪遊する「お大尽《だいじん》遊び」は絶滅危惧種と言えるだろう。世の中がそんなに呑《のん》気《き》な時代ではない上に、莫大な金がかかること、遊び方の多様化で芸者よりもコンパニオン、という流れに変わったこともある。

「芸者」とは、文字通り「芸を売る者」で、料理屋や遊廓の宴席で歌や三味線、太鼓などの邦《ほう》楽《がく》で座を盛り上げる女性たちのことだ。江戸時代の中期頃からは各地で芸者を生業にする人が激増し、江戸だけでもその気風によって、「新橋《しんばし》芸者」「辰巳《たつみ》芸者」などが美しさを競ったものだ。「男芸者」と呼ばれる人もいたが、これがのちの「幇間《ほうかん》」、すなわち「太鼓持ち」と呼ばれる職業になる。

明治に入り、写真の技術が輸入されて庶民の人気を集めるようになると、一番の人気の対象は「芸者」だった。まだ映画女優がいない時代のこと、「プロ」としての美女は芸者が第一だったのだ。『幕末維新明治・大正美人帖』（新人物往来社）という本の中には、公家の令嬢から華族のお嬢様など、多くの分野の「美人」の写真が掲載されているが、圧倒的にスペースが多いのは「芸者」である。「名妓」という言葉があるように、新橋、赤坂、祇園《ぎおん》など各地を代表する人気の芸者たちが写されているが、可憐であり、実に美しい。これらの写真は絵葉書にされ、気軽に芸者遊びの出来ない庶民には憧れの対象となった。

新橋の小奴

明治を代表する文豪・泉鏡花《いずみきょうか》の名作『婦系図《おんなけいず》』は、もとは東京柳橋《やなぎばし》の芸者だったお蔦《つた》と学者の早瀬主税《はやせちから》の悲恋物語だが、その中で、お蔦が姐さん芸者の小芳《こよし》と共に売れっ子芸者で写真を撮ったことが、話の展開の重要なきっかけになる場面がある。そこで、「姐さん、もう写真なんぞ撮るまいねぇ」というお蔦の科白《せりふ》があり、当時はこうしたことが頻繁に行われていたのがよくわかる。

「芸者」は基本的には芸だけしか売らず、身体を売る芸者は「枕芸者」などと蔑《さげす》まれた。芸一本で身を立てるという女性のプライドは、150年以上も前に確立されていたのだ。顔立ちの美しさや衣装のきらびやかさもさることながら、芸術家としてのプロ意識の高さも、外国の人々が芸者を好む理由の一つかもしれない。

さて、「幇間」である。「太鼓持ち 上げての末の 太鼓持ち」という川柳があるが、世の中の酸《す》いも甘いも噛《か》み分けて、男女の機微《きび》に通じた者でなくては勤まらず、ただ座敷で呑《の》んで騒いでいれば良いというものではない。座の空気を誰よりも先に読み、旦那《だんな》(贔屓《ひいき》にしてくれる男性客)を飽きさせないようにその場その場で遊びの趣向や段取りを組み立てる頭の回転、無理を言う旦那の気分を害さずにいかに楽しく遊ばせるか、の機転が利かないと出来ない仕事だ。時には命がけの「無茶」もさせられた。

真冬のこと、今宵《こよい》は「好《よ》い旦那」だからと、一張羅《いっちょうら》の着物で出かけたのはよかったが、何と「庭の池に飛び込んで鯉《こい》を捕まえろ」と旦那が命令した。旦那の命令は絶対に聞かなくてはならないのが太鼓持ちの基本。着物の値段を頭の片隅で計算しながら、覚悟を決めて池へ飛び込み、鯉と格闘を演じた。当然ながら、一張羅の着物はグズグズに濡れ、泥だらけである。すかさず女将《おかみ》が、「こちらで着替えて」と言って案内した座敷には、遥かに高級な仕立て下ろしの着物が、足袋《たび》から襦袢《じゅばん》、羽織まで一式揃えて置いてあったとか。これが、旦那の遊び方だ。

「馬鹿でなれず、利口でなれず、中途半端でなおなれず」とは、太鼓持ちがよく使った言葉だが、まさにその通りだ。現役の太鼓持ちは今も数人いるが、古き良き時代のお座敷を知っているのは悠玄亭玉介《ゆうげんていたますけ》（1907〜94）が最後ではなかろうか。屏風を立て切って、一人で「鍼《はり》を打たせろ」とわがままを言う旦那と、必死で逃れようとする太鼓持ちのやり取りを演じる芸などは見事なものだった。

幇間は落語の『鰻《うなぎ》の幇間《たいこ》』などの主人公にもなっているが、こちらは、厳しい徒弟制度で育った幇間ではなく、見よう見まねの素人が、何とかご贔屓にくらいついているという、俗に言う「野だいこ」だ。夏目漱石《なつめそうせき》の『坊ちゃん』にもこの言葉が出てくるが、正式な太鼓持ちではないため、お調子者を蔑む意味でも使われた。

芸者と幇間。廃《すた》れていく古き良き時代と言ってしまえばそれまでだが、日本ならではの立派な芸能の水脈であることは間違いない。

日本最初の「ミュージカル」

今や、日本の舞台でミュージカル作品が上演されない日はない、と言ってもよいほどに、ミュージカル全盛の時代だ。

しかし、日本で最初のミュージカル作品はどれか、と特定することはなかなか難しい。明治末期から大正にかけては、海外から流入したオペラ（「歌劇」）、オペラをアレンジして、そのコミカルな部分を強調したオペレッタ（「喜歌劇」）、そして、ショーとミュージカルが一体化したような「歌劇」が混然《こんぜん》としていた時代だからだ。その中で眺めてみると、大正3（1914）年4月に、「宝塚少女歌劇養成会　第一回公演」として宝塚新温泉内のパラダイス劇場で上演された北《きた》村季晴《むらすえはる》作曲の歌劇『ドンブラコ』と本居長世《もとおりながよ》作曲の歌劇『浮《う》かれ達磨《だるま》』ということになる。日本で最初のミュージカル作品は「国産」だったのだ。しかも、初演は東京ではなく、兵庫県の宝塚である。東京では、同年10月の帝国劇場で「喜歌劇」と銘打って『天国《てんごく》と地獄《じごく》』が上演されている。

現代の「ミュージカル」作品の多くはアメリカのブロードウェイ、イギリスのウエストエンド、あるいはオーストリアの作品などだが、当初は圧倒的にブロードウェイの作品が多かった。昭和26（1951）年に「帝劇ミュージカルス　第一回公演」として上演された菊田一夫《きくたかずお》脚本、越路《こしじ》吹雪《ふぶき》主演の『モルガンお雪』が最初のブロードウェイの作品だが、実態は模倣に近いものだった。本場の作品の翻訳上演はこの12年後の昭和38年に東京宝塚劇場で上演された東宝ミュージカル『マイ・フェア・レディ』まで待たなければならない。今も上演され続けている名作の初演のメンバーは、江利《えり》チエミのイライザ、高島忠夫《たかしまただお》のヒギンズ教授、益田喜頓《ますだきいとん》のピッカリング大佐という顔ぶれである。その後、昭和40年には越路吹雪と市川染五郎《いちかわそめごろう》（現在の九代目松本幸四郎《まつもとこうしろう》）による『王様《おうさま》と私《わたし》』、昭和42年には森繁久彌《もりしげひさや》が900回上演した『屋根《やね》の上《うえ》のヴァイオリン弾《ひ》き』、昭和44年には市川染五郎により『ラ・マンチャの男《おとこ》』が初演されるなど、今も上演が続く名作が続々と幕を開けた。

宝塚少女歌劇養成会の第1回公演『ドンブラコ』（写真提供：毎日新聞社）

このように書くと、この時点でもうすでに日本にミュージカルが根づいたようにも思えるが、当初はそうはいかなかった。『王様と私』の初演の折に、作品の内容を知らない制作者の間で、配役にあたって「タイトルが王様だから、恰幅《かっぷく》の良いほうがいいだろう」と、すでにベテランだった恰幅の良い歌舞伎役者が候補に挙がったという笑い話がある。また、昭和の末に日本列島で一大ブームを巻き起こした『屋根の上のヴァイオリン弾き』も、初演がベストメンバーとも言える顔ぶれを揃えて臨んだにもかかわらず、客の入りは散々で、評価もさほどではなかった。日本人にはユダヤ人の迫害、というものが身をもって感じられなかったのと、明るくて華やかな「ミュージカル」のイメージからかけ離れた内容の作品だったからだ。それが再演で火が付いた。その後、昭和58年に劇団四季が新宿西口に仮設した「キャッツ・シアター」で『キャッツ』を初演し、日本でミュージカル・ブームが大爆発したのだ。

昭和61年に森繁久彌が900回で『屋根の上のヴァイオリン弾き』の幕を降ろした翌年の昭和62年、同じ帝国劇場で、イギリス産のミュージカル『レ・ミゼラブル』が幕を開けた。この瞬間が、日本のミュージカル史の大きな分岐点であったことは間違いない。以後、それまでの作品のように「芝居」の部分と「歌」の部分がはっきりと分かれたものではなく、『レ・ミゼラブル』のように全編が歌だけで構成された「ロック・オペラ」形式のミュージカルや、オーストリア産の『エリザベート』など、現在の百花繚乱《ひゃっかりょうらん》とも言うべき時代を迎えることになる。平成27年(2015)には、『ラ・マンチャの男』が初演以来50年を迎え、一人の役者が1200回以上、50

年間にわたって主役を演じ続けてきた例は世界にない。日本人が外国のミュージカル作品を演じることにはいまだに批判があるが、半世紀の歴史と多くの作品群が、観客の支持を証明している。

神事からスポーツへ。「相撲《すもう》」の歴史

相撲の歴史は実に古く、日本神話の時代から行われている。『古事記《こじき》』に記されている建御雷《たけみかづち》と建御名方《たけみなかた》の争いが相撲の起源だともされており、『日本書紀《にほんしょき》』にも登場するなど、元来、相撲は神道《しんとう》に基づいて神に捧げる「神事」だったのだ。赤ん坊を力士に抱いてもらうと丈夫に育つ、という風習にその名残を見ることが出来る。時代が下り、相撲は「芸能」としての側面をより濃く保ち、あるいは「武道」の一種とされた時代もあるが、「スポーツ」として確立したのは明治以降のことだ。

江戸時代の川柳《せんりゅう》に、「一年を二十日で暮らすよい男」とあるように、江戸時代は一場所が10日間、年に2場所の興行だった。もちろん、当時から地方への巡業もあれば、本場所とは別の「勧進相撲《かんじんずもう》」などの興行もあった。昭和の中頃の話になるが、冬の間は雪で閉じ込められて娯楽の少ない山村などでは、ラジオの相撲中継を楽しみに、その日の取り組みの勝敗で博打《ばくち》が行われていた。そうした側面をも併せて考えないと、相撲の全貌《ぜんぼう》は見えないだろう。

相撲取りが職業として認められ、時代のスターとなり、名を残すようになったのは江戸時代に入ってからのことである。雷電《らいでん》為右衛門《ためえもん》（1767〜1825）、小野川喜三郎《おのがわきさぶろう》（1758〜1806）といった名力士は、歌舞伎や落語《らくご》にも登場するほどの人気者であっ

勧進相撲の様子（二代目歌川豊国「勧進大相撲の図」より）

た。相撲取りが主な役割を担う歌舞伎は『双蝶々曲輪日記《ふたつちょうちょうくるわにっき》』『関取千両幟《せきとりせんりょうのぼり》』、また歌舞伎ではないが長谷川伸《はせがわしん》（1884～1963）の作品で何千回上演されたかわからない『一本刀土俵入《いっぽんがたなどひょういり》』、落語では『花筏《はないかだ》』『阿武松《おうのまつ》』などに、その水脈を広げていった。

相撲取りの贔屓《ひいき》のことを「タニマチ」と呼ぶが、この語源は、大阪の「谷町筋《たにまちすじ》」に相撲を贔屓にする人が集まっていたなど諸説ある。先ほど引用した川柳も、相撲取りが職業として成り立ち、なおかつ庶民のスターとして、のちに錦絵《にしきえ》に登場するようになってからのことだ。

外国人の目から見れば、廻《まわ》ししか身につけずに自分の肉体だけで正々堂々と勝負をする姿に、「武士道」と共通した精神を感じるのかもしれない。また、格闘技の中では、おそらく最短で勝敗が決するというところも、相撲が珍しがられる一因かもしれない。それは、「立ち合い」など両者が勝負に入るタイミングが決められていることや、生身の巨漢同士が組み合うために、体力的に何十分という勝負が続けられないところにある。両者の呼吸が合った瞬間に「発気揚々《はっけよい》、残った」と声を掛ける行司の存在も、格闘技のレフェリーとは聊《いささ》か趣を異にしている。

決まり手はいろいろあるが、土俵の外に出た瞬間に勝負が決まるという独自性、その土俵際での粘りを得意にする力士との攻防なども相撲の魅力の一つだろう。昭和30年代、40年代には、子供が遊ぶ「メンコ」に当時の人気力士が印刷されていたことを考えると、横綱が日本人であろうが外国人であろうが、れっきとした「国技」なのである。

優雅《ゆうが》なる遊び「香道《こうどう》」

香《こう》は「嗅《か》ぐ」と言わずに「聞く」と言う。心静かに全身を委《ゆだ》ね、五感を駆使してその芳香を楽しむからだ。古代の香は、消臭剤としての必需品であった。入浴が簡単には出来なかった時代のこと、身分の高い人々は衣服や髪に香を焚《た》き染《し》めたのだ。

日本に最初に香木《こうぼく》がもたらされたのは推古天皇3（595）年と『日本書紀《にほんしょき》』には記されているが、それ以前の仏教の流入と共に、仏教に必要な道具として伝えられていたはずだ。現在のように香りを楽しむものではなく、仏に捧げるものとしての使用から始まったことを考えれば当然のことだ。それが、時代が下るにつれて、貴族のものとなり、今の芳香剤の役割を果たしただけではなく、香木の種類を当てたり、和歌と組み合わせるなどの高等な知的遊戯へと変化を遂げた。

香木と聞いてすぐに頭に思い浮かぶのは「伽羅《きゃら》」「沈香《じんこう》」「白檀《びゃくだん》」などだろう。これらはいずれも日本では自生せず、東南アジアの湿潤で温暖な気候の中で、樹木に取りついたバクテリアと化学反応を起こした樹脂《じゅし》の塊《かたまり》である。現代の技術を持ってしても、最高級の香りとされる「伽羅」

の香りは人工的に生み出すことが不可能で、香木の値段は高騰し、プラチナを遥かに凌ぎ、1グラムあたり1万円以上するものも少なくない。

日本で最も有名な香木は、正倉院御物《しょうそういんぎょぶつ》として知られる沈香の一種で「黄熟香《おうじゅくこう》」、別名「蘭奢待《らんじゃたい》」だろう。今までにこの名木を切り取ったのは、室町幕府の八代将軍・足利義政《あしかがよしまさ》、織田《おだ》信長《のぶなが》、明治天皇の3人だけと言われているが、一体どんな香りがたゆたうのだろうか。「蘭奢待」の文字の中に、「東大寺《とうだいじ》」の字が隠されていることから、この香木はさらなる別名で「東大寺」とも呼ばれる。

香を組み合わせ、その香りを当てる「組香《くみこう》」は、戦国時代に大きな流行を見た。貴重な香木を惜しげもなく焚くことに、自分の威勢を見せつける気持ちもあったのだろう。言うまでもなく、当時流行の最先端であった「茶道」との関係も深い。小さな茶室の中で、僅《わず》かな残り香と共に静謐《せいひつ》の時間を味わうこ

源氏香の図

とも、名だたる戦国武将には必要な時間だったのだ。

香を「聞く」にあたり、生涯で一度も「組香」の組み合わせを間違えたことのない名人・米川《よねかわ》常伯《じょうはく》(?〜1676)が、香木の香りを「甘、酸、辛、苦、鹹(あまい、すっぱい、からい、にがい、しおからい)」という味覚になぞらえて、それまで産出国別に「六国《りっこく》」と分類されていたものへ新たに「五味《ごみ》」を加え、「聞香《もんこう》」はさらなる発展を遂げた。

香を聞くことが芸の道にまで昇華するのは江戸時代に入ってからのことだ。戦国の世が終わり、世の中は泰平の時代を迎え、多くの文化が勃興した。その中で、茶道や華道に並ぶ室内での文化として、純度を高めたのだ。『源氏物語《げんじものがたり》』に着想を得て、五十四帖の中から巻頭の「桐壺《きりつぼ》」と巻末の「夢浮橋《ゆめのうきはし》」を除いた五十二帖の巻名で52通りの組み合わせを作り、それぞれの巻名と模様に当て嵌《は》める「源氏香《げんじこう》」が生み出されたのは寛永年間(1624〜44)のことだ。この洗練されたデザインは、今も日本の文様を代表するものの一つとして、菓子の包み紙や着物の柄、家紋など、身の回りの品々に大きく裾野を広げている。

日本生まれのものではない素材を、一つの芸道の精神にまで高めた日本人の心が、香道や茶道の世界に現れ、今や日本を象徴するものの一つになっているのは興味深い。ここにも、長い時間をかけて先人が積み上げてきた文化がある。

自然の花を人工的に活かす「華道《かどう》」

「道」としての発祥・発達の前に、野山に咲く美しい、あるいは芳香《ほうこう》を放つ花々が特殊な呪力《じゅりょく》を持つ、という考え方は古代からあった。それが、一つの「道」として芸術へと大きく舵《かじ》を切り替えたのは、室町時代後期の「茶道《さどう》」の勃興《ぼっこう》と大きく関わりを持っている。茶室という限られた空間の中での茶事の「点景《てんけい》」として花を活《い》けることが重視されるようになったのだ。

戦国の世が終わり、武家社会が安定する江戸時代に入ってから、「華道」（「花道」とも書き、「生け花《いばな》」「活け花」とも呼ばれる）は芸術として大きな発展を見せた。茶道と同様にいくつもの流派が生まれ、日本で最も有名な「池坊《いけのぼう》」をはじめ、「草月流《そうげつりゅう》」「小原流《おはらりゅう》」など、特に京都で発祥した多くの流派がある。数え切れないほどの神社仏閣や茶室を抱える京都の地では、「華道」、あるいは「花を活ける」という習慣は、ほかの地域よりも深く根づいてきた歴史がある。

華道が発達すれば、それを活ける「花器《かき》」も同様に発達を遂げる。季節の花々を最も効果的に見せるためには、深底の花瓶《かびん》だけではなく、水盤《すいばん》のように浅く広い容器、また、材質も陶器のような焼き物だけではなく、木やガラス、金属などの素材による花器へと、その幅も広がりを見せた。さらに、幕末から明治にかけてヨーロッパで起きた「ジャポニスム」（フランスを主とする19世紀の日本趣味の潮流）により、華道は海外に紹介されて高い評価を受けた一方で、逆に西欧からの刺激を受けたこともあるだろう。

華道の醍醐味《だいごみ》は、四季折々の花を使い、その組み合わせの妙を楽しむこと、そして「枯れる」ことだろう。家元クラスが毎日懸命に手を入れても、見頃は1週間もない。その間にも、花々は刻々と様相を変える。華道とは「生きた芸術」なのだ。その結果、切り取られた花の寿命が尽き、枯れる。この過程までが「生

昭和戦前の女性にとって、生け花は必須の教養だった
（昭和11〈1936〉年。写真提供：毎日新聞社）

け花」の見どころであり、価値でもある。現在は「ドライフラワー」や「プリザーブドフラワー」などという技術もあるが、自然のままに枯れさせた花を愛でる、そこに日本人独特の美意識が感じられるのである。

同じ花器に同じ組み合わせの花々を活けても、全く同じものにはなり得ない、という点も大きい。今は技術の進歩で季節を問わずに多くの種類の花を咲かせられるようになったが、基本的には自然に咲く花々をいただき、その命を活ける芸術である以上、何千本が咲く花畑に同じ花が1本もないように、同じ花を同じように活けても、決して同じにはならない。ここにも生け花の妙がある。

花を活けるにあたっては、江戸時代から続く流派では何種類かの花をどう組み合わせるか、例えば菊《きく》には何を組み合わせるか、などの決まりがあり、その中で活け手の個性をどう発揮させるかが魅力だ。花だけではなく、葉だけの素材を加えることもある。現代の流派では、そうした「決まりごと」よりも個人の感性を尊重するところもあるようだが、どちらが正しいというものではない。活けられた花をどう感じてもらうか、という点が大切なのだ。

「侘《わ》び」「寂《さ》び」の世界「茶道《さどう》」

「茶を喫《たしな》む」という単純な行為を、「芸術」あるいは「道」の世界にまで高めたのは日本の茶道だけ、と言えるだろう。流派によって茶筅《ちゃせん》の扱いや泡の立て方まで違い、数多くの決めごとを何でもないようにこなしながら、狭い空間で茶を楽しむのは至難の技にも思える。

「茶道」と聞けば、まずは千利休《せんのりきゅう》（1522〜91）を思い浮かべる人が多い。利休の、茶を喫《きっ》する行為を芸術にまで昇華させた功績は大きい。その後、いくつかの派に分かれて、現在に至っている。

茶室は二畳、三畳などの狭い空間で、畳も「台目《だいめ》」と呼ばれる通常の畳の4分の3ほどの大きさしかない。非常に狭い空間で濃密な空気と寛《くつろ》ぎを得る場所である。茶室には「躙《にじ》り口」と呼ばれる小さな窓があり、客はすべてこの入口から入る。どんなに身分の高い人でも、大小の刀を外し、頭を垂れて一人の人間として茶の世界に入るためのものだ。茶室へ入ると、世上における身分は関係なくなり、最も偉いのは茶席を仕切る「亭主」と呼ばれる主催者である。その代わりに、茶碗の銘柄、掛け軸、活ける花、花を活ける道具など、限られた空間に様々なしつらえをして、客人をもてなす工夫と教養・知性が必要となる。もてなしの心を、小さな空間の至るところに配置し、それらが招かれた人に窮屈な想いをさせないような細かな配慮を必要とするのだ。

茶席に座る順序から始まり、茶と共に供されるお菓子の扱い、茶の飲み方、茶碗をはじめとした茶道具の鑑賞、茶室全体のしつらえの感想など、招かれる側にも相当の教養が必要とされる。織田信長《おだのぶなが》（1534〜82）や豊臣秀吉《とよとみひでよし》（1537〜98）などが活躍したいわゆる戦国時代の後期に、京都・大坂・堺《さかい》で富という力を得た富裕な商人たちが、武力を背景とする戦国武将に対して、インテリズムで対抗しようとしたのが「茶道」の一つの側面なのではないかと考えられる。

閉じられた空間で限られた人数での催しは、「密談」にはまたとないほどに適した場所であったことは想像に難くない。明智光秀《あけちみつひで》（1528?〜82）が織田信長に対して謀反《むほん》を起こす前に、茶室

千利休像（長谷川等伯画）

で「愛宕百韻《あたごひゃくいん》」という連句《れんく》を詠み、それが本能寺《ほんのうじ》の変《へん》の打ち合わせだった、という説を例に考えれば頷《うなず》ける話だ。

「茶道」と聞くと、同時に考えられるのが「侘《わ》び」と「寂《さ》び」という言葉だ。言葉は知っていても、明確なイメージを浮かべ難い、難解な日本語である。有名なエピソードに、千利休の屋敷の庭に朝顔が満開だと聞いた秀吉が、それを眺めに行こうと思い立ち、出かけた朝には、世間の評判とは違い、利休の庭には朝顔が一輪も咲いていなかった。半ば腹を立てた秀吉が茶室に入ると、そこにたった一輪の朝顔が活けられていた、というものがある。辞書によれば、「侘び」とは「閑居を静かに味わい楽しむこと」、「寂び」とは「閑雅《かんが》・枯淡《こたん》の美」とある。いずれも感覚的なもので、形を示せるものではない精神性による美学だ。

茶道の凄《すご》いところは、小さな空間での行為に、書、絵画、和歌、俳句、華道、香道、骨董《こっとう》、工芸、建築などの芸術や美術を取り込み、巻き込みながら成長を遂げたことだ。茶室の拵《こしら》えから始まり、中に掛ける書や絵、その軸、活ける花や花器、焚《た》き染《し》める香、こうしたものを加えながら一つの「道」として集大成した。どれをとっても、その道それぞれに奥深いものを持った日本の文化だ。それらが集合しながらも、邪魔にならず主張し合うことなく一つの空間に溶け込ませることが出来たことが、茶道の精神である。それでいながら華美を廃し、茶を喫することのみに心を傾ける、利休の「茶はただ喫《きっ》するべし」の精神は、芸道であると同時に、精神修養の場でもあった。

しかし、芸術がそのまま精神性の高みだけで生きることが叶わないのは、どの分野でも同じことだ。茶器一つに一国の領土と同様の価値を持つ「大名物《おおめいぶつ》」と呼ばれるものが登場し、「千利休」の名がその道のブランドとなった段階で、豪商たちの手によって、茶碗、茶杓《ちゃしゃく》、花器、掛物などの「茶道具」あるいは「しつらえの道具」が別の意味を持つことになる。利休の箱書きがあることで1本の茶杓が法外な値を呼び、それを争って求める人々がいる。いまだに真相は不明だが、千利休は豊臣秀吉から切腹を賜《たまわ》り、自刃《じじん》する、という人生の結末を迎えることになる。茶道の「中興の祖」として、あまりにも大きな存在になった利休が最期に喫した茶の味は、どのようなものであったろうか。

文学

「芥川賞《あくたがわしょう》」と「直木賞《なおきしょう》」

毎年1月と7月に「芥川賞」と「直木賞」の受賞作が発表されると、ニュースで取り上げられる。年によってはベストセラーを生み出し、そこから大きな飛躍を遂げる作家もいる。それでは、この二つの賞はどういう目的で創設され、どのような歩みを辿ってきたのだろうか。

『恩讐《おんしゅう》の彼方《かなた》に』や『父帰《ちちかえ》る』などの作品で有名な菊池寛《きくちかん》（1888～1948）は、作家であると同時に、編集者・実業家でもあった。自費で雑誌『文藝春秋《ぶんげいしゅんじゅう》』を発行し、大正12（1923）年に文藝春秋社を創立、初代の社長となった。功成り名を遂げた菊池は、後進の育成のため、昭和10（1935）年に無名の新人による大衆文学小説に与えられる賞として、友人で当時大衆小説家として人気を博していた直木三十五《なおきさんじゅうご》（1891～1934）の名を冠した「直木賞」を、同様に友人の芥川《あくたがわ》龍之介《りゅうのすけ》（1892～1927）の名を冠し、こちらは純文学の新人に与える賞として「芥川賞」を設立した。第二次世界大戦中に中断があったが、平成25（2013）年下半期で共に第150回を迎えている。純文学を対象にしているせいか、「芥川賞」には「受賞作該当なし」の回が多く見られるが、双方の受賞作品を合わせれば相当な数に上る。

「大衆文学」と「純文学」の違いとは何か。明治時代以降、文学はおおよそが大衆のものであり、「純文学」の「純」が何を意味するのか、ある作品がどちらの分野に属するのかは非常に難解な問題である。読後の感想は全く読者の主観によるものであり、そう簡単に切り分けられるものではなく、数学のように明快な解答が得られるわけでもない。しかし、そこが文学の面白みでもある。

事実、社会派推理小説『点《てん》と線《せん》』や『ゼロの焦点《しょうてん》』などで一時代を築いた松本清《まつもとせい》張《ちょう》（1909～92）が受賞したのは、『或《あ》る「小倉日記《こくらにっき》」伝《でん》』という作品で、純文学の「芥川賞」を受賞している。また、剣豪小

昭和32（1957）年の芥川賞選考委員会風景。左側手前より川端康成、丹羽文雄、石川達三、舟橋聖一、瀧井孝作。右側手前より佐佐木茂索、井上靖、中村光夫、宇野浩二、佐藤春夫。

説で有名な柴田錬三郎《しばたれんざぶろう》（1917～78）の『デスマスク』は、芥川賞・直木賞の両方の候補に挙げられている。

近年は大衆文学も純文学も差別はないが、賞が創設されてしばらくの間は、「大衆文学」は「純文学」よりも一段低いもの、として見られていた。読者が面白いと感じれば、高いも低いもないはずだが、それが昭和初期の「文壇の権威」でもあったのだ。ちなみに、昭和10年の第1回「直木賞」の受賞は川口松太郎《かわぐちまつたろう》（1899～1985）の『鶴八鶴次郎《つるはちつるじろう》』『明治一代女《めいじいちだいおんな》』『風流深川唄《ふうりゅうふかがわうた》』で、これらの作品はどれものちに新派《しんぱ》で劇化され、今も上演されている名作である。同じ年の第1回「芥川賞」のほうは、ブラジル移民を描いた石川達三《いしかわたつぞう》（1905～85）の『蒼茫《そうぼう》』で、このあたりの作品であれば、作品名を見るだけで「大衆文学」と「純文学」の違いがわからないでもない。しかし、時代が進むにつれ、両者の境界線は次第に曖昧になっていくようだ。

しかし、小説に限らず、文学に与えられる賞の中では両賞が燦然《さんぜん》とした輝きを放っていることは今も変わらない。これだけの栄誉に輝いても、その一作ないしは受賞後の数作で文壇から消えてしまう作家もいれば、受賞をきっかけに大きく飛躍する作家もいる。小説を志す者にとっては、昔も今も、二つの賞に対する権威と憧れは変わらぬものがあるのだろう。

歴代の受賞作を眺めてみると、特にベストセラー作品となったものからは当時の世相や読者層に想いをいたすことが出来る。102万部を売り上げ、「太陽族」という言葉を生んだ石原慎太郎《いしはらしんたろう》（1932～）の『太陽の季節《たいようのきせつ》』（昭和30年）、学生運動を背景に描き186万部となった柴田翔《しばたしょう》

(1935〜)の『されどわれらが日々《ひび》――』(昭和39年)。歴代の受賞作の中で最高の354万部という驚異的な数字を記録した村上龍《むらかみりゅう》(1952〜)の『限《かぎ》りなく透明《とうめい》に近《ちか》いブルー』(昭和51年)。こうした作品は、それぞれの年代を象徴するものであり、当時の若者を中心に熱狂的な支持を得た。文学作品が辿ってきた歴史から、逆に当時の世相を眺めることは、こうした受賞作品に限らず、読書の楽しみの一つと言えよう。

昭和の文学列伝

64年続いた最も長い元号「昭和」の文学を一括《くく》りに語るのは容易ではない。時代区分だけでも「戦前」「戦中」「戦後」、ジャンルで分ければ小説、詩、俳句、短歌、戯曲《ぎきょく》など。読者の世代や好みも多様化している。そうしたことを承知の上で概観してみよう。

昭和初期の文学の中では時代や国が進もうとしていた方向を考えると、「プロレタリア文学」を外すことは出来ない。数年前に、現代の若者の労働状況が似ているとされ、小林多喜二《こばやしたきじ》(1903〜33)の『蟹工船《かにこうせん》』(昭和4〈1929〉年)がブームになったが、こうした「労働者のための文

小林多喜二

太宰治

林芙美子

坂口安吾

学」は、徳永直《とくながすなお》（1899〜1958）の『太陽《たいよう》のない街《まち》』（昭和4年）などが代表的だ。しかし、時代が戦争へと足を向ける中で、プロレタリア文学はその思想性から弾圧の対象となり、命を落とす作家もいれば、考えを変えて「転向」する作家もいた。この時代に、太宰治《だざいおさむ》（1909〜48）、堀辰《ほりたつ》雄《お》（1904〜53）、中島敦《なかじまあつし》（1909〜42）らが文壇に登場するが、のちに愛人と玉川上水《たまがわじょうすい》で心中を遂げた太宰の名は、戦後に発表した『斜陽《しゃよう》』などの作品と共に語り継がれ、人気は衰えない。その一方で、志賀直哉《しがなおや》（1883〜1971）、川端康成《かわばたやすなり》（1899〜1972）、島崎藤村《しまざきとうそん》（1872〜1943）らは、大きな名を成した作家であるにもかかわらず、現代の読者との距離は開いているようで、『鍵《かぎ》』『細《ささめ》雪《ゆき》』『瘋癲老人日記《ふうてんろうじんにっき》』『刺青《しせい》』など谷崎潤一郎《たにざきじゅんいちろう》（1886〜1965）の作品が、今もなお版を重ねているぐらいだろうか。詩人の中原中也《なかはらちゅうや》（1907〜37）や高村光太郎《たかむらこうたろう》（1883〜1956）らも、目にする機会が少なくなってしまった。

演劇の台本である戯曲の分野では、久保栄《くぼさかえ》（1900～58）の『火山灰地《かざんばいち》』（昭和13年）が、今でも時折上演されている。

敗戦を機に、日本の文学を巡る状況は大きく一変した。軍部や検閲に脅《おび》えることなく、「表現の自由」が確立される過程の中で、坂口安吾《さかぐちあんご》（1906～55）の『堕落論《だらくろん》』をはじめ、埴谷雄高《はにやゆたか》（1909～97）、野間宏《のまひろし》（1915～91）らの内省的な小説が支持を得たと同時に、大岡昇平《おおおかしょうへい》（1909～88）、三島由紀夫《みしまゆきお》（1925～70）、安部公房《あべこうぼう》（1924～93）、井上靖《いのうえやすし》（1907～91）らが旺盛《おうせい》な活動を見せた。中でも、昭和24年に『仮面の告白《かめんのこくはく》』を発表した三島由紀夫は、僅《わず》か45年の生涯において膨大な著作を遺しており、その壮絶な最期はあまりにも有名だが、文壇のみならず戦後文化の牽引者とも言うべき活動に果たした功績は大きい。

戦後派、と呼ばれる作家の中で「第三の新人」とされた安岡章太郎《やすおかしょうたろう》（1920～2013）、吉行淳之介《よしゆきじゅんのすけ》（1924～94）、遠藤周作《えんどうしゅうさく》（1923～96）、小島信夫《こじまのぶお》（1915～2006）、庄野潤三《しょうのじゅんぞう》（1921～2009）、阿川弘之《あがわひろゆき》（1920～）らのグループが登場した。その後、石原慎太郎《いしはらしんたろう》（1932～）が『太陽《たいよう》の季節《きせつ》』（昭和30年）で文壇に華々しいデビューを飾り、「太陽族」という社会現象までをも引き起こすブームを呼び、大江健三郎《おおえけんざぶろう》（1935～）、開高健《かいこうたけし》（1930～89）、江藤淳《えとうじゅん》（1932～99）、北杜《きたもり》夫《お》（1927～2011）らがあとに続いた。

同時に女性作家の進出も始まり、野上弥生子《のがみやえこ》（1885～1985）、宇野千代《うのちよ》（1897～1996）、林芙《はやしふ》美子《みこ》（1903～51）、幸田文《こうだあや》（1904～90）、円地文子《えんちふみこ》（1905～86）、平林《ひらばやし》たい子《こ》（1905～72）、瀬戸《せと》内晴美《うちはるみ》（現、瀬戸内寂聴《じゃくちょう》。1922〜）、田辺聖子《たなべせいこ》（1928〜）、有吉佐和子《ありよしさわこ》（1931〜84）らが、女性ならではの感覚や観察眼を活かした作品を発表した。有吉佐和子の『恍惚《こうこつ》の人《ひと》』は、映画化されたばかりかタイトルに使われた言葉が定着するほどの社会現象ともなり、家庭内の問題から女性の視点から見た社会など、幅広い作品が続々と登場した時期でもある。

　昭和の文学を語る時に外せない出来事の一つが、昭和43年の川端康成のノーベル文学賞受賞であろう。その後、平成6（1994）年には大江健三郎が日本人で二人目のノーベル文学賞を受賞することになる。昨今では、村上春樹《むらかみはるき》（1949〜）が日本人作家では一番近い位置にいると言われており、常に新作の発表の動向が話題になるなど、作家の行動自体が社会現象化している。

　１９７０年代の半ばから団塊《だんかい》の世代の作家が中心を占めるようになり、47歳で早世した中上健《なかがみけん》次《じ》（1946〜92）は、戦後生まれとして初めて芥川賞《あくたがわしょう》を受賞した。以後、『限《かぎ》りなく透明《とうめい》に近《ちか》いブルー』（昭和51年）の村上龍《むらかみりゅう》（1952〜）、昭和54年に『風《かぜ》の歌《うた》を聴《き》け』でデビューした村上春樹らが時代の旗手となって、若者の読者の支持を集めた。１９８０年代に入ると、今までとは登場の仕方が違い、文学上の師匠を持たない若い女性作家、山田詠美《やまだえいみ》（1959〜）、吉本《よしもと》ばなな（1964〜）などの活躍が目立つようになり、明らかに「文学界」の様相が変化を遂げた。

　また、１９７０年代から80年代にかけては、演劇の世界で活躍していたつかこうへい（1948〜2010）が『蒲田行進曲《かまたこうしんきょく》』（昭和56年）で直木賞《なおきしょう》を、同じく演劇人の唐十郎《からじゅうろう》（1940〜）が『佐《さ》川君《がわくん》からの手紙《てがみ》』（昭和58年）で芥川賞を受賞し、文学と演劇との境目がボーダーレス化する現象を見せた。その中で、小説、戯曲と両方の分野で大きな活躍を見せ、数々のベストセラーを生み出したのが井上《いのうえ》ひさし（1934～2010）と筒井康隆《つついやすたか》（1934～）の二人である。この時期には、松本清張《まつもとせいちょう》（1909～92）の推理小説・社会派小説と呼ばれる一群の作品や、膨大《ぼうだい》な資料を駆使した綿密な取材に基づく司馬遼太郎《しばりょうたろう》（1923～96）の歴史小説、新しいジャンルとも言える星新一《ほししんいち》（1926～97）のショート・ショートなど、多くのジャンルの作品が生み出された時期でもあるのだ。

大正の文学列伝

明治の45年、昭和の64年という長い時代に狭まれた、15年に満たない短い時代であった「大正」。「大正モダニズム」「大正浪漫《ろまん》」といった甘美的なイメージの言葉で語られることも多いが、明治から昭和への端境期《はざかいき》として、文学だけではなく他ジャンルも含めて、「新しい何か」を探していた時代と言えるかもしれない。

明治時代の自然主義文学に対し、明治末から「反自然主義文学」の運動も起きた。文学作品、

伊藤左千夫

芥川龍之介

岡本綺堂

萩原朔太郎

あるいは作家はすべてが「○○主義」「○○派」で括《くく》れるものではなく、一人の作家の中に混在しているケースも多い。

自然主義文学が文壇の主流を占める中で、20世紀の初め（明治末）から夏目漱石《なつめそうせき》（1867〜1916）や森鷗外《もりおうがい》（1862〜1922）といった作家から反自然主義文学運動が起こった。僅《わず》かな期間ではあったが、特色のある作家が彩《いろど》りを見せた時代とも言えよう。

谷崎潤一郎《たにざきじゅんいちろう》（1886〜1965）は耽美《たんび》的な世界を追求し、久保田万太郎《くぼたまんたろう》（1889〜1963）は失われゆく「東京の情緒」にこだわった。また、武者小路実篤《むしゃのこうじさねあつ》（1885〜1976）は大らかな世界を求め、これがのちに自立自存の「新しき村」の運動に繋がる。志賀直哉《しがなおや》（1883〜1971）、有島武郎《ありしまたけお》（1878〜1923）、里見弴《さとみとん》（1888〜1983）などの作家の仕事も大きな役割を果たした。

大正時代の半ばあたりになると、芥川龍之介《あくたがわりゅうのすけ》（1892〜1927）や菊池寛《きくちかん》（1888〜1948）らが登場する。大正2（1913）年からは、剣豪・机龍之介《つくえりゅうのすけ》を主人公とする中里介山《なかざとかいざん》（1885〜1944）の大作『大菩薩峠《だいぼさつとうげ》』が『都新聞《みやこ》』に連載を開始した。未完に終わったが、「大衆小説」の走りとして記録されるべきだろう。この作品が、のちの時代小説や剣豪物に与えた影響は大きい。

この時代の詩歌は、萩原朔太郎《はぎわらさくたろう》（1886〜1942）、室生犀星《むろうさいせい》（1889〜1962）、佐藤春夫《さとうはるお》（1892〜1964）、高村光太郎《たかむらこうたろう》（1883〜1956）などが口語調の詩を確立させた時代でもある。特に高村が大正3年に発表した『道程《どうてい》』や、萩原朔太郎の『月《つき》に吠《ほ》える』（大正6年）は、詩を「形式」から「心情」へとその幅を広げ、表現の自由度を高めた。生前は評価を受けることがなかった宮沢賢治《みやざわけんじ》（1896〜1933）もこの時代の人だ。

短歌の世界では写実的なアララギ派が主流となり、伊藤左千夫《いとうさちお》（1864〜1913）、長塚節《ながつかたかし》（1879〜1915）、島木赤彦《しまきあかひこ》（1876〜1926）、斎藤茂吉《さいとうもきち》（1882〜1953）らが活躍した。俳句は、河東碧梧桐《かわひがしへきごとう》（1873〜1937）の門下荻原井泉水《おぎわらせいせんすい》（1884〜1976）が、「五・七・五」の定型にとらわれない自由律の俳句を確立させ、尾崎放哉《おざきほうさい》（1885〜1926）や種田山頭火《たねださんとうか》（1882〜1940）らの俳人を生んだ。

演劇関係でも多くの優秀な戯曲が創作され、今でも上演されている名作が生まれている。岡本《おかもと》綺堂《きどう》（1872〜1939）の『修禅寺物語《しゅぜんじものがたり》』や菊池寛の『父帰《ちちかえ》る』などをはじめ、岸田國士《きしだくにお》（1890〜1954）や小山内薫《おさないかおる》（1881〜1928）の戯曲が残した影響も大きい。

「仇花《あだばな》」のように捉えられがちな大正時代だが、短いからこそ濃密な時代だったのかもしれない。

明治の文学列伝

高校生が使用している「日本史」の教科書から「明治の文学」の項目を拾ってみると、坪内《つぼうち》逍遙《しょうよう》（1859〜1935）が明治18（1885）年に発表した評論『小説神髄《しょうせつしんずい》』が日本における近代文学の走りとされている。江戸時代の戯作《げさく》や勧善懲悪《かんぜんちょうあく》などの文学ではなく、自己の内面を見つめ、客観的・写実的に描くことを提唱し、今の私たちが使っている「言文一致体《げんぶんいっちたい》」の文章で二葉亭四迷《ふたばていしめい》（1864〜1909）が小説『浮雲《うきぐも》』を書いたのである。

教科書に、主な文学作品として挙げられているものをいくつか紹介しておこう。

仮名垣魯文《かながきろぶん》（1829〜94）『安愚楽鍋《あぐらなべ》』
樋口一葉《ひぐちいちよう》（1872〜96）『にごりえ』『たけくらべ』
泉鏡花《いずみきょうか》（1873〜1939）『高野聖《こうやひじり》』
国木田独歩《くにきだどっぽ》（1871〜1908）『牛肉《ぎゅうにく》と馬鈴薯《ばれいしょ》』『武蔵野《むさしの》』
夏目漱石《なつめそうせき》（1867〜1916）『吾輩《わがはい》は猫《ねこ》である』『坊《ぼっ》ちゃん』『草枕《くさまくら》』

森鷗外《もりおうがい》（1862〜1922）『舞姫《まいひめ》』『即興詩人《そっきょうしじん》』
長塚節《ながつかたかし》（1879〜1915）『土《つち》』

ほかにも、幸田露伴《こうだろはん》（1867〜1947）、土井晩翠《どいばんすい》（1871〜1952）、正宗白鳥《まさむねはくちょう》（1879〜1962）、田《た》山花袋《やまかたい》（1872〜1930）、上田敏《うえだびん》（1874〜1916）、徳富蘆花《とくとみろか》（1868〜1927）らの名が並んでいる。

明治維新を経て、文学の世界にも西欧の近代思想が溢《あふ》れるように流入した。物語の叙情性を重んじるロマン主義や、人間の暗部をそのまま描き出そうとする自然主義などが明治の文壇の主流となる一方、鷗外や漱石など、ヨーロッパで学問を修める人々も増えた。日本の文学史が大きく動いた時代だ。しかし、明治時代の文学作品は、現代人にとっては「読みにくい」「難しい」「面白くない」というのが実情だろう。その証拠に、国語の教科書から明治の文学作品がなくなって久しい。

樋口一葉

国木田独歩

徳富蘆花

泉鏡花

確かに、漢字は旧仮名、文章は歴史的仮名遣いで、決してスラスラと流れるように読めるものではない。しかし、読書とは時に1冊の本との格闘とも言える知的ゲームであり、そこに楽しみもあるものだ。

昭和を代表する俳人の一人、中村草田男《なかむらくさたお》（1901〜83）に「降る雪や明治は遠くなりにけり」という有名な句がある。この句は、昭和6（1931）年の『長子《ちょうし》』に収められたもので、昭和初期でさえすでに明治は遠い時代だったのだ。大正、昭和と二つの元号を経て、平成の時代も四半世紀を過ぎており、確かに明治は1世紀以上も前の、遥か昔なのである。

「言文一致運動《げんぶんいっちうんどう》」とは何か？

「文語《ぶんご》」「口語《こうご》」などと聞くと、中学や高校の国語や古典の授業を思い出す方がいるかもしれない。しかし、文語と口語がどう違うのかを具体的に言葉で説明をするのは難しい。

私たちが普段話している言葉が「口語」と呼ばれるもので、日常会話がそれにあたる。同じ意味を持つ会話でも、地方によっては方言によって発音や言葉そのものが変わる場合もある。しかし、その会話を文章に直した、いわゆる「書き言葉」は、訛《なま》ることはなく、大きな相違はない。これが「文語」とも「書記言語《しょきげんご》」とも呼ばれるものだ。もっとも、「文語」の意味はそれだけではなく、平安時代の言語をもとにした「文語体」と呼ばれる文体で文章を書くことが、明治期まで行われていた。

江戸時代の匂いを残す文章に対し、人間心理の内面や世相を写実的に、リアルに描くことを目的とした評論『小説神髄《しょうせつしんずい》』を、坪内逍遙《つぼうちしょうよう》（1859〜1935）が発表したのは明治18（1885）年のことである。この「言文一致《げんぶんいっち》」の運動に共鳴して発表された小説が二葉亭四迷《ふたばていしめい》（1864〜1909）の『浮雲《うきぐも》』（明治20年）で、以後、尾崎紅葉《おざきこうよう》（1867〜1903）や幸田露伴《こうだろはん》（1867〜1947）、樋口一葉《ひぐちいちよう》（1872〜96）などの人気作家が続々と登場し、明治の文学が花開くことになる。短歌《たんか》や俳句《はいく》も連動を見せ、与謝野晶子《よさのあきこ》（1878〜1942）の『みだれ髪《がみ》』や、石川啄木《いしかわたくぼく》（1886〜1912）の『一握《いちあく》の砂《すな》』といった歌集が生まれ、正岡子規《まさおかしき》（1867〜1902）は俳句雑誌『ほとゝぎす』（のち『ホトヽギス』）を主宰《しゅさい》した。

例えば松尾芭蕉《まつおばしょう》（1644〜94）の代表句「古池《ふるいけ》や 蛙《かわず》飛《と》び込《こ》む 水《みず》の音《おと》」と、正岡子規の「痰一斗《たんいっと》 糸瓜《へちま》の水《みず》も 間《ま》にあはず」。この二つの句の間には約250年の隔《へだ》たりがあ

坪内逍遙

二葉亭四迷

る。250年の歳月をかけて、心と言葉の表現形態が一致したのが「言文一致」なのだと言えよう。

その一方、日本で最初にシェイクスピア（1564～1616）の戯曲をすべて翻訳した坪内逍遥が、最初に訳した『ハムレット』の有名なシーン、「生か死か、それが問題だ」という科白《せりふ》は、「世に在《なが》ふるか……在《なが》へぬか……それが疑問《ぎもん》ぢや」と訳されており、時代感覚を感じる。創作と翻訳は似て非なるものであり、先に挙げた作品群と同列に考えることは出来ないし、まだ西洋の思想が今のように身近な時代ではなかった頃の話である。しかし、私たちが何気なく読み、話している日本語も、こうした先人たちの労苦の果ての産物なのだ。

幕末の大劇作家・河竹黙阿弥《かわたけもくあみ》

歌舞伎400年の歴史の中で、近松門左衛門《ちかまつもんざえもん》（1653～1724）が「中興の祖」だとすれば、河竹黙阿弥《かわたけもくあみ》（1816～93）は明治維新によって江戸時代の歌舞伎が崩壊していく姿を見つつ、時代を跨《また》いで歌舞伎を遺した証人である。

文化13（1816）年に江戸日本橋の商家の息子として生まれ、遊びが過ぎて勘当された挙句《あげく》に、五代目鶴屋南北《つるやなんぼく》（1796〜1852。『東海道四谷怪談《とうかいどうよつやかいだん》』などを書いたのは四代目鶴屋南北）の弟子となったのが19歳。以後、病気や家庭の事情で芝居の世界を離れたものの、天保14（1843）年には立作者《たてさくしゃ》（座付き狂言作者の中で筆頭の者）となり、それまでの勝諺蔵《かつげんぞう》から二代目河竹新七《しんしち》を名乗った（便宜上、以下も「黙阿弥」と記すが、黙阿弥を名乗ったのは引退後である）。嘉永7（1854）年に書いた『都鳥廓白浪《みやこどりながれのしらなみ》』が当たりをとって、狂言作者としての地位を不動のものとした。「白浪」とは中国で「泥棒」を意味する言葉で、以後、『白浪五人男《しらなみごにんおとこ》』や『三人吉三廓初買《さんにんきちさくるわのはつがい》』など、泥棒や小悪党を主人公にした作品が大ヒットし、「白浪作者」とも呼ばれた。

黙阿弥の芝居の中で最も特徴的なのは、流れるように耳に響く七五調の流麗《りゅうれい》な科白《せりふ》、下《げ》座《ざ》音楽や余所《よそ》事浄瑠璃《ごとじょうるり》と呼ばれる清元《きよもと》などの音楽の流用といった「芝居っ気」だろう。幕末の、今で言えば世紀末のような感覚の時代

河竹黙阿弥

の中に生きる庶民を、鶴屋南北の時代とは違い、より観客に身近なものとして描いたところや、勧善懲悪《かんぜんちょうあく》、因果応報《いんがおうほう》といった日本人の中に根強く残っている感情を巧みに織り込み、教訓めいたものになる手前で観客の現実とダブらせたところに、作劇術の巧《うま》さがある。生涯に遺した作品は300を超えるとも言われているが、黙阿弥にとっての最大の出来事は、明治維新という「新しい時代」の中で歌舞伎を書き続けなくてはならなかったことだろう。黙阿弥が明治維新を迎えたのは52歳、当時の感覚で言えば人生も晩年で、そろそろ隠居生活にでも入ろうかという時期に激動の波が押し寄せ、歌舞伎もその例外ではなかった。「明治」と元号が変わってからも、江戸の昔をそのままに『髪結新三《かみゆいしんざ》』や『河内山と直侍《こうちやまなおざむらい》』などの江戸情緒溢《あふ》れる芝居を書き続けていたが、時代の進歩に合わせようとする歌舞伎界の中で、「芝居ごころ」よりも「リアル」を全面に押し出した芝居も書かざるを得なくなった。

明治14（1881）年、『島鵆月白浪《しまちどりつきのしらなみ》』を一世一代として引退するが、この芝居は当時の世相が描かれた「現代劇」で、歌舞伎の中に警察官が登場し、主な人物は散切《ざんぎ》り頭《あたま》、ポストなどの言葉も見られる。これ以降、古河《ふるかわ》黙阿弥と名乗り、表舞台には登場しなくなるが、「スケ」と呼ばれる補助・相談的な役目として、亡くなる直前まで劇場へ出勤を続け、生涯を現場で過ごした。しかし、「黙阿弥」と名を替えてからは、演劇史に残るような作品は発表していない。

悪の美しさを描いた劇作家・鶴屋南北《つるやなんぼく》

『東海道四谷怪談《とうかいどうよつやかいだん》』の作者と言えば、一番話が早いかもしれない。「鶴屋南北（1755〜1829）」としては四代目になるが、実は初代から三代目までは歌舞伎役者だった。四代目から歌舞伎の作者となり、五代目でこの名は途絶えている。三代目と四代目の間に血縁関係はなく、一般的に「鶴屋南北」と言えば、この四代目を指す。

江戸時代後期、文化が爛熟《らんじゅく》と退廃《たいはい》の只中にあった文化文政期（1804〜30）に活躍した歌舞伎作者で、南北の感覚が当時の人々の好みに合い、ヒット作を連発したのだが、ここに至るまでの道筋は決して楽なものではなかった。歌舞伎の世界では、劇作家のことを「狂言作者《きょうげんさくしゃ》」と呼ぶが、役者だけではなく、作者も段階を経た身分制度が敷かれていた。見習いから始まり、狂言方と呼ばれる四枚目、五枚目を経て、三枚目、二枚目、立作者《たてさくしゃ》（座付き狂言作者の中で筆頭の者）となる。二枚目、三枚目、というのは「二番手」「三番手」と同義と捉えてよい。立作者となって初めて、１本の芝居の筋立ての設定から、重要な部分の執筆までを任された上に、今で言うプログラムの役割を果たしていた「番付」の作者連名の筆頭に名を連ねることが出来るのだ。

　南北が狂言作者の見習いとして芝居の世界に飛び込んだのは安永5（1776）年のことで、立作者の地位を得たのは享和元（1801）年、実に46歳だった。その後、文化3（1804）年の夏芝居に書いた『天竺徳兵衛韓噺《てんじくとくべえいこくばなし》』が大ヒットを飛ばし、この作品で立作者としての地位を不動のものとしたが、この時、実に50歳である。寿命の短い江戸時代のことを考えれば、遅咲きどころか、晩年になってそれまでの蓄積を一気に噴出させるエネルギーを持った大輪の花が咲いた作者だと言える。からくり、大仕掛け、早替わりなど、歌舞伎では「外連（ケレン）」と呼ばれる趣向で観客をアッと言わせる一方、男女の濃密な愛情を描いた濡れ場や凄惨《せいさん》な殺し場をリアルに見せることにより、観客の興味をそそった。『桜姫東文章《さくらひめあずまぶんしょう》』では、男の魅力に取り憑《つ》かれ、堕落して女郎《じょろう》になる姫の姿と輪廻転生譚《りんねてんしょうたん》を組み

四代目鶴屋南北像（『お染久松色読販』より）

合わせ、『東海道四谷怪談』では早替わりや殺し場、仕掛けをふんだんに利用した怪談を創り上げた。『お染久松色読販《そめひさまつうきなのよみうり》』（通称「お染の七役《ななやく》」）では、一人の役者に娘、尼《あま》、二枚目、芸者など七役を早替わりさせる趣向を考え出すなど、奇抜な趣向が観客を喜ばせた。しかし、南北の本質は単なる趣向の羅列にあるのではなく、その中に、人間が本質的に抱える暗闇を鮮明に描き出したことにある。だからこそ、時を経ても古びることなく、繰り返し上演されているのだ。

　多くの作品の中には歴史の波に埋もれてしまったものも多いが、それらを発掘し、現代の観客の生理や感覚に合わせてわかりやすいように内容を整理して復活し、自らの当たり狂言としたのが、「スーパー歌舞伎」の創始者である三代目市川猿之助《いちかわえんのすけ》（現、二代目市川猿翁《えんおう》）だ。『独道中五十三駅《ひとりたびごじゅうさんつぎ》』『菊宴月白波《きくのえんつきのしらなみ》』『四天王楓江戸粧《してんのうもみじのえどぐま》』『金幣猿島郡《きんのざいさるしまだいり》』などが、そうした作品の一群として現在も上演されている。

「南北の魅力は悪にある」と言われるが、それだけではなく、外面の美しさと内面の醜《みにく》さとのギャップを舞台の上で剝《む》き出しにして見せ、「人間」を描いたことだろう。「綺麗なお芝居」の中に潜む人間のリアルな姿を容赦なく暴《あば》いている。南北が歿してから約40年後には、日本は「明治維新」という近代化の大きな節目を迎えることになる。

人生を洒落《しゃれ》で生きた戯作者《げさくしゃ》たち

「戯作《げさく》」とは、江戸時代の後期に江戸で流行した、庶民向けで娯楽性の高い小説類のことだ。江戸時代の中期に江戸は人口100万を超え、経済的にも世界第一の都市となり、江戸っ子たちの読み書き能力も高まっていた。ヨーロッパでは「読書」がまだ特権階級だけの時代だった頃に、日本では酒屋の小僧も読書が出来る素養を持っていたのだ。誰もがそうした状況にあったわけではないが、子だくさんの家では、10歳前後で「奉公」に出される。奉公先で、給金はもらえない代わりに食事と寝る場所を与えられ、「読み書きそろばん」、礼儀作法、商いの仕方も教えてくれる。たとえ親は無筆《むひつ》でも、子供が学問を覚えて帰ってくる。

こうした状況の中で、武家から庶民へと文化の広がりを見せ、多くの本が流行《はや》った。しかし、この当時の本は高価だったため、買うのではなく、折々に荷を担いで訪ねてくる「貸本屋《かしほんや》」へお金を払って一定期間借りる仕組みだった。この合理的なシステムが、江戸時代の後期にはすでに庶民に定着していたのだ。

その中で、山東京伝《さんとうきょうでん》（1761～1816）の『傾城買四十八《けいせいかいしじゅうはっ》手《て》』など遊廓の事情や恋の手管《てくだ》を写実的に描いた「洒落《しゃれ》本《ぼん》」、式亭三馬《しきていさんば》（1776～1822）の『浮世風呂《うきよぶろ》』や十返舎一九《じっぺんしゃいっく》（1765～1831）の『東海道中膝栗毛《とうかいどうちゅうひざくりげ》』など町人の日常生活を題材とした「滑稽本《こっけいぼん》」、上田秋成《うえだあきなり》（1734～1809）の『雨月物《うげつもの》語《がたり》』や曲亭《きょくてい》（滝沢《たきざわ》）馬琴《ばきん》（1767～1848）の『南総里見《なんそうさとみ》八犬《はっけん》伝《でん》』など日本の史実を素材にした伝奇的な傾向が強い「読《よみ》本《ほん》」、為永春水《ためながしゅんすい》（1790～1843）の『春色梅児誉美《しゅんしょくうめごよみ》』など男女の恋愛を中心に描いた「人情本《にんじょうぼん》」など、多くの本が世間の人気となった。また、「草双紙《くさぞうし》」と呼ばれる絵入りの小説では、『源氏物語』のパロディである柳亭種彦《りゅうていたねひこ》（1783～1842）の『偽紫田舎源氏《にせむらさきいなかげんじ》』が人気を博した。

こうした戯作者が登場したのは、江戸の文化が爛熟《らんじゅく》し切ったことの表れで、ほとんどの作者が「文筆家」として生業を立てていたわけではなく、ほかに何らかの収入源を持っていた。そこに精神的な余裕も生まれ、本の中で政道に皮肉を浴びせ、世の中の有様を洒落のめしたことが大衆に人気を持っ

山東京伝像

式亭三馬像

十返舎一九像

て迎えられた反面、山東京伝は「手鎖五十日《てじょう》」の刑を受け、自宅で謹慎させられるなどの事件も起きた。

この山東京伝は、少年少女に人気を博した冒険活劇とも言える『南総里見八犬伝』の作者、曲亭馬琴の師匠でもある。『八犬伝』は、途中で馬琴が視力を失ったために、息子の嫁に口述筆記をさせ、完成までに実に28年の歳月を要した。原稿料だけで生活が出来るようになったのは、主な戯作者の中では馬琴がその走りである。戯作者の有様は時代と共に変わり、「教養のある遊び人」が多数を占めていた時代から、「文筆を生業とする」時代へと変遷を遂げたが、江戸幕府の崩壊、近代思想の流入と共に、「戯作」の文化は轢断《れきだん》された。

ヒット小説がテレビ化や映画化されるように、大当たりした戯作は歌舞伎化された。馬琴の『八犬伝』や『椿説弓張月《ちんせつゆみはりづき》』をはじめ、一九の『東海道中膝栗毛』、春水の『春色梅児誉美』などは、今でも歌舞伎で観ることが可能だ。

現代の文学の中にも戯作の精神が垣間見られるものはあるが、「表現の自由」が保障されているだけに、自らの身体を賭けて書きたいことを書いていた時代の作品とは書き手の意識も違うだろう。たとえ刑罰を受けても「戯れに作る」と言い切れるところに、江戸時代の人々のしたたかさがある。

女の執念『東海道四谷怪談《とうかいどうよつやかいだん》』の恐ろしさ

『東海道四谷怪談』は、日本で最も有名な怪談《かいだん》だろう。色男だが性格の悪い民谷伊右衛門《たみやいえもん》が、女房のお岩《いわ》に毒を呑《の》ませ、二目《ふため》と見られない人相に変わる。お岩は死に、その祟《たた》りに伊右衛門が悩まされる、というのが大筋だ。四代目鶴屋南北《つるやなんぼく》（1755〜1829）が趣向を凝らしたこの怪談は大ヒットし、明治時代以降も映画化され、歌舞伎とは違うジャンルでも舞台化されるなど、怪談の王座は揺るがない。

鶴屋南北は「趣向の名人」であり、この芝居にも多くの趣向が凝らされている。いきなり仏壇の中へ引き込まれる「仏壇返し」や、提灯の中から幽霊が出るなどの舞台上の仕掛けもさることながら、この芝居自体が「忠臣蔵《ちゅうしんぐら》」の物語と1枚の紙の裏表のようになっているのだ。主人公の伊右衛門は、塩冶《えんや》（史実では浅野）の浪人である。何とか再び仕官を、と思っているところへ、裏に住んでいる高師直《こうのもろなお》（史実では吉良）の家老・伊藤喜兵衛《いとうきへえ》の孫娘、お梅《うめ》が伊右衛門に惚《ほ》れる。伊藤は、伊右衛門に仕官の口を持ちかけ、それと引き換えに現在の妻・岩を離縁し、お梅と縁組みするようにと謀る。

こうした仕掛けがあるために、初演の折には「忠臣蔵」と交互に上演するという形式をとった。そのために、2日かかったと言われている。

芝居の世界では今でも「験《げん》を担ぐ」ことが多く、この芝居の上演前には主な役者が揃って四谷の「於岩稲荷《おいわいなり》」に参詣し、舞台の安全を祈願する。不思議なもので、これを怠ると舞台で何かしらの事故が起きたりするようだ。また、「お岩」のことを、決して役の名で呼び捨てにすることはしない。「お岩様」、あるいは「四谷様」などと言うほど、怖れを抱いている。理屈だけでは割り切れないものが、この世にはまだ存在している。

南北がこの作品を書いたのは文政8（1825）年、70歳の時のこと。遅咲きの作者が、今までに芝居道で学んだ多くの趣向や仕掛けを盛り込んだ作品だ。この4年後に南北はその生涯を閉じることになる。明治維新まで50年を切った退廃した空気の中で、庶民のしたたかさと「悪の魅力」を中心に描いた作品だからこそ、今も人気があるのだろう。幽霊や怨霊も恐ろしいが、一番

『東海道四谷怪談』の神谷伊右衛門とお岩（歌川国芳画）

怖いのは人間の「我欲」だということが『東海道四谷怪談』から良くわかる。「芝居は無学の耳学問」という言葉があるが、昔の人々は劇場でも人生訓を学んでいたのだ。

弥次《やじ》さん喜多《きた》さん珍道中伝『東海道中膝栗毛《とうかいどうちゅうひざくりげ》』

弥次さん喜多さんの江戸っ子コンビが、あちこちで珍妙なことをしでかし、喧嘩をしたり失敗したりしては狂歌《きょうか》を詠みながら東海道五十三次を旅する『東海道中膝栗毛《とうかいどうちゅうひざくりげ》』。十返舎一九《じっぺんしゃいっく》（1765～1831）作の滑稽本《こっけいぼん》である。長編であり、一度に完結した形で読まれたわけではなく、「品川～箱根」、「箱根～蒲原《かんばら》」など8編、実に11年の歳月をかけて刊行された。

「旅行」への憧《あこが》れもあり、簡単には旅行が出来なかった時代のこと、これは大ヒットとなり、一九は読者の要請を受けて、東海道以外の地域の「旅行記」を書くことになる。一九自身は最初の東海道だけで終わらせるつもりだったようだが、その後『金毘羅参詣《こんぴらさんけい》 続膝栗毛《しょくひざくりげ》』『宮嶋参詣《みやじまさんけい》 膝栗毛《ひざくりげ》』『木曾街道膝栗毛《きそかいどうひざくりげ》』など数編が書かれ、挿絵までも一九本人が描くという力の入れようだった。一九は全国を取材に歩いたようで、現代のように交通網が整備されていない江戸時代後期に、よその土地の風情や景色、人柄などを知ることは簡単ではなかったはず。それだけに、痛快に悪口を言い、失敗をしてこっぴどい目に遭いながらも、日本中に「江戸っ子」を広めて歩く二人の珍道中が人気を呼んだのだろう。

タイトルにある「膝栗毛」の栗毛とは馬の種類で、馬で旅が出来る身分ではない二人は、自らの膝を栗毛の馬のように使いながら道中をした、という意味だ。よほどの事情か金銭的な余裕がなければ旅は徒歩、と決まっていた時代に、作者の一九はどれほどの距離を歩いたのだろうか。

こうした作品が、のちの時代の文学や芸能にどれだけの影響を与えるかが、その作品の評価の一つにもなる。次項の『南総里見八犬《なんそうさとみはっけん》伝《でん》』もそうだが、一九の「膝栗毛物」と呼ば

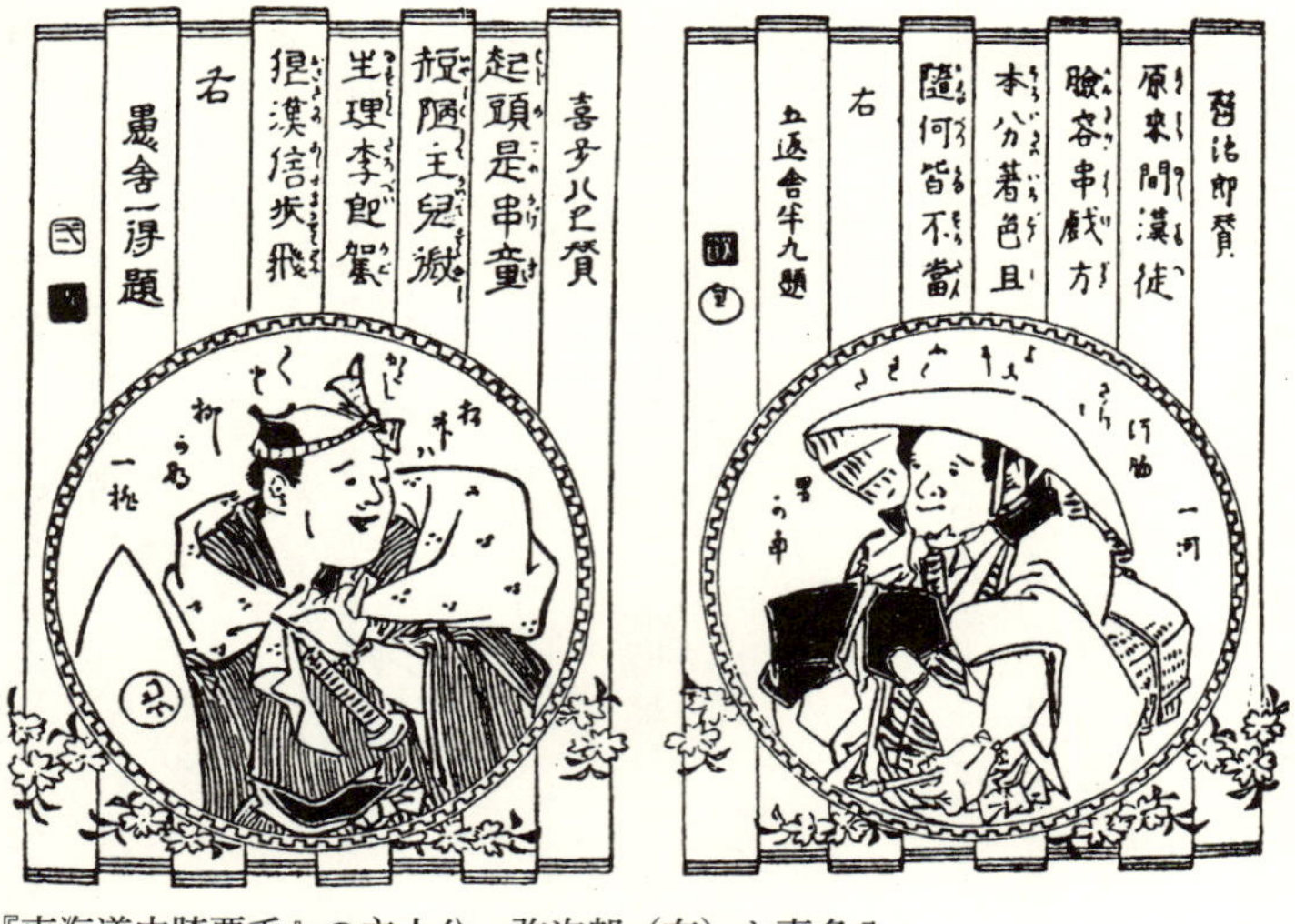

『東海道中膝栗毛』の主人公・弥次郎（右）と喜多八

れる一連のシリーズは、多くの分野に影響を与えた。

明治に入ってからは仮名垣魯文《かながきろぶん》（1829～94）が『西洋道中膝栗毛《せいようどうちゅうひざくりげ》』を書き、映画では多くの「弥次喜多もの」が創られ、それは平成の時代にまで続いている。また、邦楽《ほうがく》の一種の「新内《しんない》」では『東海道中膝栗毛』の「赤坂並木の段」が名曲・人気曲として今も演奏されている。さらに、歌舞伎でも昭和初期に『東海道中膝栗毛』が初演され、その後何度か舞台に乗せられている。漫画では『サザエさん』の作者・長谷川町子《はせがわまちこ》（1920～92）が『新やじきた道中記』を残しており、老若男女を問わず、多くの世代がこのコンビの名前やイメージを知っている。その意味では「国民的文学」と言えるのかもしれない。

元祖・戦隊ヒーロー『南総里見八犬伝《なんそうさとみはっけんでん》』

世代によっては、ＮＨＫが夕方に放送していた人形劇『新八犬伝《しんはっけんでん》』（1973～75放映）でこの物語を知った人も多いだろう。歌手で俳優の坂本九《さかもときゅう》（1941～85）がナレーション、辻村ジュサブローによる「ちりめん」の布地を基調にした独特の衣装が印象的であり、夕方15分間の放送で、放送回数は464回を数えた。

この人形劇の原作となったのが、江戸時代の戯作者《げさくしゃ》の巨人とも言うべき曲亭《きょくてい》（滝沢《たきざわ》）馬琴《ばきん》（1767～1848）による『南総里見八犬伝《なんそうさとみはっけんでん》』である。完成まで実に28年を要し、歳月ばかりではなく全98巻に及ぶ大長編、そのスケールの大きさは、江戸の戯作の代表作と言われている。同時に、歌舞伎や後発芸能の近代演劇、映画、テレビ、錦絵など、多くの芸能や美術に影響を与えている点も見逃すことは出来ない。「芳流閣《ほうりゅうかく》の決闘《けっとう》」の場面では、大屋根を使った派手な立ち回りが見せ場だ。映像化も何度となく行われ、近代演劇の中にも取り込まれるなど、物語の壮大なスケールを中心とした人気は今も衰えていない。

中国の『水滸伝《すいこでん》』の影響を受けたこの作品は、室町時代後期の安房《あわ》国を舞台に、里見家《さとみけ》の姫・伏姫《ふしひめ》と神の犬である八房《やつふさ》の因縁によって集まった8人の剣士を主人公としている。犬塚信乃《いぬづかしの》、犬川荘助《いぬかわそうすけ》、犬山道節《いぬやまどうせつ》、犬飼現八《いぬかいげんぱち》、犬田小文吾《いぬたこぶんご》、犬江親兵衛《いぬえしんべえ》、犬坂毛野《いぬさかけの》、犬村大角《いぬむらだいかく》の8人は、それぞれが「犬」の文字を名前の中に含み、場所は違うが身体に「牡丹《ぼたん》の痣《あざ》を持つ」という共通項を持っている。この8人が、それぞれに「仁《じん》」「義《ぎ》」「礼《れい》」「智《ち》」「忠《ちゅう》」「信《しん》」「孝《こう》」「悌《てい》」の文字が刻まれた玉を持ち、幾多の危難を乗り越えながら伏姫との大団円を迎える。

原典は岩波文庫から全10巻に及ぶものが出版されており、ほかにも数社から抄訳や現代語訳が出版されている。

この大河小説は、完結までの28年にもドラマがある。作者の馬琴が、途中で失明したのだ。それでも馬琴の意欲は衰えることなく、「口述筆記」で物語を続けた。しかし、口述筆記を担うことになった息子の嫁は、字が書けなかった。一文字ずつ、書き方を教えながら、それを書かせる馬琴の情熱もさることながら、舅《しゅうと》の言うままに作業を続けた嫁の根気にも凄《すご》いものがある。灯りも満足ではない中で、字の書けない人に口述筆記をさせる馬琴の姿からは、物書きの「業《ごう》」が感じられる。この家庭内のドラマを劇作家の吉永《よしなが》仁郎《じろう》が『滝沢《たきざわ》家《け》の内乱《ないらん》』という芝居にして、加藤健一事務所が上演している。

『南総里見八犬伝』「芳流閣の決闘」場面（五粽亭広貞『大阪錦絵』より）

江戸時代にはなかった「著作権《ちょさくけん》」

小説や漫画などの作品で「一部が盗作の疑い」というニュースが報道されることがある。著作権法は、創作を生業とする人々にとっては、自分のアイディアや作品を保護してくれる重要な法律であり、今では「著作権」のみならず、隣接する権利や二次使用に関する問題まで細かく規定されている。

しかし、日本における著作権は、ヨーロッパに比べると、ずいぶん歴史的に遅れをとってきた。その間ざっと200年以上である。ヨーロッパでは、「世界三大発明」の一つと言われる15世紀のグーテンベルクの印刷技術が開発されて以降、1545年にヴェネツィアで世界で最初の著作権法が生まれ、1710年には近代の著作権法に大きな影響を与えたアン法がイギリスで生まれた。しかし、この時の日本は、まだ江戸時代の中期（正徳7年。6代将軍・徳川家宣《いえのぶ》の治世）であり、印刷も板木《はんぎ》に文字を彫り、それを墨で摺《す》る「出板」の時代で、著作権という発想は全くない。したがって「盗作」も、今のように法で罰せられるどころか、先行作品の面白いところを活かす、という「前向きな発想」で行われていたのだ。

これは、歌舞伎の歴史を眺めてみると一目瞭然で、誰かの作品が大当たりしたとなれば、その作品の優れた場面をほぼ丸ごと、あるいは一部を変えて自作の芝居の中に取り込む。場合によっては登場人物の名前や、大まかなストーリーまでそのまま頂いてしまう。これを「改作《かいさく》」と言い、過去の作品に新たに手を加え、より面白いものにするという発想なのだ。もちろん、作者本人やその遺族に許可をとるわけではない。しかし、著作権という概念も発想もない以上、これを咎《とが》める理由もない。このおかげで、過去の古典漢籍を下敷きにして多くの作品が生まれ、江戸時代の文学が花開いたのだとも考えられる。

しかし、明治維新を経て、明治19（1886）年の「ベルヌ条約」への加盟と共に、福沢諭吉《ふくざわゆきち》らが中心となって西洋の著作権を日本でもきちんと法制化しようという動きが進み、翌明治20年に「版権條令」が設定され、ようやく著作者や著作物の権利が守られるようになるのだ。その後、何度かの改正を経て、昭和8（1933）年に、著作権の有効期間が「著作者の死後50年」と定められ、今もこの法律をもとに運用されている。近年では、著作権の期限を「70年」に延長しようという動きが著作者側に見られる。

ここまでは歴史的な事実に基づいた権利の関係だが、例えば「俳句」のように、僅《わず》か17文字で一つの作品という場合、組み合わせの偶然や今までに創られた作品の膨大な数を作り手側が把握しきれないため、意図的な盗作ではなく、全く偶然に同様の句が出来てしまうことがある。そうした場合の処理方法だが、法律として明文化されているわけではなく、暗黙のルールがあるようだ。先行作品に自分の句と同じ作品があることを指摘され、あるいは自らが発見した場合は、黙って取り下げるのである。

日本のシェイクスピア・近松門左衛門《ちかまつもんざえもん》

江戸時代中期の人形浄瑠璃《にんぎょうじょうるり》と歌舞伎の発展に多大な貢献があった作者として、近松門左衛門は日本史の教科書に必ず出てくる名前だ。承応2（1653）年の生まれで、シェイクスピア（1564～1616）と全く同じ時代を生きたわけではないが、共に英国と日本の演劇を代表する人物として、並び称されることが多い。しかし、実際に近松門左衛門が人形浄瑠璃や歌舞伎という芸能に対して、どれほどの功績があったのかは、教科書では具体的に語られていない。

その生涯に不明な点はあるが、越前福井藩の藩士の子として生まれ、父が浪人する10代半ばまでは武士の子として教育をされた。その後、京都へ一家で引っ越し、そこで身につけた古典漢籍の素養が、のちに自らが劇作家となった時に大いに役立ったようだ。武士の身分を捨てて芸能の世界へ身を投じ、「作者」としての修業を積んだが、正式なデビュー作は確定しておらず、確実に近松の作品とされているのは、貞享元年（1684）31歳の折に古浄瑠璃の名人・宇治加賀掾《うじかがのじょう》のために書いた『世継曾我《よつぎそが》』である。その翌年、浄瑠璃語りの竹本義太夫《たけもとぎだゆう》のために『出世景清《しゅっせかげきよ》』を書き、さらに貞享3年の『佐々木先陣《ささきせんじん》』に、初めて作者として名を刻むことになる。

以降、人形浄瑠璃と同時に歌舞伎の初代坂田藤十郎《さかたとうじゅうろう》（1647〜1709）にも作品を提供し、人形浄瑠璃と歌舞伎の間を行き来しながら72年の生涯の間に、１００編以上の浄瑠璃作品を遺すことになる。近松が得意としたのは、「やつし事」と呼ばれる男女の色模様

近松門左衛門像

を描いた作品で、上方《かみがた》文化が爛熟《らんじゅく》を見せた元禄期（1688～1704）だったこともあり、こうした作品は大衆の喝采を博した。元禄16（1703）年には『曾根崎心中《そねざきしんじゅう》』で大ヒットを記録、『心中天網島《しんじゅうてんのあみしま》』や『心中宵庚申《しんじゅうよいごうしん》』など一連の心中物《しんじゅうもの》が大当たりをし、ほかの作者もそれに倣《なら》った心中物を次々に書いたことから、亡くなる2年前の享保7（1722）年には、幕府によって心中物の上演禁止令が出されるほどの社会現象ともなった。

近松が高い評価を受け続けている理由は、その作劇術の巧みさにある。中国明朝《みん》の英雄・鄭成功《ていせいこう》（1642～62）をモデルにして、中国人と日本人の間に生まれた主人公・和唐内《わとうない》を中心にした壮大なエピソードを描いた『国性爺合戦《こくせんやかっせん》』で3年越しの大当たりをとり、経営危機に直面した大坂の竹本座《たけもとざ》を立て直した。また、今でも『俊寛《しゅんかん》』として一部が上演される『平家女護島《へいけにょごのしま》』や『関八州繋馬《かんはっしゅうつなぎうま》』などの時代物《じだいもの》、先に挙げた心中物や『女殺油地獄《おんなころしあぶらのじごく》』などの世話物《せわもの》に至るまで、作品の幅が広いことも評価の高さに挙げられるだろう。

もう一つ、特筆すべきは、『虚実皮膜論《きょじつひにくろん》』という有名な演技論を遺していることだ。これは、近松の死後に刊行された『難波土産《なにわみやげ》』の中に聞き書きの形式で書かれているもので、「演技の真髄は芝居としての嘘と現実との間にある薄い膜のようなものだ」と看破している。現代の演劇におけるリアリズムの考え方にそのまま通用するもので、芝居の嘘をいかに真実に近く見せるか、という役者にとっての永遠の悩みを課題として見抜いている。

荒唐無稽《こうとうむけい》な芝居ばかりではなく、こうした確固たる演劇論に裏打ちされ、人間の姿を描こうと努力を重ねた作品だからこそ、今も人気が高いのだ。

心中ブームまで起こした『曾根崎心中《そねざきしんじゅう》』

近松門左衛門《ちかまつもんざえもん》の作品の中でも名作と誉《ほまれ》の高い『曾根崎心中《そねざきしんじゅう》』。四代目坂田藤十郎《さかたとうじゅうろう》（1931〜）が平成26（2014）年までに１３００回以上演じて「一世一代」とした当たり役のお初《はつ》は曾根崎新地の女郎《じょろう》であり、相手の徳兵衛《とくべえ》は醬油屋の手代《てだい》である。

『曾根崎心中』が初演されたのは、元禄16（1703）年、大坂・竹本座《たけもとざ》の人形浄瑠璃《にんぎょうじょうるり》である。元禄文化華やかなりし時代に、実際に起きた曾根崎の森での心中事件を、１ヶ月足らずで芝居に仕立てて上演したもので、近松にとっては初めての「世話物《せわもの》」、つまり当時の現代劇だった。これが爆発的なヒットを放ち、近松の「心中物《しんじゅうもの》」が以降続々と生み出されたため、やがては巷《ちまた》でも芝居の世界に憧《あこが》れて心中を決行する男女が続出した。ついに江戸幕府は、享保7（1722）年に「心中物の上演禁止」のお触れを出すことになる。

実際に起きた事件を、脚色を交えてかなり速いスピードで芝居にしたこと、事件の発端から最後の心中までが芝居の中では1日で起きた事件であること、男女の愛情の形を「心中」という形でドラマ化したことなどが大衆の心を鷲摑《わしづか》みにした原因だろう。また、二人が手に手を取って心中へ向かう「道行《みちゆき》」の場面の「此の世のなごり。夜もなごり。死に行く身をたとふればあだしが原の道の霜。一足づつに消えてゆく。夢の夢こそあはれなれ」の名文も効果を高めた。のちに歌舞伎へも移されて人気を博し、大きなブームを起こしたのだ。

しかし、これほどの人気を誇り、「心中物」の流行に火を付けた作品が、やがて全く上演されなくなる。復活したのは昭和28（1953）年のことで、初演から250年目のことだった。近松の原作を劇作家の宇野《うの》信夫《のぶお》（1904～91）が脚色・演出し、二代目中村鴈治郎《なかむらがんじろう》（1902～83）と二代目中村扇雀《せんじゃく》（現、四代目坂田藤十郎）の親子のコンビで上演され、大当たりをとった。以降、歌舞伎の重要なレパートリーの一つとなると同時に、お初を演じた扇雀のブームが起き、扇雀は大スターとなる。徳兵衛役は父鴈治郎から息子の五代目中村翫雀《かんじゃく》（1959～）に変わったが、実に61年にわたって同じ

『絵入曾根崎心中』の挿図

役を演じ続けたことになる。

人形浄瑠璃や歌舞伎の中で、当時の事件や市井《しせい》の人々の生活を描いたものを「世話物」と言うが、近松の筆が紡ぎ出す言葉の数々が、人々の心に身近な距離で響いたのだろう。

「俳句《はいく》」は世界最短の文学

「古池や 蛙《かわず》飛び込む 水の音」。

これは、「俳聖《はいせい》」とも呼ばれた俳人・松尾芭蕉《まつおばしょう》（1644〜94）の代表的な句の一つだ。「五・七・五」の17文字で感情や風景を表し、どの時期かがわかる季語を詠《よ》み込む。また、「けり」や「かな」といった、言葉の最後にくる「切れ字」と呼ばれるものにも決めごとがある。こうしたルールの中で表現をする短くて難しい、世界最短の定型詩と言える。

文字数が限られ、しかも上・中・下と分かれるために、偶然とは言え同じ句が出来る確率はある。意図的に行えば盗作になるが、偶然の場合、先に詠んだ句を見つけた段階で取り下げるのがルールになっている。なお、俳句から季語を無くし、より自由度を高めたものが「川柳《せんりゅう》」である

松尾芭蕉像

小林一茶像

正岡子規

種田山頭火

(次項参照)。

俳句の歴史を辿《たど》れば、明治時代以前には「俳諧《はいかい》」と呼ばれており、「俳句」という語句自体は、正岡子規《まさおかしき》(1867〜1902)が使ったものがその後に定着したとされている。俳諧は、「五・七・五」の長句《ちょうく》に「七・七」の短句《たんく》を交互に付けてゆく「連歌《れんが》」と同じ形式で、併せて一首の歌になる。その「前句」と呼ばれる「五・七・五」の部分が独立して、発展を遂げたものが俳諧である。

江戸時代の元禄期(1688〜1704)に登場した松尾芭蕉は、俳諧の第一人者として名高い。芭蕉は伊賀《いが》国(現在の三重県)に生まれ、江戸へ下って以降は深川《ふかがわ》に庵《いおり》を構えた。芭蕉が遺した仕事の中で特筆すべきは、弟子の曾良《そら》を伴い、元禄2(1689)年3月に江戸を出発してから、陸《む》奥《つ》・出羽《でわ》・越後《えちご》・加賀《かが》など東北・北陸地方の旧跡を巡り、伊勢神宮へ向けて同年9月に美濃《みの》の大《おお》垣《がき》を出発するまでの旅を記した紀行文『おくのほそ道』を著したことだろう。芭蕉は、訪れた土地土地で句を残している。例えば、陸奥の平泉《ひらいずみ》では「夏草や 兵《つわもの》どもが 夢のあと」、出羽の山寺《やまでら》(立石寺《りっしゃくじ》)では「閑《しず》かさや 岩にしみ入る 蟬《せみ》の声」、越後の出雲崎《いずもざき》では「荒海や 佐渡に横たふ 天《あま》の河《がわ》」を詠んだ。芭蕉およびその門人の俳風《はいふう》は、「蕉風《しょうふう》」と呼ばれることとなった。

江戸時代の中期になると、与謝蕪村《よさぶそん》(1716~83)が登場し、当時、独創性を失いかけていた俳諧の世界を憂《うれ》いて、「蕉風回帰《しょうふうかいき》」、つまり芭蕉の時代の原点に戻ろうという発想のもとに句作を行った。「春の海 終日《ひねもす》のたり のたり哉《かな》」、「さみだれや 大河《たいが》を前に 家二軒《いえにけん》」などの句で知られる一方、俳諧と絵を一枚の紙や絹布《けんぷ》に描く「俳画《はいが》」で多くの作品を残している。

江戸時代の後期には、信濃《しなの》(現在の長野県)の農村で庶民の生活を詠んだ小林一茶(1763~1827)が登場する。「やせ蛙《がえる》 まけるな一茶 これにあり」「雀《すずめ》の子 そこのけそこのけ お馬が通る」「やれ打つな 蠅《はえ》が手をする 足をする」などの句はお馴染《なじ》みだろう。一茶は、自然の中に生きる弱い生き物や子供にも温かな眼差しを注ぎ、親近感のある句を生み出した。一茶が生涯に遺した句は2万を超えると言われている。一茶の歿後に著名な『おらが春』が刊行されている。

昭和21(1946)年にフランス文学研究の第一人者であった桑原武夫《くわばらたけお》(1904~88)が、「俳句は芸術ではない」という主旨の『第二芸術論』を発表し、当時の俳壇を巻き込んで物議を醸《かも》したことがある。その大まかな内容は、「人生を表現し得ない」「プロの作品も素人の作品も評価のしようがない」という論拠に基づいている。

『第二芸術論』は極端な発想だとしても、明治末期には定型の俳句では心情を表現出来ないとして、「自由律《じゆうりつ》」という五・七・五の定型を破る俳句が登場した。放浪の俳人として知られ、今でも根強いファンのいる種田山頭火《たねださんとうか》（1882〜1940）や尾崎放哉《おざきほうさい》（1885〜1926）などがこの分野では名を残している。

明治維新を迎え、日本固有の多くの文化が西欧文明の洗礼を受けたが、絶滅することはなく、新しい時代の考えを取り込みながら生き続けた。明治を代表する俳人と言えば、「柿くへば 鐘が鳴るなり 法隆寺」で知られる正岡子規であり、その門下には花鳥風月《かちょうふうげつ》を詠むことを提唱し「去《こ》年今年《ぞことし》 貫《つらぬ》く棒の 如《ごと》きもの」に代表される高浜虚子《たかはまきょし》（1874〜1959）と、新傾向の俳句を模索し「赤い椿《つばき》 白い椿と 落ちにけり」などの句を残した河東碧梧桐《かわひがしへきごとう》（1873〜1937）がいる。二人は大正・昭和期を代表する俳人であり、多くの弟子を育てた。

大正期には、出生地の山梨で主に句作を行い「芋《いも》の露《つゆ》 連山影《れんざんかげ》を 正しうす」の句で知られる飯《いい》田蛇笏《だだこつ》（1885〜1962）がおり、昭和期には、水原秋桜子《みずはらしゅうおうし》（1892〜1981）や山口青邨《やまぐちせいそん》（1892〜1988）、山口誓子《やまぐちせいし》（1901〜94）、中村草田男《なかむらくさたお》（1901〜83）らが活躍した。

演劇を上演する集団を「劇団」と呼ぶように、俳句に対する思想を共有する者が集まって作句をする集団を「結社《けっしゃ》」と呼ぶ。特に「ホトトギス」（明治30年創立）と「馬酔木《あしび》」（大正11年創立）の二つは、多くの同人たちを輩出してきた日本を代表する結社であり、今でもその水脈を保っているのである。

「五・七・五」でも俳句ではない「川柳《せんりゅう》」

今でも、新聞各紙には「川柳」のコーナーが根強い人気を誇っている。また、第一生命保険の「サラリーマン川柳コンテスト」もすっかり定着したようだ。「五・七・五」という俳句と同じ形式を持つ世界で最短の定型詩でありながら、「季語《きご》」や「切れ字」といった俳句のルールに縛《しば》られず、自由に表現出来るところや、気軽に詠《よ》めることが人気の秘訣《ひけつ》だろう。

俳句は、そもそも「七・七」の短句《たんく》に「五・七・五」の長句《ちょうく》を付ける俳諧《はいかい》の一分野として発達した。例えば、「切りたくもあり切りたくもなし」の短句に、「盗人を捕へて見ればわが子なり」の長句を付ける。この長句が「前句《まえく》」で、これが分離して俳句としての発展を遂げたのだ。「七・七」を題として出し、それに「五・七・五」の前句を付けることから、「前句付《まえくづけ》」と呼ばれ、そのセンスの妙を楽しむものになった。例えば、「馬鹿な事かな馬鹿な事かな」という長句が題に出され、「金の番とろとろとしてうなされる」という前句が付く。この前句だけが、川柳として俳句同様に独立した文芸となったのだ。

江戸時代の中期から後期にかけて、俳諧の選者でもあった柄井川柳《からいせんりゅう》（1718～90）が川柳の祖と言われている。中期以降、町人の文化が盛んになるにつれて、『誹風柳多留《はいふうやなぎだる》』が編まれ、初編が刊行された明和２（1765）年から天保９（1838）年の１６７編の刊行まで、実に70年以上をかけて刊行された。収録されている句は、20万に及ぶと言われている。「役人の 子はにぎにぎを よくおぼへ」「かみなりを まねて腹がけ やっとさせ」「子が出来て 川の字なりに 寝る夫婦」などは、特に有名だ。こうした、時代や世相を風刺した句から、「くちなしや 鼻から下は すぐに顎《あご》」のような駄洒落《だじゃれ》まで、実に多彩である。

川柳の祖・柄井川柳像

柳亭種彦《りゅうていたねひこ》（1783～1842）や大田南畝《おおたなんぽ》（蜀山人《しょくさんじん》。1749～1823）のような、名を知られた文人墨《ぶんじんぼっ》客《かく》から市井《しせい》の無名の人々までがその才を競った。最低限の素養は必要だろうが、試験や資格が必要なものではなく、庶民が気軽に楽しめる知的な娯楽として栄え、その水脈は今も途絶えることがない。

これは、「五・七・五」の五七調、あるいは七五調の韻律が、日本人にとって非常に心地よいリズムであるからにほかならない。川柳や俳句、和歌だけに限った話ではなく、演歌のヒット曲のサビの歌詞も、いまだにそうしたリズムを持つものが多いことからもわかる。アフリカでも南アメリカでもヨーロッパでも、多くの民族がリズムを持っているのと同様に、日本人固有とも言えるリズムが、俳句や川柳、短歌が持つリズムなのだ。

「和歌《わか》」と「短歌《たんか》」と「俳句《はいく》」の違い

「我ときて 遊べや親の ない雀《すずめ》」。

これは江戸時代後期の俳人・小林一茶《こばやしいっさ》（1763〜1827）の有名な俳句だ。俳句は、世界で最も短い定型詩である。しかも、「五・七・五」の上、中、下の句と構成が分かれており、「かな」や「けり」といった「切れ字」を使用する際のルールや、季節を表す季語《きご》を入れなくてはならない、という決まりもある。先に挙げた句の季語は「雀」で、季節は「春」だ。こうした俳句のルールを取り払い、細かな規則も設けずに時代を風刺《ふうし》したり、人情の機微《きび》を詠《よ》んだものが「川柳《せんりゅう》」だが、形式は変わらない。

一方、「五・七・五・七・七」の形式を持つのが「短歌《たんか》」だ。合計の文字数が31であるから、短歌のことを「三十一文字《みそひともじ》」とも呼ぶ。主に詠み手の心情や風景などを詠むもので、俳句ほど厳格なルールがあるわけではない代わりに、「枕詞《まくらことば》」を持つ。「ぬばたまの」とは「夜」や「闇」、「髪」といった黒に関わるイメージを表す枕詞で、「敷島《しきしま》の」は「日本」や「大和《やまと》」などにかかる枕詞である。

「和歌《わか》」は「倭歌」とも書き、奈良時代までに発生した漢詩《かんし》に対する日本固有の詩歌《しいか》のことで、「短歌」はその一種だ。「和歌」には、「短歌」に対する「長歌《ちょうか》」というものがある。主に『万葉集《まんようしゅう》』などで見られるが、「五・七」「五・七」を繰り返し、最後に「七」を足して終わる形式だ。「五・七」を何回繰り返すか、などの決まりはない。『万葉集』には「旋頭歌《せどうか》」と呼ばれる形式の歌も収められており、こちらは「五・七・七」を2回繰り返すもので、1回目と2回目では詠み人が違うケースが多い。こうした長歌や旋頭歌は、平安時代に入り『古今和歌集《こきんわかしゅう》』(延喜5〈905〉年頃成立)が編まれる頃には、ほとんど姿を消してしまう。結局、最も人口に膾炙《かいしゃ》した短歌が生き残り、和歌＝短歌という図式になったのだ。

俳句における川柳の立場と同様な位置に、「狂歌《きょうか》」がある。短歌の形式「五・七・五・七・七」を取りながら、内容は叙情的《じょじょうてき》なものではなく、世相や風物を皮肉や洒落《しゃれ》にまぶして詠んだもので、川柳よりもさらにスパイスが効いたものと言えるだろう。江戸時代の後期に活躍した大田《おおた》南畝《なんぽ》（狂名は「四方明良《よものあから》」、「蜀山人《しょくさんじん》」。1749〜1823）は、文化4（1804）年、江戸深川の富岡八幡宮《とみおかはちまんぐう》の祭礼の人出が余りに多く、大川《おおかわ》（現在の隅田川《すみだがわ》）に架かる永代橋《えいたいばし》が落ちて多くの人が犠牲になった事故が起きた時に、「永代と 言われし橋が 落ちにけり 今日の祭礼 明日の葬礼」と詠んでいる。このような反逆、あるいは諧謔《かいぎゃく》が狂歌を貫く精神だ。

有名・無名にかかわらず、世を去るにあたって辞世《じせい》の句を遺す人がいる。これも「五・七・五・七・七」の短歌形式だ。例えば、赤穂《あこう》藩主の浅野内匠頭《あさのたくみのかみ》（1667〜1701）が切腹の折に詠んだとされる「風《かぜ》さそふ 花《はな》よりもなを 我《われ》はまた 春《はる》の名残《なごり》を いかにとやせん」や、幕末の尊王思想家《そんのうしそうか》である吉田松陰《よしだしょういん》（1830〜59）が弟子たちに宛てた「身《み》はたとひ 武蔵《むさし》の野辺《のべ》に 朽《く》ちぬとも 留《とど》め置《お》かまし 大和魂《やまとだましい》」のように、歴史に残る辞世は多い。人生の締め括りに際し、自分の想いを託すほどに、短歌が日本人の生活に身近なものだったのだ。

「連句《れんく》」とは何か？

「五・七・五」形式の定型詩《ていけいし》が「俳句《はいく》」で、それに「七・七」を付けると、「短歌《たんか》」になる。この俳句の形式に、「七・七」を付け、また「五・七・五」を創り、別の人がその句の意を汲《く》んで「七・七」を足す作業を続ける。これを「連句《れんく》」と呼ぶ。基本的には100句を連ねるもので、これを「百韻《ひゃくいん》」と呼び、明智光秀《あけちみつひで》が本能寺《ほんのうじ》の変《へん》を起こす前に詠んだ『愛宕百韻《あたごひゃくいん》』が有名なものだ。中には1000、1万などの数を連ねたものもある一方、36句を続ける「三十六歌仙《さんじゅうろっかせん》」と呼ばれるものもある。そして、「五・七・五」「七・七」の36句が続いたものを「一巻《いっかん》」と呼ぶ。この「三十六歌仙」の36という数字は、和歌に優れた36人の歌人を「歌仙《かせん》」と呼んだことに由来している。また、「一巻」と言う呼び方から、「連句を詠《よ》む」ことを「連句を巻く」という言い方をする。

歌の道を「歌道《かどう》」と呼ぶが、連句にしても、先の人が詠んだ句の意味をとり、次へ繋げやすいように詠んでいかなくてはならない。例えば、先に挙げた明智光秀の『愛宕百韻』にしても、最初に光秀が「ときは今 あめが下しる 五月かな」と詠んだ。それに続けることを「脇を付ける」と言うが、威徳院行祐《いとくいんぎょうゆう》が付けた脇句が「水上まさる 庭の夏山」。続いて里村紹巴《さとむらじょうは》が「花落つる 池の流を せきとめて」と詠んだ。これを続けていくのだから、かなり高度な知的遊戯であることは間違いない。

光秀の「時は今 あめが下しる」の「あめが下」を「天が下」、すなわち「天下」と読み替え、今こそ、信長に叛旗《はんき》を翻《ひるがえ》して討つ時がきたのだ、との決意を表した暗号だと解釈する説がある。

こう読んでいくと、「水上まさる」の脇句が、光秀の勢いは「上《かみ》＝信長を勝《まさ》る」と励ましているようにも思える。おそらくは俗説だろうが、日本語特有の「含み」を巧みに使った俳句や連句だからこそ、こうした解釈も成り立つのだろう。

言葉は短くなるほど、その意味の深さが増していくのだ。

愛宕百韻興行の様子（『絵本太閤記大全 中』より）

「民話《みんわ》」が教える人生

「昔むかし、あるところに、おじいさんとおばあさんが住んでいました」。これが、昔から炉辺《ろへん》で語られていた「民話《みんわ》」の出だしの王道だろう。地域や時代によって、多少の差こそあれ、内容は大きく変わらない。主人公や主な人物の氏素性《うじすじょう》を特定しないことで、どの地域にでも通じる普遍性を持たせているのだ。

ルーツを辿れば仏教説話《せつわ》に行き着くものも多いのだろうが、「桃太郎《ももたろう》」や「鬼伝説《おにでんせつ》」のように、地域特有の民話も数多い。もっとも、「我が地こそ発祥なり」と名乗りを上げている場所が複数ある民話もあり、それだけ土地の人々に愛されてきたのだろう。

「桃太郎」「金太郎《きんたろう》」「浦島太郎《うらしまたろう》」「鶴《つる》の恩返《おんがえ》し」……。冒険活劇もあれば、ファンタジックなロマンに包まれたものもある。しかし、そこには苛酷《かこく》な人生を送る上での教訓が織り込まれているのだ。民俗学者の柳田國男《やなぎたくにお》（1875〜1962）によれば、民話とは人々の間で口伝えで伝承されてきた説話を指すとのことであり、柳田自身が岩手県遠野《とおの》の民話を集めた『遠野物語《とおのものがたり》』をまとめたことで、日本における民話の学問的な研究が体系化されたとも言えるだろう。

　こうしたものが「いつから始まった」と特定することは難しい。しかし、文字に拠《よ》らず、口伝えでほとんど内容が変わることなく伝えられてきたことに、遥かに大きな価値があるのだ。こういうものを「口承文学《こうしょうぶんがく》」と呼ぶ。アイヌの神話を口伝えで残してきた「ユーカラ」をはじめ、時代・地方を問わず、文字を使わずに同じようなストーリーが連綿《れんめん》と伝えられてきたことは、日本の「家族制度」の在り方を研究する上でも、実は恰好《かっこう》の材料である。

　今でこそ、簡単に音声を記録する手段はあるが、皆無の時代にあって口承だけで数百年間も伝わってきたことは、まさ

『夕鶴』で「つう」を演じる山本安英

に驚異というほかない。話の大筋は変わらないまでも、冒頭部分は地域独特の言葉に代わり、豊かな方言の色合いと相俟《ま》って、民話の魅力が増したのだと考えられる。話を終わらせる言葉も、「どんどはれ」「とっぴんぱらり」など、地方色豊かな言葉で結ばれる。

民話も種類を分けていけば、いわゆる「おとぎ話」の「浦島太郎」や、教訓を含んだ「鶴の恩返し」、あるいは俵藤太《たわらとうた》の「百足退治《むかでたいじ》」や源頼政《みなもとのよりまさ》の「鵺退治《ぬえたいじ》」など歴史上の英雄の物語、あるいは人間以外の動物や樹木の精霊などと交わりを結ぶ「葛の葉《くずのは》」といった異類婚姻譚《いるいこんいんたん》など、いくつかに分類が出来る。

それとは違った視点で民話に大きな意味を持たせたのは、昭和を代表する劇作家の木下順二《きのしたじゅんじ》(1914〜2006)だろう。「鶴の恩返し」を劇化した作品『夕鶴《ゆうづる》』は、「つう」を持ち役にした山本《やまもと》安英《やすえ》(1902〜93)が昭和24(1949)年から昭和62年までの間に、日本全国で実に1037回上演している。これは、登場人物に「近代的リアリズム」の感覚を持たせたもので、助けてもらった鶴の精である「つう」が恩返しをし、助けた「与《よ》ひょう」という百姓は、それを金に換えることを覚える。そこに、助けてもらったことに対する「報恩」が報われない「つう」の苦しみが描かれているのだ。

各地で民話を語り継ぐ人々を「語り部《かたりべ》」と呼ぶ。今は、戦争体験や被爆体験などを語る人たちを指して言うことが多いが、文字の読めない人々が多かった時代に、耳から入る情報がいかに貴重なものであったかが、「原形が変わらない」ということからもよくわかる。これこそが「口承文学」の貴重な点なのだ。

『古今和歌集《こきんわかしゅう》』と『新古今和歌集《しんこきんわかしゅう》』

どちらも「和歌集《わかしゅう》」であるが、成立年代には約３００年の差がある。『古今和歌集』は、初の勅撰《ちょくせん》和歌集であり、醍醐《だいご》天皇（在位897～930）の命によって、紀友則《きのとものり》（?～905?）、紀貫之《きのつらゆき》（872?～945?）、凡河内躬恒《おおしこうちのみつね》（生歿年不詳）、壬生忠岑《みぶのただみね》（生歿年不詳）の４人が撰者となって作られた（延喜５〈905〉年成立とされる）。四季《しき》の歌６巻、恋《こい》の歌５巻、雑歌《ぞうか》２巻を基調とし、ほかに離別歌《りべつか》・哀傷歌《あいしょうか》など人生の様々な場面を詠《よ》んだ歌を収めている。四季はその移ろいの順番に、恋はその物語の進行に合わせて配列し、約１１００首を『万葉集《まんようしゅう》』の時代にまで遡《さかのぼ》って、そこに収載されていない歌なども含んでいる。この『古今和歌集』が、後世の歌集に与えた影響は大きく、歌集の作り方のモデルにもなったほどだ。

それから約３００年を経て、『新古今和歌集』が８番目の勅撰和歌集として編纂された。後鳥《ごと》羽《ば》上皇《じょうこう》（1198～1221まで院政《いんせい》を敷く）の命により、藤原有家《ふじわらのありいえ》（1155～1216）、藤原家隆《いえたか》（1158

～1237)、藤原定家《さだいえ》(1162～1241)、藤原(飛鳥井《あすかい》)雅経《まさつね》(1170～1221)、源通《みなもとのみち》具《とも》(1170～1221)の5人の撰者によるものである。元久2(1205)年にお披露目されたが、それ以降も改訂が続けられた。

その後、承久《じょうきゅう》3(1221)年7月に後鳥羽上皇は、鎌倉幕府に対して武力討幕の意思を示して軍を挙げたものの(「承久の乱」)、敗れてしまい、隠岐島《おきのしま》に流されてしまった。配流中の後鳥羽上皇は晩年まで改訂を続け、約400首を削って約1580首にしたものを「正本」とせよ、と主張したが(これを「隠岐本」と呼ぶ)、これをもって最終的な『新古今和歌集』の誕生と考える説もある。

『新古今和歌集』では、上代《じょうだい》と呼ばれ

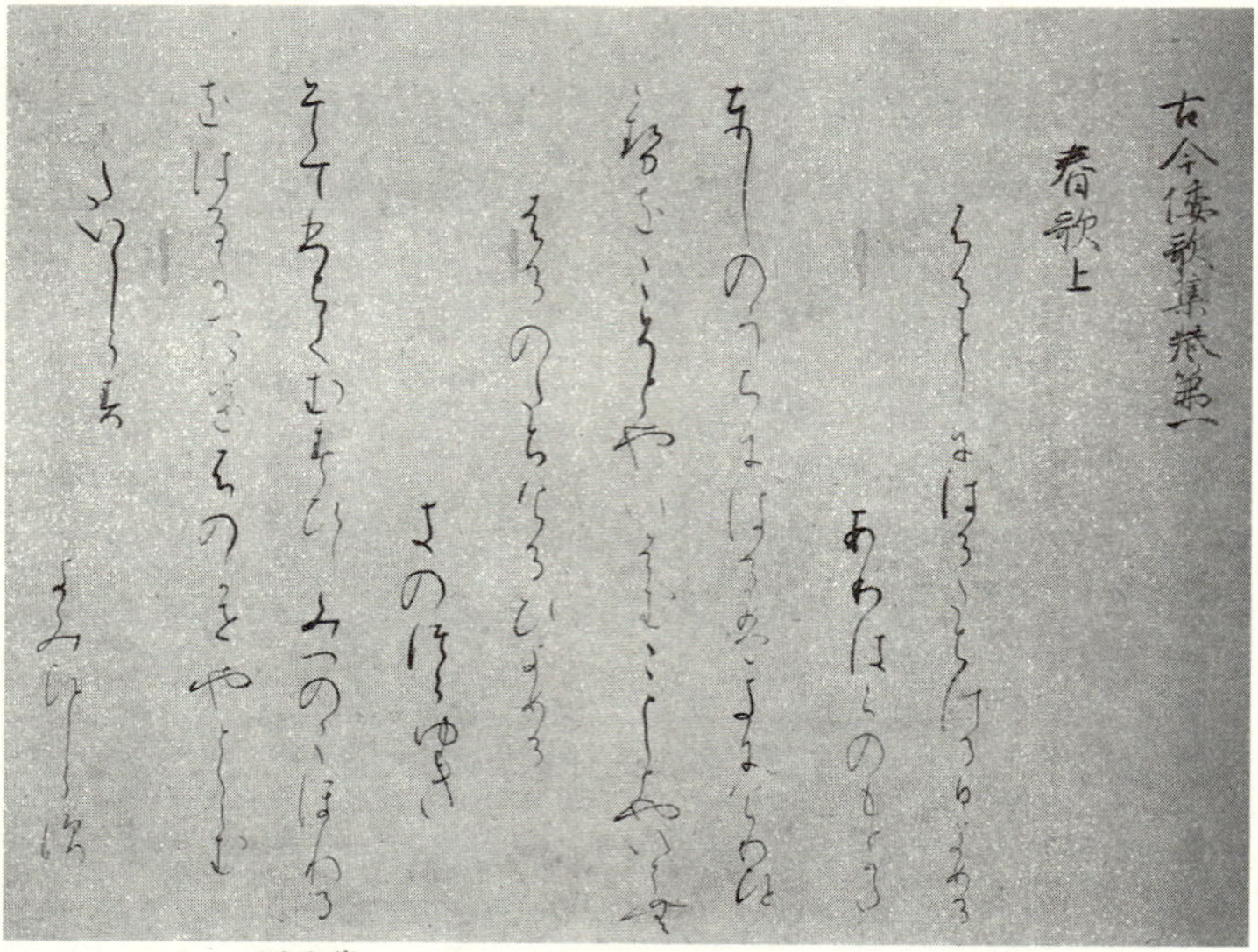

『古今和歌集』「高野切《こうやぎれ》」の巻第一春歌上の冒頭部分(五島美術館所蔵)

ている飛鳥《あすか》時代・奈良時代の歌から、改訂が行われた鎌倉時代初期の歌までを広く取り上げている。そのため柿本人麻呂《かきのもとのひとまろ》（生歿年不詳）、藤原定家、紀貫之、和泉式部《いずみしきぶ》（生歿年不詳）、西行《さいぎょう》（1118〜90）など、歴史に名を残す有名な歌人の歌が多く収載されているのが特徴だ。その一方で、掛詞《かけことば》などの技巧に走り過ぎているとの評価もある。こうした技巧は「新古今風」と呼ばれ、『古今和歌集』と同様に、後世の歌に影響を与えた。

今から1000年以上も前に編まれた歌集が、のちの日本文学に大きな影響を及ぼし、ジャンルと時代を超えて江戸時代の戯作本《げさくぼん》や浄瑠璃《じょうるり》、歌舞伎などの中に登場することを考えると、文学の持つ力強さには驚かされる。

話のネタ本『今昔物語《こんじゃくものがたり》』

正式には『今昔物語集《こんじゃくものがたりしゅう》』と呼ぶ。これには多くの物語が収められており、逸話の数は1000を超える。誰が編纂したものか、詳しいことはわかっていないが、保安元（1120）年から保延6（1140）年頃にかけて成立したものだとされている。天竺《てんじく》（インド）、震旦《しんたん》（中国）、日本の三ヶ国の説話を、各巻テーマごとにまとめたもので、1巻から5巻までがインド、6巻から10巻までが中国、11巻から31巻までが日本、と国別に分けられ、それぞれが「仏法部」「世俗部」の二つに分かれている。このことからも、仏教説話を集めたものと考えられ、『宇治拾遺《うじしゅうい》物語《ものがたり》』『古本説話集《こほんせつわしゅう》』など、ほかの本に出典を持つ話も多い。まだ日本で印刷技術が確立されていない時期の大部にわたる書物であるために、欠字や欠文などが見られ、完全な形での判読は不可能とされており、また全巻が現代語訳されているわけではない。

　しかし、『今昔物語』と聞いて、「詳しい内容は知らないが、何となく聞いた覚えはある」と感じるのは、芥川龍之介《あくたがわりゅうのすけ》（1892〜1927）がこの説話集の中から『芋粥《いもがゆ》』『鼻《はな》』などを翻案《ほんあん》して、わかりやすく読めるようにした功績が大きい。時に因果応報を説き、わがままを戒める仏教説話の中に、時代が変わっても通用する普遍的な文学的価値を見出し、それを世に知らしめた芥川の文

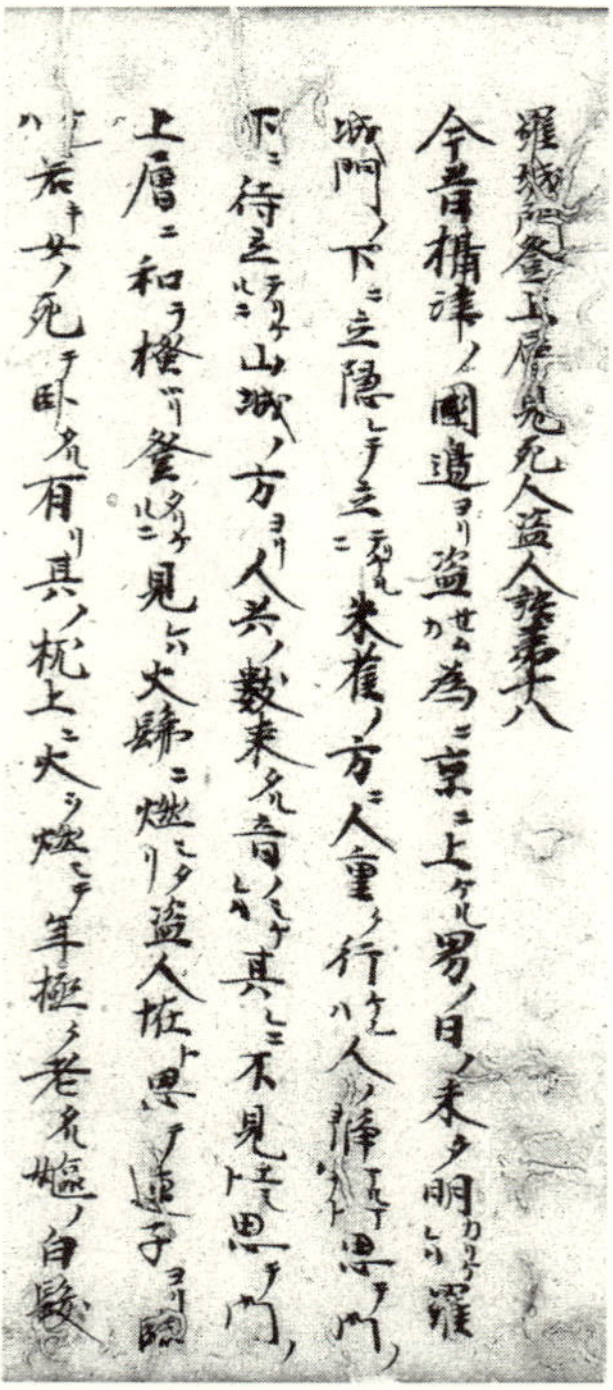
羅城門登上層見死人盗人語第十八
今昔摂津ノ国辺ヨリ盗セムカ為ニ京ニ上ケル男ノ日ノ未タ明カリケレハ羅
城門ノ下ニ立隠レテ立テリケルニ朱雀ノ方ニ人重ク行ケレハ人ノ静マルマテト思テ門ノ
下ニ待立テリケルニ山城ノ方ヨリ人共ノ数来タル音ノシケレハ其レニ不見エシト思テ門ノ
上層ニ和ラ掻ツリ登タリケルニ見レハ火髴ニ燃シタリ盗人怪ト思テ連子ヨリ臨ケレ
ハ若キ女ノ死テ臥タル有リ其ノ枕上ニ火ヲ燃シテ年極ク老タル嫗ノ白髪

芥川龍之介『羅生門』の元となった『今昔物語集』巻第29の「羅城門ノ上層ニ登リ死人ヲ見タル盗人ノ語」の一部

学的な仕事が思わぬ広がりを見せたことになる。

『今昔物語集』のような仏教説話が、長い時代を経てもなお生命を保っているのは、寺院の影響が大きいと考えられる。寺院の法話を聴いてきた老人が、夜、孫たちに囲炉裏端や寝床で語って聞かせる物語が、代々続いてきたからこそ、読み書きが出来ない人々が多かった時代でも残ったのである。もちろん、全部ではなくごく限られた数ではあったろうが、家の中で聞かせる物語も、「口承文学《こうしょうぶんがく》」と言えるのだ。これらの話の中には、滑稽《こっけい》や貪欲《どんよく》の衣を着た戒《いまし》めが込められている。それを知らず知らずのうちに覚え、自分の生きる術《すべ》にした人々もおり、そういう時代もあったのだ。

科学万能とも言える時代にあって、多くの恩恵を受ける代わりに、それ以上の心の豊かさを失っている今の我々にこそ、こうした「物語」が必要とされているのかもしれない。

『平家物語《へいけものがたり》』は文学なのか芸能なのか

「祇園精舎《ぎおんしょうじゃ》の鐘の声、諸行無常《しょぎょうむじょう》の響あり。娑羅双樹《さらそうじゅ》の花の色、盛者必衰《じょうしゃひっすい》のことはりをあらはす。おごれる人も久しからず、只春の夜の夢のごとし。たけき者も遂にはほろびぬ、偏《ひとえ》に風の前の塵《ちり》に同じ」。

荘重《そうちょう》な書き出しで始まる『平家物語《へいけものがたり》』。「源氏」と「平氏」という、対立する一族の物語として、一対のように考えられる場合も多いが、その本質は全く違う。成立年代から言えば、『源氏物語《げんじものがたり》』は11世紀（西暦１０００年代）初めの紫式部《むらさきしきぶ》の作品とされているが、『平家物語』は承久３（1221）年の「承久の乱」以降の作と言われている。詳細も不明で、作者も信濃前司行長《しなののぜんじゆきなが》（生歿年不詳）とされてはいるが、確実ではない。物語の内容も、源氏物語が王朝文学なのに対して、平清盛《たいらのきよもり》を頂点とする平氏一族の栄枯盛衰《えいこせいすい》を描いた軍記物で、冒頭の一文からもわかるように、仏教の因果応報の思想を色濃く反映している。

軍記物らしく、俊寛僧都《しゅんかんそうず》らによる鹿ケ谷《ししがたに》の平氏転覆《てんぷく》の陰謀の失敗、一ノ谷《いちのたに》・屋島《やしま》・壇ノ浦《だんのうら》の合戦、平家の滅亡など、ダイナミックな場面も多く、それが後世の能《のう》、幸若舞《こうわかまい》、人形浄瑠璃《にんぎょうじょうるり》、歌舞伎、講談《こうだん》などの多くの芸能に影響を与え、それぞれの分野で独自の発達を見せた。歌舞伎の人気

琵琶法師（『職人尽歌合』写より）

演目『俊寛《しゅんかん》』や『熊谷陣屋《くまがいじんや》』『義経千本桜《よしつねせんぼんざくら》』などは、明らかに『平家物語』からの発想である。『平家物語』が後発の芸能に大きな影響を与えた理由は、その出発点に「芸能」の要素が含まれていたからだ。『源氏物語』はあくまでも読むための「文学」として生まれたが、『平家物語』は盲目の琵琶法師《びわほうし》が琵琶に合わせて曲節《きょくせつ》をつけて語り聞かせることで多くの人々に享受された。これは、まだ識字率が低く、読書が一般的ではなかった時代に、民衆に伝える手段として、琵琶法師が各地を放浪したことによる。賤民《せんみん》としての漂泊の芸能者が『平家物語』を聞かせ、いくばくかの食糧や金銭をもらって日々を送る行為により、『平家物語』は文字として目から入るよりも、語り物として耳から覚えた人々が多かっただろう。

作品の出発時点で、『平家物語』はすでに「文学」と「芸能」という二筋の道を持っていた。作品を受容する側の身分によって伝え方が違っていた古典文学は非常に珍しいとも言える。

発生の当初から、芸能者は一定の住居地を持たない放浪の民であった。当然、生活に困窮し、乞食同然の格好で家々を巡り、僅《わず》かな食糧や金銭をもらい、日々の暮らしを送ることになる。中でも琵琶法師は、修行を積んだ上での僧籍を持っているかはともかくも、その名のごとく多くが僧形《そうぎょう》であったために、ささやかなりとも施しをすることで、自分の極楽往生を願う発想がなかったとは言えないだろう。特に、語られている内容が平清盛を頂点とする一族の「因果応報」の物語、という仏教説話の意味を持っていたことも、大きな影響を与えたはずだ。雅《みやび》やかな王朝文化を描いた『源氏物語』よりも、『平家物語』が身近な感覚で民衆に受け入れられたことは想像に難くない。

雅《みやび》な遊び「百人一首《ひゃくにんいっしゅ》」

文字通り、１００人の歌人が詠《よ》んだ歌を1首ずつ収めた「百人一首」とはどういうものなのだろうか。

平安時代から鎌倉時代にかけて活躍した歌人で、『新古今和歌集《しんこきんわかしゅう》』の撰者の一人でもある藤原《ふじわらの》定家《さだいえ》（1162〜1241）が晩年の嘉禎《かてい》元（1235）年に、天智《てんじ》天皇（在位668〜671）から順徳《じゅんとく》天皇（在位1210〜21）の治世の間に残された１００人の歌人の歌を合計１００首、自らが撰んだ「私撰《しせん》」和歌集である。定家が京都の小倉山《おぐらやま》の山荘で編纂にあたったことから、「小倉百人一首」の名でも親しまれてきた。

和歌集には天皇の勅命《ちょくめい》または上皇《じょうこう》の院宣《いんぜん》（上皇や法皇《ほうおう》の命令を受けて出す文書）を受けて選ばれる「勅撰《ちょくせん》和歌集」と、歌人が自分で選ぶ「私撰和歌集」の二通りがあり、「百人一首」は後者に属する。「勅撰和歌集」は醍醐《だいご》天皇の命によって延喜5（905）年に編まれたとされる『古今《こきん》和歌集《わかしゅう》』から後花園《ごはなぞの》天皇（在位1428～64）の命によって永享11（1439）年の『新続《しんしょく》古今和歌集』まで、21集にわたって編まれている。実に、500年以上の歳月にわたっていることになる。「私撰和歌集」は、歌人が自分の好みに応じて撰べるとはいえ、誰でもが簡単に創れるものではなく、その時代の優れた歌人としての評価を認められた人でなくてはならなかった。

「百人一首」にはそれぞれの歌に番号が付いており、「一番」は「天智天皇」、「百番」は「順徳院」（順徳天皇）の歌である。小野小町《おののこまち》の「花の色は 移りにけりな いたづらに 我が身世《みよ》にふる ながめせし間に」などは耳に馴染《なじ》みのある歌で、ほかにも紫式部《むらさきしきぶ》、和泉式部《いずみしきぶ》などの女流歌人、柿本《かきのもと》人麻呂《のひとまろ》、紀貫之《きのつらゆき》、西行法師《さいぎょうほうし》など、錚々《そうそう》たる

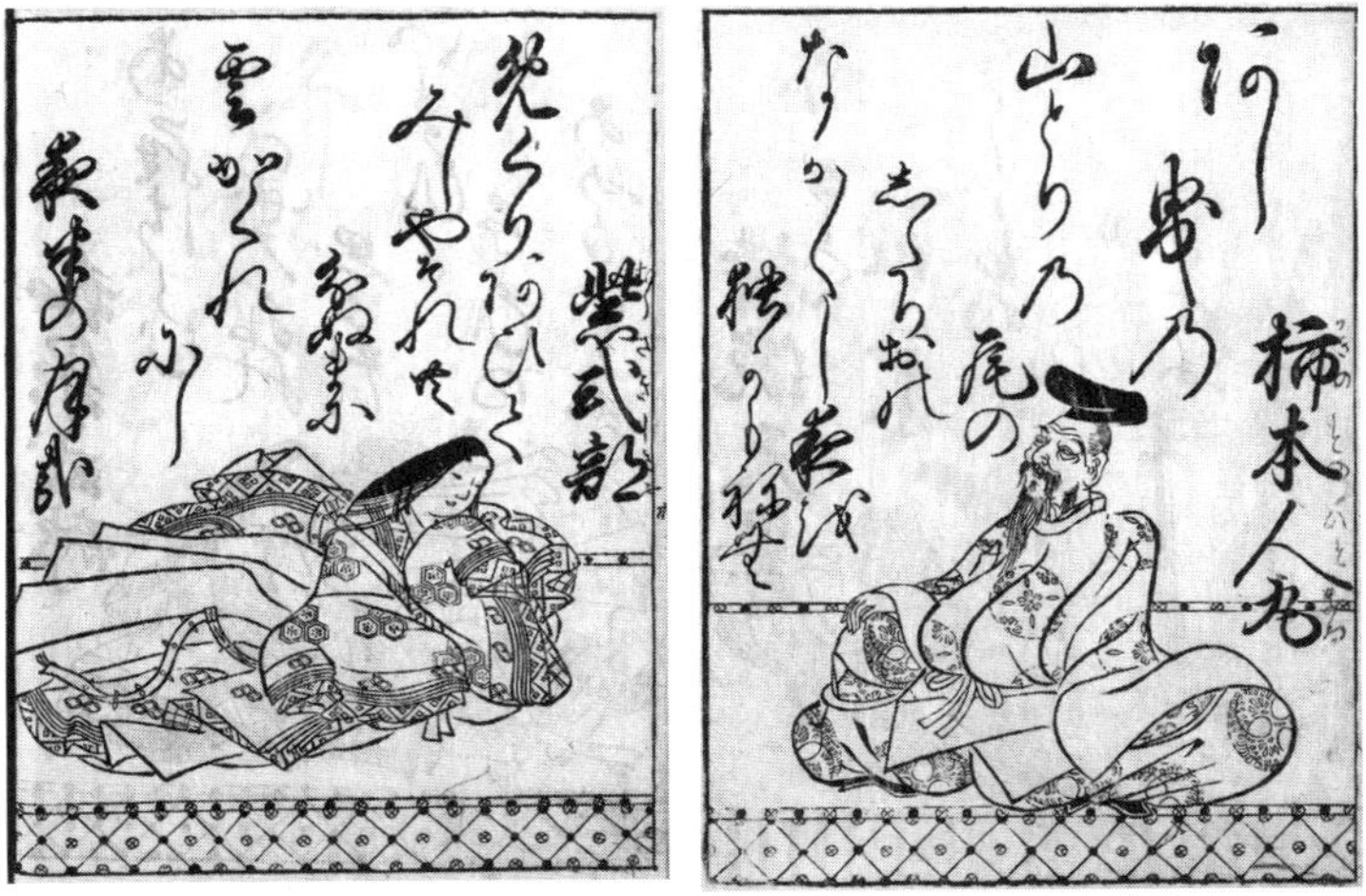

柿本人麻呂「あし曳《ひき》の 山とりの尾の したりおの なかなかし夜を 独《ひとり》かもねむ」、紫式部「めくりあひて みしやそれ共 分ぬまに 雲かくれにし 夜半《よわ》の月哉《かな》」（菱川師宣画）

顔ぶれが並んでいる。

「百人一首」の一般的な遊び方は、100枚の札を散らし、周りを二人以上で囲んで、読み手が読み札の歌を読み、その札を取り合うものだ。現在は読み札には上の句も下の句も書いてあるが、江戸時代までは教育の一貫として、読み札には上の句、取り合う札には「七七」の下の句しか書いていない例もあった。取り札の100枚の中に、頭文字がダブらない札が1枚ずつあり、その頭文字を繋げて「むすめふさほせ」と覚え、その札が読まれたら素早く取れるようにする工夫などもなされたのである。

最古の長編恋愛小説『源氏物語《げんじものがたり》』

「いづれの御時《おほむとき》にか、女御《にょうご》、更衣《かうい》あまたさぶらひたまひけるなかに、いとやむごとなき際《きは》にはあらぬが、すぐれて時めきたまふありけり」。

これは、『源氏物語』の最初の章「桐壺《きりつぼ》」の書き出しである。作者は紫式部《むらさきしきぶ》（970年頃の生まれ、歿年不詳）だが、夫との死別後、寂しさを紛らわせるために書き始めたと言われている。幼少の頃から漢文を読みこなし、才女として認められ、宮廷で女官として一条《いちじょう》天皇（在位986～1011）の中宮彰子《ちゅうぐうしょうし》に仕えて、宮廷文化を体験した。そこで見聞きしたことが、のちに『源氏物語』を生み出す大きな要因となった。

壮大なスケールの物語だけに、時代と内容から何部かに分けて考えられることが多い。分け方にも諸説があるが、ここでは三部構成で考えてみる。

第一部は、冒頭の「桐壺」から三十三帖の「藤裏葉《ふじのうらば》」までの、桐壺帝の第二皇子として生まれた美貌《びぼう》の主人公・光源氏《ひかるげんじ》の華麗なる女性遍歴《へんれき》と王朝の中での最高の栄誉を極めた時期を描いた部分である。「光の君《きみ》」とも呼ばれるほどの美しさで評判だった源氏が、亡き母の面影《おもかげ》を求めて、多くの女性と関係を持つ。

第二部は、三十四帖の「若菜《わかな》　上」から四十帖の「幻《まぼろし》」までの、源氏を取り巻く人々との複雑な

歌川広重が描いた『源氏物語五十四帖』の内「夕顔」

人間関係や事件が描かれ、愛憎渦巻く《あいぞううずま》宮廷社会での生活に無常を感じた源氏が出家を決意するまでである。源氏の死を暗示する四十一帖の「雲隠《くもがくれ》」という巻名が残っているが、実在したかどうかは定かではない。

第三部は、四十二帖の「匂宮《におうみや》」から五十四帖の「夢浮橋《ゆめのうきはし》」までで、源氏亡きあとの子孫の物語であり、この部分を特に「宇治十帖《うじじゅうじょう》」と呼ぶ。

『源氏物語』全五十四帖にわたって、光源氏を中心に、正妻・葵上《あおいのうえ》の兄で親友でもある頭中将《とうのちゅうじょう》をはじめ、空蟬《うつせみ》、夕顔《ゆうがお》、六条御息所《ろくじょうのみやすどころ》など、源氏を巡る多くの女性たちの物語が宮廷で展開されるスケールの大きな物語だ。

『源氏物語』は、後世の能《のう》や歌舞伎、邦楽《ほうがく》や映画、漫画に至るまで、日本の芸能や文学に多大な影響を与えている。能では『葵上』『野宮《ののみや》』『玉鬘《たまかずら》』など、邦楽では『明石《あかし》』『夕顔』『空蟬』などが残されている。歌舞伎の舞台で初めて『源氏物語』が上演されたのは昭和26（1951）年の、第二次世界大戦後のことである。それ以前は、「宮中の話題を芝居にするのは不敬《ふけい》である」として、上演が許可されなかったのだ。

世界最古の長編小説である『源氏物語』。長い歴史の中で、江戸時代に出板技術《しゅっぱん》が確立するまでは「写本《しゃほん》」によって伝えられてきたため、いくつかの「異本《いほん》」が存在し、まだ明らかにならない部分も多い。しかし、今もなお「現代語訳」ないしは「新訳」という形で、多くの作家がこの一大小説を時代の読者に合わせ、自分なりの観点で訳しており、日本一のロングセラーとして読み継がれている。例えば、明治時代以降には歌人の与謝野晶子《よさのあきこ》(1878〜1942)が最初に現代語訳を試み、以降は、昭和を代表する文豪・谷崎潤一郎《たにざきじゅんいちろう》(1886〜1965)をはじめ、円地文子《えんちふみこ》(1905〜86)、瀬戸内寂聴《せとうちじゃくちょう》(1922〜)、田辺聖子(1928〜)橋本治《はしもとおさむ》(1948〜)などの作家が『源氏物語』の翻訳を試みている。

また、漫画化された作品には大和和紀《やまとわき》(1948〜)の『あさきゆめみし』(昭和54年より連載)があり、平成13(2001)年には『千年の恋　ひかる源氏物語』というタイトルで映画化もされている。表現の形態や方法は変わったが、『源氏物語』はこうして1000年を超える時空を生き永らえている、日本が誇る古典文学なのである。

天皇から庶民まで『万葉集《まんようしゅう》』の世界

「あかねさす　紫野《むらさきの》行き　標野《しめの》行き　野守《のもり》は見ずや　君が袖振る」。『万葉集』巻一の額田王《ぬかたのおおきみ》の歌である。全部で20巻に及ぶこの日本最古の歌集には、およそ4500首が収められており、第十六代の仁徳《にんとく》天皇から第四十七代の淳仁《じゅんにん》天皇まで、約300年近く慶長年間（1596〜1615）に刊行された活字版の『万葉集』。巻20には防人歌が多く載せられている。5〜8行目には「天平勝宝七歳乙未二月相替遣筑紫諸国防人等歌　可之古伎夜　美許等加我布理　阿須由利也　加曳我牟多禰牟　伊牟奈之爾志弖」とあり、仮名に直すと「かしこきや みことかがふり あすゆりや かえがむたね むいむなしにして」となる。

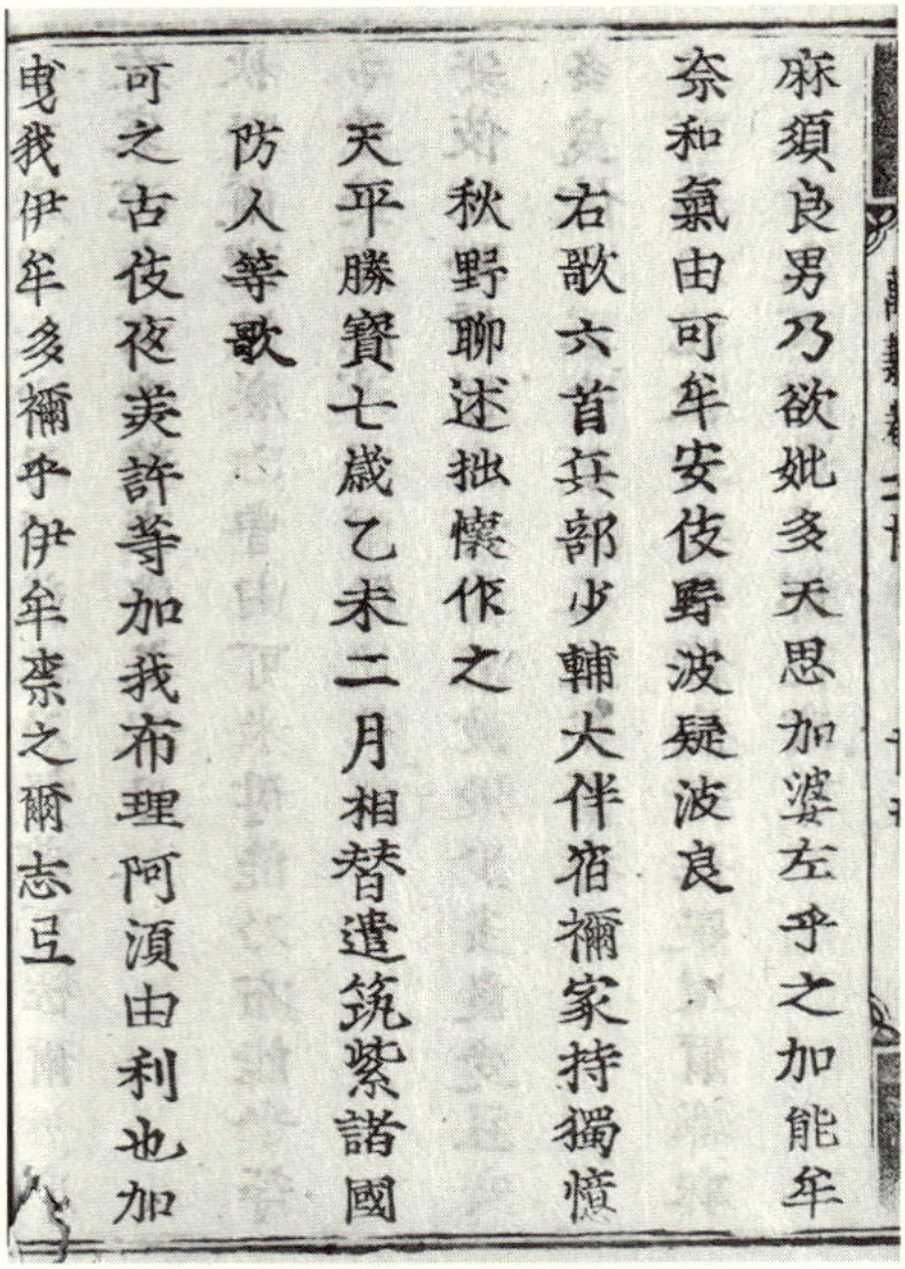
麻須良男乃欲妣多天思加婆左乎之加能牟
奈和氣由可牟安伎野波疑波良
右歌六首兵部少輔大伴宿禰家持獨憶
秋野聊述拙懐作之
天平勝寶七歳乙未二月相替遣筑紫諸國
防人等歌
可之古伎夜美許等加我布理阿須由利也加
曳我伊牟多禰乎伊牟奈之爾志弖

の期間に及ぶ。膨大《ぼうだい》な歌集なので、春夏秋冬それぞれの季節を詠《よ》んだ歌、恋慕《れんぼ》や親愛の情を述べた「相聞《そうもん》歌《か》」、亡き人を想う「挽歌《ばんか》」、それ以外の「雑歌」（「ぞうか」または「ぞうのうた」と読む）などのジャンルに分けられている。ほかにも、気持ちをそのまま述べた「精進心緒《しょうじんしんちょ》」、歌のやり取りの「問答《もんどう》」、旅立つ人へ別れの気持ちを込めた「悲別歌《ひべつか》」など、数は多くはないが、様々な感情が込められた歌が収められている。

『万葉集』が編まれたのは持統《じとう》天皇の意向によるものとされ、持統天皇9（695）年に1巻が編まれた。20巻が完成したのは8世紀末で、大伴家持《おおとものやかもち》（718〜785）の手によるものと推測されている。

こののち、天皇の命によって「勅撰《ちょくせん》」の歌集が編纂されるようになり、延喜5（905）年には紀貫之《きのつらゆき》や紀友則《きのとものり》らが撰者となった初の勅撰和歌集『古今和歌集《こきんわかしゅう》』が生まれた。しかし、それよりも400年以上も前に詠まれた歌が、すでに『万葉集』には収録されている。

『万葉集』が、その後の歌集とは明らかに違う個性を持っているのは、歌人たちの「身分差」だ。「勅撰和歌集」は、当時の名だたる歌人が詠んだ歌を撰んで集めたものであり、貴族や公家など、身分の高い人々の「宮廷文学」としての側面が色濃かったことは否定出来ない。それに対して『万葉集』には、上は天皇から下は防人《さきもり》と呼ばれる辺境を守る無名の兵士たちの歌までが収録されている。防人は、筑紫《つくし》・壱岐《いき》・対馬《つしま》などの警備にあたるために、主に東国から3年の任期で派遣されていた。数は少ないものの、こうした人々の歌までもが収められている歌集は、世界ではほかに例がない。

中世のヨーロッパでは、文字の読み書きに時間を費やせるのは身分の高い貴族だけであり、畑を耕したり、国境の警備にあたる庶民が歌を詠むなどという文化はない。それが、日本では今から1500年以上も前に行われていたとは驚くべきことだ。

遥かなる神々の物語『古事記《こじき》』と『日本書紀《にほんしょき》』

「ヤマトタケル」「スサノオ」「イザナギ」「イザナミ」「アマテラス」は別格にしても、「日本神話」に登場する神々の名は、「ギリシャ神話」や「ローマ神話」の神様よりも馴染《なじ》みのない場合が多い。日本の国が創られた当初は、仏《ほとけ》ではなく、まさに「神々」が多くの物語を残しながら、日本列島の礎《いしずえ》を築いたのだ。

『古事記』は日本最古の歴史書であるが、「書籍」としての成立形態は聊《いささ》か変わっていて、「書いた人」＝「執筆者」ではない。稗田阿礼《ひえだのあれ》（生歿年不詳）の記憶をもとに、太安万侶《おおのやすまろ》（?〜723）が編纂し、和銅5（712）年に元明《げんめい》天皇へ献上されたものだ。文学的な評価も高いが、

口承文学《こうしょうぶんがく》としての側面も持っている。古い時代のものであり、当然印刷技術などなく、「写本」によって今まで伝えられてきたため、「原本」は現段階では発見されていないが、後述する『日本書紀』と共に、神々の物語である。

神様が降臨《こうりん》する、いわゆる「天孫降《てんそんこう》臨《りん》」から初代の天皇である神武《じんむ》天皇の誕生までを記したのが上巻《かみつまき》で、神武天皇から第十五代応神《おうじん》天皇までの時代を描いた中巻《なかつまき》には、ヤマトタケルの活躍や神功《じんぐう》皇后《こうごう》の東征について記されている。下巻《しもつまき》には第十六代仁徳《にんとく》天皇から第三十三代推《すい》古《こ》天皇までの時代が描かれており、歴代天皇の業績を著したもの、と言えるだろう。

上巻に登場する天皇は、実在していた

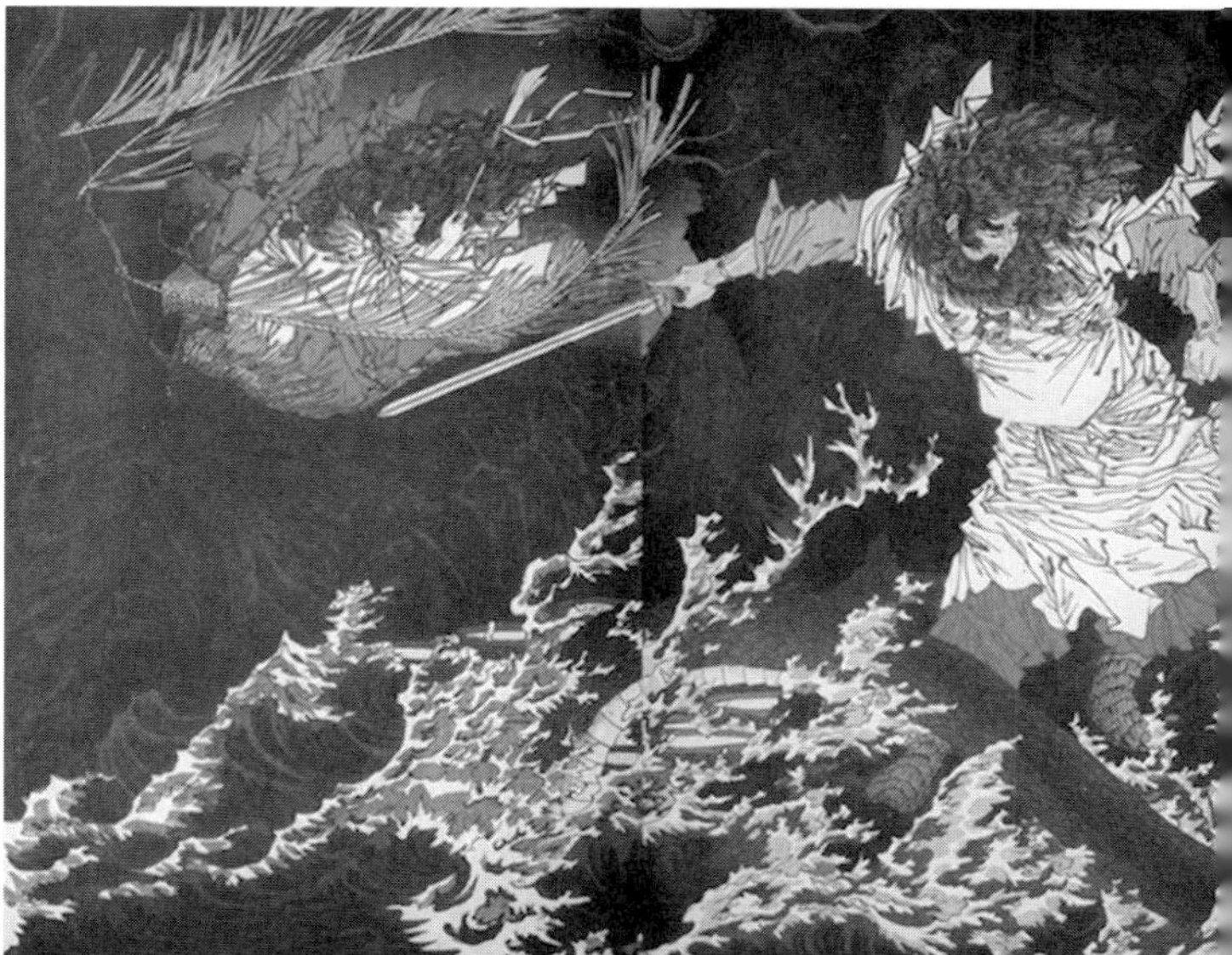

八岐大蛇《やまたのおろち》を退治する素戔嗚尊《すさのおのみこと》
（月岡芳年「素戔嗚尊 出雲の簸川上に八頭蛇を退治し給ふ図」）

かどうかを疑問視する意見も多いが、『古事記』は現実にあったことを語ったものではない。あくまでも神々の事跡を記した物語なのだ。

『日本書紀』は、奈良時代に成立した歴史書で、日本最古の「正史《せいし》」とされている。養老4(720)年に完成したもので、実在していないとされている神代の時代から第四十一代持統《じとう》天皇までの時代の出来事を、編年体で記した歴史書だ。全部で30巻あり、「天地開闢《てんちかいびゃく》」以来、イザナギ・イザナミによる「国産《くにう》み」、アマテラスの「岩戸隠《いわとかく》れ」、スサノオの「八岐大蛇《やまたのおろち》の退治《たいじ》」などのエピソードが登場する。ただ、時代が下るにつれて、当時の政治状況の記録的側面が濃くなり、神話期とは記述の雰囲気が変わってくる。この『日本書紀』も、『古事記』と同様に原本は残されていない。

『古事記』と『日本書紀』に描かれた神々の物語は、人間が発想した「神々の物語」であり、史実とは関係のないロマンティックな部分が多い。これらの物語が、誰にでもわかりやすい形で連綿《れんめん》と伝えられてきたことが、日本人の宗教観に大きな影響を与えていることは否定出来ないだろう。

「ギリシャ神話」や「ローマ神話」にしても、人間が日々行っている行為とそう大きな違いはないことが書かれている。恋もすれば嫉妬《しっと》もする。兄弟でも親子でも喧嘩《けんか》をする。しかし、そうした神々の行動を、どう受け取るかが国民性の違いに影響を与えているのかもしれない。

美術

「漫《まん》画《が》」の歴史

日本は今や世界に冠たる「漫画大国」であり、その経済的効果には多大なものがある。また、映画やテレビドラマ、舞台などのエンタテインメント作品の中で、漫画を原作にしたものが随分と増えてきた。

漫画については、日本に古くから伝わる「絵巻物」までをもその範疇《はんちゅう》とし、漫画が持つ芸術性を評価する考え方と、江戸時代の葛飾北斎《かつしかほくさい》（1760〜1849）や河鍋暁斎《かわなべきょうさい》（1831〜89）などの優れた画家が、世間を風刺する意味で書いた漫画をその嚆矢《こうし》とする、という考え方もある。

日本の四大絵巻物である『源氏物語絵巻《げんじものがたりえまき》』『信貴山縁起絵巻《しぎさんえんぎえまき》』『伴大納言絵巻《ばんだいなごんえまき》』『鳥獣人物戯《ちょうじゅうじんぶつぎ》画《が》』のうち、『鳥獣人物戯画』などは、明らかに風刺性が前面に出ている。絵巻物の歴史を辿ってみると、奈良時代の『絵因果経《えいんがきょう》』が最も古いものではないかとされる。巻物の下段に経文《きょうもん》、上段にそれを絵解きする絵画を配したもので、字の読めない庶民に対して、僧侶が絵解きをしながら宗教観を説いたものだろう。平安時代には王朝文学の物語や説話などを題材とした絵巻物が制作されるようになり、金箔や銀箔などを用いた非常に贅沢《ぜいたく》かつ高価なもので、美術品に近い。

葛飾北斎が文化11（1814）年に初編を刊行した『北斎漫画《ほくさいまんが》』が、「漫画」という文字に相応しい内容を持つマンガの始まりではないか、とも考えられる。ただし、この作品や明治14（1882）年に河鍋暁斎が描いた『暁《きょう》斎漫画《さいまんが》』などは、現在の漫画のように連続したストーリー性を持つものではない。

現在のような形式の漫画で言えば、大正11（1922）年から『報知新聞《ほうちしんぶん》』の夕刊に連載された麻生豊《あそうゆたか》（1898～1961）の四コマ漫画『ノンキナトウサン』が最初であろう。以後、1930年代には田河水泡《たがわすいほう》（1899～1989）の『のらくろ』、島田啓三《しまだけいぞう》（1900～73）の『冒《ぼう》険《けん》ダン吉《きち》』などが当時の少年たちの愛読書と

蛙《かえる》に投げ飛ばされてひっくり返った兎《うさぎ》
（『鳥獣人物戯画』甲巻より。国宝、京都高山寺所蔵）

なる。ストーリー性をより明確にした漫画は、１９５０年代の手塚治虫《てづかおさむ》（1928〜89）の作品が代表だろう。『鉄腕《てつわん》アトム』『リボンの騎士《きし》』『ジャングル大帝《たいてい》』などが画期的な登場で人気を博し、以後、多くの漫画が生まれた。昭和43（1968）年に創刊され、現在も続く少年雑誌『少年ジャンプ』は、平成7（1995）年に６５３万部という最高の発行部数を記録し、いまだにこの記録は破られていない。昭和初期から、漫画は日本の国民的な共通娯楽の一つだったのだ。

ちなみに現在、日本で最長の連載記録を持っているのは、昭和31年10月から平成26年8月まで『週刊アサヒ芸能』で連載を続けていた小島功《こじまいさお》（1928〜）の『仙人部落《せんにんぶらく》』である。

世界に誇る「浮世絵《うきよえ》」

「浮世絵」と聞いて多くの人々が頭に思い浮かべるのは、グロテスクとも言えるような画風の東洲斎写楽《とうしゅうさいしゃらく》（生歿年不詳）だろうか。それとも、『東海道五拾三次《とうかいどうごじゅうさんつぎ》』で有名な歌川広重《うたがわひろしげ》（1797〜1858）か、『富嶽三十六景《ふがくさんじゅうろっけい》』の葛飾北斎《かつしかほくさい》（1760〜1849）だろうか。

かつてはアメリカのオークションで写楽の作品が５０００万円を超える値段で落札されたなど

と大きな話題になったが、浮世絵の何がそんなに評価されるのだろう。ゴッホやルノアールのように、「肉筆」で描かれた一点物ならともかく、何百枚も一気に摺《す》られた「版画」だ。今、どんなに人気のある画家でも、版画が１枚１０００万円単位で取り引きされることはない。しかも、大流行していた江戸時代においては、今のポスターや出入りの商店が配るカレンダーのような役割と存在だった。

一口に浮世絵と言っても、実に多くの種類がある。風景画、美人画、役者絵、相撲絵、絵暦《えごよみ》、春画《しゅんが》などだ。価格も、絵師の人気や色の使い方にもよるが、今に直せば８００円から１０００円

歌川広重『名所江戸百景』「大はしあたけの夕立」

広重の絵を模写したゴッホの「雨中の橋」

くらいである。火事で焼けてばかりいる江戸の町では、「美術品」として考えられるものは少なかった。地方の旧家から大量に江戸時代の浮世絵が発見されることもあるが、これは、江戸見物へ来た地方の人が、お土産として買って帰るには価格も見映えも最適だったからだろう。一方で、『東海道五拾三次』や『富嶽三十六景』はガイドブックの役割も果たした。

明治維新ののち、日本では西洋の文明を何でも斬新なものとして受け入れ、逆に江戸時代の物は古臭い遺物として忘れ去ろうという傾向にあったのだが、浮世絵は新鮮で斬新なものとして西洋の人々の眼に映ったのだ。19世紀のヨーロッパ芸術を中心に起きた「ジャポニスム」は、日本の浮世絵の繊細かつ巧緻《こうち》な魅力を見逃さず、単なる「異国趣味」で終わらせることはしなかった。ゴッホは歌川広重の繊細な線を模写し、ロートレックは華麗な色使いに浮世絵を参考とした。「写楽」を発見したのはドイツ人のユリウス・クルトという美術研究家で、明治43（1910）に『SHARAKU』という著書の中で、レンブラント、ベラスケスと並ぶ世界の三大肖像画家と絶賛している。こうして逆輸入されたことで、当時の日本人は改めて浮世絵の魅力に気づかされたのである。

浮世絵は、絵を描く絵師、それを板木《はんぎ》に彫る彫師《ほりし》、何色もの色を重ねて摺る摺師《すりし》という3人の職人の高度な技が結集されたものだ。絵師が描いた絵を板木に写し、それを彫師が彫る段階で、いわゆる「原画」の線は削られて消えてしまう。彫師は色ごとに線を彫り分け、それを1枚の和紙に、摺師が色を重ねていく。これが、何色重ねても1ミリもずれない。その理由は、版木の角《かど》に「L字型」の部品を当て、何枚もの色を重ねて摺る時に、そこに合わせたからだ。この道具を「見当《けんとう》」と呼び、今でも「見当を付ける」などと言う使い方で馴染《なじ》みのある言葉だ。この見当のおかげで、明治時代までは1ミリの線を3本に彫り分ける技術を持った職人がいたそうだ。同じ版画でも、木よりも摩耗《まもう》が少ない銅を使った「銅版画《どうはんが》」は、江戸時代よりも200年ほど前からヨーロッパで流行を見せ、日本では絵師で蘭学者《らんがくしゃ》だった司馬江漢《しばこうかん》(1738~1818)が天明3(1783)年に初の銅版画制作に成功している。しかし、モノトーンの味わいが江戸庶民には受けなかったのだろうか、以後、銅版画が日本の美術界に再び顔を出すのは明治維新前後のことになる。

歴史に名が残っている浮世絵師は、菱川師宣《ひしかわもろのぶ》(?~1694)、喜多川歌麿《きたがわうたまろ》(1753?~1806)、北斎、広重、写楽といった絵師たちだが、日本の版画は、世界に冠たる職人の最高の技術の集合体と言えるほど高度なものだったのだ。これらの作品は、イギリス、ドイツ、アメリカ、フランスの名だたる美術館でコレクションされている。どうして海外へ流出したのだろうか?

先述したように、江戸時代の浮世絵は美術品ではなく、日用品であり土産品としか見られていなかった。明治維新前後に海外との貿易が始まり、海外の貿易商が眼を付けたのは、有田焼《ありたやき》や伊万里焼《いまりやき》などの鮮やかな色彩の陶磁器《とうじき》だった。しかし、船便しかない時代のこと、「ワレモノ」の輸送は大変である。そこで、陶磁器を包むために使われた丈夫な和紙、それが浮世絵だったのだ。船が着いて荷を解いた外国の人は、中の陶磁器もさることながら、包み紙である浮世絵の美しさに眼を奪われた。

日本人の手先の器用さは世界的に有名だが、浮世絵はヨーロッパを代表するゴッホやロートレック、ルノアールなどの画家たちに大きな影響を与えたのである。

華麗そして精緻《せいち》なる「日本画《にほんが》」の世界

明治維新に至るまでは、江戸時代に渡ってきたオランダの絵画「蘭画《らんが》」や、それ以前の奈良時代から平安時代に中国から入っていた「唐画《とうが》」など、一部のものを除いてすべてが「日本画」だった。これに対して「大和絵《やまとえ》」と呼ばれるものが、厳密な意味での「日本画」である。明治以降、ヨーロッパからの油絵の流入に伴い、「洋画《ようが》」と「日本画」を分ける必要が出てきたのだ。

したがって、「日本画」という言葉自体は明治以降のもので、それ以前の時代にはない。明治以前の日本には「狩野派《かのうは》」「円山派《まるやまは》」「四条派《しじょうは》」「土佐派《とさは》」など、絵画におけるいくつもの大きな流派があり、それぞれが天皇家や将軍家、大名、高名な茶人、裕福な商人などに抱えられたり庇護《ひご》を受けたりしていた。そもそも、文化や芸術を育てるのは、昔も今もパトロンの仕事であり、第二次世界大戦後、海外からの文化が奔流のように押し寄せる中で日本の文化が衰退した原因の一つは、こうした文化を育てるパトロンが、戦後の財閥解体などでほとんどいなくなったことも大きな原因だ。

日本画の技法と洋画の技法は明らかに違う。まず、材料の絵の具が、主に鉱物から採取した顔《がん》料《りょう》を細かく砕《くだ》き、それを膠《にかわ》（動物の皮革や骨髄《こつずい》から採れる強力な糊《のり》）で溶いた「岩絵《いわえ》の具《ぐ》」や動植物から抽出した染料を使うのが主流で、場合によってはそこに金や銀の箔《はく》を散らしてより豪華に見せる。その対極にあるとも言えるのが、墨《すみ》の濃淡《のうたん》だけで描く「水墨画《すいぼくが》」だ。白地に墨の濃淡や筆勢《ひっせい》だけで風景や動植物を描くものが多い。代表的な題材は「山水《さんすい》」、植物なら

雪舟の描いた水墨画「秋冬山水図」（国宝、東京国立博物館所蔵）

「梅」「竹」、動物なら「鷹」や「烏《からす》」といった鳥類だろう。

日本画は、いずれも洋画のキャンバスのような布地ではなく、主に「紙本《しほん》」「絹本《けんぽん》」と呼ばれる和紙や絹の布に描く。小さなものでは色紙《しきし》や短冊《たんざく》、大きなものになると、縦が2メートルを超えるような「屏風《びょうぶ》」に雄渾《ゆうこん》な筆致でダイナミックに描かれる。江戸時代の前期に活躍した俵屋宗《たわらやそう》達《たつ》（生歿年不詳）が描いた国宝の『風神雷神図屏風《ふうじんらいじんずびょうぶ》』は、その代表的なものだろう。今も京都の名刹《めいさつ》や、各地の美術館で、日本画の名品を数多く観ることが出来る。

日本画を歴史的な眼で展観してみると、縄文時代の絵も日本画と言えないことはない。しかし、作者をほぼ特定することが出来て、体系的な技法の上で描かれている、という点では室町時代あたりからを眺めていくのが適切だろう。この時代では、水墨画で有名な雪舟《せっしゅう》（1420〜1506）や、『北野天神縁起絵巻《きたのてんじんえんぎえまき》』の作者で土佐派《とさは》の元祖である土佐光信《とさみつのぶ》（生歿年不詳）などの名が挙がる。戦乱の世も落ち着きを見せ、大名の居場所が決まると、居城を彩る絵画が生まれ、長谷川等伯《はせがわとうはく》（1539〜1610）の二曲六双《にきょくろくそう》（六枚綴りの屏風を一曲と呼ぶ）『松林図屏風《しょうりんずびょうぶ》』や、織田信長・豊臣秀吉に重用された狩野永徳《かのうえいとく》（1543〜90）の『唐獅子図屏風《からじしずびょうぶ》』など、スケールの大きな画面に描かれた屏風絵の名品が出てくるようになった。

江戸時代に入り、世情も落ち着きを見せると、狩野派や土佐派、浮世絵の開祖と呼ばれる岩佐《いわさ》又兵衛《またべえ》（1578〜1650）などが続々と作品を発表し、富裕な上方《かみがた》商人の財政をバックにいくつもの大作を残す一方、工芸とも深い関わりを持つようになり、俵屋宗達が見せた華麗で豪奢《ごうしゃ》な色彩とデザインが登場する。

２６５年に及ぶ長い江戸時代の中では、前期の元禄（1688～1704）頃になると、『見《み》返《かえ》り美《び》人《じん》』で有名な浮世絵の菱川師宣《ひしかわもろのぶ》（?～1694）、宗達の影響を受けた『紅白梅図屏風《こうはくばいずびょうぶ》』の尾形光琳《おがたこうりん》（1658～1716）が出てきて、中期には細密な描写を得意とした伊藤若冲《いとうじゃくちゅう》（1716～1800）などが活躍した。

後期に入ると、酒井抱一《さかいほういつ》（1761～1828）のような専業の画家だけではなく、「文人画《ぶんじんが》」と呼ばれた俳人《はいじん》や文人墨客《ぶんじんぼっかく》、学者などの知識人が描いたものも人気を博した。俳句の与謝蕪村《よさぶそん》（1716～83）、学者の渡辺崋山《わたなべかざん》（1793～1841）、果ては剣豪の宮本武蔵《みやもとむさし》（1584～1645）の作品までもが珍重された。また、こうした肉筆画《にくひつが》だけではなく、浮世絵《うきよえ》や錦絵《にしきえ》などの版画芸術を庶民が楽しめるようになり、葛飾北斎《かつしかほくさい》（1760～1849）の『富嶽三十六景《ふがくさんじゅうろっけい》』や歌川広重《うたがわひろしげ》（1797～1858）の『東《とう》海道五拾三次《かいどうごじゅうさんつぎ》』が大ヒットを放った。

幕末には、ロンドンやパリで開催された万国博覧会に出品された日本の美術品が高く評価され、のちにゴッホやロートレックなどへ大きな影響を与える「ジャポニスム」がヨーロッパで流行するようになった。

明治維新後は、西洋の新しい技法を取り入れながら、従来の日本画の良さをどう残すか、という試行錯誤を多くの画家が重ね、狩野芳崖《かのうほうがい》（1828～88）の『悲母観音《ひぼかんのん》』をはじめとする作品が生まれた。この陰には、日本画の独自な魅力を体系化したい、という岡倉天心《おかくらてんしん》（1862～1913）

や、アメリカ人でありながら日本文化に深い興味と関心を示したフェノロサ（1853～1908）などの活動が大きく影響を与えていた。その後、横山大観《よこやまたいかん》（1868～1958）、下村観山《しもむらかんざん》（1873～1930）、上村松園《うえむらしょうえん》（1875～1949）、速水御舟《はやみぎょしゅう》（1894～1935）など、多くの画家が日本の近代画壇に足跡を残すことになる。

　第二次世界大戦後は、「日本画三山」と呼ばれた東山魁夷《ひがしやまかいい》（1908～99）、加山又造《かやままたぞう》（1927～2004）、平山郁夫《ひらやまいくお》（1930～2009）をはじめ、鏑木清方《かぶらききよかた》（1878～1972）、奥村土牛《おくむらどぎゅう》（1889～1990）、伊東深水《いとうしんすい》（1898～1972）、片岡球子《かたおかたまこ》（1905～2008）らが、それぞれ風景画や美人画などで、過去の歴史を現代にどう繋ぐかに腐心し、日本画は今に続いている。

浮世絵師の元祖・岩佐又兵衛《いわさまたべえ》

　名前だけでは、何をした人かわからない人も多いだろう。「浮世絵の元祖」という異名を持つ絵師である。戦国時代、織田信長の家臣であった荒木村重《あらきむらしげ》（1535～

86）を父に持つが、村重が信長に対して謀反を起こし、一族がほぼ全滅した。しかし、父と子は逃れ、幼い又兵衛は京都の本願寺教団に匿《かくま》われて幼少期を過ごした。そこで、当時大流行していた「大和絵《やまとえ》」や「漢画《かんが》」に出会い、絵師として修業を積むことになる。

38歳の元和2（1616）年頃、越前（現在の福井県）の松平忠直《まつだいらただなお》に召し抱えられ、御用絵師となったのが大きな転機で、このあとぐんぐん名声を上げ、寛永14（1637）年、60歳の時には将軍家の御用を務めるまでになった。

岩佐又兵衛という画家については、生涯は詳らかではない部分も多いのだが、この時代にすでに「工房《こうぼう》」というシステムを取り入れ、絵師一人での作業ではなく、大きな「屏風《びょうぶ》」のような作品は、分担して作業をする画期的な方法をとっていた。

また、絵師としての特徴ある作品群が見事である。静岡県熱海市の「ＭＯＡ美術館」が所蔵している『山中《やまなか》

岩佐又兵衛の描いた『婦女遊楽図屏風』右隻（国宝、大和文華館所蔵）

常盤物語絵巻《ときわものがたりえまき》』『浄瑠璃物語絵巻《じょうるりものがたりえまき》』『堀江物語絵巻《ほりえものがたりえまき》』などの一連の絵巻物、これらは、「古浄瑠璃《こじょうるり》」と呼ばれる芸能で語られる物語を絵巻物にしたもので、精緻な、時としておどろおどろしいとまで思える筆致が異様なまでの迫力を持って観る者に迫ってくる。

さらに特徴的なのは『洛中洛外図屏風《らくちゅうらくがいずびょうぶ》』に代表される屏風絵だ。「六曲一双《ろっきょくいっそう》」と呼ばれる6枚の大きな屏風が対になり、そこに京都の町の様子などが豪華な金箔をふんだんに使って描かれている。この『洛中洛外図屏風』には同じ題名の異なった作品がいくつもあり、「舟木本」と、狩《か》野永徳《のうえいとく》の手になる「上杉本」が有名だが、東京上野の東京国立博物館に所蔵されている「舟木本」は「重要文化財」、米沢市が所有している「上杉本」は国宝の指定を受けている。

町の様子と言っても、天皇が住む御所《ごしょ》や清水寺《きよみずでら》などの大きな建築物から、町を歩く人々の衣服の柄までが精細にで描かれており、とても一人で出来る作業ではない。一人一人の表情までもが描き込まれた屏風絵の、写真とは異なるリアルさは特筆に値する。

もう1点、岩佐又兵衛の屏風絵の中で素晴らしいのは、名古屋市の徳川美術館が所蔵している『豊国祭礼図屏風《ほうこくさいれいずびょうぶ》』(重要文化財)だ。これは、豊臣秀吉の七回忌にあたる慶長9(1604)年の8月に、その霊を悼《いた》み、人心を懐柔するために徳川家康が盛大に行った大祭の様子を描いた作品だ。賑やかな祭りや町を行き交う人々の姿が活写されている。こうした世間の姿を描いたことが、のちに歌川広重《うたがわひろしげ》や喜多川歌麿《きたがわうたまろ》らへと続く「浮世絵」の元祖と言われる所以《ゆえん》でもある。

ただ惜しいことに、作者を示す「落款《らっかん》」が捺《お》されていない。それゆえ作品には、これまでの研究で「岩佐又兵衛のものと考えて間違いないだろう」という意味で、「伝：岩佐又兵衛」と表記されるケースが多い。古い絵画は作者の特定が難しいのが常であり、この問題は岩佐又兵衛だけではない。しかし、仮に無名の絵師であったとしても、これだけの歴史的な記録を残してくれた価値は、計り知れないほど大きいのである。

浮世絵師列伝1　葛飾北斎《かつしかほくさい》

「画狂《がきょう》」との異名があり、『富嶽三十六景《ふがくさんじゅうろっけい》』など、今も愛される作品の多くを描いた絵師だ。宝暦10（1760）年に生まれ、嘉永2（1849）年に89歳で歿する数年前まで旺盛《おうせい》な活動をし、生涯に遺した作品は3万点に及ぶ、とも言われている。

北斎は世界的にも有名で人気のある、数少ない日本画家の一人だ。ゴッホが浮世絵の影響を受け、それを自分の作品に取り込んだことは有名だが、のちに「ジャポニスム」ブームがヨーロッパで起きた時、ゴッホ以外の画家にも大きな影響を与えている。写楽がレンブラント、ベラスケスと並び、「世界の三大肖像画家」と呼ばれるにふさわしいように、北斎は「世界に誇る風景画家」でもあった。

北斎にまつわる有名なエピソードはいくつも残されており、生涯に90回も引っ越しをしたとか、画号を30回以上も変えたという話は有名だ。どうも、金銭や生活そのものに無頓《むとん》着《ちゃく》な性格だったようで、そのために「画狂老人」などという人を食った画号をも使ったのだろうが、それが北斎の本質なのだ。そうでなければ、絵師として肉筆・浮世絵含めて生涯に3万点もの作品を遺すことは出来ない。1日に1枚描いたとして、休まずに1年で365枚。これを25年間続けたとしても、ようやく9000枚を超えるにすぎない。

引っ越しを繰り返したのは、書き散らしの反故《ほご》や生活道具で部屋が散らかり、足の踏み場がなくなると、片づけるのが面倒だからと引っ越しを重ねただけである。画号を何回も

葛飾北斎の代表作『富嶽三十六景』より「神奈川沖浪裏《かながわおきなみうら》」

変えているのは、金銭に恬淡《てんたん》で生涯貧乏暮らしだったために、地方へ写生や旅行に出かけ、そこで金に困ると、その時点で自分が使っている画号を売ってしまったからだ。北斎にとっては画号など、大した意味を持たなかったのだろう。

今でも、「北斎」とは別画号の肉筆・浮世絵の贋作《がんさく》が発見されることがある。これは、実際に北斎から画号を買った第三者が描いた作品だから、北斎本人が描いた作品ではないにしても、巧拙を問わず「贋作」とは言い難い。明らかに、「葛飾北斎の作品」ではない、とは言い切れても、名前を正当に有する第三者が書いた「真筆《しんぴつ》」であることに違いはないからだ。

北斎と言えば、「赤富士」を中心にした「富士山」の絵が有名だ。いろいろな場所から見える富士山を描いた『富嶽三十六景』を、富士山の大好きな日本人が愛してやまないのは、富士山だけではなく、見える土地やその生活をも1枚の絵の中で表現しているからだろう。

大きな波が押し寄せ、木の葉のように弄《もてあそ》ばれる船の中で怯《おび》える人々を尻目に、悠然と聳《そび》える富士山を描いた「神奈川沖浪裏《かながわおきなみうら》」。今にも木端微塵《こっぱみじん》になりそうな船に乗る人々の、命を乞うお念仏が聞こえてきそうな気がする。これが、北斎の魅力の一つなのだ。

浮世絵師列伝2 歌川広重《うたがわひろしげ》

世代によっては、「安藤広重《あんどうひろしげ》」と学校で教わった方もいるかもしれない。しかし、「安藤」は本名であり、絵師としては「歌川派《うたがわは》」の一員であるため、「歌川広重」（1797〜1858）とするのが正しいという方針で教科書の記述が改められたのだ。

広重の代表作は『東海道五拾三次《とうかいどうごじゅうさんつぎ》』だろう。江戸・日本橋を振り出しに、53の宿場の風景を描き、最後は京都で終わるというシリーズだ。駿河国（現在の静岡県）の蒲原宿《かんばらしゅく》を描いた「蒲原夜《かんばらよる》之雪《のゆき》」など5作品は、昭和33（1958）年から昭和37年までの間に国際交通週間切手として発売され、昭和40年代の切手収集ブームの頃には高価な値段が付けられていた。その後、平成12（2000）年から平成19年までに21作品が追加されていることを見ても、人気が衰えていないことがわかる。

江戸時代後期から幕末にかけて活躍し、役者絵で絵師としてのスタートを切った広重は、花鳥画を経て、やがて浮世絵師として独立、天保4（1833）年から『東海道五拾三次』を発表する。

そのために、実際に東海道を往復し、その卓抜したデッサン力で浮世絵の中に遠近法や立体的な描写を用いた。また、海外で「ヒロシゲ・ブルー」と呼ばれる鮮やかな青や紺、群《ぐん》青《じょう》などを駆使している。この手法は、19世紀後半にフランスで起きた「ジャポニスム」の流行の一因ともされ、多くの芸術家に影響を与えたことはもちろん、ゴッホが広重の浮世絵を模写し、自分の油絵の中に取り入れたエピソードは有名である。

さらに広重は、『名所《めいしょ》江戸《えど》百景《ひゃっけい》』など、庶民の好みを反映した作品を次々に出板した。今は世界文化遺産になっている富士山が、江戸の各地から眺められた時代に、富士山の姿を各地からの視線で絵の中に取り入れ、大衆の人気を博した画家の代表的存在だったのだ。

こうした広重の風景画は、旅が自由ではな

歌川広重の代表作『東海道五拾三次』より「日本橋」

かった江戸時代には写真集の役目を果たし、名所案内として江戸から地方へお土産に持ち帰る人々も多かった。こうして広重の名は、日本中に広まったのである。安政5（1858）年、広重は明治維新を迎える前に62年の生涯を閉じた。江戸の一絵師として活躍をした生涯が、その後の西洋画に大きな影響を与えることになるとは思いもよらなかっただろう。

浮世絵師列伝3　東洲斎写楽

僅《わず》か10ヶ月の間に１４０点以上もの作品を世に送り出し、江戸中の人気をさらった挙句《あげく》、忽然《こつぜん》として消えた謎の絵師、東洲斎写楽《とうしゅうさいしゃらく》。この絵師の正体は誰だったのか、現在のところは従来から有力であった阿波徳島藩お抱えの能役者・斎藤十郎兵衛《さいとうじゅうろべえ》ではなかったか、という説がほぼ定着しているが、完全に確定したわけではない。ここへ行き着くまでに、同業の浮世絵師である葛飾《かつしか》北斎《ほくさい》（1760～1849）、歌川豊国《うたがわとよくに》（1769～1825）、喜多川歌麿《きたがわうたまろ》（1753?～1806）などのほか、戯作《げさく》者《しゃ》の山東京伝《さんとうきょうでん》（1761～1816）や十返舎一九《じっぺんしゃいっく》（1765～1831）、博物学者の平賀源内《ひらがげんない》（1728～79）、あるいはシャーロックというオランダ人ではなかったのかなど、多士済々《たしさいさい》が「写楽ではないか」

と想像の的にされ、多くの研究者や作家が持論を展開している。

生歿年さえはっきりしないこの「幻の絵師」を発見し、その価値を広く知らしめたのは、実は日本人ではない。ドイツの美術研究者ユリウス・クルトが明治43（1910）年に『SHARAKU』という研究書を刊行し、その中で、ベラスケス、レンブラントと並ぶ世界の三大肖像画家だ、と記したことから、にわかに写楽に脚光が浴びせられ、同時に「写楽探し」が始まったのだ。日本で最初に写楽の研究書が書かれたのはクルトに遅れること15年の大正14（1925）年のことであり、日本で写楽が偉大な絵師として認知されてからは、まだ90年ほどしか経っていないことになる。

東洲斎写楽の大首絵《おおくびえ》「市川蝦蔵《いちかわえびぞう》」

今も写楽の人気は衰えを知らず、版画が海外のオークションで1枚5000万円で競り落とされたという記録がある。肉筆画ではなく、何百枚か摺《す》ったうちの1枚の金額だ。それほどに写楽がもてはやされる理由は何なのだろうか。まずは、今までにない大胆な描写方法を用いて、役者絵を次々に描いたことだろう。それも、「黒雲母《くろきら》」と呼ばれる贅沢《ぜいたく》な作りの絵であり、サイズも「大判《おおばん》」で、上半身をアップにした「大首絵《おおくびえ》」と呼ばれる豪華な絵だった。そこに描かれている役者の姿が非常にデフォルメされていたために、モデルになった女形《おんながた》が失神したという伝説もあるほどだ。しかも、寛政6（1794）年の5月から翌年の1月までの間に、画風が極端に違う作品を描き（研究史上は4期に画風が分けられている）、なおかつ膨大《ぼうだい》な作品を短期間に生み出したという謎めいた行動も写楽人気に拍車をかけている。

　写楽が活躍した時代は、ちょうど江戸幕府の老中・松平定信《まつだいらさだのぶ》が推し進めた「寛政《かんせい》の改革」の真っ最中で、贅沢禁止の倹約令《けんやくれい》が芝居や浮世絵にまで及んでいた。写楽の作品が、多色摺りの贅沢なものだとして、版元《はんもと》の蔦屋重三郎《つたやじゅうざぶろう》（1750〜97）は店舗の間口と財産を半分に縮小させられる「身上半分《しんしょうはんぶん》」の刑を受けたほどだ。写楽が忽然と姿を消した理由が、この事件と密接な関係を持っていたのかどうか、それも判明していない。さらに言えば、通常「とうしゅうさい・しゃらく」と読んでいる名前は、「とうじゅうさい・しゃらく」と読むのが正しいという説もあり、結論はまだ出ていない。

　平成20（2008）年に、ギリシャのコルフ・アジア美術館が所蔵していた扇面に描かれた歌舞伎の絵が、写楽の肉筆だと鑑定され、日本でも公開された。しかし、一度は真筆と鑑定されたこの肉筆浮世絵に関しても、本当に写楽の手によるものかどうかの結論はまだ出ていないのだ。

裏の職人芸「贋作《がんさく》」

日本の有名な画家で最も贋作が多いのは、雪舟《せっしゅう》（1420～1506）ではないかとされている。おそらく、真筆《しんぴつ》の雪舟の作品が新しく発見されれば、即座に重要文化財か国宝に指定されるほどに人気も評価も高い。この世の中に、「雪舟作」とされているものは数万点あるが、その中で「間違いなく真筆」とされているのは10点に満たない。かつて、批評家の小林秀雄《こばやしひでお》（1902～83）が「雪舟の作品は、欲しい人の数だけある」との名言を残している。

古今東西、贋作のエピソードは多く、人間の所有欲を象徴する部分でもある。日本でも、まさかと思うような贋作事件がいくつも起きているが、有名なのは昭和35（1960）年に起きた「永仁の壺事件」と呼ばれているものだろう。しかも、贋作の制作者が、当時人間国宝（この事件のため、のちに資格を取り消された）で陶芸家の加藤唐九郎《かとうとうくろう》（1898～1985）だったのだ。事件は、すでに陶芸家として名声を博していた加藤が、「永仁二年」（1294）と刻んである鎌倉時代の古《こ》瀬戸《せと》の瓶子《へいし》を発見したことから始まった。名品だと評価され、国の重要文化財に指定されたが、その後、加藤本人が「あれは自分で創って山に埋めたものだ」と告白し、X線検査の結果、贋作であることが証明されたのだ。どういう動機のもとに、名誉も地位もある陶芸家がこの事件を起こしたのか、真相は歴史の闇の中だ。芸術家として、世の中の眼を試そうとしたのかも知れない。

もう一つ、異色な贋作事件を紹介しよう。昭和37年、時の経済企画庁長官で、藤山コンツェルンの二代目でもあった藤山愛一郎《ふじやまあいいちろう》(1897~1985)が、川崎のデパートで開催された美術展に、所蔵のルノアールの小品を出品したところ、盗難に遭った。所有者が大物の政治家ということもあり、大きな事件となったが、藤山は、「作品を返してくれれば罪

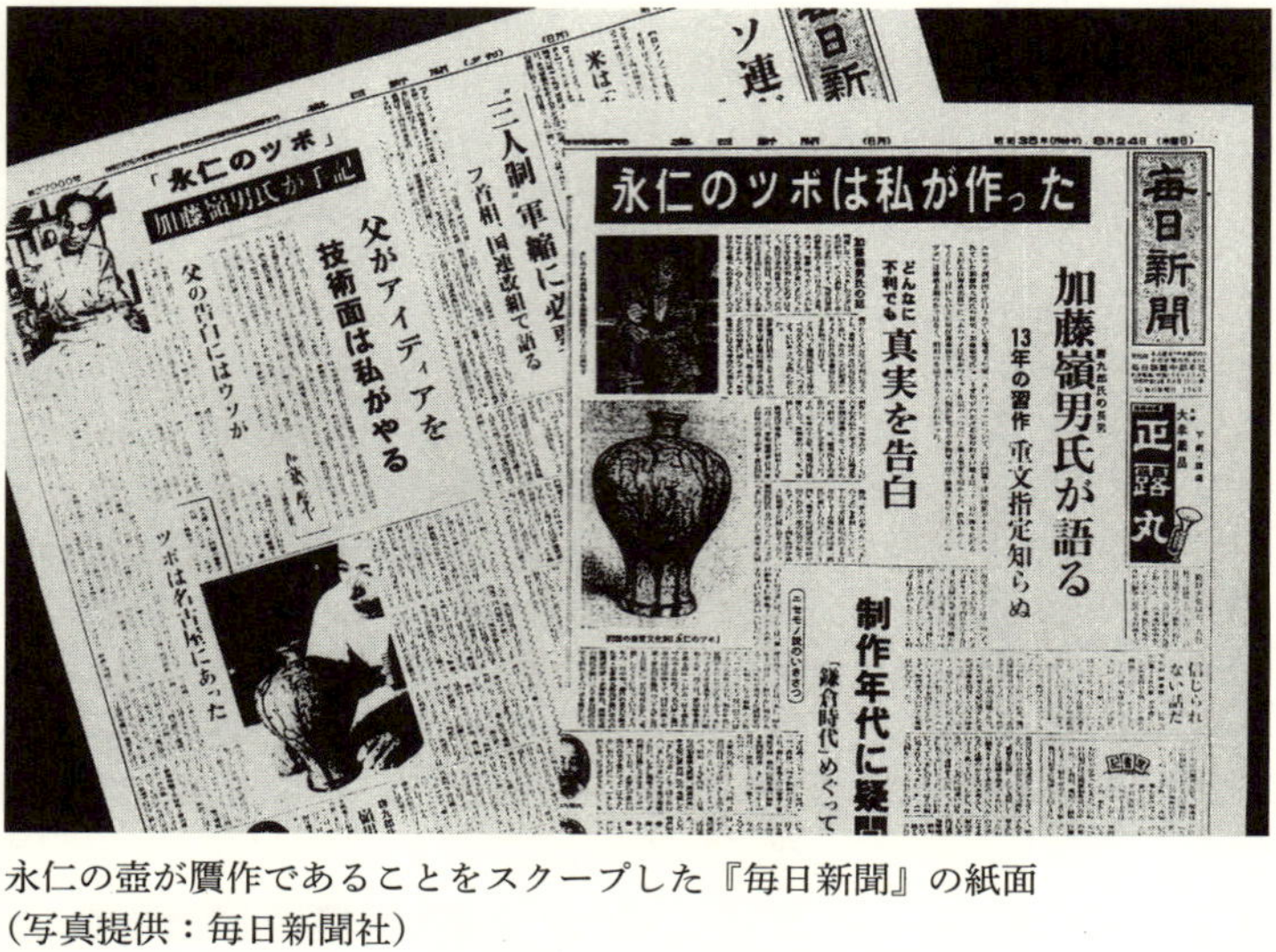

永仁の壺が贋作であることをスクープした『毎日新聞』の紙面
(写真提供:毎日新聞社)

には問わない。さらに、私蔵することなく、しかるべき美術館に寄贈して、皆さんに観ていただけるような処置をとる」と財閥の御曹司らしい寛容さで対処した。しばらくして、トラックの荷台に無造作に包まれた盗品が東京都内で発見されたのだが、この藤山所蔵のルノアールが実は贋作だったことが発覚したのだ。

この作品を描いたのは、滝川太郎《たきがわたろう》（1903~86）という画家で、「ゴッホ、ルノアール、モディリアニ、描けない画家はいない」と豪語するほどの自信を持って、せっせと贋作を描いていた。「滝川製」とも呼ばれる一連の贋作を見ると、オリジナルとは比べ物にならない稚拙《ちせつ》さで、当時、一流の教養を持っていた人々がいとも簡単に次々と引っかかった理由は不明である。

１９８０年代に入ると、日本ではバブル景気の影響か、多くの人々が肉筆ではなく若干価格が抑えられた「シルクスクーン」や「リトグラフ」と呼ばれる版画を楽しむようになった。シルクロードを中心に多くの作品を遺した平山郁夫《ひらやまいくお》（1930~2009）、日本の静かな風景画で人気を博した東山魁夷《ひがしやまかいい》（1908~1999）などの版画が、１００万円を超える高値で取り引きされていたのもこの時期だ。共に、文化勲章受賞という芸術家としては最高の栄誉を極めている評価の高い画家だ。しかし、平山郁夫の版画も、規定の刷り部数を作成後、原版を破棄せずに贋作を造っていた事件が世間を騒がせたことがある。

贋作の歴史は、美術の歴史と共に始まった、とも言われている。美術の名品は数々あるが、「世に贋作の種は尽きまじ」なのだ。

紀元前《きげんぜん》から続く「焼《や》き物《もの》」

日本の歴史上における最初の焼き物は、「縄文式《じょうもんしき》」「弥生式《やよいしき》」などでお馴染《なじ》みの「土器《どき》」と呼ばれるものだ。約1万3000年前に縄文文化が成立し、2500年前には弥生文化が登場した。この時代の焼き物は、土をこねて、「釉薬《ゆうやく》」（焼き物の表面にかかっている上薬《うわぐすり》）をかけずに素焼きにした素朴な生活用品としての焼き物である。その後、5世紀に入り、朝鮮半島から硬質で灰色の特徴を持つ「須恵器《すえき》」の製作技法が伝えられ、古墳《こふん》の副葬品《ふくそうひん》の中にも見られるようになる。この時点では、あくまでも「生活用品」としての焼き物であり、副葬品も、死者があの世で不自由のないようにとの想いによるもので、後世に見られるような芸術性の出現はまだ見られない。

奈良時代、8世紀に入り、中国から「唐三彩《とうさんさい》」と呼ばれる目にも色鮮やかな焼き物が渡来してきたことが、日本の焼き物のその後の姿を大きく変えるきっかけになった。「唐三彩」には緑・赤茶・藍《あい》の3色を使った物が多く、その名の由来ともなっている。今から1000年以上前の物でも、保存状態の良い物には、息を呑《の》む美しさがある。のちの平安時代に、日本で「国風文化《こくふう》」

と呼ばれる独自の文化が発達を見せたことで、瀬戸焼《せとやき》、いわゆる「瀬戸《せと》物《もの》」の原型とも言える物が日本で焼かれるようになった。

鎌倉時代に入ると、釉薬の使用が広まったことから、瀬戸をはじめ、常滑《とこなめ》、信楽《しがらき》、越前《えちぜん》、丹波《たんば》、備前《びぜん》の「六古窯《ろっこよう》」と呼ばれる、馴染《なじ》み深い焼き物が生まれるようになった。日本で焼き物の歴史を大きく転換させたのは、いわゆる「茶道」の登場である。

茶道が芸術として発展する段階で、それまでは単なる「生活用品」だった陶器・焼き物が「芸術品」になったのだ。茶碗はもとより、香《こう》合《ごう》、水指《みずさし》などの茶道具が、有力な大

日本の焼き物の産地

名の間で愛《め》でられた。そればかりか、物によっては一国と同等の価値を持って交換されるほどの「大名物《おおめいぶつ》」と呼ばれる名品が登場したが、有力な大名の手を次々に経たのち、歴史の谷間に埋もれてしまった物も多い。この時期に外すことの出来ない人物が千宗易《せんのそうえき》（1522～91）。正親町《おおぎまち》天皇から「利休《りきゅう》」の居士号《こじごう》を賜《たまわ》り、茶道界の巨人として歴史に名を残す。

利休は茶道の美を一つの形にしただけであるが、その鑑識眼《かんしきがん》は相当なものであった。利休が「良いものだ」と褒《ほ》めれば、その言葉だけ茶碗の価格は何十倍にも跳ね上がる。いわゆる「お墨付き」と呼べるものだが、価格の上がり方がものすごく、不当な利鞘《りざや》を稼いでいるのでは、との疑いをかけられたほどだ。

こうした時代を経て、江戸時代になると、陶器の中では最も硬く、吸水性の低い「磁器《じき》」が登場する。華やかな彩色《さいしき》を施した「伊万里焼」「有田焼《ありたやき》」などと呼ばれるものだ。「赤絵《あかえ》」という、赤色を焼きつける技法が開発されたことで、肥前有田（現在の佐賀県有田町）の酒井田柿右衛門《さかいだかきえもん》は歴史に名を残し、今に至るまで十四代続いている。

江戸時代も中期になると、農村各地での農業の効率化により、各地の名産品を生み出す産業が生まれる。土地の名を冠した結城紬《ゆうきつむぎ》や野田醤油《のだしょうゆ》などの生活用品の一つとして、各地で焼き物も作られるようになった。この段階で、焼き物は美術品とは違った道で、生活用品として格段の進歩を遂げることになる。

明治に入ると、西欧化の流れで多くの焼き物が外国人の審美眼によって海外へ流出すると同時に、様々な機械化の技術も導入された。石灰窒素《せっかいちっそ》の製造や機械式轆轤《ろくろ》の登場で、生産量は一気に増えた。こうして歴史を眺めると、もともと焼き物は生活用品として生まれ、文化が勃興すると芸術品としての価値をも併せ持つようになり、以後、二頭立ての馬車のように両者は今も歩みを続けている。しかし、用途は同じ茶碗でも、廉価《れんか》な茶碗もあれば、何百年もの歴史の中で幾多もの戦禍をくぐり抜け、数千万円の値が付く茶碗も存在するのだ。

日本人の繊細《せんさい》さが見える「彫刻《ちょうこく》」

日本の「彫刻」を代表するものとして、豪壮《ごうそう》で華麗な寺院建築の中に見られる種々の彫刻や、木に彫《ほ》られた「仏像《ぶつぞう》」を挙げることが出来る。特に仏像は、６世紀後半に日本へ仏教が流入してきて以降、仏教の信仰対象である「仏《ほとけ》」の姿を具現化《ぐげんか》するため積極的に造られるようになり、「木彫《きぼり》」の技術が進んでいった。また、２６３ページで述べた「道祖神《どうそじん》」は、石を刻んだ彫刻であり、金属に繊細な彫刻を施す「彫金《ちょうきん》」という分野の技術もある。また、７世紀前半の飛鳥《あすか》文化を代表する飛鳥寺《あすかでら》の仏像「釈迦如来像《しゃかにょらいぞう》」（飛鳥大仏《あすかだいぶつ》）は、木枠や石などで造った型に溶けた金銅を流し込んで制作された。この時期の木彫で有名なのは、京都の広隆寺《こうりゅうじ》でアルカイック・スマイル（唇の両端がやや上向きで、微笑を浮かべたように見える）を浮かべている有名な「半跏思惟像《はんかしいぞう》」だろう。こうした技術をもたらしたのは、飛鳥時代の鞍作止利《くらつくりのとり》（生歿年不詳）を筆頭にした「止利仏師《とりぶっし》」と呼ばれる職能集団であったとされている。

木彫には、大まかに分けて二通りの方法がある。１本の太い木を切り出して彫り上げる「一刀彫《いっとうぼり》」と、いくつかの部分に分けて彫っておいたものをあとで合わせる「寄木造《よせぎづくり》」だ。江戸時代前期の僧侶・円空《えんくう》（1632〜95）には一刀彫の作品が多いが、彫る仏像のサイズによって必然的に技法も決まってくる。

鎌倉時代に入ると、運慶《うんけい》（?〜1223）や快慶《かいけい》（生歿年不詳）のように、後世に名を残す「仏師《ぶっし》」と呼ばれる職業が確立され、東大寺南大門《なんだいもん》の「金剛力士像《こんごうりきしぞう》」（「仁王像《におうぞう》」）に代表されるような力強い作品が残されることになる。

解体修理中の奈良・東大寺「吽形像《うんぎょう》」。像1体に4000個の部材が使われていた（平成5〈1993〉年、写真提供：共同通信社）

室町時代の北山《きたやま》・東山《ひがしやま》文化を経て、江戸時代の文化が爛熟《らんじゅく》し始めると、茶道の広がりや武士の趣味として、彫刻の裾野は広がり、仏像のような信仰に関わるものだけではなく、趣味を目的とした、凝《こ》った「細工物《さいくもの》」の腕が競われるようになった。武士の刀の鍔元《つばもと》を飾る「腰元彫《こしもとぼり》」と呼ばれるものには、浜野矩随《はまののりゆき》ら名人・名工と呼ばれる人が登場し、浜野の出世譚は落語《らくご》の人情噺《にんじょうばなし》にもなっている。木彫では、日光東照宮《にっこうとうしょうぐう》の「眠《ねむ》り猫《ねこ》」を彫ったと言われる左甚五郎《ひだりじんごろう》（生歿年不詳）のエピソードは、落語以外にも講談《こうだん》や歌舞伎など多くの芸能に影響を与えている。

明治維新を経て西洋文化が流入してくると、朝倉文夫《あさくらふみお》（1883～1964）のように粘土《ねんど》・油土《ゆど》・蠟《ろう》などで彫刻の原型を造る彫塑家《ちょうそか》が登場する一方で、高村光雲《たかむらこううん》（1852～1934）・光太郎《こうたろう》（1883～1956）らは、伝統的な木彫に写実性を加えて彫刻の近代化に貢献した。今でも「現代の名工」と呼ばれる人々がおり、先人の技術を継承・発展させようと努力しているのだ。

日本人のこだわり「根付《ねつけ》」

日本人の手先の器用さを象徴する工芸品の一つが「根付」である。最近は「現代根付」とし

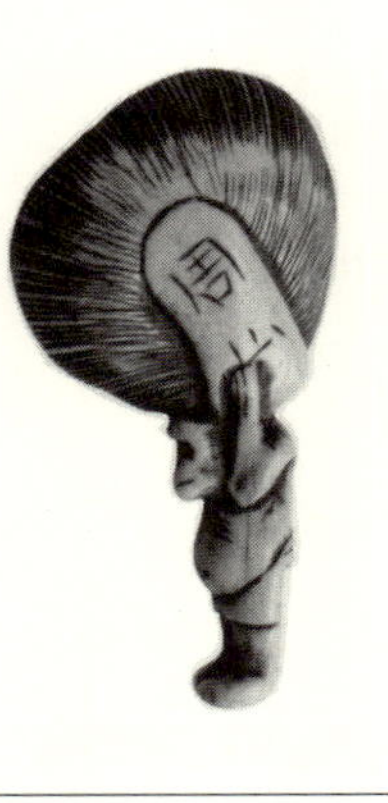

象牙や鹿角で細工された根付いろいろ

て、和装ではなく洋装を前提にした根付も増えてきている。

煙草《たばこ》入れや矢立《やたて》（携帯用の筆記道具）、印籠《いんろう》などを帯の間に挟むための道具として、安土桃山時代から使用されていた根付が、にわかに趣味性を高め、芸術品に向かうのは、戦国の世が落ち着き、江戸時代に入ってからのことだ。大坂を中心に、商業の発達と共に富裕な商人が登場するに及び、趣向を凝らした「道楽」としての根付がブームになる。大きな物では日常の動作の邪魔になり「粋《いき》」でもないために、小さな立体の中にどのような趣向を盛り込むかが職人の腕の見せどころでもある。

素材も多岐にわたり、木材であれば黄楊《つげ》、黒柿《くろがき》、桜、檜《ひのき》、黒檀《こくたん》、紫檀《したん》、櫟《くぬぎ》などのほかに、竹籐《とう》なども使用された。動物を材料にしたものでは、最も一般的な象牙《ぞうげ》に加え、鯨の歯、犀《さい》や鹿《しか》の角《つの》、ウニコールと呼ばれる一角鯨《いっかくくじら》の牙《きば》など、漢方薬として珍重されていたものもある。ほかにも孔雀石《くじゃくいし》や水晶《すいしょう》、金、銀などの鉱物や金属、琥珀《こはく》、珊瑚《さんご》、七宝《しっぽう》、ガラスなど多彩な品々が材料とされた。硬い素材には、いかに細緻《さいち》な細工が施せるかの技量が問われ、柔らかく彫りやすい素材には率直に職人の腕が表れてしまうのだ。

根付であることの条件は三つあると言われている。煙草入れや印籠などを提げるための紐を通すために、一つないしは二つの穴が開いていること。また、帯を通し、体の側面に付けて歩くために、大き過ぎず凹凸の少ないこと。さらに、「置物」ではないことから、四方八方の全面に細工が施してあること。これらの条件が満たされていれば、素材は何でも良い。

僅《わず》か４・５センチに満たない小さな焼き物の根付で「首振り舌出し三ツ目小僧」と呼ばれる物には、からくりが施されており、茶碗を持った三ツ目小僧の舌が飛び出す。また、「女達磨《だるま》」の形をしていながら、逆さにすると「猿の顔」になるというだまし絵のような感覚を持つ根付もある。こうした細工の精緻《せいち》さ、素材の選び方の妙、美的センスの良さは、浮世絵と同じように海外で早くから注目され、高い評価を得ていた。２００１年には、アメリカのボストン美術館で根付の特別展が開催され、展示期間の延長を繰り返すほどの人気を集めた。江戸時代にも、趣味人同士が集まり、酒を酌《く》み交わしながら自慢の逸品を見せ合う会が富裕な商人の間で盛んに開かれていたことを見ても、この小さく精妙な世界に惹《ひ》かれる人々が多かったことがわかる。高価な素材、今までにない工夫、腕の良い職人などを求めていくと、今では数センチ四方の立体が数百万円ということも珍しくはない。ある意味では、究極の道楽である。

いずれの時代も、文化はマニアが生み出すという証拠の一つ、それが根付ではないだろうか。

「能面《のうめん》」の不思議

能《のう》の場合、「面」と書いて「おもて」と読む。生身の人間が演じる芸能でありながら、演者自身の個性を面に託し、封じ込めるという制約の中で演じられる「仮面劇」とも言えよう。制約は役柄の精神性だけではなく、演者の肉体にも及ぶ。実際に面を顔へ掛けると、視界は著しく制約され、自分の足元をしっかり見ることさえ覚束《おぼつか》なくなる。精神と肉体の制約を受け、演技を外へ向けるのでなく、演者の中へ内向させた上で役の内面心理を炙《あぶ》り出すところに能の本質があり、そこがほかの舞台劇とは大きく違うところだ。この精神性の高さが、武士の式楽《しきがく》（儀式に用いられる音楽や舞踊《ぶよう》）として守られてきた一つの理由と言えるのかも知れない。

歌舞伎では、華やかな衣装も見どころの一つで、視覚的な要素として大切にされるが、能においては「面」の重要性は違ったところにある。面自体が美術品としての価値を持ち、ほかの演劇の衣装のように、半ば消耗品とは考えられていない。室町時代から江戸時代にかけて創られ、何百年もの間にわたって受け継がれてきた面は、当然時代の変化と共に劣化する。たびたび舞台で使うことが出来ないために、「写し」と呼ばれる、そっくりの複製が作成され、大概の場合は「写し」が使用される。「写し」が出来た時点で面は「本面《ほんめん》」と呼ばれるようになり、よほど重要な舞台以外では使用されずに、大事に保管されることになる。

ほとんど無表情に近い、また演能中に変化を見せない能面の角度を僅《わず》かに変えることにより、空を見上げる様子にもなれば、哀しみに打ち沈むさまを見せることにもなる。そこが、演者の腕の見せどころでもある。

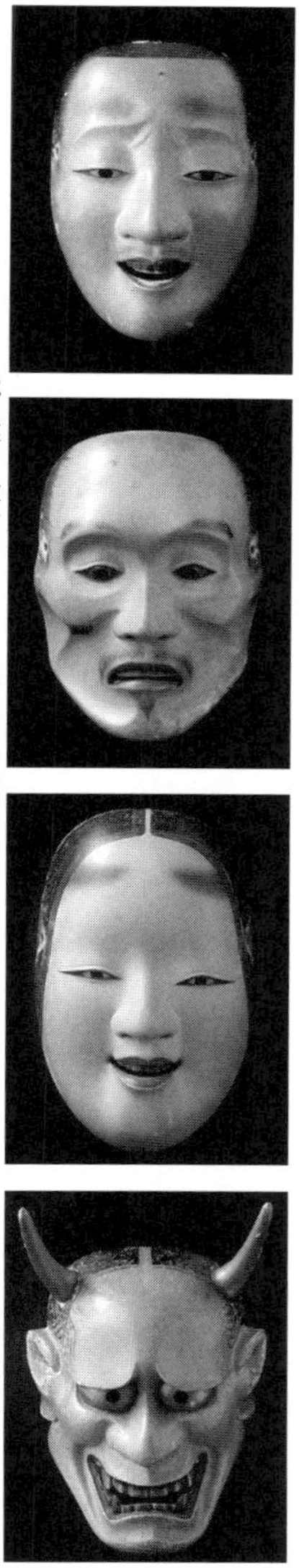

能面いろいろ。上から男面：中将《ちゅうじょう》と痩男《やせおとこ》、女面：小面《こおもて》と般若《はんにゃ》

能面の種類は主なものでも約60種、それを細分化すると250に及ぶと言われている。大別すると、男の老人を表す祝い能に使われる「翁《おきな》」、「女面《おんなめん》」「男面《おとこめん》」、老人の「尉面《じょうめん》」、人間以外を表す「畜類面《ちくるいめん》」、仏を表す「仏体面《ぶったいめん》」に分けられる。「女面」の中でも若い女性を表す面が「若女《わかおんな》」で、ほかに「小面《こおもて》」「増女《ぞうおんな》」「万眉《まんび》」「孫次郎《まごじろう》」など、年齢や性格によっていくつにも分けられ、一瞥《いちべつ》しただけではまず見分けがつかないほどの細かな違いでしかない。その細かな違いで、役の個性を表すのだ。さらに観世《かんぜ》、金剛《こんごう》、宝生《ほうしょう》、金春《こんぱる》、喜多《きた》の五流派では、同じ演目でも掛ける面が違う場合もある。役の解釈の違いが使用する面の違いを生むのだろう。

　これだけ細分化され、能の演目とそれに使用する面が細かく決められている中で、特別な面がある。「直面」と呼ばれるもので、「ひためん」と読み、顔に面を掛けずに、素顔で能を演じることを言う。素顔とは言え、その顔を面と見立てて演じるもので、能の大成者である世阿弥《ぜあみ》（1364?～1443?）も「直面が一番難しい」という意味の言葉を遺している。演者の個性が直接出てしまう素顔を、あくまでも1枚の面として考え、感情を表さずに能を演じることは、並大抵の技量で成せる技ではない。もっとも、これは歌舞伎や人形浄瑠璃《にんぎょうじょうるり》など、ほかの古典芸能でも議論されてきた芸談であり、「役者が舞台で泣くのは正か否か」という問題にも通じる。「役者個人として泣くのは技術が未熟なためであり、役の人物として泣くのであれば、それは否定しない」という見解が多いようだが、正解はいまだに示されていない。

　能の「直面」の場合は、さらに顕著《けんちょ》な形で表情がクローズアップされるために、「表情を見せない」ことが芸の重要な点を占めることになる。しかし、人間の最も特徴的な個性とも言える顔の個性を消すことに「芸の高み」を求めた世阿弥の感性は、ただならぬものであったことがこのエピソードからも良くわかる。

塗り重ねる味わい「漆器《しっき》」

最近では、一見しただけでは漆器かどうかわからないほどのものが化学樹脂《かがくじゅし》などで出来るようになったが、英語の辞書で「japan」が漆器の意味を持つほどに、世界的に日本の漆器は評価が高い。もともと漆器も、ほかの多くの工芸品と同様に、中国大陸から渡来した技術だと考えられていたが、北海道では中国よりも遥かに古い９０００年前の漆器が遺跡から出土した例もあるようだ。

「漆《うるし》」と聞けば「気触《かぶ》れる」と連想するほどに、その精は強い。長年仕事をしている漆器の職人でも、手は免疫《めんえき》が出来ているために、気触れることはなくても、顔やそれ以外の箇所に漆の樹《じゅ》液《えき》が付いた途端に気触れてしまうそうである。

塗物《ぬりもの》に使える「漆」が完成するまでには、様々な工程を経なければならない。まずは漆から採取した樹液を煮詰め、細かなゴミを取るために濾《こ》し、その後、鉄分などを加えて精製するところから始まる。漆から樹液を採取することを「漆を掻《か》く」または「漆掻《うるしか》き」と呼ぶ。樹皮に傷を何筋も付けて、そこから滴《したた》り落ちる乳白色の液を、木にぶら下げた容器に溜《た》めるのだが、6月から7月が最盛期で、10月頃まで続けられる。そのため、俳句では「漆掻き」という言葉が夏の季語になっているほどだ。しかし、最近は国内での生産量は激減しており、多くを輸入に頼っている。

日本の漆器の産地

碗《わん》でも盆《ぼん》でも、漆器の素材になる木地《きじ》に漆を何度も何度も塗り重ね、その上に蒔絵筆《まきえふで》で模様や図案を描く「蒔絵」、鮑《あわび》などの貝殻《かいがら》を薄く切ったものを嵌《は》め込む「螺鈿《らでん》」、小さな刀で模様を彫り、その上から金箔《きんぱく》や銀箔《ぎんぱく》などを埋め込んでゆく「沈金《ちんきん》」など、漆器をさらに魅力的に見せる技法がいくつもある。中国から伝わった技法で「堆朱《ついしゅ》」と呼ばれるものは、朱色の漆を100回以上塗っては乾かすという工程を経た上で、模様を彫り込んでいく。いずれも、大変な時間と手間、根気を必要とする仕事だ。

こうして作られる漆器は、各地方の特産物にもなっている。日本で最も有名な漆器は石川県輪島市の「輪島塗《わじまぬり》」だろうが、ほかにも青森県弘前市の「津軽塗《つがるぬり》」、岩手県平泉には奥州藤原氏の一人・藤原秀衡《ひでひら》の名が付いた「秀衡塗《ひでひらぬり》」、福島県の「会津塗《あいづぬり》」、堆朱を主体にした神奈川県鎌倉市の「鎌倉彫《かまくらぼり》」、秋田県能代市や岐阜県高山市の「春慶塗《しゅんけいぬり》」、京都府の「京漆器《きょうしっき》」、和歌山県岩出市の「根来塗《ねごろぬり》」なども有名である。また、食器だけではなく、手紙や書類を入れる文箱《ふばこ》や書道用品の「色紙箱《しきしばこ》」など、紙で出来た容器の強靭性《きょうじんせい》を高めるために漆を塗ることもあるのだ。

和本の「装丁《そうてい》」

「装幀」とも書くが、本の綴《と》じ方や表紙、裏表紙のデザイン、カバー、箱など、本全体のデザインのことを「装丁」と呼び、「装丁家」を専門の職業にしている人々もいる。洋の東西を問わず、出版・印刷の技術が進み、「本」が巷《ちまた》に広く流通し始めると、内容だけではなく、いかに人目を惹《ひ》くか、また、いかに丈夫な造りにするかを目的に、装丁の技術が発達した。今の私たちが日常読んでいる本の装丁は西欧に起源を持つものだが、日本独自の装丁技術として発達した「和《わ》綴《と》じ」というものがある。

日本語は縦書きが基本の言語であり、左から右へ開いていくのが洋書との違いだ。「和綴じ」の基本になるのは、「四《よ》つ目《め》綴じ」と呼ばれるもので、紙を束ねた右側に四つの穴を開け、そこを糸で綴じていく方法だ。この「四つ目綴じ」を基本として、中国清朝《しんちょう》の皇帝・康熙帝《こうきてい》（1654〜1722）が始めたという「康熙綴じ」、それにさらに手を加えた「麻《あさ》の葉《は》綴じ」、「四つ目綴じ」の変形「亀甲《きっこう》綴じ」や、穴が３ヶ所の「三《み》つ目《め》綴じ」、商家が帳簿として使っていた「大福帳《だいふくちょう》」

を綴じるために紙の短辺に二つ穴を開けた「大福帳綴じ」などの方法がある。

今、最もよく「和綴じ」の本を見かけるのは、結婚式の披露宴の受付などで名前を記す「芳名帳《ほうめいちょう》」だろう。次いで、謡《うたい》や義太夫《ぎだゆう》などの邦楽《ほうがく》の稽古《けいこ》本、あとは博物館や図書館などが所蔵する江戸時代の版本《はんぽん》を挙げることが出来る。

綴じ方が西洋式になっても、表紙や見返しの絵、本全体のデザインなど、内容や作品の雰囲気を端的に表現した装丁は美しく、それだけで充分な芸術作品となる。明治20（1887）年に生まれ、昭和15（1940）年に歿した小村雪岱《こむらせったい》は、明治の文豪・泉鏡花《いずみきょうか》の代表作の一つ『日本《にほん》橋《ばし》』の装丁を手がけたのをきっかけに、日本画の鏑木清方《かぶらききよかた》（1878～1972）と共に鏡花作品の装丁を多数残し、江戸情緒を漂わせたその画風は「昭和の（鈴木）春信《はるのぶ》」とも言われ、江戸時

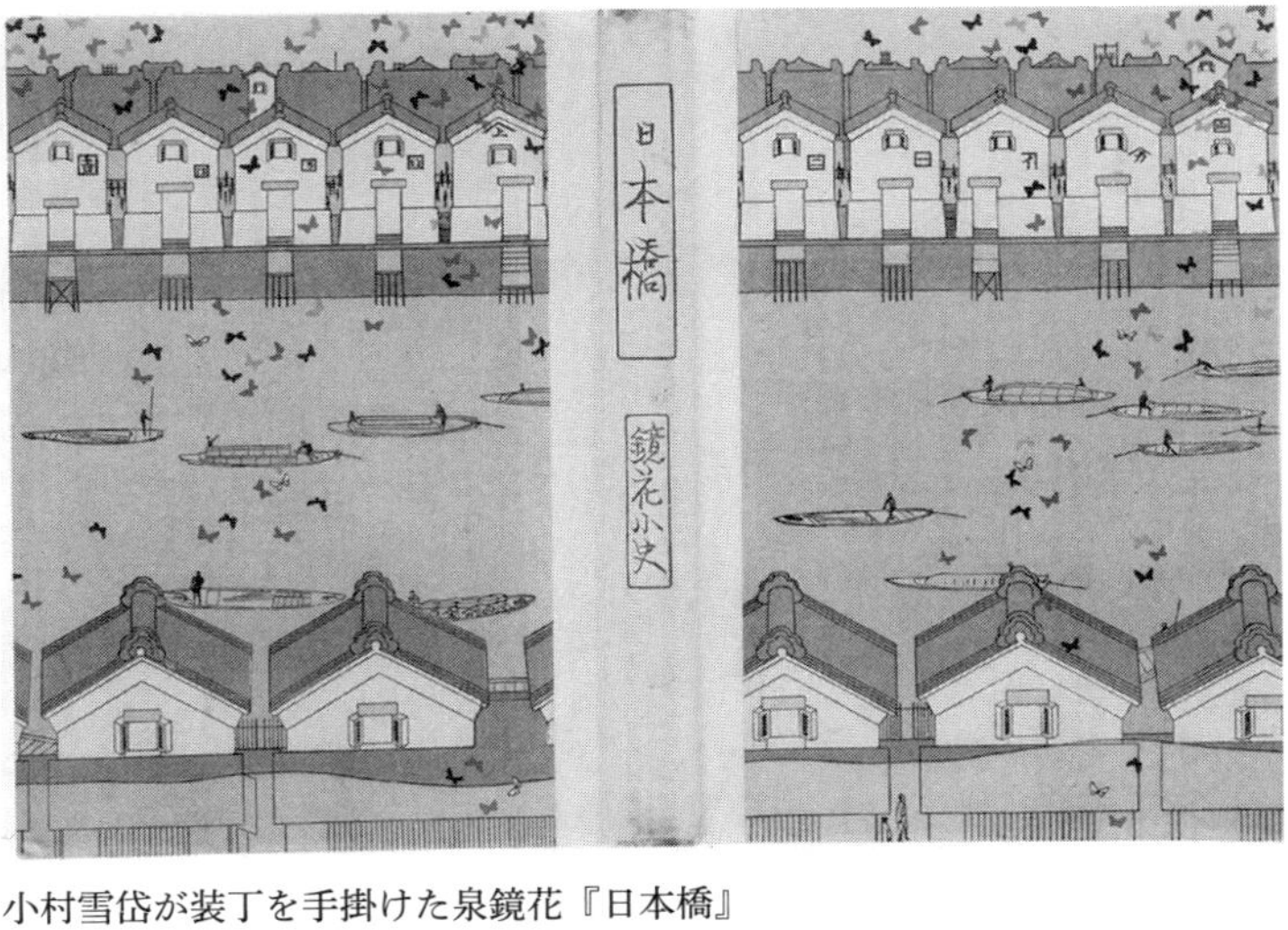

小村雪岱が装丁を手掛けた泉鏡花『日本橋』

代を代表する浮世絵師の一人と比肩《ひけん》されたほどだ。岩波書店から刊行されている最新版の『泉鏡花全集』も、当時の小村雪岱の装丁によるものだ。

本には、その時代に合わせた装丁があり、読者の好みもある。本文だけで成立するものではなく、読者が本を眼にした瞬間にイメージを想起させる、大事な役割を担っているのだ。

1000年以上も保存が出来る「和紙《わし》」

今、「和紙」が見直されているようだ。独特の風合いが、葉書に使われたり、本来の筆記用の紙としてだけではなく、お洒落《しゃれ》な小物にも和紙を使ったりしている。もっとも、こうした使用法は古くから存在し、「紙と木で出来た家」と言われる日本建築では襖《ふすま》や障子《しょうじ》などに欠かせないものだった。

日本は江戸時代の後期から「教育先進国」であり、多くの人々が読み書き出来たが、「紙」には「漉《す》く」技術やそれまでの複雑な工程が必要であり、庶民に用いられるようになるまでは相当時間がかかった。俗に「文房四宝《ぶんぼうしほう》」と呼ばれる紙・筆・硯《すずり》・墨《すみ》はいずれも高価なもので、知識と財力に恵まれた特権階級のものだったからである。

紙を造る技術は、６００年代初頭に朝鮮半島から日本に伝わったとも、それよりも１００年以上前に伝わったとも言われているが、いずれにしても仏教の経典《きょうてん》が日本へ入った時に、経典を写す必要性に迫られたことが大きく関わっている。楮《こうぞ》や三椏《みつまた》、雁皮《がんぴ》などの木の樹皮《じゅひ》を細かく裂き、水に浸《ひた》し、煮込んだり摺《す》り潰したりして柔らかくしたあと、その繊維を漉き上げる手間をかけて造られた和紙は、繊維が洋紙よりも長いものが絡み合っているため、長期間保つと言われ、今でも１０００年以上前の古文書を見ることが出来る。

普段、私たちが最も身近に接している和紙製品は「紙幣」だろう。偽札づくり防止のために、成分の細かな配合は公開されていないが、紙幣としての寿命を終え、溶解処分されるまでに、相当数の人々の手に触れ、折り畳まれたりする。破けそうで簡単に破けないのは、和紙の繊維が絡み合った強さである。この特性が利用され、襖や障子だけではなく、お茶席で使われる「懐紙《かいし》」や、呉服

江戸時代の紙漉職人（『職人尽歌合』写より）

を保存しておく「畳紙《たとうがみ》」、「紙衣《かみこ》」と呼ばれる「紙の着物」が作られた。また、紙に油を引くことで耐久性・耐水性が増した「油紙《あぶらがみ》」は、傘や合羽《かっぱ》などの雨具にまで応用範囲が広がった。ここに日本人の発想の豊かさを感じることが出来る。

また、こうした日常生活の品々だけではなく、色紙《いろがみ》や料紙《りょうし》と呼ばれるものは、金箔や銀箔を施し、美術工芸用としても盛んに使用された。西洋絵画の多くは布地のキャンバスに描かれるが、「日本画」の多くは、「絹本《けんぽん》」と呼ばれる絹の布地か「紙本《しほん》」と呼ばれる和紙に描かれ、それらも数百年の長きにわたる寿命を保っている。

和紙の文化が最も成熟を見せたのは、江戸時代だろう。「出板技術」が確立されたことで書籍が大量に発行されるようになり、浮世絵が大流行した。いかに色を鮮やかに見せるかは紙の素材の影響も大きく、各地方で農閑期を利用して大量生産の技術が確立されており、福井県の越前《えちぜん》和紙、三重県の伊勢《いせ》和紙、島根県の石州《せきしゅう》和紙などは特産品として、高品質の和紙の生産が今でも続いている。

流入してきた異国の紙を、ここまで多様な広がりを見せて日常生活に取り入れてきた歴史を持つ国は日本ぐらいのもので、高温多湿の気候風土という条件があったにせよ、今後も大切にしたい文化の一つだ。

素晴らしき「日本の意匠《いしょう》」

日本人の美的センスが優《すぐ》れていることは様々な分野で証明されているが、「模様」や「デザイン」で言えば、代表的なものの一つが「源氏香《げんじこう》」ではないだろうか。その名の通り、『源氏物語《げんじものがたり》』と「香《こう》」を組み合わせたもので、文学と香道が融合して全く別の分野で美しい模様を生み出した、という例だ。今でも、着物の柄や料理屋の暖簾《のれん》、一筆箋《いっぴつせん》、和菓子の名前や包み紙など、あちらこちらで見ることがある。

1000年以上前に成立した世界最古の長編小説『源氏物語』は、全部で「五十四帖《ごじゅうよんじょう》」の物語に分かれている。それぞれ「桐壺《きりつぼ》」や「帚木《ははきぎ》」などのタイトルが付けられているが、この54の中から冒頭の「桐壺」と最後の「夢浮橋《ゆめのうきはし》」の二つを抜いた52の巻名ごとに、それぞれ調合した香を当て嵌《は》め、その香りを当てる遊びを「源氏香」と呼ぶ。寛永年間（1622〜44）の後水尾《ごみずのお》天皇の頃に宮廷で始められたという、何とも優雅な遊びだ（「香道」については419ページ参照）。

このデザインは、5本の縦線を基本とし、それを上部で横に繋げたり、長さを変えたりしながら、52通りの模様に仕立ててある。ちょっと見ると、中国の「易《えき》」の模様に似た感じを受けるかもしれないが、発想は全く別である。この模様を、金泥《きんでい》を引いた屏風に仕立て、四季の花鳥風月《かちょうふうげつ》をあしらうなどして、先人たちは香だけではなくそこから派生したデザインの美しさを楽しんできた。それが約400年の時を経てなお、日本人の生活の中に様々な広がりを見せている。これは、「美しい物」に対する感性だけではなく、古き良き物を今の生活の中でどう活かすか、という知恵でもある。

日本人は、豪奢《ごうしゃ》で緻密《ちみつ》な蒔絵《まきえ》のようなものから、「源氏香」のようにシンプルな組み合わせで多くのバリエーションを見せるものまで、多くのデザインを生み出してきた。それらは日本の豊かな四季の移ろいを図案化したものや、和歌や小説など文学に題を得たものなど、根底にあるものの教養が実に深く、洗練されている。それは、社会的にも経済的に

源氏香をデザインした香屏風

も学問的にも優れた上流階層が好んだものが、形を変えて庶民にまで広まったケースである。我々が『源氏物語』の原典を通読する機会が減っているのは寂しいことだが、こうして図案化されたものに美しさを感じることで、その一端に触れることが出来るのだ。

「からくり人形」の不思議

日本人の手先が器用なことは世界的にも有名であるが、その代表的なものの一つが「からくり人形（絡繰人形・機関人形）」である。60センチほどの人形が、お茶を入れた茶碗を茶托《ちゃたく》に載せて運んできて、茶碗を取ると方向を変えてもとに戻る「茶運び人形」などはその代表作とも言えるだろう。

大掛かりなもので言えば、岐阜県高山市の高山祭、美濃市の美濃まつり、愛知県犬山市の犬山祭などで、町を練り歩く「山車《だし》」の天辺《てっぺん》にからくり人形が乗っていて、表情を変えたり衣装を変えたり、突然獣《けもの》に変身したりする。また、人形浄瑠璃《にんぎょうじょうるり》の人形などにも使われたりと、結構応用の範囲は広い。

日本における「からくり」の歴史は古く、『日本書紀《にほんしょき》』には斉明天皇4（658）年に「指南車《しなんしゃ》」（車の上に乗っている人形が、いつも一定の方向を指すように作られたもの）が製作されたという記載が見られるので、すでに7世紀にはからくりの仕掛けが考案されていたことがわかる。それ以降は、室町時代後期に南蛮《なんばん》（ポルトガルやスペイン）から流入してきた歯車仕掛けの時計に大きな影響を受け、その技術を応用して江戸時代に「大名時《だいみょうど》計《けい》」や「和時計《わどけい》」と呼ばれる時計が作られるようになった。それらは鯨《くじら》の髭《ひげ》をぜんまいに使ったり、木に細かな歯を刻んだ歯車を複雑に組み合わせて作られていた。こうした実用品が、からくり人形などの趣味や遊びの分野へと広がったのだろう。

土佐藩の細川半蔵《ほそかわはんぞう》（通称「からくり半蔵」。1741〜96）が寛政8（1796）年に出板した『機巧《からくり》図彙《ずい》』（「きこうずい」とも。全3巻）の中で、4種の和時計と9種のからくり人形の構造や製作法について詳細な図面と共に説明している。

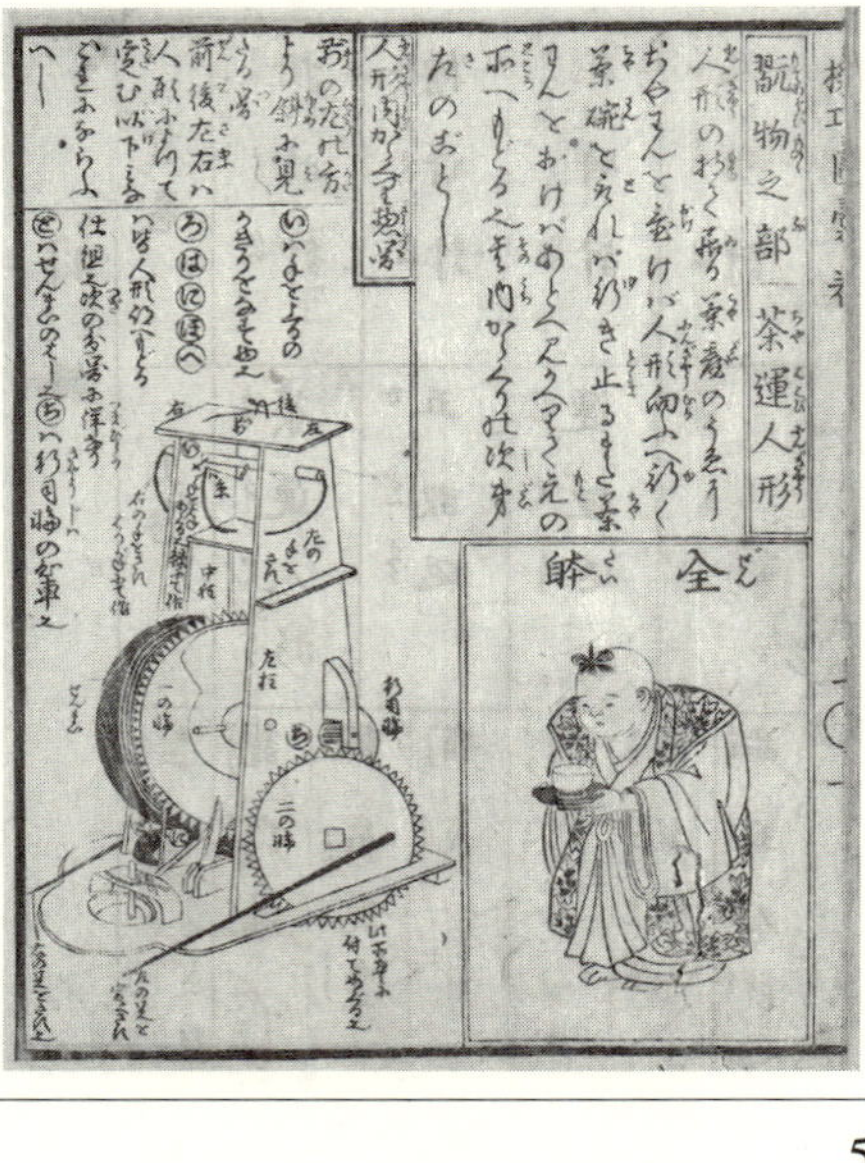

茶運び人形の作り方（細川半蔵『機巧図彙』より）

『機巧図彙』が出版されて数年後に生まれた福岡久留米の田中久重《たなかひさしげ》（1799〜1881）は、「万年《まんねん》自鳴鐘《じめいしょう》」（通称「万年時計《まんねんどけい》」。重要文化財）や「蒸気機関車」の模型など、多くのからくりを発明し、明治8（1875）年に東京で電信機の会社・田中製造所を創立した。養子が引き継いだこの事業が、現在の東芝の母体となったのだ。田中久重はからくりの仕組みに凝るあまり、「からくり儀右衛門」とも呼ばれたほどである。

また、名古屋には現在で九代を数えるからくり人形師・玉屋庄兵衛《たまやしょうべえ》が、京都名物・祇園祭《ぎおんまつり》の山車や地元・名古屋のからくりの普及・復元に力を注いでいる。名古屋を中心としたかつての「尾《お》張《わり》」は「芸どころ」としても知られ、京都・大坂と江戸の間にあって独自の芸能の発展を見せてきた土地柄だ。これは、享保15（1730）年に徳川御三家《ごさんけ》の一つ、尾張藩主になった徳川宗春《むねはる》（1696〜1764）が、当時江戸で八代将軍・徳川吉宗《よしむね》が出した倹約令《けんやくれい》に反発して「民と共に世を楽しむ」ために芸事を奨励したことが大きく関わっている。「芸事」は芝居や音曲《おんぎょく》だけではなく、祭礼やからくり人形などにまで及んだ。この宗春の治世に江戸から名古屋へ移り住んだ初代玉屋庄兵衛（生歿年不詳）が、名古屋をはじめ近隣の岐阜などにおけるからくり人形の独特の発展を築いた祖とも言えるのだ。

なお、日本のからくり人形はロンドンの大英博物館にも収蔵されており、その精細な細工の価値が評価されている。

建築

合理的に出来ている「江戸の長屋」

俗に「九尺二間《くしゃくにけん》の棟割長屋《むねわりながや》」と言われ、江戸時代の長屋の基本寸法である。「九尺＝約2・7メートル」が間口《まぐち》で、「二間＝約3・6メートル」が奥行きだ。これは、畳6畳の広さとほぼ同じで、4畳半を部屋として利用し、残りの1畳半に「竈《へっつい》」（かまど）と呼ばれる「キッチン」などがあった。当然、部屋の中にはトイレと風呂、そして水道も収納スペースもない。布団は起きたら部屋の隅《すみ》へ折り畳んで置いておく。

家賃は「300文」程度から。江戸時代は、1文の価値も時期によって変動するが、価格変動の少なかった蕎麦《そば》の値段を基準に考えると、1文が大体20円なので、家賃は最低6000円からということになる。

砂交じりの空《から》っ風《かぜ》が吹《ふ》き荒《すさ》ぶ江戸の町には、「湯屋《ゆや》」と呼ばれる銭湯《せんとう》がたくさんあった。一汗流して長屋へ帰れば、共同の井戸があり、洗濯も炊事もこの井戸で賄《まかな》う。家の中には甕《かめ》を置き、水を汲んでおく。年に一度は長屋中総出で「井戸替え」と呼ばれる井戸の大掃除が行われる。トイレは、長屋の規模にもよるが、共同で三つから五つほど。もちろん水洗《すいせん》ではない。

食事は、天秤棒《てんびんぼう》を担いだ行商人《ぎょうしょうにん》が、毎朝獲《と》れたての鰯《いわし》や浅蜊《あさり》、豆腐や納豆を売りに来る。必要な分だけ買って、その日のうちに食べ切ってしまうから、冷蔵庫などの保存器具は必要ない。独身で料理が面倒なら、町内へ出れば、蕎麦屋をはじめ、立ち食いの寿司、天麩羅《てんぷら》、稲荷寿司《いなりずし》、鰻屋《うなぎや》、居酒屋《いざかや》、煮物などの惣菜を売る煮売屋《にうりや》など、多くの飲食店がある。これだけの外食産業が発達したのには理由がある。長い江戸時代のどこを見るかにもよるが、真ん中あたりの寛保3（1743）年の幕府の調査によれば、町人男性の人口が約31万6000人、女性が約18万5000人と、圧倒的に男性が多かった。それゆえ外食産業が流行《はや》ったのだ。同時に、吉原《よしわら》などの遊廓《ゆうかく》が栄えた理由もわかるだろう。

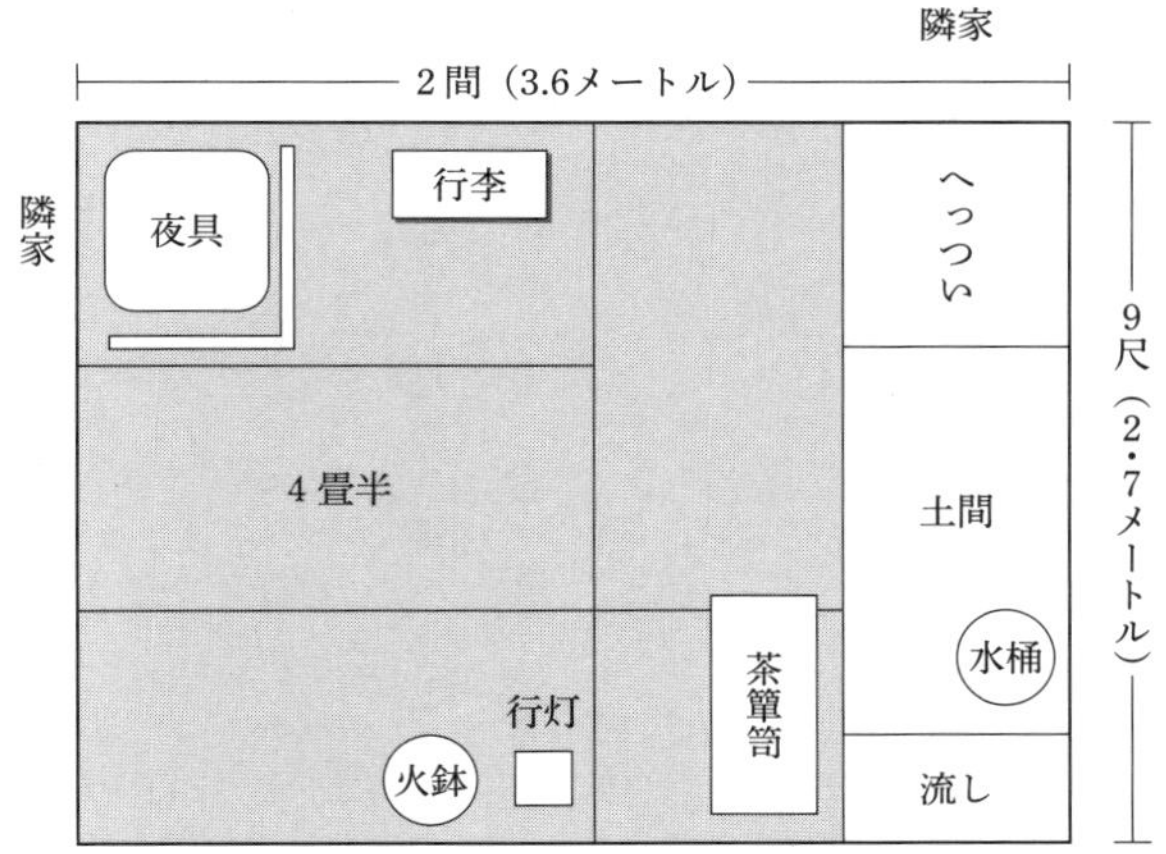

一般的な江戸の裏長屋の間取り

落語《らくご》には、よく「長屋の大家《おおや》」が登場する。「大家と言えば親も同然」と、店子《たなこ》に対しては小煩《うるさ》い存在だが、この大家、厳密には長屋のオーナー（土地と家屋を所有する「家持《いえもち》」）ではない。長屋に住み込みの「管理人」と考えれば良いだろう。不祥事が起きないように睨《にら》みを利かせ、家賃を集め、時には呑んだくれや怠け者に説教をしたりと、なかなか忙しかったようだ。こうした日々の仕事に対してオーナーから給料が支払われていたが、ほかにも「余禄《よろく》」があった。近隣の農村から定期的にトイレに溜《た》まった排泄物《はいせつぶつ》を「汲み取り」に来るのだが、これは農作物の肥料になるので、今とは逆に「売り物」となったのだ。そのお金は、大家の懐《ふところ》へ小遣いとして入る。地域によって多少豊かな人が住んでいる長屋と、貧乏な長屋があり、食べ物が違う。そうすると、汲み取る肥《こ》やしの栄養分が違い、肥料としてのランクが下がるので、そこでも値段の差があったそうだ。

こうして江戸の長屋暮らしを眺めてみると、無駄なものがなく合理的な暮らしだったことがわかる。家の中には夏物と冬物の僅《わず》かな衣装《いしょう》、布団《ふとん》、食器一揃い、職人なら仕事の道具があれば、あとは何もいらない。決して広くはないが、四畳半一間でも暮らせないことはないのだ。こういう暮らしをしていればゴミも出ない。江戸っ子たちはエコな暮らしを送っていたのだ。

平安時代から現代まで「寺院」の歴史

日本中に、一体いくつの寺院が存在するのだろうか。新興宗教までも含めると、想像も付かない数になるだろう。そもそも寺院は、礼拝《らいはい》の対象として建てられた建築物で、仏教が日本へ入ってきた6世紀以降に、その多くが建てられた。最近では、鉄筋コンクリート造りの寺院や、コンピュータで管理された寺院納骨堂《のうこつどう》など、ハイテクの波は寺院にも及んでいる。

中国大陸や朝鮮半島を経て、日本で独自の発達を見せた仏教建築は、その時代の美術や絵画などを巧みに取り込んで、日本の寺院としてのオリジナルな美を生み出し、信仰の場であると同時に、のちには観光資源としての役割も果たすことになった。仏教の流入とともに、6世紀末から大和《やまと》（現在の奈良県）の飛鳥《あすか》地方に法隆寺《ほうりゅうじ》や四天王寺《してんのうじ》などの大寺院が建立され、豪族《ごうぞく》の権威の象徴にもなったのだ。

それまで、自然界などの見えない神々を信仰していた日本人にとって、本尊《ほんぞん》である仏像が、優美な姿で実際に目にすることが出来るという驚きや喜びは、大きな思想の変化をもたらしただろう。この時点で、「講堂《こうどう》」や「金堂《こんどう》」「歩廊《ほろう》」「五重塔《ごじゅうのとう》」「中門《ちゅうもん》」などの建造物をどこへどのような形で配置するかを決めた「伽藍《がらん》」という様式も同時に伝わり、その後の寺院建築の基本になっている。

その後、8世紀に入ると「白鳳《はくほう》文化」が花開き、薬《やく》師《し》寺などが大和に建立された。10円玉の表面の模様でお馴染《なじ》みの京都・宇治《うじ》の平等院鳳凰堂《びょうどういんほうおうどう》は永承7（1052）年、藤原頼道《ふじわらのよりみち》（992〜1074）が別荘を寺院にしたもので、この世で見られる極楽《ごくらく》の姿とも言われた。その約70年後には、平成23（2011）年にユネスコの世界文化遺産へ登録された岩手県平泉《ひらいずみ》の中尊寺《ちゅうそんじ》金色堂《じきどう》が奥州藤原氏によって建立されている。

鎌倉時代に入ると、従来の日本建築の姿である「和《わ》様《よう》」に中国の「唐様《からよう》」を取り入れた「折衷様《せっちゅうよう》」の建築が盛んになる。室町時代には、三代将軍・足利義満《あしかがよしみつ》を代表とする「北山《きたやま》文化」が金閣寺《きんかくじ》を生み出し、八代将軍・足利義政《よしまさ》に代表される「東山《ひがしやま》文化」が対照的な銀《ぎん》

京都宇治の平等院鳳凰堂（平成26〈2014〉年4月。写真提供：毎日新聞社）

閣寺《かくじ》を生み出す。こうして、寺院建築は時代と共にその時期の特徴や流行を取り入れ、仏教彫刻などの芸術、曼荼羅《まんだら》などの仏教絵画、「山水《さんすい》」「枯山水《かれさんすい》」などの庭園美術など、多くの周辺芸術を取り込んで、信仰の場であると同時に、芸術の場としての役割をも果たすようになったのだ。

科学技術が発達していない時代において、釘を1本も使わずに、切った木を組み合わせるだけで「免震構造」を持った30メートルにも及ぶ塔の建築が出来たのは、驚くべきことである。職人の高度な技術が仏教の経典や教養と共に大陸や半島からもたらされたことが、日本の文化にどれほどの貢献をもたらしたかは明らかだ。しかし、そうした素晴らしい建築も、明治維新時の「廃《はい》仏毀釈《ぶつきしゃく》」(249ページ参照)で多くが破壊の憂《う》き目に遭った。時の政治状況によって、建築や美術だけではなく、多くの貴重な遺物や人命が被害を被ることがある。そうした犠牲の上に、歴史が成り立っているのだ。

「数寄屋造《すきやづく》り」の工夫

京都などの古都《こと》を訪れると、寺院の庭などで見かけることが多い「数寄屋造り」。平安時代の貴族住宅の様式「寝殿造り《しんでんづく》」や、室町時代の武家住宅の様式「書院造り《しょいんづく》」などは教科書にも載っており、耳にしたことがあるかもしれない。その後、織田信長や豊臣秀吉が活躍した安土桃山時代あたりに登場したのが「数寄屋造り」だ。これは、「茶道《さどう》」の発達と深い関係があり、茶の湯や和歌などの趣味を好むものを「数寄者《すきしゃ》」と呼んだことに由来する。そうした人々の美的センスを建築に活かしたものが「数寄屋造り」であり、その多くは茶室に見られる。

茶室を基本としていることから、「書院造り」よりも小さなものが多いが、その分、細部や調度品《ちょうどひん》に凝《こ》っているのが特徴だ。竹や杉の丸太などを多用し、しかも丸太の木目を隠すのではなくわざと「活かす」造り方をする。障子《しょうじ》であれば、障子の

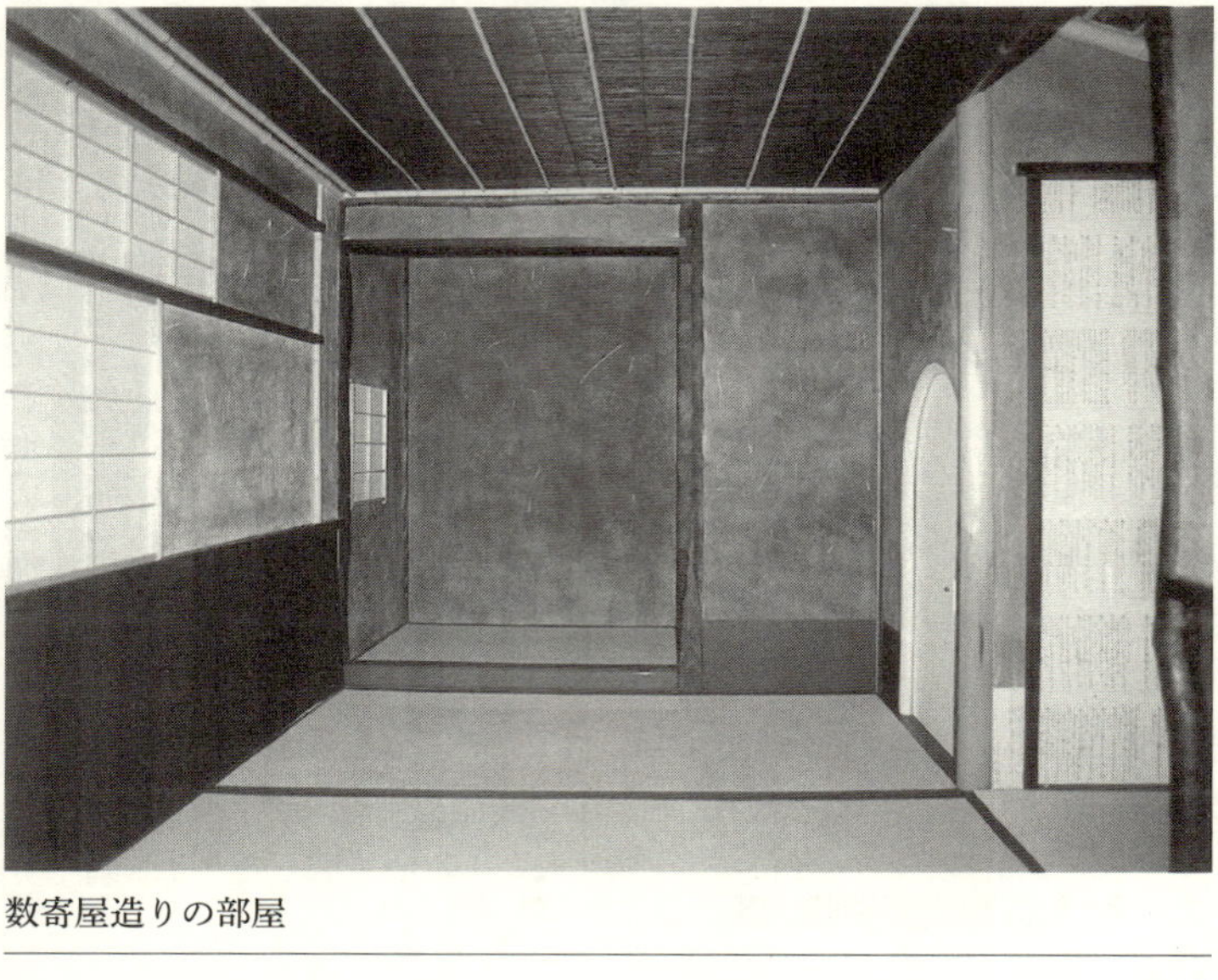

数寄屋造りの部屋

下部に上げ下げの機能を付すことで外の様子を眺められるようにした「雪見障子《ゆきみしょうじ》」などがあり、とにかくデザイン性を追求した建築である。もとより、そこで日常生活をするわけではなく、客人を招いて歓談したり茶を喫したりする場所なので、「凝る」ことこそが数寄者の拘《こだわ》りであった。こうした感覚は、江戸時代の元禄期（1688〜1704）以降に富裕な町人が大坂や江戸で現れ始めると、住宅や離れに応用されたり、料理屋などの造作にもその幅を広げていくことになる。

こうした建築物が数多く残されているのは、やはり京都だろう。「桂離宮《かつらりきゅう》」や「修学院離宮《しゅがくいんりきゅう》」などはどちらも江戸時代の建築だが、その面影を今も見ることが出来る。明治期以降のものであれば、政治家や実業家、財界人などの別邸が各地で公開されており、その中には数寄を凝らしたものがいくつも残っている。

狭いが広い空間「茶室《ちゃしつ》」

寺院の庭などに、いかにも風情のよい茶室が建っているが、どれも決して広くはない。茶室の基本的な構造は「四畳半」と決まっており、それよりも広いものを「広間《ひろま》」、狭いものを「小《こ》間《ま》」と呼ぶ。招かれた客が入る入口は僅《わず》か60数センチ四方の大きさしかなく、これを「躙《にじ》り口《ぐち》」と呼ぶ。狭いために膝《ひざ》を躙《にじ》るようにして入らなければならず、武士が刀を差したままではとても無理だ。そのために、茶室の外の壁には「刀掛け」があり、どんなに身分の高い武士でも丸腰《まるごし》で茶室に入ることになる。物騒な戦国時代でも、茶室で刃傷《にんじょう》沙汰《ざた》を起こすことは不可能だったのだ。また、そうした俗の感情を、躙り口を平伏して通ることで一切捨て去り、茶の湯に専心する、というのが、この入りにくい寸法の目的でもあった。

　四畳半という空間に、亭主《ていしゅ》と呼ばれる茶会万端を仕切るもてなし役がおり、一番上席の正客《しょうきゃく》、次客《じきゃく》、三客《さんきゃく》と4人が座る。その空間には床の間があり、掛け物がかけら

総理大臣公邸の茶室。きちんと躙り口も設《しつら》えられている（写真提供：共同通信社）

れ、花活けには亭主が趣向を凝らした花が活けてある。使う道具の茶碗、茶入れ、出されるお菓子などを総合して、茶会の空気や色彩、感覚を読みとるのが正客の役目だ。初心者がなるものではなく、茶道の心得がある者が選ばれる。

この狭い空間は、時には精神性の高い「小宇宙」となって無限の感覚的な広がりを見せる。また、ごく限られた人数しか入れないことから、戦国時代には茶室を利用して茶会のように見せかけ、その密室性を活かして謀議が行われたこともあった。これは、茶の湯の「茶はただ喫すべし」という基本精神に反する使用法だ。

茶道の大成者として知られる千利休《せんのりきゅう》（1522～91）は、晩年に向かうにつれて四畳半の茶室をさらに狭いものにし、二畳や一畳半の茶室を造っている。入れる人数はさらに減るが、一対一で静謐《せいひつ》な空間で茶の湯を楽しもうとしたのだろうか。茶室の空間から華美な装飾を一切排し、一碗の茶を前に二人の人物が向き合い、ただ茶を喫することに徹する。利休の茶道に賭ける精神が凝縮されたのが、この二畳の茶室である。京都の禅宗寺院・妙喜庵《みょうきあん》の中にある「待庵《たいあん》」と呼ばれる茶室で、利休の手になる茶室として、唯一残っているものはこの茶室だけなのだ。

住む世界文化遺産「合掌造《がっしょうづく》り」

岐阜県の白川郷《しらかわごう》を中心として点在する「合掌造り」は、平成8（1995）年にユネスコの世界文化遺産にも登録された、日本特有の建築物だ。由緒ある神社仏閣などとは違い、ここで多くの庶民が昔から生活を営み、今もそれが続いているということも大きな意義の一つであろう。豪雪地帯のため、雪を下ろしやすくするために屋根の勾配《こうばい》が急で、45度以上あるものが多い。先人の生活の知恵であると同時に、冬場は雪との「闘い」が生活の中心となる場所に住む人々の工夫でもある。

厚い茅葺《かやぶき》の屋根で覆われた合掌造りの建物は、「木と紙の建築」と言われる日本家屋を代表するものの一つでもある。外からは2階建てに見えても、中に入ると3階建ての構造になっているのは、屋根裏を巧く利用し、養蚕《ようさん》などの場所に充てたり、家内全部を大きな空間にすることで熱効率を工夫したためだろう。

その一方で、30年から40年の間隔であの厚い茅葺屋根を葺《ふ》き替えるという大変な作業が維持されてこその「合掌造り」であり、全国的に茅葺や藁葺《わらぶき》の屋根が激減している実情も考えなくてはならない。素材になる茅や藁の減少、それを屋根に葺く職人の減少は、「合掌造り」だけの問題ではない。幸い、合掌造りの場合は地域が一丸となって共同で補修作業を行うシステム「結《ゆい》」が健在であり、そのおかげで美しい建物群を見ることが出来る。しかし、それがいつまで続けられるのか。古いものを維持していくためには、場合によっては新しいものを創るよりも遥かに多くの手間や時間、資金を必要とする時代になってしまった。

岐阜県白川郷の合掌造り（『民家図集』より）

自然と人工の見事なる融合「庭園《ていえん》」

四季折々《しきおりおり》の花や木々が植えられ、池があり、築山《つきやま》が築かれ、庭石《にわいし》が配置されているというのが、多くの人が共有出来る庭園のイメージだろう。凝《こ》ったものになれば池の中に島を配し、小さな滝を流す場合もある。また、面積が広い庭園では休憩所のように東屋《あずまや》が置かれ、そこで一服することも出来るし、茶室が建てられている庭もある。こうした山水《さんすい》を模した庭園のほかに、水や木々を使わずに、石と砂だけで水の流れを表現した「枯山水《かれさんすい》」と呼ばれる庭園もある。京都には多くの名園が残されている。

日本における庭園の形式や発想は、仏教の流入によって大きく変わった側面を持っている。また、庭園の中へ仏教における理想郷である「極楽浄土《ごくらくじょうど》」を再現しようとした人々は多い。藤原頼道《ふじわらのよりみち》（992～1074）が宇治《うじ》に建立した平等院《びょうどういん》をはじめ、源　頼朝《みなもとのよりとも》（1147～99）や西園寺公経《さいおんじきんつね》（1171～1244）といった武将や公家たちが、それぞれに趣向を凝らした庭園を各地に残している。

また、室町時代に入り、茶の湯の流行が始まると、それに伴って茶室までの庭園に数寄《すき》を凝らす富裕な町人層（町衆《まちしゅう》）が登場し、さらに造園は広がりを見せた。造園師としても名高い禅僧の夢想疎石《むそうそせき》（1275～1351）など、歴史に名を残す造園師が登場し、京都・西芳寺《さいほうじ》（苔寺《こけでら》）や鎌倉・瑞泉寺《ずいせんじ》など、禅宗の思想を庭園に反映させた名園が次々に登場する。

特に禅宗ではその思想を庭で表現しようと試み、代表的なものに京都・龍安寺《りょうあんじ》の「石庭《いしにわ》」が挙げられる。鑑賞する人によっていかようにも解釈が可能、というのは禅における「公案《こうあん》」と呼ばれる仏教の課題と同じ発想だ。

江戸時代には大名が屋敷内に庭園を築くケースが増え、今も残されているものでは東京・文京区の「小石川後楽園《こいしかわこうらくえん》」や駒込《こまごめ》の「六義園《りくぎえん》」、日本三名園

京都龍安寺の石庭。幅22m、奥行10mほどの敷地に白砂を敷き詰め、帚目《ほうきめ》を付けて、15個の石を配置している。

として知られる石川県金沢市の「兼六園《けんろくえん》」、岡山県岡山市の「後楽園」、茨城県水戸市の「偕楽園《かいらくえん》」など、多くの名園が一般にも開放されている。

日本庭園の最大の特徴は、時代によって宗教や芸術などを複合的に取り込んだことだ。もう一つは、京都などの盆地に見られるように、自然の背景である山々を「借景《しゃっけい》」として庭園に取り込み、近景と遠景とを同時に楽しめるようにしたことだ。限られた国土、狭い平地をいかに工夫するか、小さな庭園の中にも先人の知恵とセンスが凝縮されているのである。

主要参考文献一覧

【事辞典】

角川書店編『合本 俳句歳時記』（角川書店、1974年）
木村山治郎編『道歌教訓和歌辞典』（東京堂出版、1998年）
久保田淳編『岩波日本古典文学辞典』（岩波書店、2007年）
時田昌瑞『岩波ことわざ辞典』（岩波書店、2000年）
日本色彩研究所編・福田邦夫著『日本の伝統色』（読売新聞社、1987年）
富澤慶秀・藤田洋監修『最新 歌舞伎大事典』（柏書房、2012年）
本田總一郎監修『新集家紋大全』（梧桐書院、1986年）
松村昭『江戸ことば・東京ことば辞典』（講談社学術文庫、1993年）

【史資料】

井原西鶴著・横山重ほか校訂『本朝二十不孝』（岩波文庫、1963年）
柄井川柳撰・浜田義一郎監修『誹風柳多留』（現代教養文庫、1985〜1987年）
河原崎権之助著・守随憲治校訂『舞曲扇林・戯財録　附 芝居秘伝集』（岩波文庫、1943年）
曲亭馬琴作・小池藤五郎校訂『南総里見八犬伝』1〜10（岩波文庫、1990年）
佐竹昭広ほか校注『万葉集』1〜4（岩波文庫、2013年〜）
世阿弥著・野上豊一郎校注『申楽談義』（岩波文庫、1949年）
世阿弥著・竹本幹夫訳注『風姿花伝・三道 現代語訳付き』（角川ソフィア文庫、2009年）
近松門左衛門著・守随憲治訳注『近松世話物集』（旺文社、1988年）
坪内逍遙訳『シェークスピヤ全集』第10ハムレット（新樹社、1958年）
山本常朝述・田代陣基筆録・和辻哲郎ほか校訂『葉隠』（岩波文庫、1940年）

【全集など】

倉田喜弘・清水康行ほか校注『圓朝全集』第1巻〜第8巻所収の「月報」（岩波書店、2012年〜）

戸板康二ほか監修『名作歌舞伎全集』第2巻 丸本時代物 第1（東京創元新社、1968年）
北條秀司『北條秀司自選戯曲集』（青蛙房、1979年）

【単行本】

青木美智男『日本文化の原型――近世庶民文化史』（小学館、2009年）
浅香光代『女剣劇』（学風書院、1958年）
石川雅章『松旭斎天勝』（桃源社、1968年）
市川翠扇『九代目團十郎と私』（六藝書房、1966年）
ＮＨＫ「美の壺」制作班編『根付（ＮＨＫ美の壺）』（日本放送出版協会、2006年）
大笹吉雄『日本現代演劇史』（白水社、1985～2001年）
大笹吉雄『新日本現代演劇史』（中央公論新社、2009～2010年）
沖浦和光編『日本文化の源流を探る』（解放出版社、1997年）
沖浦和光『旅芸人のいた風景――遍歴・流浪・渡世』（文春新書、2007年）
小澤弘・川嶋将生『図説上杉本洛中洛外図屏風を見る』（河出書房新社、1994年）
小沢昭一『私のための芸能野史』（ちくま文庫、2004年）
片岡仁左衛門『芝居譚』（河出書房新社、1992年）
河原崎国太郎『女形の道ひとすじ』（読売新聞社、1979年）
川上桂司・川上千尋編『平成てぬぐいあわせ――ふじや染』（明治書院、1992年）
木下順二『夕鶴・おんにょろ盛衰記ほか七編』（講談社文庫、1972年）
木下順二『平家物語』（岩波現代文庫、2003年）
グラフ前進座編集員会編『グラフ前進座――1931年（昭和6年）～2000年（平成12年）』（劇団前進座、2001年）
黒田勝弘・畑好秀編『昭和天皇語録』（講談社学術文庫、2004年）
『源氏物語絵巻五十四帖』（別冊太陽 日本のこころ3、平凡社、1973年）
小林保治・李銘敬『日本仏教説話集の源流』資料篇（勉誠出版、2007年）
塩見鮮一郎『弾左衛門とその時代』（河出文庫、2008年）
篠田正浩『河原者ノススメ』（幻戯書房、2009年）

下重暁子『鋼の女』（講談社、1991年）
菅井幸雄『築地小劇場』（未来社、1974年）
清家清監修『すまいの歳時記――伝承の暮らしとしつらい』（講談社、1985年）
添田知道『てきや（香具師）の生活』（雄山閣出版、1981年）
谷崎潤一郎訳『潤一郎訳源氏物語』（中公文庫、1991年）
中野長四郎『刺青の真実――浅草彫長「刺青芸術」のすべて』（彩流社、2002年）
中道風迅洞『どどいつ入門――二十六字詩 古典都々逸から現代どどいつまで』（徳間書店、1986年）
中村保雄『能と能面の世界』（淡交新社、1961年）
新渡戸稲造著・山本博文訳・解説『武士道　現代語訳』（ちくま新書、2010年）
根津昌平『きもの語り』（河出書房新社、2002年）
波木井皓三『新派の芸』（東京書籍、1984年）
長谷川公之『贋作 汚れた美の記録』（アートダイジェスト、2000年）
畑正高監修『香千載』（光村推古書院、2001年）
林えり子『東京っ子ことば抄』（講談社、2000年）
樋口十一『風雲児 沢田正二郎』（青英舎、1984年）
藤田洋『演劇年表』（桜楓社、1992年）
藤田洋『日本舞踊ハンドブック』（三省堂、2001年）
ベネディクト著・角田安正訳『菊と刀』（光文社古典新訳文庫、2008年）
ポーラ文化研究所編『幕末維新・明治・大正美人帖 愛蔵版』（新人物往来社、2004年）
松本清張『小説日本芸譚』（新潮文庫、1961年）
三國連太郎・沖浦和光『「芸能と差別」の深層――三國連太郎・沖浦和光対談』（ちくま文庫、2005年）
村山修一『修験の世界』（人文書院、1992年）
盛田嘉徳『中世賤民と雑芸能の研究』（雄山閣出版、1994年）
安田徳子「地芝居の演目――美濃・三河地域の場合」（『岐阜聖徳学園大学国語国文学』第23号、2004年）
脇田晴子『日本中世被差別民の研究』（岩波書店、2002年）

『萬朝報』 よろずちょうほう……193
『与話情浮名横櫛』 よわなさけうきなのよこぐし……319

【ら】

『ラ・ボエーム』……297
『ラ・マンチャの男』 ラ・マンチャのおとこ……414-415
落語 らくご……114,140,184,232,529,552,347,370,371,394-398,412
落語家 らくごか……393,394
落首 らくしゅ……140
洛中洛外図屛風 らくちゅうらくがいずびょうぶ……512
『ラスト・サムライ』……77
螺鈿 らでん……537
蘭画 らんが……506
蘭奢待 らんじゃたい……420

【り】

璃寛茶 りかんちゃ……336
六義園 りくぎえん……563
六国 りっこく……421
『立正安国論』 りっしょうあんこくろん……230
リトグラフ……523
『リボンの騎士』 リボンのきし……502
龍安寺 りょうあんじ……563
料紙 りょうし……542
臨済宗 りんざいしゅう……233
輪廻転生 りんねてんしょう……236

【れ】

『レ・ミゼラブル』……415
霊柩車 れいきゅうしゃ……207,208
霊山 れいざん……256
歴史的仮名遣い れきしてきかなづかい……177,178
レビュー……281-283
連歌 れんが……468
連句 れんく……476,477
輦台 れんだい……156
錬兵館 れんぺいかん……73

【ろ】

浪曲 ろうきょく……347,392,398-400
﨟纈染 ろうけつぞめ……94
『露営の夢』 ろえいのゆめ……278,296,297
六波羅飛脚 ろくはらびきゃく……157
路考茶 ろこうちゃ……336
六古窯 ろっこよう……525
六根清浄 ろっこんしょうじょう……255

【わ】

和歌 わか……197,473-475
和菓子 わがし……39-42
若衆歌舞伎 わかしゅかぶき……325
若衆宿 わかしゅやど……122
和楽器 わがっき……389-391
『吾輩は猫である』 わがはいはねこである……440
和事 わごと……322
和三盆 わさんぼん……40
和紙 わし……505,540-542
和字 わじ……174
輪島塗 わじまぬり……537
和食 わしょく……30,49,199
四月一日 わたぬき……90
渡り巫女 わたりみこ……215
和妻 わづま……401
和時計 わどけい……546
和綴じ わとじ……538
詫び わび……427
和服 わふく……88-91,93,96,98
和様 わよう……554
藁葺 わらぶき……561

【め】

『明治一代女』めいじいちだいおんな……154,299,432
明治座 めいじざ……299
『名所江戸百景』
めいしょえどひゃっけい……214,517
迷信 めいしん……207
明暦の大火 めいれきのたいか……120,189
『め組の喧嘩』めくみのけんか……162
飯盛女 めしもりおんな……120,117

【も】

蒙古襲来 もうこしゅうらい……64,231
盛蕎麦 もりそば……26
元離宮二条城 もとりきゅうにじょうじょう……83
桃割れ ももわれ……108
森田座 もりたざ……313
『モルガンお雪』モルガンおゆき……414
『モン・パリ』……281
聞香 もんこう……421
紋章 もんしょう……164
門前町 もんぜんまち……83

【や】

八百善 やおぜん……32,31
八百万の神々 やおろずのかみがみ……210,243,259
『やかん』……397
焼き海苔 やきのり……32
焼き物 やきもの……524–527
やくざ……66,85,162,382
屋号 やごう……337,350
八尺瓊勾玉 やさかにのまがたま……265
香具師 やし……381,382,406
『八島』やしま……365
矢立 やたて……530
八咫鏡 やたのかがみ……265
八千代座 やちよざ……313
やつし事 やつしごと……463
『屋根の上のヴァイオリン弾き』
やねのうえのヴァイオリンひき……414,415
流鏑馬 やぶさめ……69–72
山城 やまじろ……82
大和絵 やまとえ……506,511
日本武尊 やまとたけるのみこと……244
大和魂 やまとだましい……63
倭舞 やまとまい……375
大和屋 やまとや……337
山中常盤物語絵巻
やまなかときわものがたりえまき……511
山の手 やまのて……184
山伏 やまぶし……253–256
山村座 やまむらざ……339
山村流 やまむらりゅう……369,375
野郎歌舞伎 やろうかぶき……325

【ゆ】

『夕顔』ゆうがお……492
遊廓 ゆうかく……119–121,333,551
ユーカラ……479
遊女 ゆうじょ……215,218
遊女歌舞伎 ゆうじょかぶき……302,324
友禅染 ゆうぜんぞめ……94
友禅流し ゆうぜんながし……102
『夕鶴』ゆうづる……480
釉薬 ゆうやく……524
浴衣 ゆかた……88,91
『雪』ゆき……369
『雪夕暮入谷畦道』
ゆきのゆうべいりやのあぜみち……27,327
湯たんぽ ゆたんぽ……149

【よ】

洋画 ようが……506
洋菓子 ようがし……39
羊羹 ようかん……40
『養生訓』ようじょうくん……16,42
妖刀村正 ようとうむらまさ……80
斧琴菊 よきこときく……92
『吉田屋』よしだや……353
『義経千本桜』よしつねせんぼんさくら
……20,319,323,341,344,487
吉村流 よしむらりゅう……369,376
吉原 よしわら……117–121,189,190,551,333
吉原締め よしわらじめ……217,218
寄席 よせ……278,392,393,395,398
寄木造 よせきづくり……528
余所事浄瑠璃 よそことじょうるり……445
『世継曾我』よつぎそが……463
四つ目綴じ よつめとじ……538
読本 よみほん……451

『北斎漫画』ほくさいまんが……501
北辰一刀流 ほくしんいっとうりゅう……73
ボサマ……406
牡丹餅 ぼたもち……41
『ボッカチオ』……278
『発心集』ほっしんしゅう……246
『坊ちゃん』ぼっちゃん……412,440
『不如帰』ほととぎす……298,309
『ほとゝぎす』……443
ホトトギス……470
堀江物語絵巻 ほりえものがたりえまき……512
掘り炬燵 ほりごたつ……147
彫師 ほりし……504
彫り物 ほりもの……128
本枯節 ほんかれぶし……35
本郷座 ほんごうざ……299
盆栽 ぼんさい……168-170
本地垂迹説 ほんじすいじゃくせつ……210
本草学 ほんぞうがく……16
本面 ほんめん……533

【ま】

舞 まい……374-377
『マイ・フェア・レディ』……414
舞扇 まいおうぎ……113
舞妓 まいこ……96,105,368
『舞姫』まいひめ……441
蒔絵 まきえ……537
枕詞 まくらことば……474
『枕草子』まくらのそうし……111
正宗 まさむね……79
『街の入墨者』まちのいれずみもの……276
町火消し まちびけし……162
松井源水 まついげんすい……380
『松浦の太鼓』まつうらのたいこ……347
松羽目 まつばめ……330
松羽目物 まつばめもの……330
祭り まつり……136-138
真名 まな……177
『瞼の母』まぶたのはは……272,273,288
丸岡城 まるおかじょう……81
丸帯 まるおび……96
丸本世話物 まるほんせわもの……353
丸本物 まるほんもの……319
丸髷 まるまげ……107,108
円山派 まるやまは……506
廻り舞台 まわりぶたい……323
漫画 まんが……500-502
漫才 まんざい……371,372,392,395
饅頭 まんじゅう……40
曼荼羅 まんだら……555
漫談 まんだん……372,395
万年自鳴鐘 まんねんじめいしょう……547
万八楼 まんはちろう……42
『万葉集』まんようしゅう
……28,213,376,474,481,493-495

【み】

三河萬歳 みかわまんざい……371
『身替座禅』みがわりざぜん……367
巫女 みこ……214-216,268,375
神輿 みこし……136,137
三崎座 みさきざ……303
水垢離 みずごり……257
角髪 みずら……107
美豆良 みずら……107
見世物小屋 みせものごや……381,403-406
味噌煮込みうどん みそにこみうどん……26
『みだれ髪』みだれがみ……443
密教 みっきょう……239,251
三越少年音楽隊
みつこししょうねんおんがくたい……290
三つ目綴じ みつめとじ……538
『都鳥廓白浪』みやこどりながれのしらなみ……445
『都をどり』みやこをどり……369
宮地芝居 みやじしばい……287
『宮嶋参詣膝栗毛』
みやじまさんけいひざくりげ……455
宮薗節 みやぞのぶし……374
ミュージカル……413-416
民話 みんわ……246,478-480

【む】

昔話 むかしばなし……246
無形文化遺産 むけいぶんかいさん……373
『武蔵野』むさしの……440
睦 むつみ……163
棟割長屋 むねわりながや……550
『無筆の号外』むひつのごうがい……293
『無法松の一生』むほうまつのいっしょう……153

白檀 びゃくだん……419
百人一首 ひゃくにんいっしゅ……488–490
標準語 ひょうじゅんご……183–187
平等院鳳凰堂 びょうどういんほうおうどう……239,554
ひらがな……176,191
『ひらがな盛衰記』 ひらがなせいすいき……319
平城 ひらじろ……82
平山城 ひらやまじろ……82
ヒロシゲ・ブルー……517
琵琶 びわ……389
琵琶法師 びわほうし……317,333,370–373,380,382,384,487

【ふ】

『武悪』 ぶあく……367
『風姿花伝』 ふうしかでん……364
風神雷神図屏風 ふうじんらいじんずびょうぶ……508
風水 ふうすい……267
『風流深川唄』 ふうりゅうふかがわうた……432
『富嶽三十六景』 ふがくさんじゅうろっけい……213,502,504,509,513,515
袋帯 ふくろおび……96
武士 ぶし……55,56,239
藤岡屋日記 ふじおかやにっき……42
富士山 ふじさん……212–214,251,255,515,517
『不二三十六景』 ふじさんじゅうろっけい……214
武士道 ぶしどう……52–55,58,65
フジヤマ……212
藤原歌劇団 ふじわらかげきだん……297
『附子』 ぶす……367
『双蝶々曲輪日記』 ふたつちょうちょうくるわにっき……418
『二人袴』 ふたりばかま……367
仏教 ぶっきょう……53,138,209–211,225,235,238,239,243–246,251–253,528,553,562
仏教説話 ぶっきょうせつわ……208,246–248,484,487
仏師 ぶっし……528
仏像 ぶつぞう……528,553
仏壇 ぶつだん……220–222
船場言葉 ふなばことば……186
ぶぶ漬け ぶぶづけ……188
舞踊 ぶよう……113,368,374
ブリザーブドフラワー……424
振袖 ふりそで……91
フレンチ・カンカン……281
風呂敷 ふろしき……115,116
プロレタリア文学 プロレタリアぶんがく……433,434
文学座 ぶんがくざ……300
文化座 ぶんかざ……300
『文藝春秋』 ぶんげいしゅんじゅう……430
文語 ぶんご……442
文人画 ぶんじんが……509
文房四宝 ぶんぼうしほう……540
文楽 ぶんらく……316,373
文楽座 ぶんらくざ……317

【へ】

『ベアトリ姐ちゃん』 ベアトリねえちゃん……280
平安仏教 へいあんぶっきょう……229,237–240
平曲 へいきょく……317
『平家女護島』 へいけにょごのしま……464
『平家物語』 へいけものがたり……195,261,370,373,384,485–487
米寿 べいじゅ……145
『ベルサイユのばら』……292
ベルヌ条約 ベルヌじょうやく……461

【ほ】

ホイト……385,406
報恩講 ほうおんこう……138
放下師 ほうかし……382
幇間 ほうかん……218,409–412
方言 ほうげん……178–180
『冒険ダン吉』 ぼうけんだんきち……501
豊国祭礼図屏風 ほうこくさいれいずびょうぶ……512
法事 ほうじ……225–227
『棒縛』 ぼうしばり……367
『棒しばり』 ぼうしばり……367
宝生流 ほうしょうりゅう……367,534
ほうとう……26
訪問着 ほうもんぎ……91,98
法要 ほうよう……225,226
暴力団 ぼうりょくだん……66
放浪芸 ほうろうげい……406–408
放浪芸人 ほうろうげいにん……406–408

年中行事　ねんちゅうぎょうじ……129-132
能　のう
……330,339,348,359-367,400,406,486,492,532
能面　のうめん……532-535
能役者　のうやくしゃ……330,334,361
ノーベル文学賞　ノーベルぶんがくしょう……436
『野々宮』ののみや……492
『のらくろ』……501
海苔　のり……20,32-34
海苔巻　のりまき……20
『ノンキナトウサン』……501

【は】

パーマネント……108
俳画　はいが……469
俳諧　はいかい……468
俳句　はいく
……132-134,467-470,473-476,536
売春　ばいしゅん……117-119,124,333
売春婦　ばいしゅんふ……47
売春防止法　ばいしゅんぼうしほう……118
白線　はくせん……118
廃刀令　はいとうれい……58,73,80
『誹風柳多留』はいふうやなぎだる……184,472
廃仏毀釈　はいぶつきしゃく
……210,245,249-251,555
俳優座　はいゆうざ……300
端唄　はうた……385
羽織　はおり……91
葉隠　はがくれ……52
『萩大名』はぎだいみょう……367
白寿　はくじゅ……146
白扇　はくせん……113
博徒　ばくと……67,68
白鳳文化　はくほうぶんか……554
箱庭　はこにわ……168-170
『箱根霊験躄仇討』
はこねれいげんいざりのあだうち……248
箸　はし……49,50
恥　はじ……84,204,205
端席　はせき……392,396
旅籠　はたご……117,120
旗本　はたもと……57,73
八卦　はっけ……267
『鼻』はな……484
『花筏』はないかだ……418
花火　はなび……139-141
花祭り　はなまつり……138
『ハムレット』……299
早駕籠　はやかご……155
隼人舞　はやとまい……375
ハラキリ……58
パラダイス劇場　パラダイスげきじょう……413
原信子歌劇団　はらのぶこかげきだん……279,296
針供養　はりくよう……130,150,151
針塚　はりづか……150
挽歌　ばんか……494
半跏思惟像　はんかしいぞう……528
反自然主義文学　はんしぜんしゅぎぶんがく……437
萬川集海　ばんせんしゅうかい……61
伴大納言絵巻　ばんだいなごんえまき……500
番付　ばんづけ……142-145
パントマイム……407

【ひ】

檜扇　ひおうぎ……112
乾菓子　ひがし……41
東本願寺派　ひがしほんがんじは……227
東山文化　ひがしやまぶんか……554
引き染め　ひきぞめ……95
飛脚　ひきゃく……156-158
火消し　ひけし……161
飛行館　ひこうかん……274
膝栗毛物　ひざくりげもの……456
醬　ひしお……37
備前長船　びぜんおさふね……79
備前焼　びぜんやき……525
直面　ひためん……360,534
篳篥　ひちりき……389
ひつまぶし……29
秀衡塗　ひでひらぬり……537
『独道中五十三駅』
ひとりたびごじゅうさんつぎ……449
雛の節句　ひなのせっく……130
火鉢　ひばち……149
日比谷公会堂　ひびやこうかいどう……297
悲別歌　ひべつか……494
悲母観音　ひぼかんのん……509
姫路城　ひめじじょう……81
干物　ひもの……34

『遠野物語』 とおのものがたり……478
土器 どき……524
常磐津 ときわず……367,376,384,385
常磐津節 ときわずぶし……374
常滑焼 とこなめやき……525
土佐派 とさは……506
研師 とし……78
年の市 としのいち……132
特攻隊 とっこうたい……64
都都逸 どどいつ……386-388
鳶 とび……160-163
鳶頭 とびがしら……162
鳶口 とびぐち……162
富本節 とみもとぶし……370,374
留袖 とめそで……91,98
土用丑の日 どようつしのひ……29
ドライフラワー……424
酉の市 とりのいち……131,162,404
止利仏師 とりぶっし……528
度量衡 どりょうこう……159
『ドンブラコ』……413

【な】

内国勧業博覧会
ないこくかんぎょうはくらんかい……166
直木賞 なおきしょう……430-433
長唄 ながうた……323,367,374,376,384,385
長岡瞽女 ながおかごぜ……378
中座 なかざ……295
中締め なかじめ……216
長火鉢 ながひばち……149
中村座 なかむらざ……308,311,349
長屋 ながや……550-552
名古屋帯 なごやおび……96
『夏祭浪花鑑』 なつまつりなにわかがみ……353
七草がゆ ななくさがゆ……129
浪花座 なにわざ……276,293
浪花節 なにわぶし……398
鍋焼きうどん なべやきうどん……26
生海苔 なまのり……33
南無阿弥陀仏 なむあみだぶつ……227
南無妙法蓮華経 なむみょうほうれんげきょう……230
成田屋 なりたや……337,350
『鳴神』 なるかみ……319
NARUTO—ナルト— なると……61
なれ鮨 なれずし……19
『南総里見八犬伝』
なんそうさとみはっけんでん……451,452,456-459
南蛮菓子 なんばんがし……39

【に】

握り寿司 にぎりずし……19
『にごりえ』……440
仁左衛門歌舞伎 にざえもんかぶき……320-322
錦絵 にしきえ……509
西陣織 にしじんおり……90
西本願寺派 にしほんがんじは……227
二十四節気 にじゅうしせっき……134
躙り口 にじりぐち……425,558
『偽紫田舎源氏』 にせむらさきいなかげんじ……451
日蓮宗 にちれんしゅう……230-232
二八そば にはちそば……25
日本画 にほんが……506,542
日本髪 にほんがみ……89,104,108
日本酒 にほんしゅ……44-47
『日本書紀』 にほんしょき
……45,416,419,496-498,546
日本神話 にほんしんわ……210,496
日本刀 にほんとう……78
『日本霊異記』 にほんりょういき……246
人形浄瑠璃 にんぎょうじょうるり
……80,248,261,315-320,341,346,352,353,361,371,373-375,400,462,463,465,486,534
忍者 にんじゃ……61-63
ニンジャ……61
忍者武芸帳影丸伝
にんじゃぶげいちょうかげまるでん……61
人情 にんじょう……84
『人情噺文七元結』
にんじょうばなしぶんしちもっとい……396
人情本 にんじょうぼん……451

【ね】

『寝音曲』 ねおんぎょく……367
根来塗 ねごろぬり……537
根付 ねつけ……529-532
ねぷたまつり……136
ねぶた祭 ねぶたまつり……136
眠り猫 ねむりねこ……529
練切り ねりきり……41

【つ】

堆朱 ついしゅ……537
津軽塗 つがるぬり……537
『月形半平太』つきがたはんぺいた……284,288
築地小劇場 つきじしょうげきじょう……300,304
『月に吠える』つきにほえる……439
継飛脚 つぎびきゃく……157
佃煮 つくだに……32,33
付け下げ つけさげ……89,91,98
浸け染め つけぞめ……95
辻講釈 つじこうしゃく……396,399
『土』つち……441
『土屋主税』つちやちから……347
鼓 つづみ……389
潰し島田 つぶししまだ……108
『積恋雪関扉』つもるこいゆきのせきのと……368
『釣女』つりおんな……367
『鶴八鶴次郎』つるはちつるじろう……299,432

【て】

手 てぃー……74
庭園 ていえん……562-564
『定歌集』ていかしゅう……198
帝劇ミュージカルス
　ていげきミュージカルス……414
帝国劇場 ていこくげきじょう……278,413,415
的屋 てきや……67,68,381,382,406
デザイン……91
手品 てじな……400
手締め てじめ……216-218
デスマスク……432
鉄扇 てっせん……113
手妻 てづま……400,402
『鉄腕アトム』てつわんアトム……502
手拭 てぬぐい……115,116
手拭合 てぬぐいあわせ……116
寺請制度 てらうけせいど……220
寺銭 てらせん……67,382
デロレン祭文 デロレンさいもん……399
出羽三山 でわさんざん……255
田楽 でんがく……375
点景 てんけい……422
天国 てんごく……234,235
『天国と地獄』てんごくとじごく
　……278,279,281,413
『天竺徳兵衛韓噺』
　てんじくとくべえいこくばなし……323,448
天守 てんしゅ……81
『天守物語』てんしゅものがたり……71
天井桟敷 てんじょうさじき……301
天神祭 てんじんまつり……136
天孫降臨 てんそんこうりん……497
天台宗 てんだいしゅう……227,238
『点と線』てんとせん……431
天丼 てんどん……23
電髪 でんぱつ……108
天麩羅 てんぷら……21-23,199
天保の改革 てんぽうのかいかく……338
展覧歌舞伎 てんらんかぶき……306,332,356,362

【と】

唐画 とうが……506
道歌 どうか……196-199
東海道五拾三次 とうかいどうごじゅうさんつぎ
　……502,504,509,516
『東海道中膝栗毛』
　とうかいどうちゅうひざくりげ…451,452,455-457
『東海道四谷怪談』とうかいどうよつやかいだん
　……319,323,445,447,448,453-455
道教 どうきょう……31,133,136,253,267-269
東京宝塚劇場 とうきょうたからづかげきじょう……292
東京弁 とうきょうべん……183-186
刀剣 とうけん……78-80
唐三彩 とうさんさい……524
唐三盆 とうさんぼん……40
刀匠 とうしょう……78
闘食会 とうしょくかい……42-44
道祖神 どうそじん……263-265,528
『道程』どうてい……439
道頓堀 どうとんぼり……276,293,295,317,320,322
道頓堀五座 どうとんぼりござ……323
『唐茄子屋政談』とうなすやせいだん……397
銅版画 どうはんが……505
東宝ミュージカル とうほうミュージカル……414
東密 とうみつ……239
『道明寺』どうみょうじ……112
兎園小説 とえんしょうせつ……42
十日戎 とおかえびす……131

大日如来 だいにちにょらい……210
大日本壮士改良演劇会
だいにほんそうしかいりょうえんげきかい……298
大福 だいふく……40
大福帳綴じ だいふくちょうとじ……539
『太平記』たいへいき……261
『大菩薩峠』だいぼさつとうげ……439
台密 たいみつ……239
大名駕籠 だいみょうかご……156
大名時計 だいみょうどけい……546
大名飛脚 だいみょうびきゃく……157
大名火消し だいみょうびけし……162
太陽族 たいようぞく……432,435
『太陽の季節』たいようのきせつ……432,435
『太陽のない街』たいようのないまち……434
『大老』たいろう……327
鷹狩 たかがり……69–72
高島田 たかしまだ……108
高島屋 たかしまや……350
鷹匠 たかじょう……71
高田瞽女 たかだごぜ……378
高手小手縛り たかてこてしばり……126
高遠石工 たかとおいしく……264
宝塚音楽学校 たからづかおんがくがっこう……290
宝塚歌劇団 たからづかかげきだん……281–283,290
宝塚唱歌隊 たからづかしょうかたい……290
宝塚少女歌劇団
たからづかしょうじょかげきだん……281
宝塚少女歌劇養成会
たからづかしょうじょかげきようせいかい……413
『滝沢家の内乱』たきざわけのないらん……459
『滝の白糸』たきのしらいと……309
宅配寿司 たくはいずし……20
宅配便 たくはいびん……156
『たけくらべ』……440
『竹取物語』たけとりものがたり……205
竹笛 たけぶえ……389
竹本座 たけもとざ……317,464,465
出汁 だし……34,38
山車 だし……136
『太刀盗人』たちぬすびと……367
断物 たちもの……257
立川文庫 たつかわぶんこ……61,400
辰巳芸者 たつみげいしゃ……409
殺陣 たて……75–77
立作者 たてさくしゃ……445,447
殺陣師 たてし……75
『殺陣・田村』たて・たむら……76
タトゥー……127
畳紙 たとうがみ……542
七夕 たなばた……131
七夕まつり たなばたまつり……136
タニマチ……418
たぬきうどん……24
煙草入れ たばこいれ……530,531
『玉蔓』たまかずら……492
玉かんざし たまかんざし……104
玉屋 たまや……139,140
たまり醤油 たまりしょうゆ……38
『堕落論』だらくろん……435
だらりの帯 だらりのおび……96
短歌 たんか……197,473–476
啖呵売 たんかうり……408
団子 だんご……40
端午の節句 たんごのせっく……130
團十郎茶 だんじゅうろうちゃ……336
男色 だんしょく……122–125,325
断髪 だんぱつ……107
丹波焼 たんばやき……525

【ち】

『乳姉妹』ちきょうだい……309
地神 ちじん……259
『父帰る』ちちかえる……430
茶室 ちゃしつ……557–559 ,562
茶筅髪 ちゃせんがみ……107
チャンバラ……75
中尊寺金色堂 ちゅうそんじこんじきどう……554
長歌 ちょうか……474
彫金 ちょうきん……528
彫刻 ちょうこく……527–529
『長子』ちょうし……442
鳥獣人物戯画 ちょうじゅうじんぶつぎが……500
彫塑 ちょうそ……529
重陽の節句 ちょうようのせっく……131
勅撰和歌集 ちょくせんわかしゅう……495,481,488
著作権 ちょさくけん……341,460–462
丁髷 ちょんまげ……107
沈金 ちんきん……537
『椿説弓張月』ちんせつゆみはりづき……65,452

水墨画　すいぼくが……507,508
スーパー歌舞伎　スーパーかぶき……449
須恵器　すえき……524
末廣亭　すえひろてい……392
『菅原伝授手習鑑』すがわらでんじゅてならいかがみ……112,319,323,341,343
数寄者　すきしゃ……556
数寄屋造り　すきやづくり……555-557
『助六由縁江戸桜』すけろくゆかりのえどざくら……27,319,326
寿司　すし……18-21
鈴本演芸場　すずもとえんげいじょう……392
ストリート・パフォーマンス……383,406
垂髪　すべらかし……107
隅田川　すみだがわ……139,184
隅田川花火大会　すみだがわはなびたいかい……139
すみません……172,173
炭屋　すみや……149
相撲　すもう……416-419
相撲取り　すもうとり……335
摺師　すりし……504

【せ】

成人式　せいじんしき……145-147
声帯模写　せいたいもしゃ……372
『西洋道中膝栗毛』せいようどうちゅうひざくりげ……457
世界文化遺産　せかいぶんかいさん……30,49,81,212,517,554,560
石州和紙　せきしゅうわし……542
『関取千両幟』せきとりせんりょうのぼり……418
『関の弥太っぺ』せきのやたっぺ……284
『世俗諺文』せぞくげんぶん……195
説教師　せっきょうし……372
説教浄瑠璃　せっきょうじょうるり……370-373
説教節　せっきょうぶし……370,399
折衷様　せっちゅうよう……554
切腹　せっぷく……58-60
節分　せつぶん……130
旋頭歌　せどうか……474
瀬戸物　せともの……525
瀬戸焼　せとやき……525
責め絵　せめえ……126
『ゼロの焦点』ゼロのしょうてん……431
世話物　せわもの……316,319,323,352-354,464,465
禅宗　ぜんしゅう……232
専修念仏　せんじゅねんぶつ……229
前進座　ぜんしんざ……274-277,300,327
前進座劇場　ぜんしんざげきじょう……276
扇子　せんす……112,113
千日回峰行　せんにちかいほうぎょう……234
『仙人部落』せんにんぶらく……502
煎餅　せんべい……40
川柳　せんりゅう……121,184,417,467,471-474
千両役者　せんりょうやくしゃ……333,335

【そ】

ソイ・ソース……36
箏　そう……389
雑歌　ぞうか……494
草月流　そうげつりゅう……422
壮士芝居　そうししばい……298,308
総絞り　そうしぼり……94
草書　そうしょ……177
装丁　そうてい……538-540
曹洞宗　そうとうしゅう……232
総髪　そうはつ……107
『蒼茫』そうぼう……432
相聞歌　そうもんか……494
曾我廼家劇　そがのやげき……293-295
曾我物　そがもの……262
俗信　ぞくしん……207-209
『即興詩人』そっきょうしじん……441
卒寿　そつじゅ……145
『曾根崎心中』そねざきしんじゅう……318,323,464-467
蕎麦　そば……24-27
染物　そめもの……93-95

【た】

大吟醸　だいぎんじょう……45
太鼓　たいこ……389
太鼓持ち　たいこもち……409
『泰山木の木の下で』たいざんぼくのきのしたで……180
大衆演劇　たいしゅうえんげき……286-289
大衆文学　たいしゅうぶんがく……431,432
大正琴　たいしょうごと……391
大政奉還　たいせいほうかん……57
大道芸　だいどうげい……380-383,385,399,406,407

『ジャングル大帝』ジャングルたいてい……502
自由主義文学 じゆうしゅぎぶんがく……437
柔術 じゅうじゅつ……74
衆道 しゅうどう……325
柔道 じゅうどう……72-75
『十二段草子』じゅうにだんそうし……317,373
十二単 じゅうにひとえ……109
『宗論』しゅうろん……231
儒教 じゅきょう……53
淑髪 しゅくはつ……108
修験 しゅげん……254-256
修験者 しゅげんしゃ……253
衆生済度 しゅじょうさいど……240
『修善寺物語』しゅぜんじものがたり……439
『出世景清』しゅっせかげきよ……463
須弥山 しゅみせん……252,253
須弥壇 しゅみだん……253
純歌舞伎 じゅんかぶき……319
『俊寛』しゅんかん……487
春慶塗 しゅんけいぬり……537
『春色梅児誉美』しゅんしょくうめごよみ……451,452
純文学 じゅんぶんがく……431,432
書院造り しょいんづくり……556
笙 しょう……389
城郭 じょうかく……81-83
浄閑寺 じょうかんじ……119
定席 じょうせき……392
『小説神髄』しょうせつしんずい……440,443
松竹歌劇団(SKD) しょうちくかげきだん……281,282
松竹座 しょうちくざ……320
松竹新喜劇 しょうちくしんきげき……293,294,372
浄土宗 じょうどしゅう……227,231
浄土真宗 じょうどしんしゅう……227,227
定火消し じょうびけし……162
蕉風 しょうふう……469
『正法眼蔵』しょうほうげんぞう……233
定紋 じょうもん……164
醬油 しょうゆ……36-38
常用漢字 じょうようかんじ……176
薯蕷饅頭 じょうよまんじゅう……41
松林図屛風 しょうりんずびょうぶ……508
生類憐みの令 しょうるいあわれみのれい……71
浄瑠璃 じょうるり……317,373,374
『浄瑠璃御前物語』
じょうるりごぜんものがたり……317,373,374
『浄瑠璃物語絵巻』
じょうるりものがたりえまき……512
『続日本紀』しょくにほんぎ……254
書生芝居 しょせいしばい……298,308
女優 じょゆう……301-304
『白浪五人男』しらなみごにんおとこ……445
白拍子 しらびょうし……333,382
シルクスクリーン……523
白浪作者 しろなみさくしゃ……445
『真景累ヶ淵』しんけいかさねがふち……396
新劇 しんげき……297-301
沈香 じんこう……419
新古今風 しんこきんふう……483
『新古今和歌集』しんこきんわかしゅう
……481-483,488
新国劇 しんこくげき……278,284-286,288
新国立劇場 しんこくりつげきじょう……297
新古劇十種 しんこげきじっしゅ……331
真言宗 しんごんしゅう……238-240
新作歌舞伎 しんさくかぶき……351
『心中天網島』しんじゅうてんのあみしま
……318,323,464
心中物 しんじゅうもの……464,465
『心中宵庚申』しんじゅうよいごうしん……464
神仙思想 しんせんしそう……253,267
寝殿造り しんでんづくり……556
神道 しんとう
……53,138,209-211,226,243-246,249,253
神道無念流 しんとうむねんりゅう……73
新富座 しんとみざ……294,302
新内 しんない……370,384,385,457
新内節 しんないぶし……374
新派 しんぱ……154,218,278,298,303,307-310
新橋演舞場 しんばしえんぶじょう……274
新橋芸者 しんばしげいしゃ……409
『新版歌祭文』しんぱんうたざいもん……353
神仏混淆 しんぶつこんこう……201,210
神仏習合 しんぶつしゅうごう……210,236
『新編武蔵風土記』しんぺんむさしふどき……264
新町座 しんまちざ……308
『新やじきた道中記』しんやじきたどうちゅうき……457
人力車 じんりきしゃ……152-154

【す】

『水滸伝』すいこでん……458

『佐川君からの手紙』さがわくんからのてがみ……436
防人 さきもり……495
鷺流 さぎりゅう……367
『桜姫東文章』さくらひめあずまぶんしょう……319,323,448
サゲ(落ち) サゲ(おち)……397
下げ髪 さげがみ……107
『佐々木先陣』ささきせんじん……463
『細雪』ささめゆき……186,434
座敷舞 ざしきまい……368-370
サスケ……61
茶道 さどう……348,420,422,425-428,525,556
讃岐うどん さぬきうどん……26
寂び さび……427
『さぶ』……277
サムライ……52,55,63,75
侍 さむらい……55-58
左文字 さもんじ……79
猿楽 さるがく……375
『申楽談儀』さるがくだんぎ……364
笊蕎麦 ざるそば……26
猿若座 さるわかざ……311
山岳信仰 さんがくしんこう……239,251-253,256
三曲 さんきょく……390
ザンギリ頭 ザンギリあたま……107
三絃 さんげん……384
傘寿 さんじゅ……145
三十六歌仙 さんじゅうろっかせん……476
三種の神器 さんしゅのじんぎ……78,265-267
三線 さんしん……383
山水 さんすい……555,562
三題噺 さんだいばなし……232
『三人吉三廓初買』さんにんきちさくるわのはつがい……445
三筆 さんぴつ……192
三本締め さんぼんじめ……216

【し】

寺院 じいん……553-555
地唄 じうた……368,384,390
士学館 しがくかん……73
信楽焼 しがらきやき……525
芝翫縞 しかんじま……92,336
只管打坐 しかんたざ……233
磁器 じき……526
式楽 しきがく……123,334,359,365,532
式神 しきがみ……268
信貴山縁起絵巻 しぎさんえんぎえまき……500
式年遷宮 しきねんせんぐう……266
地獄 じごく……234-237
四国八十八ヶ所 しこくはちじゅうはちかしょ……242
地芝居 じしばい……357-359
四条派 しじょうは……506
『刺青』しせい……434
私撰和歌集 しせんわかしゅう……488,489
士族 しぞく……57
時代物 じだいもの……80,316,319,351,353,354,464
下町 したまち……184
七五三 しちごさん……88,145-147,259
『七人の侍』しちにんのさむらい……57
地鎮祭 じちんさい……259,260
漆器 しっき……535-537
シテ……365,367
『四天王楓江戸粧』してんのうもみじのえどぐま……449
自動販売機 じどうはんばいき……166-168
死絵 しにえ……335
篠塚流 しのづかりゅう……375
『忍寄恋曲者』しのびよるこいはくせもの……377
『暫』しばらく……322
絞り染 しぼりぞめ……94
紙本 しほん……508,542
島田髷 しまだまげ……107,108
『島衛月白浪』しまちどりつきのしらなみ……446
『清水次郎長伝』しみずのじろちょうでん……398
釈迦如来像 しゃかにょらいぞう……528
借字 しゃくじ……176
酌婦 しゃくふ……47
ジャグリング……407
『沙石集』しゃせきしゅう……246
尺貫法 しゃっかんほう……159
借景 しゃっけい……564
車夫 しゃふ……153
ジャポニスム……423,504,509,513,517
三味線 しゃみせん……317,318,368,389-391
三味線音楽 しゃみせんおんがく……353,373,383-386
『斜陽』しゃよう……434
『SHARAKU』しゃらく……504,519
洒落本 しゃれぼん……451

下座音楽 げざおんがく……445
戯作者 げさくしゃ……197,450-452,458
結社 けっしゃ……134,470
減塩醬油 げんえんしょうゆ……36
元寇 げんこう……64,231
源氏香 げんじこう……421, 543,544
『源氏物語』 げんじものがたり
……45,111,195,205,421,486,487,490-493,543
源氏物語絵巻 げんじものがたりえまき……500
現代仮名遣い げんだいかなづかい……178
剣道 けんどう……72-75
玄武館 げんぶかん……73
言文一致 げんぶんいっち……440,443,444
言文一致運動 げんぶんいっちうんどう……442-444
絹本 けんぽん……508,542
兼六園 けんろくえん……564
元禄文化 げんろくぶんか……16,346,347

【こ】

濃口醬油 こいくちしょうゆ……22,28,29,36,38
小石川後楽園 こいしかわこうらくえん……563
『鯉名の銀平』 こいなのぎんぺい……272
『恋はやさし野辺の花よ』
こいはやさしのべのはなよ……280
講 こう……212,254
康熙綴じ こうきとじ……538
口語 こうご……442
『恍惚の人』 こうこつのひと……436
口承芸能 こうしょうげいのう……381
口承文学 こうしょうぶんがく……479
庚申塚 こうしんづか……265
小唄 こうた……384,385
講談 こうだん……347,392,398-400,486,529
『河内山と直侍』 こうちやまとなおざむらい……446
香道 こうどう……348,419-421,543
講道館 こうどうかん……74
紅白梅図屛風 こうはくばいずびょうぶ……509
講武所 こうぶしょ……73
『高野聖』 こうやひじり……440
高麗屋 こうらいや……337
後楽園 こうらくえん……564
幸若舞 こうわかまい……486
御恩と奉公 ごおんとほうこう……53,84
古稀 こき……145
胡弓 こきゅう……390
五行思想 ごぎょうしそう……268
『古今和歌集』 こきんわかしゅう
……195,495,474,481-483
国際劇場 こくさいげきじょう……282
国字 こくじ……174,175
『国性爺合戦』 こくせんやかっせん……323,464
国風文化 こくふうぶんか……524
極楽 ごくらく……234-237
国立劇場 こくりつげきじょう……327
御家人 ごけにん……57,73
『古事記』 こじき……44,49,265,416,496-498
小芝居 こしばい……278,287
小正月 こしょうがつ……129
古浄瑠璃 こじょうるり……512
瞽女 ごぜ……377-380,385,406
御成敗式目 ごせいばいしきもく……57
炬燵 こたつ……147-149
胡蝶の舞 こちょうのまい……402
国家神道 こっかしんとう……216,245,249
滑稽本 こっけいぼん……451,455
琴 こと……389-391
言霊 ことだま……181-183
諺 ことわざ……194-196
『古本説話集』 こほんせつわしゅう……484
御霊信仰 ごりょうしんこう……261-263
『子別れ』 こわかれ……397
金剛力士像 こんごうりきしぞう……528
金剛流 こんごうりゅう……367,534
『金色夜叉』 こんじきやしゃ……309
『今昔物語』 こんじゃくものがたり……483-485
『今昔物語集』 こんじゃくものがたりしゅう
……195,246,247,483
金春流 こんぱるりゅう……367,534
こんぴら歌舞伎 こんぴらかぶき……311
『金毘羅参詣 続膝栗毛』
こんぴらさんけい しょくひざくりげ……455
コンペートー(金平糖)
コンペートー(こんぺいとう)……39
紺屋 こんや……95

【さ】

歳時記 さいじき……132-135
賽銭 さいせん……218,219
賽銭箱 さいせんばこ……218
月代 さかやき……107

奇術 きじゅつ …… 400-403
貴種流離譚 きしゅりゅうりたん …… 352
起請文 きしょうもん …… 388
『魏志倭人伝』 ぎしわじんでん …… 127,214
『木曾街道膝栗毛』 きそかいどうひざくりげ …… 455
北野天神縁起絵巻 きたのてんじんえんぎえまき …… 508
北山文化 きたやまぶんか …… 554
義太夫 ぎだゆう …… 373,384,385
義太夫狂言 ぎだゆうきょうげん …… 319,323
義太夫節 ぎだゆうぶし …… 318,323
喜多流 きたりゅう …… 367,534
亀甲縛り きっこうしばり …… 126
亀甲綴じ きっこうとじ …… 538
『木戸幸一日記』 きどこういちにっき …… 266
着物 きもの …… 88,91,96,98
『キャッツ』 …… 415
キャッツ・シアター …… 415
伽羅 きゃら …… 419
木遣り きやり …… 162
『牛肉と馬鈴薯』 ぎゅうにくとばれいしょ …… 440
狂歌 きょうか …… 474
侠客 きょうかく …… 66-69
『京鹿子娘道成寺』
きょうかのこむすめどうじょうじ …… 368,376
『教行信証』 きょうぎょうしんしょう …… 229
狂言 きょうげん …… 231,348,365,400
狂言作者 きょうげんさくしゃ …… 341,343,344,447
狂言舞踊 きょうげんぶよう …… 367
京小紋 きょうこもん …… 99
『暁斎漫画』 きょうさいまんが …… 501
京漆器 きょうしっき …… 537
行書 ぎょうしょ …… 177
鏡新明智流 きょうしんめいちりゅう …… 73
京都弁 きょうとべん …… 186-189
京間 きょうま …… 160
『京舞』 きょうまい …… 369
京舞 きょうまい …… 376
『虚実皮膜論』 きょじつひにくろん …… 464
清元 きよもと …… 323,354,374,376,384,385,445
義理 ぎり …… 83-85
切れ字 きれじ …… 467,471,473
金閣寺 きんかくじ …… 554
銀閣寺 ぎんかくじ …… 554
近代劇協会 きんだいげききょうかい …… 300
『勤王美談上野曙』
きんのうびだんうえのあけぼの …… 308
『金幣猿島郡』 きんのざいさるしまだいり …… 449
緊縛 きんばく …… 125-127
緊縛師 きんばくし …… 126
吟遊詩人 ぎんゆうしじん …… 408

【く】

食い合わせ(食べ合わせ)
くいあわせ(たべあわせ) …… 16-18
傀儡女 くぐつめ …… 333
草木染 くさきぞめ …… 93,102
草双紙 くさぞうし …… 451
草薙剣 くさなぎのつるぎ …… 78,265
『草枕』 くさまくら …… 440
櫛 くし …… 103-105
葛切 くずきり …… 41
曲舞 くせまい …… 382
口寄せ くちよせ …… 215,252
『国定忠治』 くにさだちゅうじ …… 272,284,288
国振歌舞 くにふりのうたまい …… 375
くの一 くのいち …… 63
『熊谷陣屋』 くまがいじんや …… 487
隈取 くまどり …… 322
熊本城 くまもとじょう …… 81
組香 くみこう …… 420,421
雲助 くもすけ …… 155
車引き くるまひき …… 153
廓言葉 くるわことば …… 189,190
愚連隊 ぐれんたい …… 69
『黒髪』 くろかみ …… 369
黒雲母 くろきら …… 520
黒森歌舞伎 くろもりかぶき …… 357
軍記物 ぐんきもの …… 486
軍神 ぐんしん …… 249

【け】

芸妓 げいぎ …… 368
『経国美談』 けいこくびだん …… 308
芸者 げいしゃ …… 105,409-412
芸術座 げいじゅつざ …… 200,300
『傾城買四十八手』
けいせいかいしじゅうはって …… 451
劇団四季 げきだんしき …… 415
劇団民藝 げきだんみんげい …… 180,300

合掌造り がっしょうづくり……560,561
合食禁 がっしょくきん……16
鬘 かつら……105-107
活歴 かつれき……305,355
『花伝書』かでんしょ……364
華道 かどう……422-424
歌道 かどう……476
河東節 かとうぶし……374
門付け かどづけ……379,399
仮名 かな……176-178
『仮名手本忠臣蔵』かなでほんちゅうしんぐら……47,60,193,319,323,341,343-347,358
金丸座 かなまるざ……311
『蟹工船』かにこうせん……433
狩野派 かのうは……506
蒲焼 かばやき……28,29
歌舞伎 かぶき……20,26,47,53,60,80,124,162,189,193,248,261,262,278,287,289,297,301,303,305,307,313,316-320,338-341,346,348-349,351,352,354-357,359-362,371,373,374,396,400,406,444,446,447,453,461-463,466,486,492,529,533,534
かぶき踊り かぶきおどり……324,376
歌舞伎座 かぶきざ……276,296,297,312,320
歌舞伎十八番 かぶきじゅうはちばん……27,256,274,285,319,326,328-331
歌舞伎役者 かぶきやくしゃ……113,124,296,328,330-338,349,361,415
枯節 かれぶし……35
家父長制度 かふちょうせいど……68
鎌倉飛脚 かまくらびきゃく……157
鎌倉仏教 かまくらぶっきょう……233,239
鎌倉彫 かまくらぼり……537
『蒲田行進曲』かまたこうしんきょく……436
かまわぬ……336
カミカゼ……63-65
神風 かみかぜ……63,211
神風特別攻撃隊 かみかぜとくべつこうげきたい…64
髪型 かみがた……105-107
上方歌舞伎 かみがたかぶき……320-324,340
上方舞 かみがたまい……368,369,376
紙衣 かみこ……542
『髪結新三』かみゆいしんざ……446
カムイ伝 カムイでん……61
『がめつい奴』がめついやつ……200
『仮面の告白』かめんのこくはく……435
『仮面の忍者赤影』かめんのにんじゃあかかげ…61
家紋 かもん……163-165
茅葺 かやぶき……561
からくり……546,547
『機巧図彙』からくりずい……546
からくり人形 からくりにんぎょう……545-547
唐獅子図屏風 からじしずびょうぶ……508
空手 からて……72-75
唐手 からて……74
唐様 からよう……554
伽藍 がらん……554
カリフォルニア・ロール……20
枯山水 かれさんすい……555,562
漢画 かんが……511
願掛け がんかけ……257
関西弁 かんさいべん……186,187
贋作 がんさく……521-523
簪 かんざし……103-105
漢字 かんじ……174,176
玩辞楼十二曲 がんじろうじゅうにきょく……331
勧進相撲 かんじんずもう……417
『勧進帳』かんじんちょう…256,274,285,319,361
寛政の改革 かんせいのかいかく……520
観世流 かんぜりゅう……367,534
勧善懲悪 かんぜんちょうあく……75,305,356,446
神田祭 かんだまつり……136
関帝廟 かんていびょう……267
勘亭流 かんていりゅう……142
竿燈まつり かんとうまつり……136
神主 かんぬし……259,260
『関八州繋馬』かんはっしゅうつなぎうま……464
還暦 かんれき……145,182

【き】

祇園甲部歌舞練場 ぎおんこうぶかぶれんじょう……369
祇園祭 ぎおんまつり……136
喜歌劇 きかげき……413
菊五郎格子 きくごろうこうし……92,336
『菊と刀』きくとかたな……84
『菊宴月白浪』きくのえんつきのしらなみ……449
喜劇 きげき……293
季語 きご……132,134,135,467,471,473,536
喜寿 きじゅ……145

お座敷遊び おざしきあそび 409
お座敷芸 おざしきげい 368
お座敷天麩羅 おざしきてんぷら 23
お辞儀 おじぎ 205-207
お酌 おしゃく 47-48
おすべらかし 104
恐山 おそれざん 196,215,252
お太鼓 おたいこ 97
お大尽遊び おだいじんあそび 409
『堕ちたる天女』おちたるてんにょ 297
小千谷縮 おぢやちぢみ 90
オッペケペー節 オッペケペーぶし 308
おとぎ話 おとぎばなし 480
踊り おどり 374-377
踊り念仏 おどりねんぶつ 376
『己が罪』おのがつみ 309
御萩 おはぎ 41
小原流 おはらりゅう 422
帯 おび 96-98
お彼岸 おひがん 130
お百度参り おひゃくどまいり 257
オペラ 295-297,413
オペレッタ 413
お遍路 おへんろ 240-243
お盆 おぼん 131,138
澤瀉屋 おもだかや 350
面 おもて 360
『おらが春』おらがはる 469
折紙 おりがみ 79,80
『おりき』 180
音曲 おんぎょく 392
『恩讐の彼方に』おんしゅうのかなたに 430
女形 おんながた 124,302,315,324-328
『婦系図』おんなけいず 299,309,410
女剣劇 おんなけんげき 272-274,278,288
『女殺油地獄』おんなころしあぶらのじごく 464
陰陽師 おんみょうじ 268,269
陰陽思想 おんみょうしそう 16,268
陰陽道 おんみょうどう 267-269
怨霊 おんりょう 261,262

【か】

改作 かいさく 461
懐紙 かいし 541
懐石料理 かいせきりょうり 30-32
会席料理 かいせきりょうり 30
『海賊ディアボロの唄』
かいぞくディアボロのうた 280
『怪談乳房榎』かいだんちぶさのえのき 396
回転寿司 かいてんずし 18
回峰行 かいほうぎょう 256
戒名 かいみょう 222-224
偕楽園 かいらくえん 564
替紋 かえもん 165
顔見世興行 かおみせこうぎょう 105
雅楽 ががく 389
加賀五彩 かがごさい 102
加賀小紋 かがこもん 99
鏡開き かがみびらき 129
加賀友禅 かがゆうぜん 90,100-102
花器 かき 422
鍵屋 かぎや 139
『限りなく透明に近いブルー』
かぎりなくとうめいにちかいブルー 433,436
角帯 かくおび 97
楽舞 がくまい 375
学問の神様 がくもんのかみさま 183
隠れキリシタン かくれキリシタン 220
歌劇 かげき 413
掛詞 かけことば 483
掛小屋 かけごや 381
蔭間 かげま 124
蔭間茶屋 かげまちゃや 124
駕籠 かご 152,154-156
重色目 かさねいろめ 109
襲色目 かさねいろめ 109
織色目 かさねいろめ 109
『火山灰地』かざんばいち 435
『鰍沢』かじかざわ 232
貸本屋 かしほんや 450
カステラ 39
カストリ 46
『風の歌を聴け』かぜのうたをきけ 436
片岡十二集 かたおかじゅうにしゅう 331
カタカナ 176
刀鍛冶 かたなかじ 78
語り芸 かたりげい 370-373
語り部 かたりべ 480
語り物 かたりもの 370,371,373,385
鰹節 かつおぶし 34-36

イリュージョン……401,403
異類婚姻譚 いるいこんいんたん……352
入墨 いれずみ……127-129
刺青 いれずみ……127-129
色合わせ いろあわせ……109-112
色子 いろこ……124
いろは歌 いろはうた……191-164
いろは仮名 いろはがな……191
岩絵の具 いわえのぐ……507
磐座 いわくら……252
因果応報 いんがおうほう……236,247,248,446,486,487
隠語 いんご……190,200
印籠 いんろう……530,531

【う】

『ヴェニスの商人』ヴェニスのしょうにん……299
『浮かれ達磨』うかれだるま……413
浮草稼業 うきくさかぎょう……68
『浮雲』うきぐも……440,443
浮世絵 うきよえ……91,335,502-506,509,510,512
『浮世根問』うきよねどい……397
『浮世風呂』うきよぶろ……451
『雨月物語』うげつものがたり……451
氏神 うじがみ……136
氏神様 うじがみさま……258
氏子 うじこ……137,259
『宇治拾遺物語』うじしゅういものがたり……484
薄口醤油 うすくちしょうゆ……36,38
唄い物 うたいもの……371,385
内子座 うちこざ……313
饂飩 うどん……24-27
鰻 うなぎ……27-29
『鰻の幇間』うなぎのたいこ……412
駅家 うまや……157
楳茂都流 うめもとりゅう……369,376
盂蘭盆 うらぼん……138
漆 うるし……535
漆掻き うるしかき……536

【え】

永仁の壺事件 えいにんのつぼじけん……521
永平寺 えいへいじ……234
駅制 えきせい……157
絵師 えし……504
江島生島事件 えじまいくしまじけん……339
会釈 えしゃく……205-207
越前焼 えちぜんやき……525
越前和紙 えちぜんわし……542
江戸歌舞伎 えどかぶき……320-324
江戸小紋 えどこもん……90,98-100
江戸三座 えどさんざ……349
江戸間 えどま……160
江戸前 えどまえ……23,33
江戸前寿司 えどまえずし……20
『江戸流行料理通』えどりゅうこうりょうりつう……32
戎座 えびすざ……299
夷舞わし えびすまわし……375
海老責め えびぜめ……126
絵馬 えま……257-259
『エリザベート』……415
演劇改良運動 えんげきかいりょううんどう……299,305-307,332,356
演劇改良会 えんげきかいりょうかい……356
演劇のデパート えんげきのデパート……277
猿之助四十八撰 えんのすけしじゅうはっせん……331
閻魔大王 えんまだいおう……236

【お】

おいちょかぶ……66
花魁 おいらん……119,121
扇 おうぎ……112
『王様と私』おうさまとわたし……414,415
『阿武松』おうのまつ……418
大銀杏 おおいちょう……107
大川の川開き おおかわのかわびらき……139
大首絵 おおくびえ……520
大蔵流 おおくらりゅう……367
大阪松竹歌劇団(ODK) おおさかしょうちくかげきだん……281,282
大阪弁 おおさかべん……186,188
大薩摩節 おおざつまぶし……374
大谷派 おおたには……227
大振袖 おおふりそで……89
大名物 おおめいぶつ……428,526
置炬燵 おきごたつ……147
隠岐本 おきぼん……482
『おくのほそ道』おくのほそみち……469
小倉百人一首 おぐらひゃくにんいっしゅ……488

事項索引

【あ】

アーニー・パイル劇場
アーニー・パイルげきじょう……292
会津塗 あいづぬり……537
『葵上』あおいのうえ……492
青線 あおせん……118
『青砥稿花紅彩画』あおとぞうしはなのにしきえ……319
赤絵 あかえ……526
赤坂ローヤル館 あかさかローヤルかん……279
『明石』あかし……492
赤線 あかせん……118
芥川賞 あくたがわしょう……430–433
『安愚楽鍋』あぐらなべ……440
総角 あげまき……107
赤穂事件 あこうじけん……60,343,344
赤穂浪士 あこうろうし……342,346
『あさきゆめみし』……493
浅草 あさくさ……272,274,282,296
浅草演芸ホール あさくさえんげいホール……392
浅草オペラ あさくさオペラ……278–280,296
浅草座 あさくさざ……309
浅草海苔 あさくさのり……33
麻の葉綴じ あさのはとじ……538
朝日座 あさひざ……309,322
馬酔木 あしび……470
『芦屋道満大内鑑』
あしやどうまんおおうちかがみ……352
『安宅』あたか……330,361
『愛宕百韻』あたごひゃくいん……427,476
『敦盛』あつもり……365
アド……367
あぶな絵 あぶなえ……126
油紙 あぶらがみ……542
天照大御神 あまてらすおおみかみ……210,244,382
阿弥陀信仰 あみだしんこう……239
天叢雲剣 あめのむらくものつるぎ……265
『あやめ草』あやめぐさ……326
洗い張り あらいばり……89
荒事 あらごと……322
有田焼 ありたやき……505,526
ありんす言葉 ありんすことば……190
『或る「小倉日記」伝』ある「こくらにっき」でん……431
アルカイック・スマイル……528
アルキ巫女 アルキみこ……215,380,406
行火 あんか……149

【い】

居合抜き いあいぬき……80
家の芸 いえのげい……328,331
『伊賀越道中双六』
いがごえどうちゅうすごろく……319
『伊賀の影丸』いがのかげまる……61
品川巻 しながわまき……34
池坊 いけのぼう……422
生け花 いけばな……422
池袋演芸場 いけぶくろえんげいじょう……392
石庭 いしにわ……563
『石松三十石船』いしまつさんじっこくぶね……20
意匠 いしょう……91–93
和泉流 いずみりゅう……367
伊勢和紙 いせわし……542
『板垣君遭難実記』いたがきくんそうなんじっき……308
イタコ……215,252
『一握の砂』いちあくのすな……443
一汁三菜 いちじゅうさんさい……30
『一条大蔵譚』いちじょうおおくらものがたり……112
市村座 いちむらざ……275,349
銀杏返し いちょうがえし……108
一中節 いっちゅうぶし……374
一刀彫 いっとうぼり……528
『一本刀土俵入』いっぽんがたなどひょういり……272,288,418
一本締め いっぽんじめ……216
犬追物 いぬおうもの……69–72
井上流 いのうえりゅう……369,376
位牌 いはい……222–224
伊万里焼 いまりやき……505,526
『芋粥』いもがゆ……484
『妹背山婦女庭訓』いもせやまおんなていきん……319

源義経 みなもとのよしつね ……256,341,342,353,373,374
源頼朝 みなもとのよりとも……71,237,342,562
壬生忠岑 みぶのただみね……481
三益愛子 みますあいこ……200
宮城道雄 みやぎみちお……391
都家かつ江 みやこやかつえ……387
宮崎友禅斎 みやざきゆうぜんさい……101
宮沢賢治 みやざわけんじ……439
宮本武蔵 みやもとむさし……509
三好十郎 みよしじゅうろう……180
三好松洛 みよししょうらく……323,341
美輪明宏 みわあきひろ……162

【む】

武者小路実篤 むしゃのこうじさねあつ……438
夢窓疎石 むそうそせき……563
村上春樹 むらかみはるき……436
村上龍 むらかみりゅう……433,436
紫式部 むらさきしきぶ……112,486,489,490
村田秀雄 むらたひでお……398
村山知義 むらやまともよし……275,276
室生犀星 むろうさいせい……439

【め】

明治天皇 めいじてんのう……332

【も】

本居長世 もとおりながよ……413
桃井春蔵(初代) もものいしゅんぞう……73
森鷗外 もりおうがい……438,441
森繁久彌 もりしげひさや……414,415
守田勘彌 もりたかんや……305
守屋貞治 もりやさだじ……265
森蘭丸 もりらんまる……123

【や】

安岡章太郎 やすおかしょうたろう……435
柳川一蝶斎 やながわいっちょうさい……402
柳沢吉保 やなぎさわよしやす……123
柳田國男 やなぎたくにお……262,478
柳家三亀松 やなぎやみきまつ……387
山岡鉄舟 やまおかてっしゅう……53
山鹿素行 やまがそこう……53
山口誓子 やまぐちせいし……470
山口青邨 やまぐちせいそん……470
山田浅右衛門 やまだあさえもん……60
山田五十鈴 やまだいすず……310
山田詠美 やまだえいみ……436
山田耕作 やまだこうさく……297
大和和紀 やまとわき……493
山中貞雄 やまなかさだお……276
山部赤人 やまのべのあかひと……213
山村友五郎 やまむらともごろう……375
山本周五郎 やまもとしゅうごろう……277
山本常朝 やまもとつねとも……52
山本安英 やまもとやすえ……304,480

【ゆ】

悠玄亭玉介 ゆうげんていたますけ……412
行友李風 ゆきともりふう……272,288

【よ】

横山大観 よこやまたいかん……46,213,510
横山光輝 よこやまみつてる……61
与謝野晶子 よさのあきこ……443,493
与謝蕪村 よさぶそん……469,509
芳澤あやめ よしざわあやめ……326
吉田茂 よしだしげる……224
吉田松陰 よしだしょういん……475
吉永仁郎 よしながじろう……459
吉本ばなな よしもとばなな……436
吉行淳之介 よしゆきじゅんのすけ……435
依田学海 よだがっかい……356
四家文子 よつやふみこ……297

【ら】

雷電為右衛門 らいでんためえもん……417

【り】

柳亭種彦 りゅうていたねひこ……451,472
良源 りょうげん……239

【わ】

若山牧水 わかやまぼくすい……48
渡辺崋山 わたなべかざん……509
和辻哲郎 わつじてつろう……233

花柳章太郎 はなやぎしょうたろう……309
埴谷雄高 はにやゆたか……435
浜野矩随 はまののりゆき……529
林芙美子 はやしふみこ……435
早竹虎吉 はやたけとらきち……382
速水御舟 はやみぎょしゅう……510
原信子 はらのぶこ……279
バワーズ,フォーヴィアン……340
幡随院長兵衛 ばんずいいんちょうべえ……68
坂東玉三郎(三代目) ばんどうたまさぶろう……303
坂東玉三郎(五代目) ばんどうたまさぶろう……71
阪東妻三郎 ばんどうつまさぶろう……153

【ひ】

稗田阿礼 ひえだのあれ……496
東山魁夷 ひがしやまかいい……510,523
東山千栄子 ひがしやまちえこ……304
引田天功(初代) ひきたてんこう……403
引田天功(二代目) ひきたてんこう……403
樋口一葉 ひぐちいちよう……440,443
土方与志 ひじかたよし……300
菱川師宣 ひしかわもろのぶ……505,509
左甚五郎 ひだりじんごろう……529
卑弥呼 ひみこ……213,245
平賀源内 ひらがげんない……29,518
平林たい子 ひらばやしたいこ……435
平山郁夫 ひらやまいくお……510,523
廣澤寅造(二代目) ひろさわとらぞう……20,67,398

【ふ】

福沢諭吉 ふくざわゆきち……460
福地桜痴 ふくちおうち……356
福本清三 ふくもとせいぞう……77
藤岡屋由蔵 ふじおかやよしぞう……42
藤沢浅二郎 ふじさわあさじろう……309
藤山愛一郎 ふじやまあいいちろう……522
藤山寛美 ふじやまかんび……293
不二洋子 ふじようこ……272
藤原有家 ふじわらのありいえ……481
藤原家隆 ふじわらのいえたか……481
藤原定家 ふじわらのさだいえ……197,199,482,483,488
藤原時平 ふじわらのときひら……183,342
藤原雅経 ふじわらのまさつね……482
藤原道長 ふじわらのみちなが……268
藤原頼道 ふじわらのよりみち……554,562
藤原義江 ふじわらよしえ……280,297
二葉亭四迷 ふたばていしめい……440,443
双葉山 ふたばやま……224
二葉百合子 ふたばゆりこ……398
古川緑波 ふるかわろっぱ……372

【へ】

ベネディクト,ルース……83,84
弁慶 べんけい……256

【ほ】

北条時頼 ほうじょうときより……231
北條秀司 ほうじょうひでじ……310,369
法然 ほうねん……227,229,231,233,239
星新一 ほししんいち……437
細川半蔵 ほそかわはんぞう……546
堀辰雄 ほりたつお……434

【ま】

前島密 まえじまひそか……158
正岡子規 まさおかしき……135,443,467,470
正宗白鳥 まさむねはくちょう……441
松井源水 まついげんすい……380
松井須磨子 まついすまこ……300
松尾芭蕉 まつおばしょう……83,134,135,443,467-469
松平定信 まつだいらさだのぶ……520
松本幸四郎(七代目) まつもとこうしろう……278,296
松本幸四郎(九代目) まつもとこうしろう……327,414
松本清張 まつもとせいちょう……431,437
松本白鸚(初代) まつもとはくおう……327
丸谷才一 まるやさいいち……178

【み】

三島由紀夫 みしまゆきお……435
水上勉 みずかみつとむ……277
水谷八重子 みずたにやえこ……303,309
水の江瀧子 みずのえたきこ……282
水野忠邦 みずのただくに……338
水原秋桜子 みずはらしゅうおうし……470
美空ひばり みそらひばり……282
源為憲 みなもとのためのり……195
源博雅 みなもとのひろまさ……268
源通具 みなもとのみちとも……482

千葉真一 ちばしんいち……61
チャップリン,チャールズ……21

【つ】

つかこうへい……301,436
辻村ジュサブロー つじむらジュサブロー……457
蔦谷重三郎 つたやじゅうざぶろう……520
筒井康隆 つついやすたか……437
坪内逍遥 つぼうちしょうよう……276,284,297,299,440,443,444
鶴屋南北(四代目) つるやなんぼく……319,323,445,447-449,453,454
鶴屋南北(五代目) つるやなんぼく……445

【て】

手塚治虫 てづかおさむ……502
寺山修司 てらやましゅうじ……301
天智天皇 てんじてんのう……488

【と】

戸板康二 といたやすじ……243
土井晩翠 どいばんすい……441
道元 どうげん……197,232-234
東郷平八郎 とうごうへいはちろう……250
東洲斎写楽 とうしゃさいしゃらく……502,504,505,518-520
徳川家光 とくがわいえみつ……71,123
徳川家康 とくがわいえやす……29,71,188,220,347,512
徳川綱吉 とくがわつなよし……71,123,345
徳川夢声 とくがわむせい……372
徳川宗春 とくがわむねはる……547
徳川慶喜 とくがわよしのぶ……68
徳川吉宗 とくがわよしむね……70,71,139
徳富蘆花 とくとみろか……298,309,441
徳永直 とくながすなお……434
土佐光信 とさみつのぶ……508
都々逸房扇歌 どどいつぼうせんか……387
豊臣秀吉 とよとみひでよし……363,426

【な】

直木三十五 なおきさんじゅうご……430
中上健次 なかがみけんじ……436
中里介山 なかざとかいざん……439
中島敦 なかじまあつし……434
長塚節 ながつかたかし……439,441
中野弘子 なかのひろこ……272
中野實 なかのみのる……310
中原中也 なかはらちゅうや……434
中村梅之助(四代目) なかむらうめのすけ……277
中村翫右衛門(三代目) なかむらかんえもん……275-277
中村勘三郎(初代) なかむらかんざぶろう……311
中村翫雀(五代目) なかむらかんじゃく……466
中村鴈治郎(初代) なかむらがんじろう……331
中村鴈治郎(二代目) なかむらがんじろう……321,466
中村吉右衛門(初代) なかむらきちえもん……356
中村草田男 なかむらくさたお……442,470
中村扇雀(二代目) なかむらせんじゃく……466
中村梅雀 なかむらばいじゃく……277
夏目漱石 なつめそうせき……438,440
並木千柳 なみきせんりゅう……323,341
成瀬巳喜男 なるせみきお……321

【に】

日蓮 にちれん……197,230-232
新渡戸稲造 にとべいなぞう……54
仁徳天皇 にんとくてんのう……493,497

【ぬ】

額田王 ぬかたのおおきみ……493

【の】

野上弥生子 のがみやえこ……435
乃木希典 のぎまれすけ……250
野田秀樹 のだひでき……301
野間宏 のまひろし……435

【は】

倍賞千恵子 ばいしょうちえこ……282
倍賞美津子 ばいしょうみつこ……282
ハイデッガー……233
萩原朔太郎 はぎわらさくたろう……439
橋本治 はしもとおさむ……493
長谷川一夫 はせがわかずお……67,292
長谷川伸 はせがわしん……272,273,276,288,418
長谷川等伯 はせがわとうはく……508
長谷川町子 はせがわまちこ……457
服部半蔵 はっとりはんぞう……62

司馬江漢 しばこうかん……505
柴田翔 しばたしょう……432
柴田錬三郎 しばたれんざぶろう……74,432
司馬遼太郎 しばりょうたろう……437
渋谷天外(二代目) しぶやてんがい……294
島木赤彦 しまぎあかひこ……439
島崎藤村 しまざきとうそん……434
島田啓三 しまだけいぞう……501
島田正吾 しまだしょうご……285,286
島村抱月 しまむらほうげつ……299,300
清水次郎長 しみずのじろちょう……68
下村観山 しもむらかんざん……510
俊寛僧都 しゅんかんそうず……486
順徳天皇 じゅんとくてんのう……488,489
松旭斎天一 しょうきょくさいてんいち……402
松旭斎天勝 しょうきょくさいてんかつ……402
聖徳太子 しょうとくたいし……195,353
庄野潤三 しょうのじゅんぞう……435
昭和天皇 しょうわてんのう……266
ショー・コスギ……62
蜀山人 →大田南畝 おおたなんぽ を見よ
白土三平 しらとさんぺい……61
神武天皇 じんむてんのう……497
新門辰五郎 しんもんたつごろう……68
親鸞 しんらん……197,227-229,233

【す】

推古天皇 すいこてんのう……497
末松謙澄 すえまつけんちょう……356
菅原道真 すがわらのみちざね……183,341-343,353
杉村春子 すぎむらはるこ……304
角藤定憲 すどうさだのり……298,308

【せ】

世阿弥 ぜあみ……123,334,362-364,534
清少納言 せいしょうなごん……112
雪舟 せっしゅう……521,522
瀬戸内晴美(寂聴)
せとうちはるみ(じゃくちょう)……436,493
千利休 せんのりきゅう
……59,425,427,428,526,559

【そ】

蘇我入鹿 そがのいるか……353
曾我廼家五郎 そがのやごろう……293,294
曾我廼家十吾 そがのやじゅうご……294
曾我廼家十郎 そがのやじゅうろう……293,294
曾呂利新左衛門 そろりしんざえもん……395

【た】

醍醐天皇 だいごてんのう……481
大場久八 だいばのきゅうはち……68
平清盛 たいらのきよもり……353,487
平将門 たいらのまさかど……353
高倉健 たかくらけん……67
高杉晋作 たかすぎしんさく……388
高村光雲 たかむらこううん……529
高村光太郎 たかむらこうたろう……434,439,529
宝井其角 たからいきかく……189
田川水泡 たがわすいほう……501
滝川太郎 たきがわたろう……523
滝沢馬琴 →曲亭馬琴 きょくていばきん を見よ
竹田出雲(二代目) たけだいずも……323,341
武田信玄 たけだしんげん……249,250
武原はん たけはらはん……370
竹本義太夫 たけもとぎだゆう……317,463
太宰治 だざいおさむ……135,434
田代陣基 たしろつらもと……52
橘逸勢 たちばなのはやなり……261
辰松八郎兵衛 たつまつはちろべえ……318
辰巳柳太郎 たつみりゅうたろう……285,286
立川談志 たてかわだんし……396
立松和平 たてまつわへい……234
田中久重 たなかひさしげ……547
田辺聖子 たなべせいこ……436,493
谷崎潤一郎 たにざきじゅんいちろう
……186,434,438,493
谷文晁 たにぶんちょう……32
種田山頭火 たねださんとうか……439,470
玉川スミ たまがわすみ……114
玉屋庄兵衛(初代) たまやしょうべえ……547
為永春水 ためながしゅんすい……451
田山花袋 たやまかたい……441
田谷力三 たやりきぞう……279,280,290,296
俵屋高七 たわらやこうしち……166
俵屋宗達 たわらやそうたつ……508

【ち】

近松門左衛門 ちかまつもんざえもん
……315,317,323,444,462-467

菊池寛 きくちかん……430,438,439
菊池幽芳 きくちゆうほう……309
岸田國士 きしだくにお……439
岸本斉史 きしもとまさし……61
木曾義仲 きそよしなか……353
喜多川歌麿 きたがわうたまろ……505,512,518
北村季晴 きたむらすえはる……413
喜多村緑郎 きたむらろくろう……309
北杜夫 きたもりお……435
木戸幸一 きどこういち……266
木戸孝允 きどたかよし……266
木下順二 きのしたじゅんじ……480
紀貫之 きのつらゆき……481,483,489,495
紀友則 きのとものり……481,495
京マチ子 きょうまちこ……283
曲亭馬琴 きょくていばきん ……42,65,185,197,451,452,458,459
吉良上野介 きらこうずけのすけ……342,344-346

【く】

空海 くうかい……135,192,239-241,253
空也 くうや……239,376
久我美子 くがよしこ……304
草笛光子 くさぶえみつこ……282
国木田独歩 くにきだどっぽ……440
国定忠治 くにさだちゅうじ……68
久保栄 くぼさかえ……435
久保田万太郎 くぼたまんたろう……438
黒澤明 くろさわあきら……57
桑原武夫 くわばらたけお……469
源信 げんしん……239
元明天皇 げんめいてんのう……496

【こ】

幸田文 こうだあや……435
幸田露伴 こうだろはん……441,443
越路吹雪 こしじふぶき……414
小島功 こじまいさお……502
小島信夫 こじまのぶお……435
ゴッホ……504,509,513,517
後鳥羽上皇 ごとばじょうこう……481,482
後花園天皇 ごはなぞのてんのう……489
小林一三 こばやしいちぞう……290,292
小林一茶 こばやしいっさ……469,473
小林多喜二 こばやしたきじ……433
小林ハル こばやしはる……378
小林秀雄 こばやしひでお……521
後水尾天皇 ごみずのおてんのう……543
小村雪岱 こむらせったい……539,540
小山祐士 こやまゆうし……180

【さ】

西園寺公経 さいおんじきんつね……562
西行 さいぎょう……197,483,489
西郷隆盛 さいごうたかもり……250
最澄 さいちょう……238,239,253
斎藤十郎兵衛 さいとうじゅうろうべえ……518
斎藤茂吉 さいとうもきち……439
斎藤弥九郎(初代) さいとうやくろう……73
斎藤憐 さいとうれん……301
酒井田柿右衛門 さかいだかきえもん……526
酒井抱一 さかいほういつ……32,509
坂口安吾 さかぐちあんご……435
坂田藤十郎(初代) さかたとうじゅうろう……463
坂田藤十郎(四代目) さかたとうじゅうろう……465
坂本九 さかもときゅう……457
佐々木小次郎 ささきこじろう……78
佐々木すみ江 さささきすみえ……180
貞奴 さだやっこ……302,303
佐藤春夫 さとうはるお……439
里見弴 さとみとん……438
里村紹巴 さとむらじょうは……477
澤田正二郎 さわだしょうじろう……77,284,285,288
澤村田之助(三代目) さわむらたのすけ……335
澤村藤十郎(二代目) さわむらとうじゅうろう……322
早良親王 さわらしんのう……261
三笑亭可楽 さんしょうていからく……394
山東京伝 さんとうきょうでん ……116,197,451,452,518
三遊亭圓朝 さんゆうていえんちょう……232,371,396

【し】

シェイクスピア……462
塩屋長次郎 しおやちょうじろう……402
志賀直哉 しがなおや……434,438
式亭三馬 しきていさんば……451
十返舎一九 じっぺんしゃいっく……451,455,456
持統天皇 じとうてんのう……494
信濃前司行長 しなののぜんじゆきなが……486
篠塚文三郎 しのづかぶんざぶろう……375

宇野千代 うのちよ……435
宇野信夫 うののぶお……466
運慶 うんけい……528

【え】

栄西 えいさい……232
絵島 えじま……339
江藤淳 えとうじゅん……435
榎本健一 えのもとけんいち……284
江利チエミ えりちえみ……414
円空 えんくう……528
円地文子 えんちふみこ……435
遠藤周作 えんどうしゅうさく……435
円仁 えんにん……239
役小角 えんのおづの……254

【お】

大石内蔵助 おおいしくらのすけ……53,345
大江健三郎 おおえけんざぶろう……435
大江美智子(二代目) おおえみちこ……272,273
大岡昇平 おおおかしょうへい……435
凡河内躬恒 おおしこうちのみつね……481
大田南畝 おおたなんぽ……22,32,197,472,475
大伴家持 おおとものやかもち……494
太安万侶 おおのやすまろ……496
岡倉天心 おかくらてんしん……509
緒方拳 おがたけん……286
尾形光琳 おがたこうりん……509
岡本綺堂 おかもときどう……439
荻原井泉水 おぎわらせいせんすい……439
奥田良三 おくだりょうぞう……297
奥村土牛 おくむらどぎゅう……510
尾崎紅葉 おざきこうよう……309,443
尾崎放哉 おざきほうさい……439,470
小山内薫 おさないかおる……300,304,439
小沢昭一 おざわしょういち……407
織田信長 おだのぶなが……71,426,510
尾上菊次郎(三代目) おのえきくじろう……327
尾上菊五郎(五代目) おのえきくごろう……331
尾上菊五郎(六代目) おのえきくごろう…327,356
小野小町 おののこまち……489
小野篁 おののたかむら……236

【か】

快慶 かいけい……528
開高健 かいこうたけし……435
貝原益軒 かいばらえきけん……16,42
柿本人麻呂 かきのもとのひとまろ……483,489
笠置シヅ子 かさぎしづこ……283
片岡愛之助(六代目) かたおかあいのすけ……322,369
片岡球子 かたおかたまこ……213,510
片岡仁左衛門(十一代目) かたおかにざえもん…331
片岡仁左衛門(十三代目) かたおかにざえもん…320
片岡秀太郎 かたおかひでたろう……322
葛飾北斎 かつしかほくさい……213,500-502,505,509,513-515,518
勝新太郎 かつしんたろう……284
桂小五郎 かつらこごろう……388
加藤唐九郎 かとうとうくろう……521
仮名垣魯文 かなかきろぶん……440,457
狩野永徳 かのうえいとく……508,512
嘉納治五郎 かのうじごろう……74
狩野芳崖 かのうほうがい……509
鏑木清方 かぶらききよかた……510,539
上山草人 かみやまそうじん……300
鴨長明 かものちょうめい……246
加山又造 かやままたぞう……510
柄井川柳 からいせんりゅう……472
唐十郎 からじゅうろう……301,436
河合武雄 かわいたけお……309
川上音二郎 かわかみおとじろう……298,302,303,308,309
川口松太郎 かわぐちまつたろう……154,299,310,432
河竹黙阿弥 かわたけもくあみ……27,305,319,323,327,356,444-446
河鍋暁斎 かわなべきょうさい……500,501
川端康成 かわばたやすなり……436
河東碧悟桐 かわひがしへきごとう……439,470
河原崎國太郎(五代目) かわらさきくにたろう……275,277,327
河原崎長十郎(四代目) かわらさきちょうじゅうろう……276
観阿弥 かんあみ……363
桓武天皇 かんむてんのう……238

【き】

菊田一夫 きくたかずお……200,414

人名索引

【あ】

阿川弘之 あがわひろゆき……435
芥川龍之介 あくたがわりゅうのすけ……247,430,438,484
明智光秀 あけちみつひで……426,476,477
浅香新八郎 あさかしんぱちろう……272
浅香光代 あさかみつよ……272,274
朝倉文雄 あさくらふみお……529
浅野内匠頭 あさのたくみのかみ……60,193,224,342,344,345,475
足利義教 あしかがよしのり……363,364
足利義満 あしかがよしみつ……122,334,362,554
芦屋道満 あしやどうまん……268
麻生豊 あそうゆたか……501
安部公房 あべこうぼう……435
安倍晴明 あべのせいめい……268
網野菊 あみのきく……243
荒木又右衛門 あらきまたえもん……80
荒木村重 あらきむらしげ……510
嵐圭史 あらしけいし……277
嵐芳三郎(六代目) あらしよしさぶろう……277
有島武郎 ありしまたけお……438
有吉佐和子 ありよしさわこ……436
安徳天皇 あんとくてんのう……265

【い】

飯田蛇笏 いいだだこつ……470
伊井蓉峰 いいようほう……309
生島新五郎 いくしましんごろう……339
井沢元彦 いざわもとひこ……181
石川啄木 いしかわたくぼく……179,443
石川達三 いしかわたつぞう……432
石原慎太郎 いしはらしんたろう……432,435
泉鏡花 いずみきょうか……71,181,298,309,410,440,539
和泉式部 いずみしきぶ……197,483,489
出雲の阿国 いずものおくに……314,324
市川海老蔵(十一代目) いちかわえびぞう……329
市川猿翁(初代) いちかわえんおう……275
市川猿翁(二代目) いちかわえんおう……331,449
市川九女八 いちかわくめはち……303
市川昆 いちかわこん……321
市川左團次(二代目) いちかわさだんじ……299
市川翠扇 いちかわすいせん……299
市川團十郎(五代目) いちかわだんじゅうろう……337
市川團十郎(七代目) いちかわだんじゅうろう……328,330,333,338,361
市川團十郎(八代目) いちかわだんじゅうろう……335
市川團十郎(九代目) いちかわだんじゅうろう……302,303,305,307,331,332,355
市川團十郎(十一代目) いちかわだんじゅうろう……274,321
市川團蔵(八代目) いちかわだんぞう……242
一条天皇 いちじょうてんのう……490
一休宗純 いっきゅうそうじゅん……197
伊藤左千夫 いとうさちお……439
伊藤若冲 いとうじゃくちゅう……509
伊東深水 いとうしんすい……510
伊藤博文 いとうひろぶみ……356
威徳院行祐 いとくいんぎょうゆう……477
井上馨 いのうえかおる……306,332,356
井上ひさし いのうえひさし……437
井上靖 いのうえやすし……435
井上八千代(四代目) いのうえやちよ……369
伊庭孝 いばたかし……300
岩佐又兵衛 いわさまたべえ……508,510-513

【う】

上杉謙信 うえすぎけんしん……250
上田秋成 うえだあきなり……451
上田敏 うえだびん……441
上村松園 うえむらしょうえん……510
植村文楽軒 うえむらぶんらくけん……316
宇治加賀掾 うじかがのじょう……463
歌川豊国 うたがわとよくに……518
歌川広重 うたがわひろしげ……213,502,504,505,509,512,516-518

【著者略歴】
中村義裕（なかむら・よしひろ）
1962年、東京都に生まれる。
1986年、早稲田大学第二文学部卒業。
演劇評論家。演出家。日本文化研究家。著述家。早稲田大学エクステンションセンター講師。前進座附属俳優養成所講師。
《単著》
『観客席の片隅で』（出版文化研究会、2005年）
『松村雄基　語り下ろし「今。」』（オールスターズカンパニー、2009年）
『九代目　松本幸四郎』（三月書房、2014年）
《共著》
『歌舞伎登場人物事典』（2006年、白水社）
『最新 歌舞伎大事典』（2012年、柏書房）など多数。
ほかに、新聞・雑誌の連載として『中日新聞　エンタ眼』（2006年～2009年）、『百人百役』（2002年～2013年、『大塚薬報』）などがある。
《演出作品（平岡裕太郎名義）》
『一人芝居　明治一代女』（作：川口松太郎、潤色：平岡裕太郎、2013年）
『遊女夕霧』（作：川口松太郎、潤色：平岡裕太郎、2014年）など。

日本《にほん》の伝統文化《でんとうぶんか》しきたり事典《じてん》

2014年12月25日　第1刷発行

著　者　　中村義裕

発行者　　富澤凡子
発行所　　柏書房株式会社
東京都文京区本郷2-15-13（〒113-0033）
電話（03）3830-1891［営業］
（03）3830-1894［編集］

ブックデザイン　　鈴木正道（Suzuki Design）
組　版　　有限会社一企画
印　刷　　壮光舎印刷株式会社
製　本　　小髙製本工業株式会社

ISBN978-4-7601-4525-6